"十四五"职业教育国家规划教材

建设工程法规

第3版

JIANSHE GONGCHENG FAGUI

主 编 陈辉玲 陆 婷

副主编 肖 洋

配优质课件、精品教案

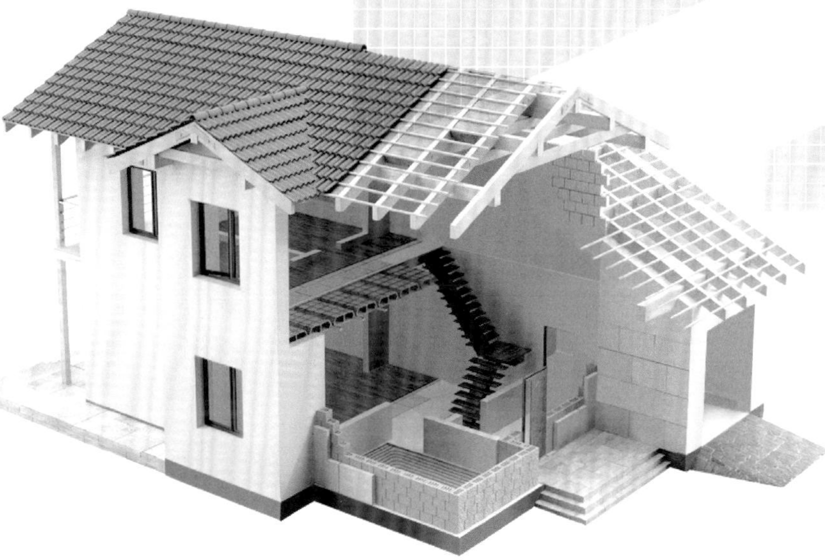

配套精品在线开放课程

中南大學出版社
www.csupress.com.cn
·长 沙·

内容简介

本书为“十四五”职业教育国家规划教材。本书按照教育部高等职业教育本课程的教学基本要求，依据相关的职业资格考试大纲，主要围绕建设行业监管的相关法律法规，系统地阐述了建筑法的五项基本制度即建筑许可制度、建设工程发包与承包制度、建设工程监理制度、建设工程安全生产管理制度、建设工程质量管理法律制度等内容，并重点介绍了建设工程招标与投标、建设工程合同法律制度、劳动法律与制度、环境保护和建筑节能法律与制度等内容。

本书以案例为驱动，注重知识的迁延性，包含最新的法律、法规，注重课程思政、教学育人，帮助高等职业教育土建类各专业学生学习和掌握工程建设与管理相关的基本法律制度，在功能上实现“三合一”，即高等职业教育教学用书、职业资格考试参考用书、专业技术人员工具用书。

本书配有多媒体教学电子课件和习题答案。

出版说明 INSTRUCTIONS

为了深入贯彻党的二十大精神和全国教育大会精神，落实《国家职业教育改革实施方案》（国发〔2019〕4号）和《职业院校教材管理办法》（教材〔2019〕3号）有关要求，深化职业教育“三教”改革，全面推进高等职业院校土建类专业教育教学改革，促进高端技术技能型人才的培养，依据教育部高职高专教育土建类专业教学指导委员会《高职高专土建类专业教学基本要求》和国家教学标准及职业标准要求，通过充分的调研，在总结吸收国内优秀高职高专教材建设经验的基础上，我们组织编写和出版了这套高职高专土建类专业规划教材。

高职高专教学改革不断深入，土建行业工程技术日新月异，相应国家标准、规范，行业、企业标准、规范不断更新，作为课程内容载体的教材也必然要顺应教学改革和新形势，适应行业的发展变化。教材建设应该按照最新的职业教育教学改革理念构建教材体系，探索新的编写思路，编写出版一套全新的、高等职业院校普遍认同的、能引导土建专业教学改革的系列教材。为此，我们成立了规划教材编审委员会。规划教材编审委员会由全国30多所高职院校的权威教授、专家、院长、教学负责人、专业带头人及企业专家组成。编审委员会通过推荐、遴选，聘请了一批学术水平高、教学经验丰富、工程实践能力强的骨干教师及企业专家组成编写队伍。

本套教材具有以下特色：

1. 教材符合《职业院校教材管理办法》（教材〔2019〕3号）的要求，以习近平新时代中国特色社会主义思想为指导，注重立德树人，在教材中有机融入中国优秀传统文化、“四个自信”、爱国主义、法治意识、工匠精神、职业素养等思政元素。

2. 教材依据教育部高职高专教育土建类专业教学指导委员会《高职高专土建类专业教学基本要求》及国家教学标准和职业标准（规范）编写，体现科学性、综合性、实践性、时效性等特点。

3. 体现“三教”改革精神，适应高职高专教学改革的要求，以职业能力为主线，采用行动导向、任务驱动、项目载体，教、学、做一体化模式编写，按实际岗位所需的知识能力来选取教材内容，实现教材与工程实际的零距离“无缝对接”。

4. 体现先进性特点，将土建学科发展的新成果、新技术、新工艺、新材料、新知识纳入教材，结合最新国家标准、行业标准、规范编写。

5. 产教融合，校企双元开发，教材内容与工程实际紧密联系。教材案例选择符合或接近真实工程实际，有利于培养学生的工程实践能力。

6. 以社会需求为基本依据，以就业为导向，有机融入“1+X”证书内容，融入建筑企业岗位（八大员）职业资格考试、国家职业技能鉴定标准的相关内容，实现学历教育与职业资格认证的衔接。

7. 教材体系立体化。为了方便教师教学和学生学习，本套教材建立了多媒体教学电子课件、电子图集、教学指导、教学大纲、案例素材等教学资源支持服务平台；部分教材采用了“互联网+”的形式出版，读者扫描书中的二维码，即可阅读丰富的工程图片、演示动画、操作视频、工程案例、拓展知识等。

高职高专土建类专业规划教材

编审委员会

前言 PREFACE

本书为高等职业教育土建类专业学生的必修课教材。全书以我国工程建设新的法律法规、国家标准、技术规范、制度文件等为依据，严格按照高等职业教育土建类专业的教学大纲要求，结合相关执业资格考试大纲，并对接国家、地方土建类职业资格考试要求及技能抽查考核标准，突出“理论够用、任务驱动、产教融合”的职业教育特点。全书以案说法，以相应典型法案为任务驱动介绍相应法律依据，进行法理阐述。为满足信息化教学的需要，编者还特意为读者提供了与教材内容相配套的二维码，方便学生扫码学习，以增加全书的可读性、适用性；课后习题参考了各类注册考试题型和内容，并配有参考答案，突出本书的实用性；在编写过程中注重法律法规的时效性，编写时除全面及时更新了法律法规、国家标准、技术规范、制度文件外，另特邀湖南省工业设备安装有限公司、湖南省第四工程公司多家知名企业行业专家参与教材修订，为教材提供最新驱动法案，以提高学生的阅读兴趣。本教材坚持用社会主义核心价值观铸魂育人，将思想政治教育融入专业教学体系，着力构建“课程建设一体化、育人载体一体化、资源共享一体化”的课程体系，助力法治中国建设，培养担当民族复兴大任的时代新型技能人才。本教材为教学互动、教学相长、信息化教学创造了条件。

教材在内容编排上主要依据教育部高职院校土建类专业学生培养目标，整本教材内容包含了《中华人民共和国民法典》(2020 年 5 月 28 日第十三届全国人民代表大会第三次会议通过，2021 年 1 月 1 日起实施)、《中华人民共和国建筑法》(2019 年修正)、《中华人民共和城乡规划法》(2019 年修正)、《中华人民共和国土地管理法》(2019 年修正)、《中华人民共和国招标投标法》等法律基本知识，对我国工程建设活动所涉及的主要法规、技术规范及标准、制度文件等做了简明、适用的介绍，重点介绍了建筑许可、建设工程发包与承包、建设工程监理、建设工程安全生产管理、建设工程质量管理、建设工程招标与投标、建设工程合同及其他相关法律制度等内容。

本书具有以下特色：

1. 贯彻职教 20 条精神，立德树人，课程思政；

2. 依据国家教学标准和职业标准(规范)编写，体现科学性、先进性、综合性、实践性；

3. 突出职业教育特色，体现新技术、新工艺、新规范；

4. 体现“三教”改革精神，产教融合，校企双元开发；

5. 案例化、项目化，注重以真实生产项目、典型工作任务、案例等为载体组织教学单元；

6. 融入“1+X”证书内容，书证融通；

7. 本书配套在线课程学银在线：https://www.xueyinonline.com/detail/219332867。

全书课堂讲授或使用时可根据各校各专业实际情况选择相关内容讲授，以一学期64课时为宜。

本书除可作为高等职业院校土建类专业的教学用书外，还对从事工程建设、工程管理等工作的专业技术人员及管理人员具有一定的参考价值。

本书由湖南城建职业技术学院陈辉玲、陆婷任主编，负责全书的整体设计及统稿；肖洋任副主编，陈博、符珏、何姣参编。具体编写分工为：陆婷编写第1章、第2章、第3章；陈辉玲编写第4章、第6章、第7章；肖洋编写第9章；陈博编写第8章；符珏编写第5章；何姣编写第10章。全书由陈辉玲、陆婷负责统稿。

由于编者水平所限，书中难免存在不足之处，欢迎广大读者批评指正。

编　者

2022年8月

2024年8月修改

目录 CONTENTS

第1章　绪　论

【职业能力目标】 了解法律基础知识，熟悉建设法律关系的各个要素和引起建设法律关系发生、变更和消灭的法律事实。掌握建设法律责任的概念；在实际工作中，清楚工程建设纠纷的处理方式、程序及现行法律的相关规定。

【学习要求】 了解工程建设法律的渊源以及建筑法律法规的特征与作用。掌握法的概念，阶级、国家与法的关系；理解法律事实的概念，掌握法律事实的种类；掌握法律关系和法律责任的概念、法律关系的构成要素；掌握法律责任的构成要件。

【案例 1-1】

2014年6月，阳新县人民政府和湖北六宝置业发展有限公司（简称甲）签订了明月湾大桥投资合同，价值9600万元。其后，六宝置业发展有限公司委托湖北顺成建设工程招标代理有限公司为招标代理，分别与大桥局设计院（简称乙）和四川瑞通工程建筑有限公司（简称丙）签订了工程勘察设计合同和工程总承包合同。

施工合同约定，由丙根据甲提供的设计图纸进行施工，工程竣工时依据国家有关验收规定及设计图纸进行质量验收。工程施工过程中，大桥局部发生2厘米下沉，甲会同有关质量监督部门对工程进行检查，发现是乙设计不符合规范所致。原来乙未对现场进行仔细勘察即自行进行设计，导致设计不合理，给甲带来了重大损失。

请思考：

请分析本案中有哪些建设工程法律关系？其构成要素如何？

1.1　工程建设法律规范

建筑活动自古以来就是人类最为重要的社会实践活动之一，因此，用法律对这一活动加以调整和规制，维护建筑市场的良好秩序，保证建筑工程的质量和安全，促进建筑业的健康发展，具有极其重要的意义。

1.1.1　工程建设法律规范概述

法的起源

1. 法与工程建设法律的概念

1）法的起源与法的概念

生产工具的改进（如石器改为铁器，畜力、风力改为蒸汽机以及今天的计算机的不断更新换代）导致社会生产力的提高，导致社会剩余产品的出现，导致出现谁来占有剩余产品这一不可调和的矛盾，导致阶级、国家的出现，进而产生法。法是统治阶级意志的集中反映，法是统治阶级意志上升为国家意志的反映。

法是由国家制定或认可并由国家强制力保证其实施的、用以调整人们之间权利和义务关系的行为规范的总称。法是由一定物质生活条件所决定的，是统治阶级意志的集中反映，法律通过调整和规范人的行为，从而确认和保证统治阶级所期待的社会关系和社会秩序。不过用以规整人们行为的，除法律这一行为规范体系外，还有道德、伦理、宗教信仰、风俗习惯等。法作为调整人们之间权利和义务关系的行为规范体系，具有阶级性、国家强制性。法随着阶级、国家的产生而产生，也必将随着阶级的消亡而消亡。

2）工程建设法律的概念

《中华人民共和国建筑法》第五条规定：“从事建筑活动应当遵守法律、法规，不得损害社会公共利益和他人的合法权益。任何单位和个人都不得妨碍和阻挠依法进行的建筑活动。”

工程建设法律是指由享有立法权的国家机关或其授权的行政机关制定的，旨在调整有关国家机关、企事业单位、社会团体、其他社会组织以及自然人之间在建设活动中发生的各种社会关系的各种法律规范的总称。

【特别提示】

工程建设法律作为我国法律体系中的一个门类，具有综合性的特点。虽然工程建设法律主要是经济法的组成部分，但其内容还涵盖行政法、民法、商法和刑法等多个部门法。工程建设法律的定义，与其他法律门类相同，是依据其所调整的社会关系的特殊性来定格的，即工程建设法律是调整在建设活动中发生的社会关系的各种法律规范的总称。注意与本书后续第 2 章中有关《中华人民共和国建筑法》的概念相区别。

【知识链接】

一般法理学中从法的起源角度所建立的法的概念；社会生产力、剩余产品、阶级、国家的概念。

2. 工程建设法律的渊源

法的表现形式

法律渊源即法律的表现形式，工程建设法律表现形式有宪法、建设法律、建设行政法规、地方性建设法规和建设行政规章等。

1）宪法

宪法是我国的根本大法，具有最高法律地位和效力，是其他法律法规的立法依据和立法基础。宪法无疑也是建筑立法的依据，其所规定的国家基本建设方针与原则，直接起到规范和调整建筑业活动的作用。宪法是建设法规的最高形式。

2）法律

法律是由我国最高国家权力机关全国人民代表大会及其常务委员会制定的规范性文件，是当前工程建设法律的主要内容。如《中华人民共和国民法典》《中华人民共和国环境保护法》《中华人民共和国建筑法》《中华人民共和国土地管理法》《中华人民共和国招标投标法》《中华人民共和国城乡规划法》《中华人民共和国城市房地产管理法》等。

3）行政法规

行政法规是由国务院制定的有关行政管理的规范性文件，其数量较多，也是我国建设行政法律的主要内容。如《建设工程质量管理条例》《建设工程安全生产管理条例》《建设工程勘察设计条例》等。

4) 地方性法规

地方性法规是指省、自治区、直辖市和省会所在地的市、经济特区市以及经国务院批准的较大的市的地方权力机关制定的规范性文件，在不违背上位法的前提下，在本行政区域内发生法律效力。如《北京市建筑市场管理条例》。

5) 行政规章

行政规章包括国务院所属各部门制定的部门规章，以及省、自治区、直辖市、省会城市、设区的市的人民政府制定的地方政府规章。目前，部门规章在我国工程建设法律中数量众多，对具体建设活动起着至关重要的调整和规范作用。部门规章如《必须招标的工程项目规定》《建筑业企业资质管理规定》《房屋建筑和市政基础设施工程施工招标投标管理办法》等。地方政府规章如《湖南省建设工程造价管理办法》等。

6) 技术法规

技术法规是国家制定或认可的，具有法律效力的技术规程、规范、标准、方法等技术文件。它与一般技术文件存在效力上的差别。

7) 国际公约、国际惯例、国际标准

加入 WTO 以后，我国对外工程承包、劳务输出等国际交流日益增多，这就要求我们在建筑活动中除遵守国内相关法以外，还必须遵守有关国际公约、国际惯例和国际标准，如《土木工程施工合同条件》(FIDIC 条款)等。

法的命名规则

【特别提示】

工程建设法律的调整对象是建设活动中的行政管理关系、建设活动中的经济协作关系和建设活动中的民事关系。

【知识链接】

法的效力层次。

法的效力层次

1.1.2 工程建设法律规范的特征

1. 行政强制性

法律依据：《中华人民共和国土地管理法》《中华人民共和国城市房地产管理法》《中华人民共和国城乡规划法》《中华人民共和国建筑法》等。

《中华人民共和国城市房地产管理法》第六十条规定：“国家实行土地使用权和房屋所有权登记发证制度。”2015 年 3 月 1 日，国务院颁布《不动产登记暂行条例》，我国全面进行不动产登记制度改革，国有土地使用证、房屋所有权证统一合并为不动产权证书。

《中华人民共和国城乡规划法》第九条第一款：“任何单位和个人都应当遵守经依法批准并公布的城乡规划，服从规划管理，并有权就涉及其利害关系的建设活动是否符合规划的要求向城乡规划主管部门查询。”

【特别提示】

行政强制性是工程建设法律的主要特征。由于建筑活动资金投入量大，人力、物力、财力及土地等资源的消耗量多，涉及面广，建筑产品质量事关人民生命和财产安全，因此，国家必然采用行政指令为主的方法调整建设法律关系。具体的调整方式主要有授权、命令、禁止、许可、免除、确认、计划、撤销等。

行政调整方式

【知识链接】

各种行政调整方式的适用情形。

2. 经济性

《中华人民共和国城乡规划法》第四条第一款规定："制定和实施城乡规划，应当遵循城乡统筹、合理布局、节约土地、集约发展和先规划后建设的原则，改善生态环境，促进资源、能源节约和综合利用，保护耕地等自然资源和历史文化遗产，保持地方特色、民族特色和传统风貌，防止污染和其他公害，并符合区域人口发展、国防建设、防灾减灾和公共卫生、公共安全的需要。"

【特别提示】

节约资源、保护环境应当始终贯穿于我国建筑活动之中。

【知识链接】

其他各工程建设法律法规中有关经济性的规定。

3. 技术性

《建设工程质量管理条例》第十五条规定："涉及建筑主体和承重结构变动的装修工程，建设单位应当在施工前委托原设计单位或者具有相应资质等级的设计单位提出设计方案；没有设计方案的，不得施工。"

房屋建筑使用者在装修过程中，不得擅自变动房屋建筑主体和承重结构。

【特别提示】

技术性也是工程建设法律的重要特征之一。建筑业是一个技术性很强的行业，盲目操作、随意施工必然不能保证建筑产品的质量，给人民群众的生命财产安全埋下极大的隐患，甚至造成难以弥补的损害，这就需要建筑行业管理、质量技术监督等部门制定科学的、严密的技术规范，如各种设计规范、施工规范、验收规范、产品质量监测规范等，并让广大工程技术人员和管理机构严格遵守和执行。

技术法规的概念

【知识链接】

技术法规的概念。

1.1.3 工程建设法律规范的作用

1. 规范建筑从业行为，维护建筑市场秩序

《中华人民共和国建筑法》第一条规定："为了加强对建筑活动的监督管理，维护建筑市场秩序，保证建筑工程的质量和安全，促进建筑业健康发展，制定本法。"

《中华人民共和国城市房地产管理法》第一条规定："为了加强对城市房地产的管理，维护房地产市场秩序，保障房地产权利人的合法权益，促进房地产业的健康发展，制定本法。"

【特别提示】

法律的基本内容就是规定法律关系主体之间的权利和义务。工程建设法律，一方面，赋予建筑业主体一定的权利，即规定其有权选择某些建筑行为；另一方面，要求建筑业主体承担一定的义务，也即要求其必须从事某些建筑行为或不得从事某些行为，从而维护建筑市场的有序竞争，实现工程建设法律的目的。

2. 确保建筑工程质量

百年大计，质量第一。建筑工程作为耗资大、使用周期长、同人民群众生产生活密切相关的项目，如何确保工程质量显得至关重要。工程建设法律对工程建设的全过程均做出详尽的规定，以保证工程质量，避免资源浪费和人民生命财产遭受损失。

【特别提示】

我国现行工程建设法律中直接维护工程质量的主要是国务院建设行政主管部门制定的部门规章。

3. 及时处理工程建设纠纷，保障当事人的合法权益

尽管我国已初步建立工程建设法律体系，但建筑市场中违法违规行为仍然层出不穷，挂靠、非法承包、违法分包、串通招投标、偷工减料、违规施工等时有发生，使当事人之间难免发生工程建设纠纷。如果这些纠纷不能得到及时解决，必然会延缓工程进度，影响工程质量，破坏社会秩序的稳定。因此，我国工程建设法律中对违法建筑行为的行为人大多规定明确的法律责任，有利于及时处理纠纷，保障当事人的合法权益。

1.2 工程建设法律关系、法律事实与法律责任

【案例1-2】

发电厂甲与施工单位乙签订了价款为5000万元的固定总价建设工程承包合同，明确施工单位要保质保量保工期完成发电厂厂房施工任务。乙按照图纸施工竣工后，向甲方提交了竣工报告。由于时间紧迫，发电厂还没组织验收就直接投入使用。使用过程中，甲方发现了厂房主体存在质量问题，要求乙方修理。乙方认为工程未经验收便提前使用，出现质量问题施工单位不应再承担责任。

问题：

(1)本案中的建设工程法律关系的主体是谁?

(2)本案中的建设工程法律关系的客体是什么?

(3)本案中的建设工程法律关系的内容是什么?

1.2.1 工程建设法律关系

1. 工程建设法律关系的概念

所谓法律关系，就是由法律规范所确定和调整的人与人之间的权利和义务关系；法律的直接内容就是规定人的权利和义务，这些不同的权利和义务就形成了不同的法律关系。它具有合法性、国家意志性和主体特定性。

工程建设法律关系是由工程建设法律规范所确定和调整的人与人之间的权利和义务关系(人包括自然人、法人)。建设法律关系与其他法律关系相同，也包含建设法律关系的主体、客体和内容3个构成要素。

【特别提示】

工程建设法律关系包括纵向的建筑业管理关系和横向的工程建设活动协作关系；法律关系的三要素。

【知识链接】

社会关系、法律规范、法律关系

社会关系的概念；法律规范与一般行为规范(道德、习惯等)的关系；法律关系与社会关系的联系。

2. 工程建设法律关系的主体

工程建设法律关系的主体是建设法律关系的参加者，即在工程建设管理和建设活动中一定权利的享有者和一定义务的承担者。主要有：

1) 国家机关

国家机关在建设活动中行使监督、管理职能，根据其职权或业务分工的不同，各自负责一定范围内的监督管理工作。如各级人民政府发展计划部门主要负责编制建设计划，组织计划实施，督促计划执行；各级政府建设行政主管部门主要负责制定建设行政规章，对城市建设、村镇建设、工程建设、建筑业、房地产业、市政公用事业进行管理监督；其他建设业务主管部门，如交通部、水利部等，负责本部门、本行业的建筑管理工作。

2) 中介组织

中介组织是指具有相应的专业服务资质，在建筑市场中受发包方、承包方或政府管理机构的委托，对工程建设进行估算测量、咨询代理、建设监理等高智能服务，并取得服务费用的咨询服务机构和其他建设专业中介服务组织。如建筑业协会及其下属的设备安置、机械施工、装饰装修等专业分会，建设监理协会等；为工程建设服务的专业会计师事务所、律师事务所、资产与资信评估机构、公证机构、招标代理机构、工程质量检测认证机构等。它们是建筑市场中的桥梁和纽带，是专业服务走向市场化、社会化、专业化、现代化的结果，具有政府行政管理不可替代的作用。

3) 银行等金融机构

银行等金融机构为工程建设提供贷款等金融服务。

4) 建设单位

建设单位通常也称业主，是指进行工程建设项目投资和发包的国家机关、企业、事业单位或其他组织。建设单位在我国建筑市场上一般被称为甲方，他们最终取得建筑产品的所有权，既是工程投资的支配者，也是工程建设的组织者和监督者。

建设单位作为建设活动权利主体，是从可行性研究报告批准开始的。任何一个社会组织，当其建设项目的可行性研究报告没有被批准之前，建设项目尚未被正式确认，它是不能以权利主体的资格参加工程建设的。当建设项目编有独立的总体设计并单独列入建设计划，获得国家批准时，该社会组织方能成为建设单位，以已经取得的法人资格对外进行经济活动和法律行为。

5) 承包单位

承包单位也称承包商，是指具有从事特定建筑行为的资格和能力，与建设单位订立建设工程合同或以其他形式完成工程项目建设任务的建筑企业，在我国建筑市场上一般被称为乙方。按照生产的主要形式来分类，承包单位主要有：勘察、设计单位，建筑安装施工企业，建筑装饰施工企业，建筑材料供应企业，建筑机械租赁单位，以及专门提供建筑劳务的企业等；按照其提供的主要建筑产品还可以分为不同的专业，如水电、铁路、冶金、市政工程等专业公司；按照承包的方式，可以分为总承包企业和专业承包企业。

6) 自然人

自然人(包括本国公民、外国公民和无国籍人)作为建筑市场主体参与建筑活动正日益增多，特别是随着国家对建筑市场规范化管理的加强，要求建筑业从业人员具有相应的资格，如注册建筑师、注册建造师、注册房地产估价师、注册房地产经纪人等，自然人参与建筑活动的范围将更加广泛。自然人同建筑企业单位签订劳动合同时，即成为建筑法律关系的主体。

【特别提示】

建设法律关系主体的权利能力和行为能力；自然人主体与其他主体权利能力和行为能力的区别。自然人与公民是两个不同的概念。

法人的分类 法人的概念

【知识链接】

法人的概念；取得法人资格的条件。

3. 工程建设法律关系的客体

建设法律关系的客体是指建设法律关系主体享有的权利和承担的义务所共同指向的对象。通常情况下，建设法律关系主体都是为了某一客体，彼此之间通过设立一定的权利、义务而形成建设法律关系，双方各自享有权利、承担义务所共同指向的对象，便是建设法律关系的客体。在法学理论上，建设法律关系的客体包括：

(1) 表现为物。法律意义上的物是指由法律关系主体支配的、为生产和生活所需要的客观实体。在建设法律关系中主要表现为建筑机械设备、建筑材料(如钢材、木材、水泥等)以及由其构成的建筑物。

(2) 表现为财。一般是指建设资金与有价证券。在建设工程合同中，对建设资金的约定是合同的必备条款之一，它也是履行建设合同的基础，基本建设贷款合同客体更是直接指向一定数量的货币。

(3) 表现为行为。在很多法律关系中，其主体的权利和义务所指向的是人的有意识的活动，即行为。建设法律关系中，行为多表现为一定的工作，如勘察设计、施工安装等。

(4) 表现为非物质财富。非物质财富也称智力成果、精神产品等，是指人们脑力劳动的成果或智力方面的创造。如在建筑设计合同关系中，设计图纸即为客体，若其提供的建筑设计图纸具有创造性，依据著作权法的规定由相应当事人享有其权利。

【特别提示】

不同工程建设合同对应不同的客体。

4. 工程建设法律关系的内容

工程建设法律关系的内容是指工程建设法律关系主体各方所享有的权利和所承担的义

务，它是联系各方主体的纽带。在工程建设法律关系中，平等的建筑主体之间的权利和义务往往是对等的，双方都既享有一定权利，也负有一定的义务；不平等的建设法律关系主体如国家建设行政主管部门与建设单位、施工单位之间的权利和义务则是不对等的。

【特别提示】

建设法律关系分别属于民事法律关系、行政法律关系或刑事法律关系，不可误以为都是平等主体之间的民事法律关系。

1.2.2 工程建设法律事实

1. 法律事实与工程建设法律事实的概念

任何一个法律关系的产生、变更和消灭都须具备一定的条件，其中最主要的条件有二：一是法律规范；二是法律事实。法律规范是法律关系形成、变更和消灭的法律依据，法律事实则是法律关系不可或缺的前提条件，是法律规范和法律关系联系的中介。

所谓法律事实，就是法律规范所规定的、能够引起法律关系产生、变更和消灭的客观情况和现象。依照是否以人们的意志为转移作标准，可以将法律事实分为两类，即法律事件与法律行为。

建设法律关系的产生、变更和消灭除建设法律规范外，同样离不开一定的法律事实。建设法律事实是建设法律规范规定的，能够引起建设法律关系产生、变更和消灭的客观情况和现象。并非任何事实都可成为建设法律事实，只有当建设法规把某种客观情况同一定的法律后果联系起来时，这种事实才被认为是建设法律事实，成为产生建设法律关系的原因，从而与法律后果形成因果关系。

【特别提示】

法律关系并不是由法律规范本身直接产生的，法律事实是产生法律关系的直接原因。

2. 工程建设法律事实的分类

1）法律事件

法律事件是法律规范规定的，不以当事人的意志为转移而引起法律关系形成、变更或消灭的客观事实。法律事件对于特定的法律关系主体而言，都是不可避免的，是不以其意志为转移的，但由于这些事件的出现，主体之间的权利与义务关系就有可能产生、变更，甚至完全归于消灭。如洪水造成建筑用地被冲毁致使房屋建筑合同不能履行，大雪冰冻灾害造成铁路停运致使钢材供应商延期交付钢材等。

法律事件又可分为：

（1）相对事件，如车祸等人为事故。

（2）绝对事件，如台风、水灾、火灾等非人为事故。

2）法律行为

法律行为是法律规范所规定的，能够引起法律关系产生、变更或消灭的人的有意识的活动。法律行为可以分为：

（1）合法行为。合法行为是指建筑法律关系当事人所为的符合工程建设法律规范的行为。如申领施工许可证的行为、签订建设工程施工合同的行为等。

（2）违法行为。违法行为是指建筑法律关系主体所为的违反工程建设法律法规的规定并应当承担相应法律责任的行为。具体还可分为：民事违法行为(包括违约行为、侵权行为和缔约过失行为)，如施工单位不按设计图纸施工造成建设单位财产损失的行为；行政违法行为，如挂靠其他单位，假借他人资质投标的行为；刑事违法行为，如工程因质量低劣造成重大人员伤亡或财产损失的行为等。

(3)行政行为。行政行为是指国家行政机关及其授权的组织依法对建筑业实施行政管理的行为。它是国家机关的职权活动。如国家建设行政管理机关下达基本建设计划，监督执行工程项目建设程序的行为。

(4)立法行为。建筑立法行为是指国家机关依据法定职权和法定程序，制定、修改和废止建设法律规范性文件的活动。如国家制定或颁布建设法律、法规、条例等行为。

(5)司法行为。司法行为是指国家司法机关依据法定职权和程序，具体运用法律处理案件的活动。如人民法院对建设工程纠纷案件依法做出判决。

【特别提示】

严格区分法律事件与法律行为，这与建设法律关系主体的法律责任的承担密切相关。

法律事件、法律行为

1.2.3　工程建设法律责任

【案例1-3】

2016年5月6日，10岁的王大宇跟随其父亲路过正在建设中的某大学图书馆前的休闲广场，突然掉进了一个无盖的检查井内，造成脑震荡，致使听力受损，行走不便。无盖的检查井位于休闲广场施工工地一较隐蔽处，旁边无任何警示标识，又无井盖等安全防护阻拦措施。经查井原本有盖，是施工单位因施工原因损坏了井盖。因该检查井位置较偏，施工单位未及时补上，造成一段时间该检查井上无盖。事发后，王大宇的父亲多次找学校及施工单位协商赔偿问题，都无任何结果。在没有其他办法的情况下，王大宇的父母只得向当地人民法院提起诉讼，请求赔偿医疗及精神损失等各种费用。

请思考：

王大宇父母的诉讼请求能得到满足吗？学校、施工单位以及王大宇父母怎样承担损失？

1. 工程建设法律责任的内涵

法律责任是由特定法律事实所引起的对损害予以赔偿、补偿或接受惩罚的特殊义务，亦即由于违反第一性义务而引起的第二性义务。

工程建设法律责任是指工程建设法律关系主体由于违反工程建设法律而应依法承担的对损害予以赔偿、补偿或接受惩罚的义务。工程建设法律责任具有国家强制性，它是促使工程建设的各方当事人自觉履行其义务，维护建筑市场良好秩序的可靠保障。

2. 工程建设法律责任的构成要件

工程建设法律责任的构成要件是指主体承担建设法律责任应当具备的条件。通常情况下，建设主体承担建设法律责任应符合以下条件。

1)建设违法行为或违约行为

违法行为或违约行为是法律责任产生的前提条件，有行为才可能有责任。但行为包括作为和不作为两类。作为是行为主体主动积极的身体活动，行为人从事了法律所禁止或合同所不允许的事情，如投标人串通投标，损害招标人或其他投标人的权益；不作为是指人的消极身体活动，行为人能够履行自己应尽义务的情况下不履行该义务，也应承担法律责任，如隐蔽工程在隐蔽前，施工方通知建设单位及时验收，而建设单位不及时验收造成工期延误的。

2)有损害事实发生

有损害事实就是违法行为对法律所保护的社会关系和社会秩序造成的侵害。这种损害事实首先具有客观性，即已经存在；不存在损害事实，则不构成法律责任。其次，损害事实不同于损害结果，损害结果是违法行为对行为指向的对象所造成的实际损害。由此可见，有些违法行为尽管没有损害结果，但已经侵犯了一定的社会关系或社会秩序，因而也要承担法律责任，如犯罪的预备、未遂、中止等。损害结果是建设违法行为或违约行为侵犯他人或社会的权利和利益所造成的损失和伤害。它可以是人身损害、财产损害或者精神损害，如施工单位强行冒险作业未造成人员伤亡的，也可能承担精神损害赔偿责任。

【特别提示】

损害事实与损害结果是两个不同的概念，有损害事实不一定有损害结果。

3)违法行为与损害事实之间有因果关系

因果关系是指建设违法或违约行为与损害事实之间的必然联系。它是一种引起与被引起的关系，即某一现象的出现是由于先前存在的另一现象引起的，则这两者之间就具有因果关系。因果关系是归责的基础和前提，是认定法律责任的基本依据。

4)违法者主观上有过错

主观过错是指行为人实施建设违法行为或违约行为时的主观心理状态。不同的主观心理状态与认定某一行为是否有责及承担何种法律责任有着直接的联系。主观过错包括故意和过失两类。如果行为人在主观上既没有故意也没有过失，则行为人对损害结果一般不必承担法律责任。如企业在施工过程中遇到严重的暴风雨，造成停工，从而延误了工期，在这种情况下，停工行为和延误工期造成的损失的结果并非出自施工者的故意和过失，而属于意外事件，因而不应承担法律责任。无过错责任原则是指不论当事人在主观上有没有过错，都应当承担民事责任。依据民法规定，产品缺陷、环境污染、建筑主体从事高度危险作业致人损害等，应承担无过错责任。

【特别提示】

建设法律责任由上述4个条件构成，它们之间互为联系，互为作用，缺一不可。

无过错、过错责任的概念

【知识链接】

无过错、过错(故意、过失)的概念；法律责任的一般构成要件与法律责任的特殊构成要件。

3. 工程建设法律责任的分类

根据不同的标准可以对法律责任进行不同的分类。在法律实践中，最基本的分类方法是以追究法律责任的部门为依据，将工程建设法律责任分为工程建设行政法律责任、工程建设民事法律责任和工程建设刑事法律责任。

1)工程建设行政法律责任

工程建设行政法律责任是建设法律关系主体因违反建设行政法律规范或因行政法规定的事由而应当承担的法定的不利后果。行政责任既包括行政机关及其工作人员、授权或委托的组织及其工作人员在行政管理中因违法失职、滥用职权或行政不当而产生的行政责任，也包括自然人、社会组织等行政相对人违反行政法律而产生的行政责任。行政法律责任的实现方式有：

(1)行政处分。这是指对违反法律规定的国家机关工作人员或被授权、委托的执法人员所实施的惩罚措施，根据法律规定，行政处分有警告、记过、记大过、降级、撤职、开除等。

(2)行政处罚。行政处罚是指由建设行政机关依法对违反行政管理秩序的公民、法人或者其他组织，以减损权益或者增加义务的方式予以惩戒的行为。根据《中华人民共和国行政处罚法》规定，有警告、通报批评、罚款、没收违法所得、没收非法财物、暂扣许可证件、降低资质等级、吊销许可证件、限制开展生产经营活动、责令停产停业、责令关闭、限制从业、行政拘留以及法律、行政法规规定的其他行政处罚。

2)工程建设民事法律责任

工程建设民事法律责任是建设法律关系主体因违反民事法律规范或因法律规定的其他事由而依法承担的不利后果，它主要为补偿性的财产责任。建设民事责任主要是侵权责任，也有违约责任和违反其他义务而产生的责任。

3)工程建设刑事法律责任

工程建设刑事法律责任是指建设法律关系主体违反刑法规定，实施了刑事犯罪行为所应承担的不利后果，它是最严厉的法律责任。刑事责任的承担方式主要是刑罚，也包括一些非刑罚的处罚方法。根据《中华人民共和国刑法》规定，刑罚分为主刑和附加刑，主刑有管制、拘役、有期徒刑、无期徒刑和死刑5类，附加刑有罚金、剥夺政治权利、没收财产3类。在建设工程领域，常见的刑事法律责任包括工程重大安全事故罪、重大责任事故罪、重大劳动安全事故罪和串通投标罪。

【特别提示】

行政处罚与行政处分、民事责任、刑罚的区别。

民事责任、行政责任、刑事责任种类

1.3　工程建设纠纷的处理

【案例1-4】

某施工企业承接某开发商的住宅工程项目，在工程竣工后双方因结算款发生纠纷。施工企业按照合同的约定提起诉讼，索要其认为尚被拖欠的结算款。开发商在法院做出判决之前，与施工企业就其起诉的所有事宜达成一致。

问题：

(1)当事人能否在诉讼期间自行和解？

(2)诉讼阶段的和解如何才能产生法律效力？

(3)当事人就诉讼的所有事宜均已达成和解，诉讼程序该如何继续？

1.3.1 工程建设纠纷的产生与解决方式

工程建设纠纷主要是指在履行工程建设合同过程中，当事人因合同权利和义务发生争议而产生的纠纷。工程建设合同订立后，一方当事人无正当理由要求解除合同，拒不履行合同义务，或因合同本身约定不明确导致含义不清等原因，都会在当事人之间发生纠纷。

工程建设纠纷与其他任何纠纷相同，解决纠纷的方式主要有和解、调解、仲裁和诉讼 4 种。和解与调解均以当事人自愿为前提，且和解协议与调解协议在尚未履行或未经双方签收之前并不具有强制执行力，其运用带有较大的灵活性，因而不予详述，下面着重阐述工程建设纠纷的仲裁与诉讼制度。

1.3.2 工程建设纠纷的和解

1. 和解的概念

和解是指工程建设纠纷的当事人通过自愿、平等协商，在互谅互让的基础上解决工程建设纠纷的活动。

2. 和解的特征

(1) 和解由当事人之间进行，没有第三人的参与。

(2) 和解以当事人自愿平等协商为基础。

(3) 和解协议不具有强制执行力。

1.3.3 工程建设纠纷的调解

1. 调解的含义与特征

调解是解决纠纷的一种方式，它是指由中立的第三者在当事人之间调停疏导，帮助交换意见，提出解决纠纷的建议，引导当事人达成解决纠纷的合意。调解具有以下几个特征。

(1) 中立的第三者在当事人中进行工作。

(2) 调解能否解决纠纷在根本上取决于当事人是否合意。

(3) 调解不仅能确定当事人各自的利益，而且可修复因纠纷而受损的关系。

(4) 调解具有经济性，可省时省力。

2. 调解的方式

在我国，调解的主要方式有人民调解、行政调解、仲裁调解、司法调解、行业调解以及专业机构调解。

1) 人民调解

在人民调解委员会主持下进行的调解活动。这种调解在未履行之前不具有法律效力，它在我国权利救济方面发挥着积极的作用。

2) 行政调解

行政调解是指有权的国家行政机关根据当事人的申请，调解解决当事人之间的纠纷。它是最廉价的一种权利救济方式。行政调解通常要经过申请调解、征求意见、调查事实、调解协商和制作并送达协议几个阶段。

3) 仲裁调解

仲裁调解是指在仲裁庭的主持下，仲裁当事人在自愿协商、互谅互让基础上达成协议，从而解决纠纷的一种制度。

4）司法调解

司法调解是在案件诉讼过程中，由法院审判人员对当事人进行调解。这种调解有利于当事人的和解与案件的执行，可节约救济资源。法院调解必须遵循自愿合法的原则，调解达成协议并经当事人签收调解书后即发生法律效力。

5）行业调解。

行业调解是指以行业协会作为调解主体，解决行业性纠纷的活动。作为一种非诉讼纠纷解决机制，行业调解有其自身独特的性质和优势。

6）专业机构调解。

专业机构调解是当事人在发生争议前或争议后，协议约定由指定的具有独立调解规则的机构按照其调解规则进行调解。

【特别提示】

不同的调解方式具有不同的法律效力。

仲裁的适用与特征

1.3.4 工程建设纠纷的仲裁

1. 仲裁的概念、特征及类型

仲裁是指发生争议的双方当事人，根据其在争议发生前或争议发生后所达成的协议，自愿将该争议提交给中立的第三者进行裁判的争议解决制度和方式。

作为一种解决财产权益纠纷的民间性裁判制度，仲裁既不同于解决同类争议的司法、行政途径，也不同于人民调解委员会的调解和当事人的自行和解，它具有自愿性、专业性、灵活性、保密性、快捷性、经济性和独立性等特点。

《中华人民共和国仲裁法》根据案件当事人等案件要素，将仲裁划分为国内仲裁和涉外仲裁。国内仲裁是指不具有涉外因素的国内民事商事纠纷的仲裁，涉外仲裁则是指涉外经济贸易、运输和海事中发生的民事商事纠纷的仲裁。

2. 仲裁法的基本原则与基本制度

1）基本原则

（1）自愿原则。自愿原则是仲裁制度的根本原则，是仲裁制度存在和发展的基础。这一原则主要体现在：是否将纠纷提交仲裁、将哪些争议事项提交仲裁、提交哪个仲裁委员会仲裁、仲裁庭如何组成、仲裁员的选择以及仲裁的审理方式、开庭形式等事宜均由当事人协商决定。

（2）根据事实、符合法律规定、公平合理解决纠纷的原则。即在仲裁中要坚持以事实为根据、以法律为准绳的原则。同时，在法律没有规定或者规定不完备的情况下，仲裁庭可以按照公平合理的一般性原则解决纠纷。

（3）独立仲裁原则。《中华人民共和国仲裁法》明确规定，仲裁应依法独立进行，不受行政机关、社会团体和个人的干涉。

2）基本制度

（1）协议仲裁制度。仲裁协议是当事人仲裁意愿的体现。当事人申请仲裁、仲裁委员会受理案件以及仲裁庭对仲裁案件的审理和裁决，都必须根据双方当事人之间所订立的有效的仲裁协议，没有仲裁协议就无从引发仲裁。

(2)或裁或审制度。仲裁与诉讼是两种不同的争议解决方式，在两者之间，当事人只能选择其一加以采用。有效的仲裁协议即可排除法院对案件的司法管辖权，只有在没有仲裁协议或者仲裁协议无效的情况下，法院才可以行使司法管辖权予以审理。

(3)一裁终局制度。即仲裁裁决一经做出，即为终局裁决，若当事人就同一纠纷再申请仲裁或者向人民法院起诉，仲裁委员会或者人民法院不予受理。

3. 仲裁协议及其效力

1)仲裁协议的概念

仲裁协议是指双方当事人自愿将他们之间已经发生或者可能发生的争议提交仲裁解决的书面协议。仲裁协议有仲裁条款、仲裁协议书和其他有关书面文件中包含的仲裁协议等类型。

2)仲裁协议的效力

(1)对双方当事人的法律效力。它是指约束双方当事人对纠纷解决方式的选择权。

(2)对法院的法律效力。它是指排除法院的司法管辖权。

(3)对仲裁机构的法律效力。它是指授予仲裁机构仲裁管辖权并限定仲裁的范围。

4. 仲裁程序

1)申请与受理

订有仲裁协议的双方当事人，在发生合同纠纷或财产权益纠纷后，任何一方均可向选定的仲裁委员会申请仲裁。仲裁委员会收到申请书 5 日内，认为符合受理条件的，应当受理。

2)组成仲裁庭

仲裁庭包括合议仲裁庭和独任仲裁庭两种。合议仲裁庭由 3 名仲裁员组成，设首席仲裁员；独任仲裁庭由 1 名仲裁员组成，即由 1 名仲裁员对争议案件进行审理并做出裁决。

3)仲裁审理

仲裁审理分为开庭审理和书面审理两种方式。仲裁一般都采取开庭审理的方式。在开庭审理中，首先由首席仲裁员或独任仲裁员宣布开庭，然后进行庭审调查和庭审辩论。在做出裁决前，可以进行调解，调解达成协议的，仲裁庭应制作调解书或根据双方协议结果，制作裁决书。调解未达成协议的，由仲裁庭按照多数仲裁员的意见做出裁决；不能形成多数意见时，按首席仲裁员的意见做出裁决。

4)执行

调解书或裁决书生效后，当事人应当履行裁决。一方当事人不履行的，对方可向有管辖权的人民法院申请强制执行。

【特别提示】

注意比较仲裁与诉讼制度的区别以及它们在解决工程建设纠纷中的优势所在。

1.3.5 工程建设纠纷的诉讼

1. 工程建设纠纷与民事诉讼

诉讼是指在人民法院审判人员的主持下，依法解决当事人之间纠纷的一种活动。建设活动过程中所发生的工程建设纠纷大多是平等主体之间的纠纷，属于民事纠纷，因而往往依据

《中华人民共和国民事诉讼法》的规定来解决。

民事诉讼是指法院在当事人和其他诉讼参与人的参加下，依法解决民事纠纷的活动以及由这些活动产生的各种诉讼关系的总和。民事诉讼具有公权性、强制性和程序性等特征。

2. 民事诉讼的管辖

民事诉讼的管辖是指上下级人民法院之间和同级人民法院之间受理第一审民事案件的分工和权限。管辖权的确定有利于法院正确及时地行使审判权，及时解决纠纷。根据《中华人民共和国民事诉讼法》的规定，民事诉讼管辖有以下几种。

1）级别管辖

我国有四级法院组织，级别管辖就是要确定一个第一审民事案件应由哪一级法院管辖。通常来说，除法律规定由上级人民法院管辖的以外，第一审民事案件均由基层人民法院管辖。

2）地域管辖

地域管辖是指划分同级人民法院之间受理第一审民事纠纷案件的权限和分工，它又包括一般地域管辖、特殊地域管辖和专属管辖。一般地域管辖通常是以被告住所地或经常居住地为标准确定法院管辖；特殊地域管辖则以诉讼标的或当事人所在地来确定管辖法院；专属管辖是法律规定某些诉讼标的特殊案件由特定的人民法院管辖。

3）移送管辖

移送管辖是指没有管辖权的人民法院将已受理的案件移送给有管辖权的人民法院审理。接受移送的法院不得再自行移送。

4）指定管辖

有管辖权的人民法院由于特殊原因，不能行使管辖权的，或者两个以上人民法院因管辖权发生争议的，由上级人民法院指定管辖。

两个以上人民法院都有管辖权的案件，原告可以选择其中一个人民法院提起诉讼。原告向两个以上有管辖权的人民法院提起诉讼的，由最先立案的人民法院管辖。

3. 民事诉讼程序

1）第一审程序

第一审程序是人民法院审理第一审民事案件的诉讼程序。根据《中华人民共和国民事诉讼法》的规定，第一审程序主要包括以下几个诉讼阶段。

（1）起诉与受理。起诉是指原告因民事权益受到侵害或与他人发生争议，而向法院提出诉讼，请求法院行使审判权予以确认或保护的行为。起诉的条件有：原告必须是与本案有直接利害关系的自然人、法人或其他组织；有明确的被告；有具体的诉讼请求、事实、理由；属于人民法院受理民事诉讼的范围和受诉人民法院管辖。

受理是指人民法院通过对当事人的起诉进行审查，对符合法律规定条件的，决定立案审理的行为。人民法院受理当事人起诉后，诉讼时效即告中断，第一审程序的审理期限开始计算。

【知识链接】

诉讼时效的概念及相关规定。

诉讼时效

（2）审理前的准备。受理案件后，人民法院在开庭审理之前，承办案件的审判员应依法进行以下准备工作：送达起诉状副本和提出答辩状；告知当事人诉讼权利义务及合议庭组成人员；审阅诉讼材料，调查收集必要的证据；追加当事人。

(3)开庭审理。开庭审理是指在法院审判人员的主持下，在当事人和其他诉讼参与人的参加下，依法对案件进行实体审理并做出裁判的诉讼活动。

人民法院在开庭审理前，应当进行必要的准备工作。如在开庭3日前通知当事人和其他诉讼参与人；对于公开审理的案件，应当在3日前发布公告，公告当事人的姓名、案由以及开庭的时间、地点等。

法庭审理通常包括以下阶段：准备开庭；法庭调查；庭审辩论；评议调解征求和宣判。

2)第二审程序

第二审程序，也称上诉审程序，是指当事人不服地方各级人民法院未生效的第一审裁判，在法定期间内向上一级人民法院提起上诉而引起的诉讼程序。第二审程序并不是民事诉讼的必经程序，当事人的上诉是第二审程序发生的前提。

(1)上诉的提起与受理。凡是在第一审程序中具有实体权利的当事人都可能成为上诉人或被上诉人，具体对象如下：第一审程序中的原告和被告、共同诉讼人、诉讼代表人、有独立请求权的第三人以及一审法院的判决认定其承担责任的无独立请求权的第三人。上诉的期限，判决为15日，裁定为10日，均自判决书或裁定书送达之日起计算。

当事人提起上诉，符合法定条件的，法院均应受理。

(2)上诉的审理。对于上诉案件，二审法院应当组成合议庭，开庭审理，合议庭认为不需要直接开庭审理的，在事实核对清楚后，也可以径行判决、裁定。

(3)上诉的裁判。二审法院对上诉案件，经过审理，分情形做出驳回上诉、维持原判、依法改判、发回重审的裁判。二审法院的判决、裁定是终审的判决、裁定，一经做出即生效力。

3)审判监督程序

审判监督程序即再审程序，是指对已经发生法律效力的判决、裁定、调解书，人民法院认为确有错误，对案件再行审理的程序。根据引起该程序的主体不同，再审程序如下。

(1)基于人民法院行使审判监督权进行的再审。

(2)基于人民检察院的抗诉进行的再审。

(3)基于当事人申请所进行的再审。

人民法院按审判监督程序再审的案件，应裁定中止原判决的执行，另行组成合议庭进行审理。

4)督促程序

督促程序，又称债务催偿程序，是指人民法院根据债权人的申请，向债务人发出支付令，催促债务人在法定期限内向债权人清偿债务的法律程序。

债权人提出支付令的申请，必须符合以下条件：债权人请求债务人给付的标的必须是金钱或有价证券；请求给付的金钱或有价证券已到期且数额确定；债权人与债务人之间不存在对待给付义务；支付令能够送达债务人。

人民法院收到申请后，如认定该申请符合条件的，应在受理之日起15日内向债务人发出支付令。债务人应当在收到之日起15日内清偿债务。如债务人在法定期限内既不履行债务也不提出异议的，债权人可申请法院强制执行。如债务人在收到支付令15日内提出书面异议的，法院应终结督促程序，支付令失效。债权人可向人民法院起诉。

5)执行程序

执行程序是指人民法院的执行组织依照法定程序，对发生法律效力的法律文书确定的给付内容，以国家强制力为后盾，依法采取强制措施，迫使义务人履行义务的行为。执行程序是指保证具有执行效力的法律文书得以实施的程序。具体执行措施有：查询、冻结、划拨被执行人的存款，扣留、提取被执行人的收入，查封、扣押、拍卖、变卖被执行人的财产，搜查被执行人的财产，强制被执行人迁出房屋或退出土地等。

【特别提示】

第一审普通程序是最完整、全面的审判程序，其他审判程序中规定不明确的，按照普通程序的规定办理。

本章小结

本章从法的起源的角度阐述了法的概念，进而介绍了工程建设法律的概念、特征与作用，工程建设法律关系的概念与构成。在此基础上要求学生掌握引起建设法律关系发生、变更和消灭的原因即建设法律事实，以及法律责任的概念和主要的建设法律责任及其责任承担方式，工程建设纠纷的处理方式和程序。最后弄清楚法律规范、法律事实、法律关系以及法律责任之间的关系。法律规范是法律关系的依据；法律关系是法律事实的结果。

习 题

一、单项选择题

1. 在我国法律体系中，调整平等主体之间财产关系和法律关系的法律部门是(　　)。

A. 行政法　　B. 劳动法　　C. 经济法　　D. 民法

2. 下列关于法律效力等级排序正确的是(　　)。

A. 宪法>法律>行政法规>地方政府规章

B. 法律>行政法规>地方性法规>部门规章

C. 行政法规>部门规章>地方性法规>地方政府规章

D. 国际条约>宪法>地方性法规>司法解释

3.《招标投标法实施条例》是《中华人民共和国招标投标法》的(　　)。

A. 新法　　B. 特别法　　C. 下位法　　D. 司法解释

4. 下列法律事实中，属于法律事件的是(　　)。

A. 投标　　B. 签订合同　　C. 营业税改增值税　　D. 出借资质证书

5. 施工合同约定：“发生争议后，首先应经过调解解决”。合同履行中，因建设单位拖欠工程款，施工单位没有经过调解而直接起诉，人民法院(　　)。

A. 应当裁定不予受理　　B. 应当驳回起诉

C. 应当先行强制调解　　D. 应当受理

二、多项选择题

1. 关于规范性文件效力比较及处理，正确的是(　　)。

A. 行政法规的效力低于法律

B. 地方性法规的效力低于地方政府规章

C. 地方性法规在本辖区的效力高于法律

D. 部门规章与地方政府规章之间对同一事项的规定不一致时，由国务院裁决

E. 部门规章与地方性法规之间对同一事项的规定不一致时，由国务院裁决

2. 仲裁协议应当具备的内容有(　　)。

A. 仲裁事项

B. 具体的仲裁请求事实、理由

C. 仲裁委员会的住所地

D. 请求仲裁的意思表示

E. 选定的仲裁委员会

3. 某施工合同仅约定工程质量产生争议时由甲仲裁委员会仲裁。合同履行中，发包人与承包人在工程质量和工程价款上产生纠纷。承包人向甲仲裁委员会申请仲裁，发包人提出管辖异议，关于该案件仲裁受理的说法中，不正确的是(　　)。

A. 质量与结算争议均应由仲裁委员会受理

B. 合同仲裁条款约定无效

C. 双方必须签订补充仲裁协议

D. 双方协商不成，质量纠纷由甲仲裁委员会受理

4. 某施工合同约定：发生争议由仲裁委员会或有管辖权的人民法院管辖，根据该条款，对该争议案件享有管辖权的应为(　　)。

A. 合同履行地法院

B. 仲裁委员会

C. 合同签订地法院

D. 被告住所地法院

E. 原告住所地法院

5. 人民法院审理民事案件，法律规定不公开审理的是(　　)案件。

A. 涉及国家机密

B. 涉及个人隐私

C. 离婚

D. 涉及政府投资

E. 涉及商业秘密

三、简答题

1. 我国工程建设法律的渊源主要有哪些？

2. 工程建设法律有何作用？

3. 何为工程建设法律关系？我国工程建设法律关系的主体有哪些？

4. 什么是工程建设法律事实？能引起工程建设法律关系产生、变更、消灭的法律行为有哪些？

5. 何为工程建设法律责任？工程建设法律责任的构成要件如何？

6. 我国处理工程建设法律纠纷的方式有哪些？诉讼程序是如何规定的？

四、案例分析题

某建筑公司与某学校签订一教学楼施工合同，明确施工单位要保质、保量、保工期地完

成学校的教学楼施工任务。工程竣工后，承包方向学校提交了竣工报告。学校为了不影响学生上课，还没组织验收就直接投入了使用。使用过程中，校方发现了教学楼存在的质量问题，要求施工单位修理。施工单位认为工程未经验收，学校提前使用出现质量问题，施工单位不应再承担责任。试问：

1. 本案中的建设法律关系三要素分别是什么？

2. 应如何具体地分析该工程质量问题的责任及责任的承担方式，为什么？

第1章 案例参考答案

【案例1-1】分析：

法律关系主体、法律关系客体和法律关系的内容是法律关系构成的三要素。建设法律关系的主体是建设法律关系的参加者，可以是自然人、公民、法人或其他组织等。

本案中涉及的主体有六保置业发展有限公司(甲)、大桥局设计院(乙)、四川瑞通工程建设工程有限公司(丙)、湖北顺成建设工程招标代理有限公司。

建设法律关系的客体是指建设法律关系主体享有的权利和承担的义务所共同指向的对象，包括物、行为、财产和非物质财富。本案中的客体有建设资金9600万元、施工单位的建设行为、招标代理行为和设计图纸。

建设法律关系的内容即建设法律关系主体享有的权利和应承担的义务。

【案例1-2】分析：

建设法律关系主体是建设法律关系的参加者，可以是自然人、公民、法人或其他组织。本案中涉及的主体有发电厂甲和施工单位乙。

建设法律关系客体是指建设法律关系主体享有的权利和承担的义务所共同指向的对象，包括物、行为、财产和非物质财富。本案中的客体有建设资金5000万元、施工单位的建设行为和不维修行为、已建好的厂房和设计图纸。

建设法律关系的内容即建设法律关系主体享有的权利和应承担的义务。本案中发电厂的权利是得到按期完成的保质保量的厂房，义务是按合同提供施工场地、设计图纸、按期支付工程款等；施工单位的权利是按合同得到工程款，义务是保质保量保工期完成发电厂厂房施工任务。

【案例1-3】分析：(略)

【案例1-4】分析：

(1)《中华人民共和国民事诉讼法》第五十条规定："双方当事人可以自行和解。"这种和解在法院做出判决前，当事人都可以进行。

(2)诉讼阶段的和解没有法律效力。本案中的开发商与施工企业和解后，可以请求法院调解。《中华人民共和国民事诉讼法》第九十七条规定："调解达成协议，人民法院应当制作调解书。""调解书经双方当事人签收后，即具有法律效力。"

(3)本案中，开发商与施工企业就诉讼的全部事宜达成和解并经法院制作调解书，经当事人签名盖章后产生法律效力，即结束诉讼程序的全部，并视为当事人撤销诉讼。

【案例启示】 诉讼中的和解是当事人在诉讼进行中互相协商，达成协议，解决双方的争执。这种和解在法院做出判决前，当事人都可以进行。当事人可以就整个诉讼标的达成协议，也可以就诉讼的个别问题达成协议。

第1章　习题答案

一、单选

1. D　2. A　3. C　4. C　5. D

二、多选

1. AD　2. ADE　3. ABC　4. AD　5. AB

三、简答(略)

四、案例分析

1. 本案中的建设法律关系主体是某建筑公司和某学校。客体是施工的教学楼。内容是主体双方各自应当享受的权利和应当承担的义务，具体而言是某学校按照合同的约定，承担按时、足额支付工程款的义务，在按合同约定支付工程款后，该学校就有权要求建筑公司按时交付质量合格的教学楼。建筑公司的权利是获取学校的工程款，在享受该项权利后，就应当承担义务，即按时交付质量合格的教学楼给学校，并承担保修义务。

2. 因为校方在未组织竣工验收的情况下就直接投入了使用，违反了工程竣工验收方面的有关法律法规。因此，一般质量问题，应由校方承担。但是，若涉及结构等方面的质量问题，还是应按照造成质量缺陷的原因分解责任。因为承包方已向学校提交竣工报告，说明施工单位的自行验收已经通过，学校教学楼仅供学校日常教学使用，不存在不当使用问题，因此，该教学楼的质量缺陷是客观存在的。承包方还是应该承担维修义务，至于产生的费用应由有关责任方承担，协商不成，可请求仲裁或诉讼。

第 2 章　建筑法概述

【职业能力目标】 通过学习，让学生获得建筑法规的基本知识，了解建筑法规的基本内容，掌握确保工程质量和安全的原则和依法从事建筑活动的基本原则。

【学习要求】 了解建筑法的适用的时间、空间及主体范围，熟悉建筑法的调整对象及适用的事项范围，熟悉建筑法立法的必要性及立法的目的；掌握建筑法立法宗旨、基本制度。

【案例 2-1】

某县一中学教学楼工程于 2011 年 7 月 6 日开工，2012 年 10 月 31 日竣工验收，2013 年 4 月 4 日正式投入使用。该工程为 5 层外廊式砖混结构，楼层为预应力多孔板混凝土梁结构。2013 年 6 月 5 日，校方发现部分大梁及 5 层多功能厅、阶梯教室挑梁出现不同程度的裂缝，最宽处达 1.5 mm 左右。虽未造成人员伤亡，但这起质量事故使整个工程正式投入使用时间延期近一年，直接经济损失 20 余万元，且造成了一定的负面影响。因此，省建设厅及该县建设局等有关部门非常重视，采取了一系列有效的措施保证师生的安全，并对事故进行认真的调查处理。经省质量安全监督总站组织专家对事故进行全面分析鉴定，并经建设部建筑管理司质量技术处、勘察设计司技术质量处负责同志现场察看，一致认为，造成质量事故的主要原因是：施工图设计文件未严格按该地区 6 度抗震设防的规定进行设计，结构体系不合理，整体性差，构造措施不符合要求；联营施工单位无资质施工，施工的梁不能满足设计强度等级的要求，梁的质量不均匀，离差太大。

根据《中华人民共和国建筑法》、国务院《建设工程质量管理条例》的有关规定，对该中学教学楼质量事故有关责任单位及责任人做出如下处理。

(1)责令事故主要责任方规划设计院停业整顿，整顿后经市建设局验收合格，方可承接新的设计任务；收回该项目设计负责人注册建筑师及结构工程师资格证书，五年内不得承担设计任务。

(2)对事故次要责任方建筑工程总公司给予黄牌警告，收回项目经理的项目经理资格证书，一年内不得担任施工项目经理。

(3)对未认真履行建设单位职责、向市建筑工程总公司介绍不符合条件的联营单位，与对事故负有一定责任的该中学，由该县县委、县政府调查处理。

(4)对既无施工企业资质，又无企业法人营业执照的县东关建筑队，由县政府依法查处。

(5)对在质量监督过程中把关不严的县质监站予以通报批评。

(6)事故造成的经济损失，待加固结束后由市建设局根据各方责任大小分担处理。

2.1　建筑法的立法目的

立法目的又称立法宗旨，任何一项法律制度或者政策性措施的出台，都有着明确的目的，《中华人民共和国建筑法》也不例外。

2.1.1 建筑法的概念

《中华人民共和国建筑法》第二条第二款规定："本法所称建筑活动，是指各类房屋建筑及其附属设施的建造和与其配套的线路、管道、设备的安装活动。"

建筑法有狭义和广义之分。狭义的建筑法是指 1997 年 11 月 1 日由第八届全国人民代表大会常务委员会第二十八次会议通过的，于 1998 年 3 月 1 日起施行的《中华人民共和国建筑法》。2019 年 4 月 23 日第三届全国人大常委会对该法进行了修订。该法是调整我国建筑活动的基本法律。它以规范建筑市场行为为出发点，以建筑工程质量和安全为主线，整部法律涵盖总则、建筑许可、建筑工程发包与承包、建筑工程监理、建筑安全生产管理、建筑工程质量管理、法律责任、附则等八章内容，确定了建筑活动中的一些基本法律制度。

由此可见，我们定义狭义的建筑法，仅指调整建筑活动的法律规范的总称，建筑活动是指各类房屋及其附属设施的建造和与其配套的线路、管道、设备的安装活动。

广义的建筑法，除《中华人民共和国建筑法》之外，还包括其他所有调整建筑活动的法律规范，由这些不同层次的调整建筑活动的法律规范即组成广义的建筑法，也就是第 1 章中工程建设法律的概念，它是依据建筑法所调整的社会关系的特殊性来定义的。

【知识链接】

本书第 1 章中的工程建设法律的概念。对比该章工程建设法律与本章建筑法两个概念。

2.1.2 建筑法立法的必要性

1. 范围广泛的建筑活动需要有统一的行为规则

人类在广泛的生产、生活领域中，总离不开建筑活动。居住是人类生存最基本的需求，人人享有适当的住房是人最基本的权利。随着社会经济的发展，生产经营领域的扩大，物质文化生活水平的提高，人们需要更多的房屋，对房屋的要求也会提高，从而使建筑活动的范围日趋广泛，并显得更为重要。因此，在建筑活动中需要确立统一的规则，以保证其有秩序地进行，从而为人类提供更多的、更好的房屋。

比如，从事建筑活动的条件，在建筑活动中所应遵循的行为规则，违背这些规则所应承担的责任等，都应当有明确、具体的规定，并且这些规定是具有普遍约束力的，必须遵守。这就需要为建筑活动制定法律，将建筑活动纳入法制的轨道，以促进建筑业健康发展。

2. 建筑活动中形成的复杂的社会经济关系必须依法调整

在建筑活动中，形成了错综复杂的社会经济关系，它们涉及的范围很广，又直接与各自的经济利益相关。比如，涉及建筑活动当事人的就有建设单位、建筑施工企业、勘察单位、设计单位和工程监理单位等，他们之间可以由建筑工程的勘察设计、发包承包、施工建造、建筑材料供给、工程监理、工程验收等事项而形成多方面的相互联结又相互制衡的权利义务关系。这一系列的不同内容、不同当事人之间的关系，都应当依据法律所确定的规则形成，这种关系的调整依据也应当是公认的有权威的规则，而不应当是某一方当事人的意愿，或者是某一个部门单方面的决定，只有这样才能公正有效地协调建筑活动中的经济关系，保护有关当事人的合法权益，保障建筑活动正常进行。因此，制定建筑法是必要的，它可以依法理顺并协调建筑活动中复杂的经济关系，并依法加以调整。

3. 维护建筑市场的秩序必须立法

建筑市场是一个很重要的市场，它的秩序如何直接关系到建筑业能否健康发展，建筑活动能否正常进行。更严重的问题是，如果建筑市场的秩序混乱，则会对人们的生命财产造成极大的危害，甚至会带来惨重的后果。

近几年来，以多种形式反映出来的违法违规行为很多。如：建筑领域中违法、违规现象大量发生；一大批不够资质条件或者根本就不具备资质条件的施工队伍进入建筑市场；对建筑工程项目倒手转包，层层盘剥，严重损害建设单位利益，致使建筑工程问题百出；出卖证照，乱借名义，滥收费用，串通勾结，越级设计、施工，强行分包，违规指定建筑材料供应商；未经许可，擅自施工，随意违反施工管理规定等。对于这些违法违规，扰乱建筑市场秩序的行为，必须整顿治理，一个强有力的手段就是以法律形式确立市场规则，建立建筑市场的法律秩序，并以严格执法为前提来维护建筑市场的秩序。这一切都表明必须制定建筑法，以建筑法为基本规范来建立一个规范有序的建筑市场。这对建筑业自身、对人民群众、对国家来说都非常必要。

4. 建筑工程质量和安全需要法律作保障

建筑工程投资大，使用期长，其质量和安全至关重要，是百年大计。长期以来，人们对建筑工程的质量与安全倍加关注，近几年来连续发生多起建筑质量与安全事故，造成多人伤亡，财产损失惨重，更是惊醒了亿万人。

5. 对建筑活动必须依法管理

在国家对社会经济事务的宏观监控活动中以及社会主义市场经济体制中，都必须对建筑活动实行依法管理，这就首先要求有法可依，要求在建筑领域中有一部反映国家意志，具有普遍约束力的建筑法，包括管理的权力、管理的范围、管理的体制、管理的条件、管理的程序等，使建筑业在法律的保障之下按照社会主义市场经济的要求良性发展。

【特别提示】

《中华人民共和国建筑法》中建筑活动的含义。

2.1.3　建筑法的立法目的

《中华人民共和国建筑法》第一条规定："为了加强对建筑活动的监督管理，维护建筑市场秩序，保证建筑工程的质量和安全，促进建筑业健康发展，制定本法。"此条即规定了《中华人民共和国建筑法》的立法目的。

1. 加强对建筑活动的监督管理

建筑活动是一个由多方主体参加的活动。没有统一的建筑活动行为规范和基本的活动程序，没有对建筑活动各方主体的管理和监督，建筑活动将是无序的。为保障建筑活动的正常、有序进行，必须加强对建筑活动的监督管理。

建筑业是国民经济的基础产业和支柱产业之一，与广大人民群众的生活和社会生产休戚相关。近年来，随着我国的城市建设、村镇建设、住宅建设的规模不断扩大，建筑业在国民经济和社会发展中的作用越来越重要。但建筑业在发展的过程中，还存在一些不容忽视的问题：建筑市场中主体行为不规范，在工程承发包活动中行贿受贿，将本应由一家或少数几家承包即可完成的建筑工程人为肢解发包，获取不正当利益；有的承包单位将承包的工程层层转包，牟取暴利；一些不具备从事建筑活动资质条件的包工队通过“挂靠”或者其他违法手段承包工程，留下严重的建筑质量隐患，破坏了建筑市场的正常秩序，房屋建筑工程质量低劣，以致频频发生房屋倒塌事故，造成恶劣的社会影响；有些建设行政管理部门的工作人员不认真履行监管职责，玩忽职守，徇私舞弊，给建筑活动中的违法行为开了方便之门，也为各种建筑安全质量事故的发生埋下了隐患。

对建筑业发展中存在的这些问题必须予以高度重视，采取有效措施加以解决。通过建筑法规定从事建筑活动和对建筑活动进行监督管理必须遵守的行为规范，以法律的强制力保证实施，为加强对建筑活动的有效监督管理提供法律依据和法律保障，是制定建筑法的重要目的。

2. 维护建筑市场秩序

建筑市场是社会主义市场经济的重要组成部分。我国在由计划经济向社会主义市场经济过渡的转轨时期，由于原有的管理体制还不适应改革开放和市场发育的需要，而新的管理体制又尚未有效建立，建筑市场曾出现了一些混乱现象，危及建筑工程的质量和安全，也影响了建筑业乃至市场经济的健康发展。因此，需要确定与社会主义市场经济相适应的新的市场管理体制。制定《中华人民共和国建筑法》就要从根本上解决建筑市场混乱的状况，确立建筑市场运行的基本规则，以维护建筑市场的市场秩序，这也是制定建筑法的重要目的之一。

为维护建筑市场的正常秩序，建筑法所规定的建筑市场运行的基本规则包括以下几点。

1）市场准入规则

《中华人民共和国建筑法》第十三条规定：“从事建筑活动的建筑施工企业、勘察单位、设计单位和工程监理单位，按照其拥有的注册资本、专业技术人员、技术装备和已完成的建筑工程业绩等资质条件，划分为不同的资质等级，经资质审查合格，取得相应等级的资质证书后，方可在其资质等级许可的范围内从事建筑活动。”

《中华人民共和国建筑法》第十四条规定：“从事建筑活动的专业技术人员，应当依法取得相应的执业资格证书，并在执业资格证书许可的范围内从事建筑活动。”

【知识链接】

本书第 3 章“建筑许可制度”。

2）市场竞争规则

《中华人民共和国建筑法》第十九条规定：“建筑工程依法实行招标发包，对不适于招标发包的可以直接发包。”

《中华人民共和国建筑法》第十六条规定：“建筑工程发包与承包的招标投标活动，应当遵循公开、公正、平等竞争的原则，择优选择承包单位。”

其他有关遵守市场竞争规则的法律规定。

3）市场交易规则

《中华人民共和国建筑法》第十五条规定：“建筑工程的发包单位与承包单位应当依法订立书面合同，明确双方的权利和义务。发包单位和承包单位应当全面履行合同约定的义务。不按照合同约定履行义务的，依法承担违约责任。”

【知识链接】

有关招标投标法律的规定，建筑市场的概念和相关内容。

3. 保证建筑工程的质量与安全

《中华人民共和国建筑法》第三条规定：“建筑活动应当确保建筑工程质量和安全，符合国家的建筑工程安全标准。”

建筑工程的质量与安全，是建筑活动永恒的主题，无论是过去、现在还是将来，只要有建筑活动的存在，就会存在建筑工程的质量和安全问题。建筑工程具有造价高、建设周期长以及一旦建成后将长期存在、长期使用等特点，与其他产品相比，其质量问题显得更为重要。建筑工程一旦发生质量问题，特别是建筑物的主体结构或隐蔽工程发生质量问题，将因难以弥补而造成巨大的经济损失。同时，建筑工程作为供人们居住或公众使用的场所，如果存在危及安全的质量问题，可能会造成重大的人身伤亡和财产损失。“百年大计、质量第一”，这是从事建筑活动必须始终坚持的基本准则。《中华人民共和国建筑法》将保证建筑工程的质量和安全作为本法的立法宗旨和立法重点，从总则到分则做了若干重要规定，这对严格贯彻执行《中华人民共和国建筑法》，从而确保建筑工程的质量和安全具有重要意义。

4. 促进建筑业健康发展

促进建筑业健康发展是通过建筑立法所要达到的第四个目的，也是最终目的。法律作为上层建筑，是为经济基础服务的，是为促进社会生产力发展服务的。建筑业是国民经济的重要物质生产部门，是国家重要支柱产业之一。建筑活动的管理水平、效果、效益，直接影响到我国固定资产投资的效果和效益，从而影响国民经济的健康发展。为了保证建筑业在经济和社会发展中的地位和作用，同时也是为了解决建筑业发展中存在的问题，迫切需要制定《中华人民共和国建筑法》，确立从事建筑活动必须遵守的基本规范，依法加强对建筑活动的监督管理，以促进建筑业健康发展，适应社会主义现代化建设的需要。这里讲的促进建筑业的“健康发展”，不仅包括对建筑业在发展速度和经济效益方面的要求，更重要的是对建筑业在确保工程质量和安全方面的要求。我国建筑业只有真正做到在“质量好、效益高”的基础上得到持续的、稳定的、快速的发展，才符合《中华人民共和国建筑法》对建筑业健康发展的要求。

【特别提示】

建筑市场、安全、质量三者构成建筑法的基本内容，《中华人民共和国建筑法》正是以市场管理为中心，以建筑工程质量和安全为重点，以加强对建筑活动的监督管理为主线而设置法律条文框架的。制定建筑法，确立从事建筑活动必须遵守的基本规范，依法加强对建筑活动的监督管理，其最终目的，是为了促进建筑业的健康发展，以适应社会主义现代化建设的需要。

2.2 建筑法的调整对象和适用范围

2.2.1 建筑法的调整对象

建筑法的调整对象就是建筑法律关系。在建筑活动中，形成了错综复杂的社会关系，法律对其中具有重要意义的社会关系加以调整和规范，形成建筑法律关系。建筑法律关系按其法律性质可以分为两大类：建筑民事法律关系和建筑行政法律关系。建筑民事法律关系是指横向的平等主体之间在建筑活动中发生的受民法调整的权利义务关系。建筑行政法律关系是指纵向政府及其职能部门作为行政管理者与行政相对应人即从事建筑活动的主体(如从事建筑勘察、设计、施工、监理等活动的自然人、法人)之间，因政府及其职能部门对建筑活动进行行政管理和监督而形成的各种行政法律关系。

【特别提示】

《中华人民共和国建筑法》第二条第二款规定，本法所称建筑活动，是指各类房屋建筑及其附属设施的建造和与其配套的线路、管道、设备的安装活动。因此，《中华人民共和国建筑法》调整对象所称的“建筑活动”不包括建设活动的全过程，只包括建设活动的一部分，主要指建造与安装活动。为什么只规定建造与安装而不包括其他活动呢？主要考虑到有关问题正在立法，比如对于设计活动，有关部门正在起草设计法。对于投资活动，有关部门正在起草投资法。但是，这里需要指出的是，有关问题由于与建造、安装紧密相关，对有关内容也适当做了规定。例如对设计就规定了从事设计活动必须具有一定的资质条件，设计应当保证工程的安全性能，设计的质量必须符合国家有关建筑工程安全标准的要求，设计单位要对设计的质量负责，设计单位对于设计文件中的材料选用不得指定生产厂家与供应商，设计单位违法设计应承担相关法律责任，等等。

【知识链接】

法律的调整对象及其确定。

2.2.2 建筑法的适用范围

法律的适用范围，也称法律的效力范围，包括法律的空间效力，即法律适用的地域范围；法律的时间效力，即法律从什么时候开始生效和什么时候失效；法律对人的效力，即法律对什么人(指具有法律关系主体资格的自然人、法人和其他组织)适用；法律对事项的效力，即法律对哪些事项适用。

1. 建筑法适用的空间范围

《中华人民共和国建筑法》第二条规定：“在中华人民共和国境内从事建筑活动，实施对建筑活动的监督管理，应当遵守本法。”

据此，建筑法适用的地域范围(或称空间效力范围)，是中华人民共和国境内，即中华人民共和国主权所及的全部领域内。

法律空间效力范围的普遍原则，是适用于制定它的机关所管辖的全部领域。建筑法作为我国最高权力机关的常设机构——全国人大常委会制定的法律，其适用的地域范围是中华人民共和国境内，即中华人民共和国主权所及的全部领域内。

【知识链接】

我国对境内的香港特别行政区和澳门特别行政区实行“一国两制”，按照我国香港、澳门两个特别行政区基本法的规定，只有列入特别行政区基本法附件三的法律，才能在特别行政区适用。

2. 建筑法适用的时间范围

《中华人民共和国建筑法》第八十五条规定：“本法自 1998 年 3 月 1 日起施行。自该日起，凡在我国境内进行房屋建筑活动，都必须遵守建筑法规定；过去制定的有关房屋建筑的法规、规章与建筑法规定不一致的，应以建筑法为准。《中华人民共和国建筑法》施行以前发生的行为，按照法不溯及既往的原则，不适用本法规定。”

3. 建筑法适用的主体范围

《中华人民共和国建筑法》适用主体的范围是一切从事建筑活动的主体和各级依法负有对建筑活动实施监督管理的政府机关。包括：

(1) 从事建筑工程的勘察、设计、施工、监理等活动的国有企业事业单位、集体所有制的企业事业单位、中外合资经营企业、中外合作经营企业、外资企业、私营企业、合伙企业以及依法可以从事建筑活动的个人。以上单位和个人不论其经济性质如何、规模大小，只要从事《中华人民共和国建筑法》规定的建筑活动，都应遵守《中华人民共和国建筑法》的各项规定，违反规定的行为将受到法律的追究。

(2) 各级依法负有对建筑活动实施监督管理的政府机关。包括建设行政主管部门和其他有关主管部门，都应当依照《中华人民共和国建筑法》的规定，对建筑活动实施监督管理。这些政府机关及其工作人员不依法履行职责、玩忽职守或滥用职权的，将受到法律的追究。

4. 建筑法适用的事项范围

1) 房屋建筑活动

《中华人民共和国建筑法》第二条规定：“本法所称建筑活动，是指各类房屋建筑及其附属设施的建造和与其配套的线路、管道、设备的安装活动。”房屋建筑是指具有顶盖、梁柱和墙壁，供人们生产、生活等使用的建筑物，包括民用住宅、厂房、仓库、办公楼、影剧院、体育馆、学校校舍等各类房屋。附属设施是指与房屋建筑配套建造的围墙、水塔等附属物。所谓的配套的线路、管道、设备的安装活动是指与房屋建筑直接有关的通信、供水、供电、供暖、煤气、天然气、电梯、消防等线路、管道和设备的安装活动。其他专业建筑工程，如铁路、公路、机场、港口、矿井、水库、通信线路等的建筑活动，另当别论。

2) 建筑装修活动

《中华人民共和国建筑法》第四十九条规定：“涉及建筑主体和承重结构变动的装修工程，建设单位应当在施工前委托原设计单位或者具有相应资质条件的设计单位提出设计方案；没有设计方案的，不得施工。”

涉及建筑主体和承重结构变动的装修工程，应当依照《中华人民共和国建筑法》第四十九条规定进行。不涉及建筑主体和承重结构的装修装饰工程，则不包括在《中华人民共和国建筑法》的调整范围之内。如果是建造过程中的装修，则属于建造活动的组成部分，适用《中华人民共和国建筑法》。

3)其他适用事项

(1)《中华人民共和国建筑法》某些规则适用于其他专业建筑工程的建筑活动。

《中华人民共和国建筑法》第二条规定："本法所称建筑活动，是指各类房屋建筑及其附属设施的建造和与其配套的线路、管道、设备的安装活动。"其他专业建筑工程，如铁路、公路、机场、港口、矿井、水库、通信线路等的建筑活动，由于其特点和技术上、质量上要求的不同，以及建设管理上也各有其主管部门，建筑法难以完全适用和解决对它们的监督管理问题。但这些专业建筑工程的建筑活动与各类房屋建造的建筑活动有共同性，为广义上的建筑活动的组成部分，在其共性方面，应当遵守共同的基本准则。《中华人民共和国建筑法》第八十一条规定："本法关于施工许可、建筑施工企业资质审查和建筑工程发包、承包、禁止转包，以及建筑工程监理、建筑工程安全和质量管理的规定，适用于其他专业建筑工程的建筑活动，具体办法由国务院规定。"

【特别提示】

关于各专业建筑工程建筑活动的法律适用问题，除了应依照《中华人民共和国建筑法》第八十一条适用《中华人民共和国建筑法》的有关规定外，还须执行其他有关法律中有关专业建筑活动的规定。如进行铁路、公路、机场、煤矿、电力设施等专业建筑工程的建筑活动，就应该执行《中华人民共和国铁路法》《中华人民共和国公路法》《中华人民共和国民用航空法》《中华人民共和国煤炭法》《中华人民共和国电力法》的有关规定。

(2)小型房屋建筑工程参照建筑法执行。

《中华人民共和国建筑法》第八十三条规定："省、自治区、直辖市人民政府确定的小型房屋建筑工程的建筑活动，参照本法执行。"所谓"参照执行"就意味着可以部分执行以及根据具体情况予以变通执行。当然，对于建筑法的一些基本规则，如有关施工企业资质、安全和质量管理等，应当依照执行；而对一些非原则性的规则，可参照执行。例如，建筑法有关建筑活动监督管理的规定，对一些规模较小的房屋建筑来说，难以全部适用，参照执行比较符合实际。可以参照执行建筑法的小型房屋建筑的具体标准，建筑法授权由各省、自治区、直辖市人民政府予以确定。

【知识链接】

建筑法的调整对象和适用范围的区别及联系。

2.2.3 不适用建筑法的几种特殊情形

1. 依法核定作为文物保护的纪念建筑物和古建筑等的修缮

《中华人民共和国建筑法》第八十三条规定："依法核定作为文物保护的纪念建筑物和古建筑等的修缮，依照文物保护的有关法律规定执行。"

依法核定作为文物保护的纪念建筑物和古建筑等的修缮，与一般的房屋建筑工程有较大的不同，除了"必须遵守不改变文物原状的原则"等特殊要求外，在管理上也有所不同。因此，本条规定对依法核定作为文物保护的纪念建筑物和古建筑等的修缮，应当依照文物保护的有关法律规定执行。这里所说的"依法核定作为文物保护的纪念建筑物和古建筑"是指依照《中华人民共和国文物保护法》的规定，经有关主管机关按法定权限和程序确定作为文物保护单位的纪念建筑物和古建筑。

【知识链接】

《中华人民共和国文物保护法》的相关规定。

2. 抢险救灾及其他临时性房屋建筑和农民自建低层住宅

《中华人民共和国建筑法》第八十三条规定："抢险救灾及其他临时性房屋建筑和农民自建低层住宅的建筑活动，不适用本法。"

抢险救灾及其他临时性房屋建筑，因其具有的时效性、临时性和简易性等特点，不可能也没有必要按照本法的规定进行管理。农民在农村自建的低层住宅，量大面广，情况千差万别，目前仍以较为简易的居多，要将这类农村自建住宅都纳入国家的行政管理之中，目前难以做到，且从执法成本考虑，也没有必要。因此本条规定，这两类房屋建筑不适用本法规定。这里需要指出的是，农民自建低层住宅的建筑活动，虽不适用建筑法，但仍须遵守有关安全、质量的基本规则及相关行政法规、规章和地方性法规的规定。

3. 军用房屋建筑工程建筑

《中华人民共和国建筑法》第八十四条规定："军用房屋建筑工程建筑活动的具体管理办法，由国务院、中央军事委员会依据本法制定。"

因军用房屋建筑工程有其特殊性，除建筑法有关建筑活动的各项基本制度和基本规范仍适用于军用房屋建筑外，军用房屋建筑工程具体管理应由军队依法自行实施，具体管理办法由国务院和中央军事委员会依据本法制定。

纪念建筑物、古建筑相关概念

【知识链接】

纪念建筑物、古建筑、抢险救灾工程、临时性房屋建筑、军用房屋建筑工程的概念及相关知识。

2.3　建筑法的基本原则

【案例 2-2】

2012 年 7 月 15 日，建设单位与甲建筑公司签订《工程施工合同》，将人民路 1 标工程发包给甲建筑公司，合同价款暂定 1900 万元。2012 年 9 月 29 日，甲建筑公司未经建设单位同意，与乙建筑公司签订《工程合同》，乙建筑公司以包工方式承包人民路 1 标工程，价款暂估为 500 万元。之后，甲、乙两公司又签订了《工程补充合同》，约定补充合同造价为 480 万元。工程合同签订后，甲建筑公司成立了人民路 1 标项目经理部，并刻制"人民路 1 标项目经理部"专用章，但将该项目经理部专用章交乙建筑公司掌管，并由乙建筑公司组织管理班子负责该工程项目的实际施工管理。

2012 年 12 月 10 日，乙建筑公司与丙建筑公司签订《工程施工合同》，将人民路 1 标工程发包给丙建筑公司，合同价款暂定 1000 万元，最终的工程造价以审计为准，结算依据为 1999 年市政定额，按总包方与发包方决算后总造价下浮 17%。丙建筑公司于 2012 年 8 月 16 日与"包工头"李某签订了《内部承包协议》，约定由李某具体承包人民路 1 标工程，承包费用按丙建筑公司的决算总造价下浮 5%作为各项管理费用。李某支付履约保证金 50 万元，在每次支付工程款时按比例抵扣 5%的管理费；合同总造价暂定 1000 万元，决算时按实际工程量调整。内部承包协议签订后，李某向丙建筑公司交付工程保证金 50 万元，由丙建筑公司出具收据，同时组织人员进行施工。

2013 年 11 月 29 日，人民路 1 标工程通过竣工验收，质量等级为合格。工程竣工后，工程造价经审定为 1020 万元。建设单位已实际支付甲建筑公司工程款 990 万元；甲建筑公司已实际支付乙建筑公司工程款 800 万元；乙建筑公司支付丙建筑公司工程款 470 万元，直接支付李某 200 万元；丙建筑公司支付李某工程款 300 万元。李某交付履约保证金 50 万元已抵扣为丙建筑公司的管理费。因工程款支付未到位，李某向政府主管部门进行了举报，并向人民法院提起诉讼追讨工程款。

问题：

(1) 在本案的工程承包活动中有哪些违法行为？

(2) 政府主管部门应对哪些单位进行处罚？如何进行处罚？

(3) 在本案中，哪些合同是无效的？李某的工程款应由哪些单位承担责任？

【知识链接】

本书第 4 章“建设工程发包与承包制度”。

建筑法的基本原则是指集中体现建筑法的本质和特征，贯穿于建筑立法、建筑执法和建筑活动的始终，具有普遍适用效力的指导思想和基本准则。建筑法的基本原则主要有保证工程质量和安全的原则与依法从事建筑活动的原则。

2.3.1 保证工程质量和安全的原则

《中华人民共和国建筑法》第三条规定：“建筑活动应当确保建筑工程质量和安全，符合国家的建筑工程安全标准。”

在建筑活动中确保建筑工程质量和安全，既要求建筑活动必须符合国家的建筑工程安全标准，包括有关建筑工程安全的国家标准和行业标准。依照《中华人民共和国建筑法》和《中华人民共和国标准化法》的规定，凡是依法制定的有关建筑工程安全的国家标准和行业标准，包括列入国家标准或行业标准的有关建筑工程安全的勘察、设计、施工、验收的技术规范、技术要求和方法，都属于强制性标准，各有关方必须严格遵照执行。例如：建筑工程的建设单位不得以任何理由，要求建筑设计单位或者施工企业在工程设计或施工作业中，违反有关建筑工程安全的国家标准和行业标准的规定，降低工程质量；建筑工程的勘察、设计单位和施工企业，必须按照国家或行业有关建筑工程安全标准的要求进行勘察、设计和施工；建筑工程监理单位也必须按照安全标准进行工程监理。

建筑工程安全的国家或行业标准，是保障建筑工程安全的基本要求，建筑工程的发包方和承包方可以在合同中约定高于国家标准或行业标准的工程质量要求，但不得以合同约定低于国家或行业安全标准的质量要求。

【知识链接】

建筑安全生产监督管理“两法一条例”，即《中华人民共和国建筑法》《中华人民共和国安全生产法》和《建筑工程安全生产管理条例》；有关建筑工程安全和质量的国家标准和行业标准的相关内容。

2.3.2 依法从事建筑活动的原则

《中华人民共和国建筑法》第五条规定："从事建筑活动应当遵守法律、法规，不得损害社会公共利益和他人的合法权益。任何单位和个人都不得妨碍和阻挠依法进行的建筑活动。"

1. 建筑活动应当遵守法律、法规

建筑活动直接涉及人民的生活和生产，国家必须对建筑活动进行有效的管理。建筑法律法规将建筑活动中的经济事实表现为法律事实，用法律形式来规范人们在建筑活动中的行为，这是国家管理建筑活动的重要途径。从事建筑活动的人除应当遵守《中华人民共和国建筑法》外，还应当遵守其他有关的法律、法规。特别是与工程建设密切相关的《中华人民共和国土地管理法》《中华人民共和国城乡规划法》《中华人民共和国城市房地产管理法》及相关行政法规的规定。

【知识链接】

《中华人民共和国土地管理法》《中华人民共和国城乡规划法》《中华人民共和国建筑法》和《中华人民共和国城市房地产管理法》的关联性。

2. 进行建筑活动，不得损害社会公共利益和他人的合法权益

在社会实际生活中，建筑活动往往与社会公共利益、他人合法权益有很大的关联性，如不加以注意，容易损害他人合法权益和社会公共利益。尤其要注意处理好相邻关系，不得因自己的建筑活动影响相邻他人的正常的通行、采光、排水等权益，不得因建筑噪声等影响他人的正常生活，使他人的身体健康权受到损害。

社会公共利益是指全体社会成员的共同利益。一般来说，损害社会公共利益的行为，是法律所禁止的行为。他人的合法权益，是指有可能因建筑活动受到损害的他人的民事权益，既包含他人的财产权益，也包含他人的人身权益。所谓"他人"，是指行为人以外的自然人、法人和其他组织等民事主体。从事建筑活动，不得损害他人合法权益，损害他人合法权益的，应当依法承担法律责任。

3. 合法进行的建筑活动受法律保护

《中华人民共和国建筑法》第五条规定："从事建筑活动应当遵守法律、法规，不得损害社会公共利益和他人的合法权益。任何单位和个人都不得妨碍和阻挠依法进行的建筑活动。"

合法进行的建筑活动受法律保护，任何单位和个人不得妨碍或阻挠依法进行的建筑活动。例如，在因国家建设而进行的建筑活动中，需要搬迁的单位或个人，在依法得到合理安置和补偿后，应当及时搬迁，不得漫天要价，提出不合理的要求，不得拒不搬迁，不得妨碍和阻挠建筑活动的正常进行。此外，承包方不得凭借地利等因素，强行承揽工程建造安装，或材料供应，来牟取不法利益，妨碍或阻挠依法进行的建筑活动。

4. 对建筑活动的监督管理必须依法进行

从事建筑活动固然要严格遵守法律法规的规定，政府对建筑活动的管理和监督也要严格依照法律、法规的规定进行。依据《中华人民共和国建筑法》第六条的规定，国务院建设行政主管部门(按现行国务院的机构设置，是指中华人民共和国住房和城乡建设部)对全国建筑活

动实施统一的监督管理。

建设行政主管部门和有关主管部门对建筑活动的监督管理，必须依照法律、行政法规的规定进行，管理的权力、范围、体制、程序等，都要严格遵守法律的规定。建设行政主管部门和有关主管部门的主要职责包括：对建筑活动从业者的资质依法进行审查；监督建筑市场按照法定规则运行，维护平等竞争的市场秩序；对建筑工程的质量和安全依法实施监督；对违法行为依法实施行政处罚等。建设行政主管部门和有关主管部门必须依照法律的规定，认真履行监督管理职责。不依照法律的规定履行监督管理职责，玩忽职守、徇私舞弊或者滥用职权、违法行政的，将依法追究其法律责任。

2.3.3 建筑法的其他原则

1. 国家扶持建筑业的发展

《中华人民共和国建筑法》第四条规定："国家扶持建筑业的发展，支持建筑科学技术研究，提高房屋建筑设计水平，鼓励节约能源和保护环境，提倡采用先进技术、先进设备、先进工艺、新型建筑材料和现代管理方式。"

2. 国家支持建筑科学技术研究，提倡采用先进技术、先进设备、先进工艺、新型建筑材料和现代管理方式，支持鼓励提高房屋建筑设计水平

大力发展建筑科学研究和推广应用，加快采用先进技术、先进设备、先进工艺、新型建筑材料和现代管理方式的步伐，是一项重要而紧迫的任务。建筑法确立了国家支持建筑科学技术研究的原则，但还需要政府及有关部门制定具体的措施和政策来加以落实。

3. 国家鼓励在建筑活动中节约能源，保护环境

能源是国民经济发展的物质基础。在建筑物的设计、施工等环节，都应按照有关规定和节能技术标准的要求，做好建筑节能工作。保护环境是我国的基本国策，在建筑活动中要坚持保护环境的原则。

2.4 建筑法所确立的五项基本制度

【案例 2-3】

某市房地产开发有限责任公司 2015 年在开发某生态住宅区项目中，未依法取得施工许可证就擅自开工，不依法办理图文审查，规避应招标的工程招标，并将工程发包给无资质的设计单位设计和无资质的个人施工，不依法办理质量监督手续，施工现场管理混乱，存在严重的质量安全隐患，从而导致 2 死 3 伤的四级重大事故。

以上事例反映了我国建筑市场在某些环节上存在的管理混乱的状况。这一血的教训充分体现了建筑法律与制度对保证建筑工程的质量和安全，促进建筑业健康发展的必要性与重要性。

请思考该事例存在的违规行为有哪些？

《中华人民共和国建筑法》是一部规范建筑活动的重要法律。它以规范建筑市场行为为起点，以建筑工程质量和安全为重点，确立了建筑活动中五项基本制度。

2.4.1　建筑许可制度

《中华人民共和国建筑法》第七条规定："建筑工程在开工前，建设单位应当按照国家有关规定向工程所在地县级以上人民政府建设行政主管部门申请领取施工许可证；但是，国务院建设行政主管部门确定的限额以下的小型工程除外。按照国务院规定的权限和程序批准开工报告的建筑工程，不再领取施工许可证。"

实行建筑许可制度，旨在有效地保证建筑工程的质量和安全，也是国际上的通行做法，如日本、韩国、挪威、英国、德国以及我国台湾地区的建筑立法，都明确地规定了建筑许可制度。建筑许可制度包括建筑工程报建制度、建筑工程施工许可制度和从业单位资质许可制度、专业技术人员执业资格许可制度。

《中华人民共和国建筑法》第十三条规定："从事建筑活动的建筑施工企业、勘察单位、设计单位和工程监理单位，按照其拥有的注册资本、专业技术人员、技术装备和已完成的建筑工程业绩等资质条件，划分为不同的资质等级，经资质审查合格，取得相应等级的资质证书后，方可在其资质等级许可的范围内从事建筑活动。"

《中华人民共和国建筑法》第十四条规定："从事建筑活动的专业技术人员，应当依法取得相应的执业资格证书，并在执业资格证书许可的范围内从事建筑活动。"

实践证明，实行施工许可制度，既可以监督建设单位尽快建成拟建项目，防止闲置土地、影响社会公众利益；又能保证建设项目开工后能够顺利进行，避免由于不具备施工条件盲目"上马"，给参与建筑工程的各方造成不必要的损失；同时也有助于建设行政主管部门对在建项目实施有效的监督管理。实行从业资格制度，有利于保证从事建筑活动的单位和个人的素质，提高建筑工程的质量，确保建筑工程的安全生产。

【知识链接】

本书第 5 章"建筑许可制度"；以及《中华人民共和国建筑法》第二章"建筑许可"。

2.4.2　建筑工程发包与承包制度

《中华人民共和国建筑法》第十六条第一款规定："建筑工程发包与承包的招标投标活动，应当遵循公开、公正、平等竞争的原则，择优选择承包单位。"

实行建筑工程发包与承包制度，一改传统的计划分配任务体制，建设单位、勘察、设计单位和建筑业企业通过市场竞争来选择建筑工程的承包者，这是发展社会主义市场经济的客观要求。因此，《中华人民共和国建筑法》规定应当实行建筑工程发包与承包制度，并针对建筑工程发包与承包中存在的突出问题，规定了建筑工程发包与承包应当遵循的基本原则以及行为规范，如实行招标发包和直接发包的要求，不得违法将建筑工程肢解发包，总承包单位分包时须经建设单位认可，禁止承包单位将其承包的建筑工程转包给他人等。

《中华人民共和国建筑法》第二十四条规定："提倡对建筑工程实行总承包，禁止将建筑工程肢解发包。"

建筑工程发包与承包作为构成建筑工程承发包商业活动不可分割的两个方面，是指建设单位或者招标代理单位(发包方)通过招标方式将待完成的勘察、设计、施工等工作的全部或其中一部分委托施工企业、勘察、设计单位等(承包方)去完成，并按照双方的约定支付一定的报酬，通过合同确定双方当事人的权利义务的一种法律行为。

建筑工程的发包单位可以将建筑工程的勘察、设计、施工、设备采购一并发包给一个工程总承包单位，也可以将建筑工程勘察、设计、施工、设备采购的一项或者多项发包给一个工程总承包单位；但是，不得将应当由一个承包单位完成的建筑工程肢解成若干部分发包给几个承包单位。

【知识链接】

本书第 4 章“建设工程发包与承包制度”；以及《中华人民共和国建筑法》第三章“建筑工程发包与承包”。

2.4.3 建筑工程监理制度

《中华人民共和国建筑法》第三十条规定：“国家推行建筑工程监理制度。国务院可以规定实行强制监理的建筑工程的范围。”

实践证明，在我国推行建筑工程监理制度，对于控制建设投资和建设工期，保证建筑工程的质量和建筑安全生产，具有重要的意义和作用。在国际上，实行建筑工程监理制度早已成为通行的做法，许多发达国家(如美国、日本等国家)等已经形成一套完整的法律制度。

依据《中华人民共和国建筑法》第三十二条第一款的规定，建筑工程监理应当依照法律、行政法规及有关的技术标准、设计文件和建筑工程承包合同，对承包单位在施工质量、建设工期和建设资金使用等方面，代表建设单位实施监督。因此，在我国建筑工程监理只是指工程监理单位受建设单位的委托，按照合同约定，对建筑工程实施管理，收取一定酬金，并对建设单位负责的一种行为。其主要任务是：控制建设投资、建设工期和建筑工程的质量，保障建筑工程合同的实施，协调有关单位间的工作关系。

实行建筑工程监理制度是我国建筑领域中管理体制改革的重大举措之一，也是社会主义市场经济发展的客观要求。我国自 1988 年开始推行建筑工程监理制度，至今已在全国全面执行。《中华人民共和国建筑法》在总结我国推行建筑工程监理制度实践经验的基础上，借鉴和吸收国际上的通行做法，明确规定了建筑工程监理的任务、工程监理单位的资质、责任以及有关要求等。

【知识链接】

本书第 5 章“建设工程监理制度”；以及《中华人民共和国建筑法》第四章“建筑工程监理”。

2.4.4 建筑安全生产管理制度

《中华人民共和国建筑法》第三十六条规定：“建筑工程安全生产管理必须坚持安全第一、预防为主的方针，建立健全安全生产的责任制度和群防群治制度。”

建筑安全生产管理制度通常由安全生产责任制度、安全技术措施制度、安全教育制度、安全检查制度、政府安全监督管理制度和伤亡事故报告制度等组成。安全生产责任制度是建筑安全生产各项制度的核心，安全技术措施制度是建筑安全生产的条件，安全教育制度是建筑安全生产的前提，政府安全监督管理制度和安全检查制度是建筑安全生产的保障，而伤亡事故报告制度是调查处理事故的基础。

《中华人民共和国建筑法》第三十七条规定："建筑工程设计应当符合按照国家规定制定的建筑安全规程和技术规范，保证工程的安全性能。"《中华人民共和国建筑法》中把建筑安全生产贯穿于建筑活动全过程，并规定进行全过程的监督管理，明确了建筑安全生产的基本方针。《中华人民共和国建筑法》根据建筑安全生产的特点和内容，在建筑活动的各个阶段、各个环节中，都紧扣安全问题加以规范。规定设计、施工应当符合建筑安全规程和技术规范，采取安全技术措施，施工现场应当实行封闭管理，建筑施工实行安全生产责任制度，建筑施工企业应当建立、健全安全生产教育培训制度，建筑行政主管部门对建筑安全生产实施管理，施工中发生事故要按规定向有关部门报告等。

建筑安全生产是建筑活动的生命线，建筑安全生产管理是建筑活动管理的最重要的内容之一。一般来说，建筑安全既有建筑产品自身的安全，也有其毗邻建筑物的安全，还包括施工人员的人身安全和施工安全。而建筑物的质量，最终往往是通过建筑物的安全和使用情况来体现的。由此可见建筑安全生产的重要性。

【知识链接】

本书第 6 章"建设工程安全生产管理制度"；以及《中华人民共和国建筑法》第五章"建筑安全生产管理"。

【特别提示】

建筑工程质量与安全的密切关系。

2.4.5 建筑工程质量管理制度

《中华人民共和国建筑法》第五十二条规定："建筑工程勘察、设计、施工的质量必须符合国家有关建筑工程安全标准的要求，具体管理办法由国务院规定。有关建筑工程安全的国家标准不能适应确保建筑安全的要求时，应当及时修订。"

《中华人民共和国建筑法》第五十三条规定："国家对从事建筑活动的单位推行质量体系认证制度。从事建筑活动的单位根据自愿原则可以向国务院产品质量监督管理部门或者国务院产品质量监督管理部门授权的经部门认可的认证机构申请质量体系认证。经认证合格的，由认证机构颁发质量体系认证证书。"

建筑工程质量监督制度是指由政府有关部门委托的专门机构对建筑工程质量进行的监督，其监督的依据是有关法律、法规、技术标准以及设计文件。实行建筑工程质量监督制度是工程质量管理工作的一项重要措施。为了保证建筑工程质量监督的有效进行，应当对从事建筑活动的单位进行质量体系认证制度，同时要明确勘察、设计单位、建筑施工企业和建筑材料、建筑构配件和设备供应单位在建筑工程质量方面的责任，还要严格实行建筑工程竣工验收制度，严把竣工验收关。此外，建筑工程交付使用后，要对建筑工程实行质量保修制度。

【知识链接】

《中华人民共和国建筑法》中法律责任的规定。

《中华人民共和国建筑法》第五十四条(建设单位)、第五十六条(建筑工程的勘察、设计单位)、第五十八条(施工单位)等，紧扣建筑活动的各个阶段的各个环节，明确规定了建筑活动各有关方面在保证建筑工程质量中的责任，并在建筑工程质量管理方面明确了以下几项制度。

(1)企业质量体系认证制度。

(2)企业质量责任制度。

(3)建筑工程竣工验收制度。

(4)建筑质量保修制度等。

此外，建筑法还规定了发生质量问题应当承担的法律责任。

【知识链接】

本书第7章“建设工程质量法律制度”；以及《中华人民共和国建筑法》第六章“建筑工程质量管理”。

建筑是国民经济的支柱产业，随着国民经济的发展，建筑业在国民经济和社会发展中的地位和作用越来越重要。《中华人民共和国建筑法》的颁布和实施，将为加强对建筑活动的监督管理，维护建筑市场的正常秩序，保证建筑工程的质量和安全，保护建筑活动当事人的合法权益等方面提供法律保障，使我国的工程建设和建筑业开始走上有法可依的轨道。

本章小结

本章重点涉及四部分内容：

1. 建筑法的含义，其立法的必要性及立法的目的。

2. 建筑法适用的时间、空间、主体及事项范围，建筑法的调整对象及不适用建筑法的几种特殊情形。

3. 建筑法对保证工程质量和安全的原则和依法从事建筑活动的相关规定。

4. 建筑法所确立的五项基本制度的内容，以引领后续章节内容。

习　题

一、选择题

1. 建筑活动应当确保建筑工程(　　)，符合国家的建筑工程安全标准。

A. 质量和速度　　B. 质量和安全　　C. 速度和安全　　D. 速度和效益

2. 省、自治区、直辖市人民政府确定的小型房屋建筑工程的建筑活动，(　　)执行。

A. 严格按照《中华人民共和国建筑法》

B. 参照《中华人民共和国建筑法》

C. 可不按照《中华人民共和国建筑法》

D. 可按照其他相关法律

3.《中华人民共和国建筑法》中所称建筑活动，是指各类(　　)建筑及其附属设施的建造和其配套的线路、管道、设备的安装活动。

A. 桥梁　　B. 铁路　　C. 道路　　D. 房屋

4. 建筑工程开工前，(　　)应当按照国家有关规定向工程所在地县级以上人民政府建设行政主管部门申请领取施工许可证。

A. 施工单位　　B. 建设单位　　C. 监理单位　　D. 设计单位

5. 无须按照《中华人民共和国建筑法》规定执行的有哪些？(　　)(多选)

A. 各自治区人民政府确定的小型房屋建筑工程

B. 作为文物保护的纪念性建筑物

C. 农民自建的低层住宅

D. 临时性房屋建筑

E. 军用房屋建筑工程

二、简答题

1. 什么是建筑法？

2. 工程建设立法的必要性表现在哪些方面？立法的目的是什么？

3. 为维护建筑市场的正常秩序，建筑法所规定的建筑市场运行的基本规则包括哪些？

4. 建筑法的调整对象是什么？

5. 建筑法的适用主体主要指的是什么？

6. 哪些事项适用于建筑法，哪些特殊的建筑工程不适用建筑法？

三、实训题

1. 通过互联网、学校图书馆等渠道收集一些典型的在全国、本省有影响的《中华人民共和国建筑法》方面的案例材料，将其改写成规范的建设法规案例，应包括案情概要、法理分析(案件焦点和主要法律问题分析)、案例启示等。在条件许可的情况下，可以小组为单位共同完成案例编写工作，并向老师和其他同学汇报工作成果。

2. 湖南省某小型建筑公司承包了港湖花园小区的施工建设，地下 2 层，地上 8 层。该公司在未取得施工许可证的情况下擅自进行施工，并把工程肢解发包给各个不同的单位。监理单位对于此事没有进行调查，仍睁一只眼闭一只眼，权当不知情，没有履行监理义务。在施工过程中，由于春节来临，部分安全人员放假回家，人手不够，工地的安全工作只有 4 个施工人员负责。在墙体施工过程中，左边墙体脚手架底部倒塌，造成站在脚手架上面的所有施工人员摔落，2 人死亡，12 人受伤。事后施工人员在请求赔偿后未得到施工单位回复，施工单位在报给安全生产监督管理部门时隐瞒了伤亡人数。该公司在扩招时，其三类人员缺乏安全生产考核合格证书的情况下仍担任公司各部门职务。

建设单位在工程施工的同时未向施工单位提供现场及相邻地区内供水、排水的情况，没有保证资料的真实完整。分包单位没有服从管理制度导致生产安全损失后，拒绝承担责任。施工单位在采用新设备时没有对施工人员进行培训。另外，建设单位为了赶工期，在设计图纸未经过有关部门核查的情况下交给施工单位进行施工。而在第三年，建设单位发现屋面出现漏水，于是要求施工单位保修，施工单位以合同中该项目工程预定的保修期为 2 年为由拒绝。

试分析该项目在实施过程中所存在的各种问题。

第 2 章　案例参考答案

【案例 2-1】分析：(略)

【案例 2-2】分析：

(1)在本案的工程承包活动中，违法行为有：a. 甲建筑公司是承包单位，未经建设单位同意将工程施工分包给乙建筑公司，由乙建筑公司组织管理班子并负责该工程项目的实际施工管理，既是违法分包，又可视作转包行为；b. 乙建筑公司承包工程后，不履行合同约定的责任和义务，不承担技术和经济责任，将其承包的全部工程转给丙建筑公司，是转包工程的违法行为，也违反了分包单位不得再分包的法律规定；c. 丙建筑公司允许"包工头"李某使用本企业的资质证书、营业执照，以本企业的名义承揽工程的行为，已构成允许他人以本企业名义承揽工程的违法行为。

(2)政府主管部门应依据有关法律、法规、规章对违法行为进行处罚：a. 对甲、乙建筑公司，应依据《中华人民共和国建筑法》《中华人民共和国招标投标法》以转包和违法分包的行为进行处罚，其转包、分包无效，处转包、分包项目金额5%以上10%以下的罚款；有违法所得的，并处没收违法所得；可以责令停业整顿，降低资质等级；情节严重的，吊销资质证书，由工商行政管理机关吊销其营业执照；b. 对乙建筑公司，还应以接受转包和违法分包工程的违法行为进行处罚，处以1万元以上3万元以下的罚款。c. 对丙建筑公司应以接受转包和违法分包行为处以1万元以上3万元以下的罚款，对允许他人以本企业名义承揽工程的违法行为处以没收违法所得(50万元)，并处以工程合同价款2%以上4%以下的罚款。

(3)在本案中，甲建筑公司与乙建筑公司签订的《工程合同》、乙建筑公司与丙建筑公司签订的《工程施工合同》以及丙建筑公司与李某签订的《内部承包协议》，均为无效合同。

至于对李某的工程欠款，首先应由丙建筑公司参照《内部承包协议》支付；其次，由乙建筑公司、甲建筑公司承担连带责任；最后，建设单位在该工程项目欠付工程款范围内承担还款责任。

【案例2-3】分析：(略)

第2章　习题答案

一、单选

1. B　2. B　3. D　4. B　5. BCDE

二、简答(略)

三、答案

1. (略)

2. ①建设单位没有施工许可证擅自施工，分解发包工程。

②监理单位没有对建设单位的违法行为进行制止，上报质量监督机构。

③安全工作未落实，安全员配备不足。发生安全事故未第一时间上报，且隐瞒伤亡人数。三类人员缺乏安全生产考核证书不得上岗。

④建设单位应当向施工单位提供与工程有关的原始资料，原始资料必须真实、准确、齐全。

⑤分包单位应当服从总包单位管理，对总包单位负责。

⑥设计图应当在审批后方可施工。

⑦房屋建筑工程质量保修办法规定房间漏水最低保修期为5年。

第 3 章　建筑许可制度

【职业能力目标】 通过学习，要求学生了解我国目前建设行业专业人员执业资格许可制度及相应的资格考试管理规定；能够正确选择职业资格、正确识别从业单位资质，掌握建设行业从业单位资质管理规定；掌握我国关于施工许可的有关规定。

【学习要求】 了解各职业资格考核的条件与取得的条件；理解单位资质的分类与取得条件；掌握施工许可的意义、程序。

【案例 3-1】

在山西省太原市，一些装修工程队或小公司，某些大的装修公司，或个别私家车车主挂靠汽车租赁公司，打着挂靠单位的旗号揽活，挂靠者多是“游击队”。

太原 XD 装饰公司的张经理说，为节省成本，不少装修公司都没有固定的工程队，只是让市场上的工程队甚至“游击队”以挂靠形式与其合作。这些工程队打着装修公司分部的名义招揽工程，当消费者与这些所谓的装修公司分部签约后，进行施工的就是这些工程队，并不是装修公司总部。张经理说，装修出了问题后，这些工程队往往会推脱责任，有的干脆就地消失，让消费者难以维权。

太原市汽车租赁协会王会长表示，目前，太原市私家车车主将车辆挂靠汽车租赁公司、由其租赁经营的现象比较多，一旦出了事故，消费者权益往往难以得到保障。如果发生重大事故，后果更难以想象。王会长提醒消费者，在租车时一定要向对方索取汽车租赁公司的营运许可证，在营运许可表内查询所租车辆是否进行了登记，如果没有登记则难以保障消费者的权益。

太原市工商局企业注册处的负责人介绍，挂靠经营是指企业、事业单位或自然人在一定时期内使用其他集体或企业法人名义对外从事经营活动的行为。“挂靠”是我国 20 世纪 80 年代特殊历史背景下的产物，那时的挂靠人在工商机关登记注册为集体性质，挂靠人的资金来源、管理模式、利润分配、风险承担等一般与被挂靠人无关。该负责人告诉记者，现在国家已经不允许挂靠人进行登记注册，只允许连锁经营和特许加盟经营。连锁经营和特许加盟经营与挂靠经营的区别在于，前者的管理及利润分配其总部是直接参与的，后者总部对挂靠人没有进行实质性的管理及利润分配。

这位负责人表示，现在有不少规模较大的公司设立的所谓分部、经营部，是由无资质的小公司甚至“游击队”挂靠建立的，大公司引进他们以壮声势，并从中得利。这些小公司以及“游击队”往往成为消费者申诉的重点对象。该负责人告诉记者，在企业登记注册或者年检时，这些挂靠经营形式是不会通过的。消费者如果遇到这种情况可以向工商机关举报，工商机关将对其进行查处。

山西志诚法律事务所的王律师说，挂靠经营行为从法律上讲，就是一些自然人、合伙组织利用企业法人的独立人格和资质，规避了国家法律政策对个体私营经济在税收、贷款、业务范围等方面的限制，并且利用所挂靠的企业法人的独立人格获得了自身难以取得的交易信用与经济利益的经营行为。

王律师说，被挂靠人不仅为挂靠人提供经营上的便利(比如出借执照、账号)，而且还获取利益。从法律上讲，被挂靠人实际是转让其企业资质和名称为挂靠人提供虚假证明。根据《企业年度检验办法》规定，企业在年检中隐瞒真实情况、弄虚作假的，企业登记机关应当责令限期改正并进行相应的处罚。

请思考：

市场经济条件下，从业单位资质管理在行业管理中的重要性。

3.1 工程报建与施工许可

在计划经济条件下，国家对基本建设的管理，主要是依靠政府计划和行政命令。在市场经济条件下，行业的规范发展，主要依赖于行业自律、行政监管以及行政许可等手段。

国家为了控制和规范竞争，就必须加强调控，建筑许可制度就是政府对建筑市场实施宏观管理的一个重要组成部分。建筑工程许可制度是市场经济的产物。它的实施既有利于规范建筑市场，维护社会经济秩序，保证建筑工程质量和生产的安全，也有利于保护建设法律关系当事人依法从事相关建筑活动的合法权益。

3.1.1 建筑工程报建制度

1. 建筑工程报建的范围和时间

工程报建制度，是指建设单位工程建设项目通过立项、可行性研究、项目评估等前期筹备工作后，向住房城乡建设主管部门报告前期工作结束，申请转入工程建设实施阶段，住房城乡建设主管部门依法对其进行审查，对符合发包条件的，准许其进行发包的制度。

1)报建的范围

凡在我国境内投资兴建的所有的工程建设项目，包括外国独资、合资、合作的工程建设项目，都必须实行报建制度，接受当地住房城乡建设主管部门或其授权机构的监督管理。

2)报建的时间

建筑工程报建应当在工程建设项目的可行性研究报告或其他立项文件批准后、建筑工程发包前进行。由建设单位或其代理机构，向工程所在地住房城乡建设主管部门或其授权的机构进行报建。

2. 建筑工程报建的内容和程序

1)工程报建的内容

建筑工程项目报建的内容主要有：工程名称、建设地点、投资规模、资金来源、当年投资额、工程规模、开工及竣工日期、发包方式和筹建情况等。

2)工程报建的程序

(1)建设单位或项目法人及其代理机构向住房城乡建设主管部门或其授权机构领取工程建设项目登记表。

(2)报建单位如实、认真填写工程建设项目登记表。

(3)报建单位向住房城乡建设主管部门或其授权机构报送工程建设项目登记表，并交验立项批准文件和建设工程规划许可证、土地使用证、投资许可证及资金证明。

(4)住房城乡建设主管部门或其授权机构审核报建文件、资料，对合格的，审核签署意见后，发还建设单位项目登记表，进入施工图文件审查程序。

3. 工程报建审批机关的职责

住房城乡建设主管部门或其授权机构在工程报建管理中须履行以下职责：

(1)严格依法、依政策管理建筑市场。

(2)管理监督工程建设项目的报建登记。

(3)对报建的工程建设项目进行核实、分类、汇总。

(4)向上级主管部门提供综合的工程建设项目的报建情况。

(5)查处隐瞒不报违章建设的行为。

【案例 3-2】

2013 年 5 月 12 日，某水泥厂与某建设公司订立了“建设工程施工合同”，双方约定：由某建设公司承建某水泥厂的第一条生产线主要厂房及烧成车间等配套工程的土建项目。开工日期为 2013 年 6 月 8 日。建筑材料由某水泥厂提供，某建设公司垫资 150 万元，在合同订立 15 日内汇入某水泥厂账户中。某建设公司付给某水泥厂 10 万元保证金，进场后再付 10 万元押图费，待图纸归还某水泥厂后再予退还。

合同订立后，某建设公司于同年 6 月前后付给某水泥厂 103 万元，某水泥厂退还 13 万元，实际占用 90 万元。其中 10 万元为押图费，80 万元为垫资费，比约定的垫资款少付 70 万元。同年 6 月某建设公司进场施工。后因某建设公司未按约支付全部垫资款及工程质量存在问题，双方产生纠纷；某建设公司于同年 8 月份停止施工。已完成的工程为：窑头基础混凝土、烟囱、窑尾、增温塔。

某水泥厂于同年 12 月向人民法院提出起诉。一审法院在审理中委托省建设质量安全监督总站对已建工程进行鉴定。结论为：窑头基础混凝土和烟囱不合格，应予拆除。还查明：某水泥厂在与某建设公司订立合同和工程施工时，尚未取得建设用地规划许可证和建设工程规划许可证。

问题：

(1)某水泥厂与某建设公司于 2013 年 5 月 12 日订立的施工合同是否有效？

(2)发包人某水泥厂是否属于违法建设？施工单位是否要承担一定的责任？

3.1.2　建筑许可

1. 建筑许可的概念

行政许可是一种需申请的具体行政行为，是国家行政机关实施社会管理的重要手段，是指行政管理机关根据个人、法人或其他组织的申请，依法准许其从事某种特定活动的行政行为，申请者的申请一旦获准，即依法获得了从事所申请行业活动的某种权利能力或从业资格。

建筑许可，是《中华人民共和国建筑法》中的重要规定，是住房城乡建设主管部门或其他行政主管部门根据建设单位和从事建筑活动的单位、个人的申请，依法准许公民、法人和其他组织从事建筑活动的具体行政行为。

根据《中华人民共和国建筑法》的规定，建筑许可包括 3 种法律制度：施工许可证制度、从事建筑活动单位资质管理制度、从事建筑活动个人资格管理制度。

建筑许可是国家对工程建设行为予以认可的法律规定，也是世界各国普遍采用的法律制度。在我国建筑许可的实施具有以下重要意义。

(1)有利于国家对基本建设的宏观调控，对从事建筑活动的单位和人员的总量进行控制。

(2)有利于规范建筑市场秩序，保证建筑工程质量和建筑安全生产。

(3)有利于保护建设单位、从事建设活动的其他单位和个人的合法权益。

建筑许可的规定

【知识链接】

《中华人民共和国建筑法》中相应的规定。

2. 建筑行政许可的性质、目的与特点

1)建筑行政许可的性质

建筑行政许可是国家为了实现对建筑市场的规范管理，而对建筑工程及从业人员实施的一种行政管理手段。有权实施建筑行政许可行为的机关，只能是住房城乡建设主管部门。住建部代表国家对从事工程建筑活动，且需要获得行政许可的公民、法人和其他组织实施建筑行政许可管理。

2)建筑行政许可制度实施的目的

政府实施建筑工程许可制度的目的在于，通过对建筑工程的开工以及对从事建筑活动的单位和个人的资格实行行政管理，实现政府对建筑市场的宏观管理和指导，从而使建筑市场能够健康地、有序地发展，使建筑行业真正成为带动社会经济发展的龙头。

3)建筑行政许可制度的特点

(1)建筑许可制度的强制性。建筑许可对于建筑活动的从业者来讲，是一种资格的准许和获得，对获准者来讲意味着准入；反之，对一般人来讲则是一种禁止。对于未取得建筑许可资格的，应依法严格禁止其进行与建筑许可有关的建筑活动。建筑工程开工和从事建筑活动，只有在符合特定条件的情况下才可进行；否则，就有可能受到相关法律法规规定的惩罚或制裁。因此，建筑许可制度具有强制性。

(2)建筑许可制度实施的被动性。建筑许可是依据建设单位或从事建筑活动的单位或个人的申请而做出的行政行为，它的实施以申请者的申请为前提，不是政府积极的、主动的行为，而是被动的行为。因此，建筑许可制度的实施具有被动性。

(3)建筑许可制度是事前控制制度。建筑许可制度的实施，可通过对建筑工程施工应具备的基本条件进行事前审查，以切实保证建筑工程开工后的顺利进行，避免不具备条件的建筑工程的盲目开工给相关当事人带来损失，并可能造成社会财富浪费的现象发生。因此，建筑许可制度是一种事前控制制度。

3. 建筑工程许可制度的作用

建筑工程许可制度是国际上有效保证建筑工程质量和安全的通行做法。世界上许多国家的建筑法都明确规定了建筑工程许可制度。《中华人民共和国建筑法》对建筑许可也做了相应的规定。实践证明，建筑工程许可制度的施行在工程建设过程中起到的积极作用，主要表现在以下几方面。

(1)建筑工程许可制度的实施，可以督促建设单位尽快实施和建成拟建项目，防止土地闲置，实现土地的有效集约利用，避免拟建工程可能出现的延期从而影响公众利益。

(2)建筑工程许可制度的实施，可以保证建筑工程项目开工后的顺利进行，避免由于不具备施工条件而盲目“上马”，给参与工程建筑的单位造成不必要的损失。

(3)建筑工程许可制度的实施，有助于建设行政主管部门对在建项目实施有效的监督管理，避免国家对建设工程管理的失控。

建筑工程施工许可证，是指建筑工程开始施工前建设单位向建设行政主管部门申请的允许可以施工的证明。实行建筑工程施工许可证制度，是我国政府对建设工程质量实行监督管理的两个主要手段之一(施工许可制度和竣工验收备案制度)。这项制度是由国家建设行政主管部门，在建筑工程施工前，对该项工程是否符合法定开工必要条件进行审查；对符合条件的建筑工程；允许其开工建设的制度。

一般情况下，新建、扩建、改建的建设工程，建设单位必须在开工前向工程所在地县级以上人民政府建设行政主管部门或其授权的部门申请领取建筑工程施工许可证。未领取施工许可证的单位不得开工。《中华人民共和国建筑法》第七条规定：“建筑工程在开工前，建设单位应当按照国家有关规定向工程所在地县级以上人民政府建设行政主管部门申请领取施工许可证；但是，国务院建设行政主管部门确定的限额以下的小型工程除外。按照国务院规定的权限和程序批准开工报告的建筑工程，不再领取施工许可证。”

建筑工程施工许可证制度是行政许可证制度的一种。行政许可证制度涉及两方面的主体：一方是行政机关，另一方则是申请人。就建筑工程许可证制度而言，这两方面主体分别是建设行政主管部门或有关专业部门和建设单位。

【特别提示】

施工许可证由建设单位负责申领。

建设单位申领施工许可证流程

3.1.3　施工许可证的申领范围

1. 需要办理施工许可证的建设工程

2019 年 4 月经修改后公布的《中华人民共和国建筑法》第七条规定，建筑工程开工前，建设单位应按照国家有关规定向工程所在地县级以上人民政府建设行政主管部门申请领取施工许可证；但是，国务院建设行政主管部门确定的限额以下的小型工程除外。按照国务院规定的权限和程序批准开工报告的建筑工程，不再领取施工许可证。

2020 年 9 月住房和城乡建设部经修改后发布的《建筑工程施工许可管理办法》进一步规定，在中华人民共和国境内从事各类房屋建筑及其附属设施的建造、装修装饰与其配套的线路、管道、设备的安装，以及城镇市政基础设施工程的施工，建设单位在开工前应当依照本办法的规定，向工程所在地的县级以上地方人民政府住房和城乡建设主管部门(以下简称发证机关)申请领取施工许可证。

2. 不需要办理施工许可证的建设工程

(1)限额以下的小型工程

按照《中华人民共和国建筑法》的规定，国务院建设行政主管部门确定的限额以下的小型工程，可以不申请办理施工许可证。

据此，《建筑工程施工许可管理办法》规定，工程投资额在 30 万元以下或者建筑面积在 300 m^2 以下的建筑工程，可以不申请办理施工许可证。省、自治区、直辖市人民政府行政主管部门可以根据当地的实际情况，对限额进行调整，并报国务院建设行政主管部门备案。

（2）抢险救灾等工程

《中华人民共和国建筑法》规定，抢险救灾及其他临时性房屋建筑和农民自建低层住宅的建筑活动，不适用本法。由于这几类工程各有其特殊性，因此，从实际出发，法律规定不需要办理施工许可证。

3. 不重复办理施工许可证的建设工程

为避免同一建设工程的开工由不同行政主管部门重复审批的现象，《中华人民共和国建筑法》规定，按照国务院规定的权限和程序批准开工报告的建筑工程，不再领取施工许可证。其中这里有两层含义：第一是实行开工报告批准制度的建设工程，必须符合国务院的规定，其他任何部门的规定无效；第二是开工报告与施工许可证不要重复办理。

4. 另行规定的建设工程

军用房屋建筑工程有其特殊性。因此，《中华人民共和国建筑法》规定："军用房屋建筑工程建筑活动的具体管理办法，由国务院、中央军事委员会依据本法制定。"

依照法律法规规定必须申请领取施工许可证的建筑工程未取得施工许可证的，一律不得开工。

任何单位和个人不得将应该申请领取施工许可证的工程项目分解为若干限额以下的工程项目，规避申请领取施工许可证。

3.1.4 施工许可证的申领时间、条件和程序

1. 施工许可证的申领时间

申请领取施工许可证的时间必须是在开工日期之前。开工日期是指建设项目或单项工程设计文件中规定的永久性工程计划开始施工的时间，以永久性工程正式破土开槽开始施工的时间为准。在此之前的准备工作，如地质勘查、平整场地、拆除旧有建筑物、施工用临时道路、水、电等工程都不算正式开工。建设单位未依法在开工前申领施工许可证擅自施工的，应当依法责令改正；对不符合开工条件的责令停止施工，并可处以罚款。

2. 施工许可证的申领条件

施工许可证申请条件的依法确定，是为了保证建筑工程开工后，组织施工能够顺利进行。根据《中华人民共和国建筑法》第八条的规定，申请领取施工许可证，应当具备下列条件：

（1）已经办理该建筑工程用地批准手续

2019 年 8 月经修改后公布的《中华人民共和国土地管理法》规定，任何单位和个人进行建设，需要使用土地的，必须依法申请使用国有土地。依法申请使用的国有土地包括国家所有的土地和国家征收的原属于农民集体所有的土地。经批准的建设项目需要使用国有建设用地的，建设单位应当持法律、行政法规规定的有关文件，向有批准权的县级以上人民政府自然资源主管部门提出建设用地申请，经自然资源主管部门审查，报本级人民政府批准。

办理用地批准手续是建设工程依法取得土地使用权的必经程序，也是建设工程取得施工许可的必要条件。

（2）依法应当办理建设工程规划许可证的，已经取得建设工程规划许可证

在城市、镇规划区，规划许可证包括建设用地规划许可证和建设工程规划许可证，在乡、村庄规划区内进行乡镇企业、乡村公共设施和公益事业建设的，须核发乡村建设规划许可证。

①建设用地规划许可证

2019年4月第二次修正公布的《中华人民共和国城乡规划法》规定，在城市、镇规划区内以划拨方式提供国有土地使用权的建设项目，经有关部门批准、核准、备案后，建设单位应当向城市、县人民政府城乡规划主管部门提出建设用地规划许可申请，由城市、县人民政府城乡规划主管部门依据控制性详细规划核定建设用地的位置、面积、允许建设的范围，核发建设用地规划许可证。建设单位在取得建设用地规划许可证后，方可向县级以上地方人民政府土地主管部门申请用地，经县级以上人民政府审批后，方可向县级以上地方人民政府土地主管部门申请用地，由土地主管部门划拨土地。

以出让方式取得国有土地使用权的建设项目，在签订国有土地使用权出让合同后，建设单位应当持建设项目的批准、核准、备案文件和国有土地使用权出让合同，向城市、县人民政府城乡规划主管部门领取建设用地规划许可证。

②建设工程规划许可证

在城市、镇规划区内进行建筑物、构筑物、道路、管线和其他工程建设的，建设单位或者个人应当向城市、县人民政府城乡规划主管部门或者省、自治区、直辖市人民政府确定的镇人民政府申请办理建设工程规划许可证。

以上两个规划许可证，分别是申请用地和确认有关建设工程是否符合城市规划要求的法律凭证。

（3）施工场地已经基本具备施工条件，需要征收房屋的，其进度符合施工要求

施工场地应该具备的基本施工条件，通常要根据建设工程项目的具体情况决定。例如：已进行场区的施工测量，设置永久性经纬坐标桩、水准基桩和工程测量控制网；搞好"三通一平""五通一平"或"七通一平"；施工使用的生产基地和生活基地，包括附属企业、加工厂站、仓库堆场，以及办公、生活、福利用房等；强化安全管理和安全教育，在施工现场要设安全纪律牌、施工公告牌、安全标志牌等。实行监理的建设工程，一般要由监理单位查看后填写"施工场地已具备施工条件的证明"，并加盖单位公章确认。

《中华人民共和国民法典》规定，为了公共利益的需要，依照法律规定的权限和程序可以征收集体所有的土地和组织、个人的房屋及其他不动产。因此，房屋征收是物权变动的一种特殊情形，是国家取得房屋所有权的一种方式。房屋征收要根据城乡规划和国家专项工程的迁建计划以及当地政府的用地文件，拆除和迁移建设用地范围内的房屋及其附属物，并对原房屋及其附属物的所有人或使用人进行补偿和安置。房屋征收是一项复杂的综合性工作，必须按照计划和施工进度进行，过早或过迟都会造成损失和浪费。需要先期进行征收的，征收进度必须能满足建设工程开始施工和连续施工的要求。

（4）已经确定建筑施工企业

建设工程的施工必须由具体相应资质的施工企业来承担。因此，在建设工程开工前，建设单位必须依法通过招标或直接发包的方式确定承包该建设工程的施工企业，并签订建设工程承包合同，明确双方的责任、权利和义务。否则，建设工程的施工将无法进行。

按照规定应当招标的工程没有招标，应当公开招标的工程没有公开招标，或者分解发包工程，以及将工程发包给不具备相应资质条件的企业的，所确定的施工企业无效。

(5)有满足施工需要的施工图纸及技术资料

技术资料一般包括地形、地质、水文、气象等自然条件资料和主要原材料、燃料来源，以及水电供应和运输条件等技术经济条件资料。掌握客观、准确、全面的技术资料，是建设工程质量和安全的重要保证。

2015 年 6 月经修改后颁布的《建设工程勘察设计管理条例》第二十六条规定，编制施工图设计文件，应当满足设备材料采购、非标准设备制作和施工的需要，并注明建设工程合理使用年限。

施工图设计文件不仅要满足施工需要，还应当按照对其设计公共利益、公众安全、工程建设强制性标准的内容进行审查。2000 年 1 月颁布的《建设工程质量管理条例》规定，施工图设计文件未经审查批准的，不得使用。

(6)有保证工程质量和安全的具体措施

工程质量和安全是工程建设的永恒主题。《建设工程质量管理条例》规定，建设单位在领取施工许可证或者开工报告前，应当按照国家有关规定办理工程质量监督手续。2003 年 11 月颁布的《建设工程安全生产管理条例》规定，建设单位在申请领取施工许可证时，应当提供建设工程有关安全施工措施的资料。建设行政主管部门在审核发放施工许可证时，应当对建设工程是否有安全施工措施进行审查，对没有安全施工措施的，不得颁发施工许可证。

《建设工程施工许可管理办法》中进一步规定，施工企业编制的施工组织设计中有根据建筑工程特点制定相应质量、安全技术措施，专业性较强的工程项目应编制专项质量、安全施工组织设计，并按照规定办理工程质量，安全监督手续。

(7)建设资金已经落实

建筑资金的落实是建筑工程开工后顺利进行的根本保障。根据《中华人民共和国建筑法》的规定，在建筑工程开工前，建设资金必须足额落实。

根据 2014 年修订的《建筑工程施工许可管理办法》规定：建筑工期不足一年的，到位资金原则上不得少于工程合同价的 50%；建设工期超过一年的，到位资金原则上不得少于工程合同价的 30%。建设单位应当提供本单位截至申请之日无拖欠工程款情形的承诺书或者能够表明其无拖欠工程款情形的其他材料，以及银行出具的到位资金证明，有条件的可以实行银行付款保函或者其他第三方担保。

(8)法律、行政法规规定的其他条件

由于施工活动本身很复杂，各类工程的施工方法、建设要求等也不同，申请领取施工许可证的条件很难在一部法律中采用列举的方式全部涵盖。而且，国家对建设活动的管理还在不断完善，施工许可证的申领条件也会发生变化。因此，《中华人民共和国建筑法》为今后法律、行政法规可能规定的施工许可证申领条件做了特别规定。需要说明的是，只有全国人大及其常委会制定的法律和国务院制定的行政法规，才有权增加施工许可证新的申领条件。《建设工程施工许可管理办法》明确规定，县级以上地方人民政府住房城乡建设主管部门不得违反法律法规规定，增设办理施工许可证的其他条件。

目前，已增加的施工许可证申领条件主要是消防设计审核。《中华人民共和国消防法》第十二条规定，特殊建设工程未经消防设计审查或审查不合格的，建设单位、施工单位不得施工；其他建设工程、建设单位未提供满足施工需要的消防设计图纸及技术资料的，有关部门不得发放施工许可证或批准开工报告。

3. 施工许可证的申领程序

申请办理施工许可证，应当按照下列程序进行。

（1）建设单位向发证机关领取《建筑工程施工许可证申请表》。

（2）建设单位持加盖单位及法定代表人印鉴的《建筑工程施工许可证申请表》，并附相关证明文件，向发证机关提出申请。

（3）发证机关在收到建设单位报送的《建筑工程施工许可证申请表》和所附证明文件后，对于符合条件的，应当自收到申请之日起7日内颁发施工许可证；对于证明文件不齐全或者失效的，应当当场或者五日内一次告知建设单位需要补正的全部内容，审批时间可以自证明文件补正齐全后作相应顺延；对于不符合条件的，应当自收到申请之日起7日内书面通知建设单位，并说明理由。

建筑工程在施工过程中，建设单位或者施工单位发生变更的，应当重新申请领取施工许可证。

建设单位申请领取施工许可证的工程名称、地点、规模，应当与依法签订的施工承包合同一致。

施工许可证应当放置在施工现场备查，并按规定在施工现场公开。

3.1.5 施工许可证的时间效力

根据《中华人民共和国建筑法》第九条的规定，施工许可证的有效条件和延期的限制包括以下几个方面。

（1）建设单位应当自领取建设施工许可证起三个月内开工。

（2）建设单位因故不能按期开工的，应当向发证机关申请延期；申请延期的时间应是领取施工许可证规定的开工时限到期之前。申请延期的理由，应是指不可抗力或难以补救的现象。如自然灾害，场地建设未按期完工，建筑材料、构件以及必要的施工设备等未按原计划进厂等情况出现时，建设单位可以申请延期开工。

（3）延期以两次为限，每次不超过三个月。既不开工又不申请延期或者超过延期时限的，施工许可证自行废止。

3.1.6 中止施工和恢复施工报告制度

中止施工是指由于一定事件的出现，使正在建设过程中的工程暂时停止施工。如发生地震、水灾等不可抗力事件、建筑工程施工质量或安全事故等。在建的建筑工程因故中止施工的，建设单位应当自中止施工之日起1个月内向发证机关报告，报告内容包括中止施工的时间、原因、在施部位、维修管理措施等，并按照规定做好建筑工程的维护管理工作，避免遭受损失，保证工程恢复施工时可以顺利进行。

在造成中止施工的情况消除后，建筑工程恢复施工时，应当向发证机关报告；中止施工满一年的工程恢复施工前，建设单位应当报发证机关核验施工许可证。经发证机关审查认为具备施工条件的恢复施工；不符合条件的收回施工许可证，待具备条件后，建设单位应重新申领施工许可证。

【案例 3-3】

某房地产公司要开发建设一个大型多功能商业广场，以 EPC 模式发包给某建设集团，并于 2010 年 3 月 20 日申领到施工许可证，在按期开工后因故于 2010 年 10 月 15 日中止施工，直到 2011 年 1 月 1 日拟恢复施工。

问题：

(1)该商业广场项目应当由谁申领施工许可证？

(2)该商业广场项目中止施工后，最迟应当在何时向发证机关报告？

(3)2011 年 1 月 1 日后恢复施工时应该履行哪些程序？

3.2 从业单位资质许可

【案例 3-4】

企业参加资质年审是行业主管部门对企业实行动态管理的必要手段，通过资质年审，主管部门可以随时掌握企业的经营管理、质量、安全等情况，为制定行业政策提供依据。然而，有一部分企业对此不能引起足够的重视，对于行业主管部门资质年审的规定置若罔闻，无故不参加资质年审。2017 年 4 月，某市装饰装修行业管理办公室就对没有按时参加资质年审的 9 家建筑装饰企业予以吊销资质、一年内不得重新申请资质的处罚。

请思考：

从业单位资质管理的重要性。

3.2.1 工程建设从业许可与从业单位的条件

建筑活动从业资格许可制度包括从事建筑活动的单位的从业资格许可制度和从事建筑活动的个人的执业资格许可制度。

从事建筑活动的单位的从业资格许可制度是指由住房城乡建设主管部门对从事建筑活动的建设施工企业、勘察设计单位和工程监理单位的人员素质、管理水平、资金数量、业务能力等进行审查，以确定其承担相关业务的能力和范围，并发给相应的资质证书的一种管理制度。

从事建筑活动的个人的执业资格制度是指由住房城乡建设主管部门对从事建筑活动的专业技术人员，依法进行考试、注册，并对其颁发执业资格证书的一种管理制度。建筑工程执业人员主要有注册建筑师、注册结构工程师、注册监理工程师、注册造价工程师以及法律、法规规定的其他人员。

目前，住建部对建筑活动从业资格的监管提出了“淡化企业资质，强化个人执业”的口号，国务院深化改革建筑行业“放、管、服”(简政放权、公正监管、高效服务)的要求，修订新的资质标准，简化市场准入条件，加强市场监管。例如，2017 年，园林绿化、地质勘查资质、工程咨询、环评、劳务资质等，相继取消，《施工总承包企业特级资质标准》删除了财务负责人、一级建造师数量要求，也反映了建筑行业优化重资质管理，减少不必要资质认定的资质改革大方向。

1. 工程建设从业资格许可的法律依据

工程建设从业许可的法律依据主要有：《建筑业企业资质等级标准》《建筑工程监理单位资质管理施行办法》《工程勘察资格分级标准》《建筑业企业资质管理办法》《工程勘察和工程设计单位资格管理办法》《建设监理单位资质管理施行办法》《中华人民共和国注册建筑师条例》《中华人民共和国注册建筑师条例实施细则》《监理工程师资格考试和注册施行办法》《注册结构工程师执业资格制度暂行规定》以及《中华人民共和国建筑法》的相关规定。

2. 工程建设从业许可的内容

建筑活动从业许可管理的内容主要包括以下几方面。

(1) 建筑施工企业、勘察单位、设计单位和工程监理单位从事建筑活动应具备的条件。

(2) 建筑施工企业、勘察单位、设计单位和工程监理单位应在建筑工程从业许可范围内从事建筑活动。

(3) 工程建设执业的专业技术人员从事建筑活动应依法取得执业资格证书。

3. 从业单位的条件

根据《中华人民共和国建筑法》第十二条的规定，从事建筑活动的建筑施工企业、勘察单位、设计单位和工程监理单位，应具备下列条件。

1) 符合国家规定的注册资本

注册资本是判断企业经济实力和责任能力的主要依据，它对建筑活动中债权人的利益有重要的保障作用。这是从事建筑活动的企业法人或企业组织在建设法律关系中的权利和义务相一致原则的反映，也是由企业利益与风险相一致的原则决定的。因此，建筑施工企业、勘察单位、设计单位和工程监理单位的注册资本根据相关法律、法规的规定，必须与其所从事的建筑活动相适应。

2) 有与其从事的建筑活动相适应的具有法定执业资格的专业技术人员

建筑活动具有很强的专业性和技术性。因此，从事建筑活动的建筑施工企业、勘察单位、设计单位和工程监理单位必须有足够的、具有法定执业资格的专业技术人员（如经济、会计、统计等管理技术人员、建筑师、工程师等专业技术人员）。

3) 有从事相关建筑活动所应有的技术装备

建筑活动的专业性和技术性，决定了从事建筑活动的单位如果没有相应的技术装备，就无法进行建筑活动。因此，从事建筑活动的建筑施工企业、勘察单位、设计单位和工程监理单位必须有从事建筑活动所应具备的技术装备。

4) 法律、行政法规规定的其他条件

建筑施工企业、勘察单位、设计单位和工程监理单位从事建筑活动除了以上 3 方面的条件外，根据《中华人民共和国公司法》的规定，还必须具备从事经营活动所应具备的其他条件。如设立从事建筑活动的有限责任公司和股份有限公司，股东或发起人必须符合法定人数；股东或发起人共同制定公司章程；有公司名称；有固定的生产经营场所和必要的生产经营条件等。

3.2.2　从业单位的资质

从业单位资质制度是指住房城乡建设主管部门对从事建筑活动的建筑施工企业、勘察单位、设计单位和工程监理单位拥有的注册资本、专业技术人员、技术装备和已完成的建筑工程业绩、管理水平等进行审查，以此确定其承担业务的范围，发给相应的资质证书，并允许其在资质等级许可的范围内从事建筑活动的一种制度。

1. 建筑施工企业的资质规定

建筑施工企业资质审查的内容，根据2015年1月22日住建部第22号令颁布的《建筑业企业资质管理规定》《建筑业企业资质等级标准》(建市〔2014〕159号)《建筑业企业资质管理规定和资质标准实施意见》(建市〔2015〕20号)《施工总承包企业特级资质标准》(建市〔2007〕72号)和《施工总承包企业特级资质标准实施办法》(建市〔2010〕210号)来看，主要是从施工企业的资质类别、资质等级、是否通过合法的申请与审批以及所从事的业务范围是否与资质等级相符等几方面进行审查。

建筑施工企业应当按照其拥有的注册资本、净资产、专业技术人员、技术装备和已完成的建筑工程业绩等资质条件申请资质，经审查合格，取得相应等级的资质证书后，方可在其资质等级许可的范围内从事建筑活动。

1)资质序列

建筑施工企业资质分为施工总承包资质、专业承包资质和施工劳务资质3个序列。

2)施工企业的资质类别和等级

《建筑业企业资质等级标准》(建市〔2014〕159号)及《关于简化建筑业企业资质标准部分指标的通知》(建市〔2016〕226号)中规定：施工总承包企业资质序列设有12个类别，一般分为4个等级，即特级、一级、二级、三级。专业承包企业资质序列设有36个类别，一般分为3个等级，即一级、二级、三级。施工劳务序列不分类别和等级。

3)承包工程的范围

获得施工总承包资质的企业，可以对所承接的施工总承包内各专业工程全部自行施工，也可以将专业工程依法分包。对设有资质的专业工程进行分包的时候，应分包给具有相应专业承包资质的企业。施工总承包企业将劳务作业分包时，应分包给具有施工劳务资质的企业。

获得专业承包资质的企业，可以承接施工总承包企业分包的专业工程或者建设单位依法发包的专业工程。专业承包企业应对所承接的工程全部自行组织施工，劳务作业可以分包，但应分包给具有施工劳务资质的企业。

获得施工劳务资质的企业，可以承接具有施工总承包资质或者专业承包资质的企业分包的劳务作业。

取得施工总承包的企业，可以从事资质证书许可范围内的相应工程总承包、工程项目管理等业务。

4)资质延续与变更

资质证书有效期为5年，建筑业企业资质证书有效期届满，企业继续从事建筑施工活动的，应当于资质证书有效期届满3个月前，向原资质许可机关提出延续申请。

资质许可机关应当在建筑业企业资质证书有效期届满前做出是否准予延续的决定；逾期未做出决定的，视为准予延续。

2. 勘察、设计单位的资质规定

2007年6月26日原建设部发布的160号令《建设工程勘察设计企业资质管理规定》、2007年3月29日住建部发布的《工程设计资质标准》、2016年6月16日住房城乡建设部修订的《关于建设工程企业资质管理资产考核有关问题的通知》(建市〔2016〕122 号)、2013 年 6 月 7 日住建部发布的《工程勘察资质标准实施办法》(建市〔2013〕86 号),对工程勘察设计单位的资质等级与标准、申请与审批、业务范围等做了明确规定。

建设工程勘察、设计资质分为工程勘察资质、工程设计资质。

1)工程勘察资质

(1)勘察单位资质分类和分级

工程勘察资质分为工程勘察综合资质、工程勘察专业资质、工程勘察劳务资质。

工程勘察综合资质只设甲级。

岩土工程、岩土工程设计、岩土工程物探测试检测监测专业资质设甲、乙两个级别;岩土工程勘察、水文地质勘查、工程测量专业资质设甲、乙、丙三个级别。

工程勘察劳务资质不分等级。

(2)勘察单位承担业务范围

工程勘察资质范围包括建设项目的岩土工程、水文地质工程和工程测量。

(3)资质证书管理

建设工程勘察资质证书有效期为 5 年。资质有效期届满,企业需要延续资质证书有效期的,应当在资质证书有效期届满 60 日前,向原资质许可机关提出资质延续申请。对在资质有效期内遵守有关法律、法规、规章、技术标准、信用档案中无不良行为记录,且专业技术人员满足资质标准要求的企业,经资质许可机关同意,有效期延续 5 年。

2)工程设计资质

(1)设计单位资质分类和分级

工程设计资质分为工程设计综合资质、工程设计行业资质、工程设计专业资质和工程设计专项资质。

工程设计综合资质只设甲级。

工程设计行业资质和工程设计专业资质设甲、乙两个级别;根据行业需要,建筑、市政公用等行业可设立工程设计丙级资质,建筑工程设计专业资质设丁级。

工程设计专项资质根据需要设置等级。

(2)承担业务范围

取得工程设计综合资质的企业,可承担各行业建设工程项目的设计业务,其规模不受限制;但在承接工程项目设计时,须满足《工程设计资质分级标准》中与该建设项目对应的设计类型对人员配置的要求。

取得工程设计行业资质的企业,可以承接同级别相应行业的工程设计业务。

取得工程设计专业资质的企业,可以承接同级别相应的专业设计业务。

取得工程设计专项资质的企业,可以承接规定的专项工程的设计业务。

(3)资质证书管理

建设工程设计资质证书分为正本和副本,由国务院建设行政主管部门统一印制,正、副本具有同等法律效力。

资质有效期满,企业需要延续资质证书有效期的,应当在资质证书有效期届满 60 日前,向原资质证书许可机关提出资质延续申请。对在资质有效期内遵守有关法律、法规、规章、技术标准,信用档案中无不良行为记录,且专业技术人员满足资质标准要求的企业,经资质许可机关同意，有效期延续 5 年。

3. 工程监理单位的资质规定

工程监理企业应当按照其拥有的注册资本、专业技术人员和工程监理业绩等资质条件申请资质，经审查合格，取得相应等级的资质证书后，方可在其资质等级许可的范围内从事工程监理活动。

1）工程监理单位资质分类和分级

工程监理单位资质分为综合资质、专业资质和事务所资质。其中，专业资质按照工程性质和技术特点划分为若干工程类别。

综合资质、事务所资质不分级别。

专业资质分为甲级、乙级；其中房屋建筑、水利水电、公路和市政公用专业资质可设立丙级。

2）承担业务范围

综合资质：可以承担所有专业工程类别建设工程项目的工程监理业务。

专业资质：其中甲级资质可承担相应专业工程类别建设工程项目的工程监理业务。乙级资质可承担相应专业类别二级以下（含二级）建设工程项目的工程监理业务。丙级资质可承担相应专业工程类别三级建设工程项目的工程监理业务。

事务所资质：可承担三级建设工程项目的工程监理业务，但国家规定必须实行强制监理的工程除外。

工程监理企业可以开展相应类别建设工程的项目管理、技术咨询等业务。

3）资质证书管理

工程监理资质证书分为正本和副本，每套资质证书包括一本正本，四本副本。正、副本具有同等法律效力。工程监理企业资质证书的有效期为 5 年。工程监理企业资质证书由国务院建设主管部门同意印制并发放。

资质有效期届满，工程监理企业需要继续从事工程监理活动的，应当在资质证书有效期届满 60 日前，向原资质许可机关申请办理延续手续。对在资质有效期内遵守有关法律、法规、规章、技术标准，信用档案中无不良记录，且专业技术人员满足资质标准要求的企业，经资质许可机关同意，有效期延续 5 年。

【特别提示】

《工程监理企业资质管理规定》自 2007 年 8 月 1 日起施行。2015 年 5 月 4 日住建部令第 24 号第一次修正；2016 年 9 月 13 日住建部第 32 号令第二次修正。

4. 工程咨询单位的资质改革

2017 年 9 月，国发〔2017〕46 号文《国务院关于取消一批行政许可事项的决定》，国务院决定取消 40 项国务院部门实施的行政许可事项和 12 项中央指定地方实施的行政许可事项。其中，工程咨询单位资格认定被列首位。工程咨询单位资质认定取消，工程咨询单位资质不再分为甲级、乙级、暂定级。

取消工程咨询单位资格认定审批后，并不意味着对工程咨询单位的监管放松了，反而是说明国家发改委更加注重工程咨询行业的事中事后监管。发改委将制定发布工程咨询标准规范，加强政策引导；强化监管，对违法行为加大处罚力度，通过国家企业信用信息公示系统、

“信用中国”网站强化信用约束，向社会公示行政处罚等信息；实施列入“黑名单”等惩戒措施；创造条件，发挥行业协会的自律作用。

3.3 专业人员执业资格许可

专业人员执业资格审查制度是指对具有一定专业学历、资历的从事建筑活动的专业技术人员，通过国家相关考试和注册确定其执业的技术资格，获得相应的建筑工程文件签字权的一种制度。从事建筑活动的专业技术人员，应当依法取得相应的执业资格证书，并在执业资格证书许可的范围内从事建筑活动。目前，我国建筑领域的专业技术人员执业资格制度主要有：注册建筑师、注册监理工程师、注册结构工程师、注册城市规划师、注册造价工程师和注册建造师等。

3.3.1 注册建筑师

注册建筑师，是指经考试、特许、考核认定取得中华人民共和国注册建筑师执业资格证书(以下简称执业资格证书)，或者经资格互认方式取得建筑师互认资格证书(以下简称互认资格证书)，并经注册，取得中华人民共和国注册建筑师注册证书(以下简称注册证书)和中华人民共和国注册建筑师执业印章(以下简称执业印章)，从事建筑设计及相关业务活动的专业技术人员。2014年10月23日国务院令取消了注册建筑师的行政审批，由全国注册建筑师管理委员会负责其具体工作。

注册建筑师的报考条件根据申请的级别不同而不同。报考者只要符合以下规定条件之一即可报考。

一级注册建筑师的报考条件。

(1)取得建筑学博士学位或相近专业工学博士学位，并从事建筑设计或相关业务2年以上。

(2)取得建筑学硕士学位或相近专业工学硕士学位，并从事建筑设计或相关业务3年以上。

(3)具有建筑学专业大学本科学历并从事建筑设计或相关业务5年以上，或具有建筑学相近专业大学本科毕业学历并从事建筑设计或相关业务7年以上。

(4)取得高级工程师技术职称并从事建筑设计相关业务3年以上，或取得工程师技术职称并从事建筑设计或相关业务5年以上。

(5)不具有以上四项规定条件，但设计成绩突出，经全国注册建筑师管理委员会认定，已达到了前四项专业水平。

二级注册建筑师的报考条件。

(1)具有建筑学或相近大学本科毕业以上学历，并从事建筑设计或相关业务2年以上。

(2)具有建筑设计专业或相近专业大学本科毕业以上学历，并从事建筑设计或相关业务3年以上。

(3)具有建筑设计专业四年制中专毕业学历，并从事建筑设计或相关业务5年以上。

(4)具有建筑设计相近专业中专毕业学历，并从事建筑设计或相关业务7年以上。

(5)取得助理工程师以上职称，并从事建筑设计或相关业务3年以上的。

注册建筑师的注册与管理：注册建筑师每一注册有效期为2年。已经注册的注册建筑师需继续注册时，应在注册有效期终止日前30天内，按规定的程序申请延续注册。延续注册有效期为2年。

注册建筑师的执业范围：包括建筑设计、建筑设计技术咨询、建筑物调查与鉴定、对本人主持设计的项目进行指导和监督、国务院住房城乡建设主管部门规定的其他业务。

3.3.2 注册监理工程师

监理工程师是指经全国统一考试合格并注册取得监理工程师岗位证书的工程建设监理人员。监理工程师系岗位职务。2006年1月建设部颁布的《注册监理工程师管理规定》，对注册监理工程师的注册、执业、继续教育做了具体规定。

注册监理工程师报考条件：首先要具有高级专业技术职称，或获得中级专业技术职称后具有3年以上工程设计或施工管理实践经验；其次，在全国监理工程师注册机关认定的培训单位经过监理业务培训，并取得培训结业证书。

经监理工程师考试合格者，按照规定注册，取得中华人民共和国注册监理工程师执业证书和执业印章。

监理工程师的注册与管理：注册监理工程师每一注册有效期为3年。在有效期满需继续执业的，应当在注册有效期满30日前，按照规定申请延续注册。延续注册有效期为3年。

3.3.3 注册结构工程师

注册结构工程师是指取得注册结构工程师执业资格证书，并从事房屋结构、桥梁结构及塔架结构等工程设计及相关业务的专业技术人员。1997年9月1日建设部、人事部联合颁发的《注册结构工程师执业资格制度暂行规定》，对注册结构工程师执业资格的有关问题做了规定。

注册结构工程师的报考与注册：我国注册结构工程师分为一级注册结构工程师和二级注册结构工程师。

注册结构工程师注册有效期为2年，有效期届满需要继续注册的，应当在期满前30天内办理注册手续。

注册结构工程师的执业范围主要包括：结构工程师设计、结构工程师设计技术咨询、建筑物、构筑物、工程设施等调查和鉴定；对本人主持设计的项目进行施工指导和监督；建设部和国务院有关部门规定的其他业务。

注册结构工程师执业的法律责任：对于注册结构工程师在从业中因结构设计质量造成的经济损失，由与设计人员有隶属关系的勘察设计单位承担赔偿责任，勘察设计单位有权向造成经济赔偿的结构设计签字的注册结构工程师实行追偿。

3.3.4 注册造价工程师

造价工程师是指经全国造价工程师执业资格统一考试合格，取得造价工程师注册证书并从事建筑工程造价活动的人员。2006年12月25日建设部颁发的《注册造价工程师管理办法》，对注册造价工程师执业的有关问题做了规定。

造价工程师的考试与注册：造价工程师执业资格考试实行全国统一大纲、统一命题、统一组织的办法。报考者只要具备以下条件之一即可报考。

(1)工程造价专业大专毕业后，从事工程造价工作满5年；工程或工程经济类大专毕业后，从事工程造价业务工作满6年。

(2)工程造价专业本科毕业后，从事工程造价业务满4年，工程或工程经济类专业本科毕业后，从事工程造价业务满5年。

(3)获上述专业第二学士学位、研究生毕业或获硕士学位后，从事工程造价业务工作满3年。

(4)获上述专业博士学位后，从事工程造价业务满2年。

通过造价工程师考试合格者，取得执业资格，并按照规定注册，取得中华人民共和国造价工程师注册证书和执业印章。

取得造价工程师执业资格的人员，可自资格证书签发起1年内申请初始注册。逾期未申请者，须符合继续教育的要求后方可申请初始注册。初始注册的有效期为4年。注册有效期满要求继续执业的，注册造价工程师应在注册有效期满30日前按规定申请延续注册。延续注册有效期为4年。

注册造价工程师的执业范围主要包括：建设项目投资估算的编制、核审及项目经济评价；工程概预算、结算、决算、工程量清单、标底(或控制价)、投标报价的编制和审核；工程合同价款的签订及变更、调整、工程款支付与工程索赔费用的计算；建设项目管理各阶段过程中设计方案的优化、限额设计等工程造价分析与控制，工程保险理赔的核查；工程经济纠纷的鉴定。

3.3.5　注册建造师

2008年2月26日，建设部印发了《注册建造师执业管理办法》(建市〔2008〕48号)，明确规定了我国境内注册建造师从事建设工程施工管理活动的监督管理办法。

建造师执业资格制度起源于英国，迄今已有150余年历史。世界上许多发达国家已经建立了该项制度。具有执业资格的建造师已有了国际性的组织——国际建造师协会。我国建筑业从业人员5000多万，从事建设工程项目总承包和施工管理的广大专业技术人员，特别是在施工项目经理队伍中，实行建造师执业资格制度非常必要。这项制度的实施，必将促进我国工程项目管理人员素质和管理水平的提高，促进我们进一步落实“一带一路”政策，开拓国际建筑市场，更好地实施“走出去”的战略方针。

建造师是以专业技术为依托、以工程项目管理为主业的执业注册人员，近期以施工管理为主。建造师是懂管理、懂技术、懂经济、懂法规，综合素质较高的复合型人员，既要有理论水平，又要有丰富的实践经验和较强的组织能力。建造师注册受聘后，可以建造师的名义担任建设工程项目施工的项目经理，从事其他施工活动的管理，从事法律、行政法规或国务院建设行政主管部门规定的其他业务。

建造师分为一级建造师和二级建造师。一级注册建造师可以担任大、中、小型工程施工项目负责人，二级注册建造师可以承担中、小型工程施工项目负责人。各专业大、中、小型工程分类标准按《关于印发注册建造师执业工程规模标准的通知》(建市〔2007〕171号执行)。一级建造师执业资格考试为滚动考试(每两年为一个滚动周期)，参加4个科目考试的人员必须在连续两个考试年度内通过应试科目为合格。符合免试条件，参加2个科目(建设工程法规及相关知识和专业工程管理与实务）考试的人员必须在一个考试年度内通过应试科目为合格。

一级建造师执业资格考试报考条件：凡遵守国家法律、法规，具备以下条件之一者，可以申请参加一级建造师执业资格考。

（1）取得工程类或工程经济类大学专科学历，工作满 6 年，其中从事建设工程项目施工管理工作满 4 年。

（2）取得工程类或工程经济类大学本科学历，工作满 4 年，其中从事建设工程项目施工管理工作满 3 年。

（3）取得工程类或工程经济类双学士学位或研究生班毕业，工作满 3 年，其中从事建设工程项目施工管理工作满 2 年。

（4）取得工程类或工程经济类硕士学位，工作满 2 年，其中从事建设工程项目施工管理工作满 1 年。

（5）取得工程类或工程经济类博士学位，从事建设工程项目施工管理工作满 1 年。

一级建造师执业资格考试设《建设工程经济》《建设工程法规及相关知识》《建设工程项目管理》和《专业工程管理与实务》4 个科目。其中，《专业工程管理与实务》科目分为建筑工程、公路工程、铁路工程、民航机场工程、港口与航道工程、水利水电工程、市政公用工程、通信与广电工程、矿业工程、机电工程 10 个专业类别，考生在报名时可根据实际工作需要选择其一。

二级建造师执业资格考试报考条件：凡遵纪守法，具备工程类或工程经济类中等专业以上学历并从事建设工程项目施工管理工作满 2 年的人员，可报名参加二级建造师执业资格考试。

符合上述报考条件，具有工程（工程经济类）中级及以上专业技术职称或从事建设工程项目施工管理工作满 15 年的人员，同时符合下列条件的，可免试部分科目。

（1）已取得建设行政主管部门颁发的《建筑业企业一级项目经理资质证书》，可免试《建设工程施工管理》和《建设工程法规及相关知识》科目，只参加《专业工程管理与实务》1 个科目的考试。

（2）已取得建设行政主管部门颁发的《建筑业企业二级项目经理资质证书》，可免试《建设工程施工管理》科目，只参加《建设工程法规及相关知识》和《专业工程管理与实务》2 个科目的考试。

二级建造师执业资格考试设《建设工程施工管理》《建设工程法规及相关知识》和《专业工程管理与实务》3 个科目。其中《专业工程管理与实务》科目分为建筑工程、公路工程、水利水电工程、市政公用工程、矿业工程和机电工程 6 个专业类别，考生在报名时可根据实际工作需要选择其一。

考试成绩实行两年为一个周期的滚动管理办法，参加全部 3 个科目考试的人员必须在连续的两个考试年度内通过全部科目；免试部分科目的人员必须在一个考试年度内通过应试科目。

取得建造师执业资格证书、且符合注册条件的人员，必须经过注册登记后，方可以建造师名义执业。建设部或其授权机构为一级建造师执业资格的注册管理机构；各省、自治区、直辖市建设行政主管部门制定本行政区域内二级建造师执业资格的注册办法，报建设部或其授权机构备案。准予注册的申请人员，分别获得“中华人民共和国一级建造师注册证书”“中华人民共和国二级建造师注册证书”。已经注册的建造师必须接受继续教育，更新知识，不断提高业务水平。建造师执业资格注册有效期一般为 3 年，期满前 3 个月，要办理再次注册手续。

本章小结

本章重点介绍了三部分内容：我国目前建设行业从业人员执业资格许可制度(注册建筑师、注册监理工程师、注册结构工程师、注册造价工程师、注册建造师)及相应的资格考试管理规定，学生能根据个人需要正确选择自己将来的执业资格；建设行业从业单位资质管理规定以及我国关于工程报建、施工许可的有关规定。

习　题

一、单项选择题

1. 某工程按国务院规定于 2017 年 6 月 1 日办理了开工报告审批手续，由于周边关系协调问题一直没有开工，同年 12 月 7 日准备开工时，建设单位应当(　　)。

A. 向批准机关申请延期　　B. 报批准机关核验开工报告

C. 重新办理开工报告审批手续　　D. 改办施工许可证

2. 下列情形中，违反施工许可制度的是(　　)。

A. 某工程建筑面积接近 300 m^2，未办理施工许可证就施工

B. 某工程办理施工许可证后因故不能按时开工，半年中曾两次申请延期

C. 某工程因洪水中止施工，一个月内向发证机关做了报告，半年后自行恢复施工

D. 某工程因故停建，一个月内向发证机关做了报告，一年后恢复施工时报发证机关核验施工许可证

3. 建设单位领取施工许可证后因故不能正常开工可以申请延期，延期以两次为限，每次不得超过(　　)个月。

A. 1　　B. 2　　C. 3　　D. 6

4. 建设单位申请领取施工许可证时必须有已经落实的建设资金。建设工期超过一年的，到位资金原则上不得少于工程合同价的(　　)。

A. 20%　　B. 30%　　C. 40%　　D. 50%

5. 某建设单位欲新建一座大型综合市场，于 2017 年 3 月 20 日领到工程施工许可证。开工后因故于 2017 年 10 月 15 日中止施工。根据建筑法施工许可制度的规定，该建设单位向施工许可证发证机关报告的最迟期限应是 2017 年(　　)。

A. 10 月 15 日　　B. 10 月 22 日　　C. 11 月 14 日　　D. 12 月 14 日

6. 建筑业企业资质有效期届满，企业需要延续资质证书有效期的，申请办理资质延续手续应当在资质证书有效期届满前(　　)。

A. 15 天　　B. 1 个月　　C. 2 个月　　D. 3 个月

7. 聘用单位与注册建造师王某解除了劳动关系，则注册证书应当(　　)。

A. 被吊销　　B. 被撤销

C. 在有效期内延续有效　　D. 注销

8. 根据《建筑工程施工许可管理办法》，对于未取得施工许可证擅自施工，且又不符合开工条件的，应承担的法律责任是(　　)?

A. 责令停止施工

B. 责令停止施工，并对建设单位处以罚款

C. 责令停止施工，并对建设单位和施工单位分别处以罚款

D. 责令停止施工，并对施工单位处以罚款

9. 根据《注册建造师执业管理办法(试行)》，注册建造师可以同时担任两个项目负责人的情况是(　　)。

A. 两个项目的发包人是同一单位

B. 由于发包人原因导致停工超过3个月

C. 合同约定的工程验收合格，正在办理工程结算

D. 建造师同时具有两个专业的执业资格

10. 根据《建筑企业资质管理规定》，施工企业隐瞒相关情况或提供虚假材料申请建筑企业资质的，不予受理并给予警告，申请人在(　　)日被不得再次申请。

A. 4年　　B. 3年　　C. 2年　　D. 1年

二、多项选择题

1. 下列建筑工程中，开工前依法可以不办理施工许可证的是(　　)。

A. 投资额45万元教学楼节能改造工程

B. 建筑面积280 m^2 的食堂工程

C. 南水北调主线工程

D. 水利抢修工程

E. 分期开发中的二期工程

2. 实行开工报告制度的建设工程，开工报告审查的主要内容包括(　　)。

A. 建设用地征用情况

B. 资金到位情况

C. 投资项目市场预测

D. 设计图纸是否满足施工要求

E. 施工现场是否具备“三通一平”等要求

3. 某开发公司开发的商住楼工程，建筑面积6万平方米，为赶在雨期前完成土方工程，在尚未完全具备法定开工条件的情况下破土动工。对此，建设行政主管部门可做出的处罚包括(　　)。

A. 责令停止施工，限期改正

B. 对建设单位处以工程合同价款1%以上2%以下罚款

C. 没收非法所得

D. 责令施工单位停业整顿

E. 吊销监理单位营业执照

4. 企业申请资质证书变更，通常应当提交的材料包括(　　)。

A. 资质证书变更申请　　B. 企业法人营业执照复印件

C. 原有资质证书正、副本原件　　D. 企业章程

E. 与变更事项有关的证明材料

5. 根据《中华人民共和国建筑法》的规定，在我国实行资质等级许可制度的建筑业工程企业有(　　)。

A. 房地产开发企业　B. 建筑施工企业　C. 勘察、设计企业

D. 工程监理单位　E. 招标代理机构

三、简答题

1. 施工许可证制度是如何规定的？申请领取施工许可证应具备哪些条件？

2. 关于开工、延期开工、中止施工、恢复施工有哪些规定？

3. 从事建筑活动的单位应具备哪些从业条件？

4.《中华人民共和国建筑法》规定的资质审查制度是什么？

5. 专业技术人员的执业资格制度是如何规定的？

6. 注册建造师的执业范围包括哪些？取得执业资格的基本程序是什么？

7. 建造师的执业要求是什么？应满足哪些基本条件并遵守哪些职业道德规范？

四、案例分析题

2017 年 3 月中旬，某工程被检查时，发现建设单位将该工程桩基部分肢解发包给 A、B 二家桩基施工单位(其中 A 桩基施工单位不具有相应资质等级)，且开工时未办理工程质量监督手续和建筑工程施工许可证。A 桩基施工单位超越本单位资质等级允许范围承接工程，且无建筑工程施工许可证；B 桩基施工单位无建筑工程施工许可证违法施工。

该工程总建筑面积约 15 万 m^2，工程合同总造价 2 亿元，共有 19 个单体，地下室一层，工程分为两个标段。

A 桩基施工单位(为地基基础专业承包三级资质)承接部分工程桩基合同造价约 800 万元；B 桩基施工单位承接部分工程桩基合同造价约为 1000 万元，工程于 2016 年 12 月下旬开工，2017 年 1 月中旬才办理出工程质量监督手续和建筑工程施工许可证，至检查时工程桩全部施工完毕。

问题：

建设单位、A 桩基施工单位和 B 桩基施工单位在建筑工程施工许可方面有没有违法行为？为什么？

第 3 章　案例参考答案

【案例 3-1】分析：(略)

【案例 3-2】分析：

(1)《中华人民共和国建筑法》正式确定了建筑工程施工许可制度。《中华人民共和国建筑法》第七条规定：“建筑工程开工前，建设单位应当按照国家有关规定向工程所在地县级以上人民政府建设行政主管部门申请领取施工许可证；但是，国务院建设行政主管部门确定的限额以下的小型工程除外。按照国务院规定的权限和程序批准开工报告的建筑工程，不再领取施工许可证。”此外，根据《中华人民共和国建筑法》第八条的规定，取得施工许可证的前提

是取得土地使用证、规划许可证。本案例中某水泥厂在与某建设公司订立“建设工程施工合同”及“合同总纲”时，尚未取得建设用地许可证和建设工程规划许可证，并且违反有关规定，在合同中设立垫资施工的条款，因此上述合同应属无效。

(2)根据《中华人民共和国建筑法》的规定，由于发包人某水泥厂没有依法取得建设用地规划许可证和建设工程规划许可证，属于违法建设，尽管法律规定领取施工许可证是建设单位的责任，但施工单位不经审查而订立了合同，也要承担一定的过错责任。

【案例 3-3】分析：

(1)根据《中华人民共和国建筑法》第七条规定：“建筑工程开工前，建设单位应当按照国家有关规定向工程所在地县级以上人民政府建设行政主管部门申请领取施工许可证。”因此，申领施工许可证的主体应当为该房地产公司，即该商业广场项目的建设单位。

(2)根据《中华人民共和国建筑法》第十条第一款规定：“在建的建筑工程因故中止施工的，建设单位应当自中止施工的，建设单位应当自中止施工之日起 1 个月内，向发证机关报告，并按照规定做好建筑工程的维护管理工作。”据此，该房地产公司向发证机关报告的最迟期限应为 2010 年 11 月 15 日。

(3)根据《中华人民共和国建筑法》第十条第二款规定：“建筑工程恢复施工时，应当向发证机关报告；中止施工满一年的工程恢复施工前，建设单位应当报发证机关核验施工许可证。”据此，该房地产公司在恢复施工前应当向发证机关报告恢复施工的有关情况，并应当报发证机关核验施工许可证；经核验符合条件的，方可恢复施工。

【案例 3-4】分析：(略)

第 3 章　习题答案

一、单选

1. C　2. C　3. C　4. B　5. C　6. B　7. D　8. C　9. C　10. D

二、多选

1. BCD　2. BCDE　3. AB　4. ACDE　5. BCD(建筑业)

三、简答(略)

四、案例分析

答案：建设单位在工程建设过程中将桩基工程肢解发包给两家桩基施工单位(其中一家不具有相应资质等级)，且开工时未办理出工程质量监督手续和建筑工程施工许可证，已经违反了《中华人民共和国建筑法》第七条第一款(建筑工程开工前，建设单位应当按照国家有关规定向工程所在地县级以上人民政府建设行政主管部门申请领取施工许可证)、第二十四条第一款(提倡对建筑工程实行总承包，禁止将建筑工程肢解发包)，国务院令第 279 号《建设工程质量管理条例》第七条(建设单位应当将工程发包给具有相应资质等级的单位；建设单位不得将建设工程肢解发包)，第十三条(建设单位在领取施工许可证或开工报告前，应当按照国家有关规定办理工程质量监督手续)的规定。根据国务院令第 279 号《建设工程质量管理条例》第五十五条(违反本条例规定，建设单位将建设工程肢解发包的，责令改正，处工程合同价款 0.5%以上 1%以下的罚款)的规定对建设单位进行处罚。

A 桩基施工单位超越本单位资质等级允许范围承接工程，且无建筑工程施工许可证违法施工，根据《建筑工程施工许可管理办法》《建设工程质量管理条例》对施工单位 A 责令停止违法行为，处工程合同价款 2%以上 4%以下的罚款。

B 桩基施工单位无建筑工程施工许可证违法施工，根据《建筑工程施工许可管理办法》对建设单位和施工单位分别处以罚款。

(5)对在质量监督过程中把关不严的某县质监站予以通报批评。

第 4 章　建设工程发包与承包制度

【职业能力目标】 建筑工程发包与承包制度是《中华人民共和国建筑法》确定的建筑活动的重要制度。建筑工程发包与承包制度的实行，是我国市场经济逐步发展的产物。通过学习建设工程发包与承包制度，能识别建设工程发包、承包的概念、发包的方式，掌握工程分包的几个要素，了解工程转包的危害。

【学习要求】 了解建筑法规关于建设工程发包与承包的一般规定，熟悉建设工程发包的方式、程序等；掌握建设工程总包与分包，分包所应具备的要素，总包与分包的责任承担。

【案例 4-1】

某国有单位一房屋建筑工程拟对外发包，经单位集体商议，决定将该工程发包给与本单位具有利益关系的某个体工匠，双方经过协商，签订了《建设工程施工承包合同》。

该个体工匠订立合同后，又与当地一建筑施工企业协商，在提取5%的管理费后，将所承包的工程项目转包给该企业施工建设。

问题：

该案例中存在哪些违规行为？

4.1　建筑工程发包与承包一般规定

4.1.1　建设工程发包与承包的概念

所谓发包、承包，是指一方当事人为另一方当事人完成某项工作，另一方当事人接受工作成果并支付工作报酬的行为。其中，把某项工作交给他人完成并有义务接受工作成果，支付工作报酬的，是发包；承揽他人交付的某项工作，并完成某项工作，是承包。

建筑工程发包、承包，是指经济活动中，作为交易一方的建设单位，将需要完成的建筑工程勘察、设计、施工等工作全部或者其中一部分工作交给交易的另一方勘察、设计、施工单位去完成，并按照双方约定支付报酬的行为。其中，建设单位是以建筑工程所有者的身份委托他人完成勘察、设计、施工、安装等工作并支付报酬的公民、法人或其他组织，是发包人，又称甲方；以建筑工程勘察、设计、施工、安装者的身份向建设单位承包，有义务完成发包人交给的建筑工程勘察、设计、施工、安装等工作，并有权获得报酬的企业是承包人，又称乙方。

建筑工程发包、承包制度，是建筑业适应市场经济的产物。建筑工程勘察、设计、施工、安装单位要通过参加市场竞争来承揽建设工程项目。这样，可以激发企业活力，改变计划经济体制下建筑活动僵化的体制，有利于建筑业健康发展，有利于建筑市场的活跃和繁荣。

4.1.2　建筑工程发包与承包的原则

建筑工程发包、承包活动是一项特殊的商品交易活动，同时又是一项重要的法律活动，因此，承发包双方必须共同遵循交易活动的一些基本原则，依法进行，才能确保活动的顺利、高效、公平地进行。《中华人民共和国建筑法》将这些基本原则以法律的形式做了如下规定。

1. 承发包双方依法订立书面合同和全面履行合同义务的原则

这是国际通行的原则。这里所称的书面合同是指建筑工程承包合同。由于建筑工程承包合同所涉及的内容特别复杂，合同履行期较长，为便于明确各自的权利与义务，减少纷争，《中华人民共和国建筑法》和《中华人民共和国民法典》合同编都明确规定，建筑工程承包合同应当采用书面形式。这包括建筑工程合同的订立、合同条款的变更，均应采用书面形式。全部或者部分使用国有资金投资或者国家融资的建设工程应当采用国家发布的建设工程示范合同文本。

订立建筑工程合同时，应当以发包单位发出的招标文件和中标通知书规定的承包范围、工期、质量和价款等实质性内容为依据；非招标工程应当以当事人双方协商达成的一致意见为依据订立合同。

承发包双方应根据建筑工程承包合同约定的时间、地点、方式、内容及标准等要求，全面、准确地履行合同义务。一旦发生不按照合同约定履行义务的情况，违约方将依法承担违约责任。

2. 建筑工程发包、承包实行以招标、投标为主，直接发包为辅的原则

工程发包根据发包的途径可以分为招标发包与直接发包两种形式。招标发包是一种科学先进的发包方式，也是国际通用的形式，受到社会和国家的重视。因此，《中华人民共和国建筑法》第十九条规定：建筑工程依法实行招标发包，对不适于招标发包的可以直接发包。由于我国已于 2000 年 1 月 1 日起开始实施《中华人民共和国招标投标法》，因此，对于符合该法要求招标范围的建筑工程，必须依照《中华人民共和国招标投标法》实行招标发包。招标投标活动，应该遵循公开、公正、公平的原则，择优选择承包单位。

3. 禁止承发包双方采取不正当竞争手段的原则

发包单位及其工作人员在建筑工程发包中不得收受贿赂、回扣或者索取其他好处。承包单位及其工作人员不得利用向发包单位及其他工作人员行贿、提供回扣或者给予其他好处等不正当手段承揽工程。

4. 建筑工程确定合同价款的原则

建筑工程合同价款应当按照国家有关规定，由发包单位与承包单位在合同中约定。全部或者部分使用国有资金投资或者国家融资的建设工程，应当按照国家发布的计价规则和标准编制招标文件、进行评标定标、确定工程承包合同价款。

2001 年 11 月 5 日原建设部以第 107 号部令形式，发布了《建筑工程施工发包与承包计价管理办法》(以下简称《办法》)，2001 年 12 月 1 日起施行，2014 年 2 月 1 日住建部对该《办法》进行了修订。根据该《办法》，工程发承包计价包括编制施工预算、招标标底、投标报价、工程结算和签订合同价等活动。该《办法》还对以上工程发承包计价的原则以及具体方法做出了详细规定。

【知识拓展】 联系第 9 章关于建设工程合同的法律规定，合同形式有口头、书面及其他形式。

4.2 建筑工程发包

4.2.1 建筑工程发包的方式

发承包系列练习题及参考答案

建筑工程的发包方式根据发包途径可分为招标发包和直接发包两种。

(1)招标发包。是指建设单位通过招标确定承包单位的一种发包方式。招标发包又有两种方式：一种是公开招标发包，即由建设单位按照法定程序，在规定的公开的媒体上发布招标公告，公开提供招标文件，使所有潜在的投标人都可以平等参加投标竞争，从中择优选定中标人；另一种方式是邀请招标发包，即招标人根据自己所掌握的情况，预先确定一定数量的符合招标项目基本要求的潜在投标人并发出邀请，从中确定承包单位。全部或者部分使用国有资金投资或者国家融资的建设工程，应当依法采用招标方式发包。

(2)直接发包。是指发包方直接与承包方签订承包合同的一种发包方式。如建设单位直接同一个有相应资质证书的建筑施工企业商谈建筑工程的事宜，通过商谈来确定承包单位。采用特定专利技术、专有技术，或者建筑艺术造型有特殊要求的建设工程的勘察、设计、施工，经省、自治区、直辖市建设行政主管部门或有关部门批准，可以直接发包。

建筑工程一般应实行招标发包，不适于招标发包的保密工程、特殊专业工程等可以直接发包。

4.2.2 建筑工程发包前的准备工作

依据工程建设报建制度，建筑工程发包前，大中型建设项目的建设单位须向工程所在地的省、自治区、直辖市人民政府行政主管部门或其授权的机构办理报建手续。其他建设项目按国家和地方的有关规定向相应的建设行政主管部门申请办理报建手续。另外，还需要完成工程项目建设的其他前期准备工作，如建设用地的征地工作已经完成，建设资金已经落实，施工前施工现场至少完成了“三通一平”等。

4.2.3 建筑工程发包的行为规范

建筑工程发包单位必须依照法律、法规规定的发包要求发包建筑工程。

1. 发包单位应当将建筑工程发包给合格的承包人

《中华人民共和国建筑法》第二十二条规定，建筑工程实行招标发包的，发包单位应当将建筑工程发包给依法中标的承包单位；建筑工程实行直接发包的，发包单位应当将建筑工程发包给具有相应资质的承包单位。

所谓依法中标的单位，一是中标的单位是经过《中华人民共和国招标投标法》法定程序选中的；二是中标的单位符合招标要求且具备建造该工程的相应资质条件。

直接发包的随意性比较大，为保证建筑工程质量和安全，承包单位必须具备：(1)资质证书；(2)所建工程的要求和承包单位的资质证书的级别相一致。

2. 发包单位应当按照合同的约定，及时拨付工程款项

这是《中华人民共和国建筑法》第十八条第二款的规定，发包单位应当按照合同的约定，

及时拨付工程款项。长期拖欠结算或者拖欠工程款的建设单位，有关部门不得批准其新项目的开工。拖欠工程款，是目前规范建筑市场的难点问题，它不仅严重地影响了企业的生产经营，制约了企业的发展，而且也影响了工程建设的顺利进行，制约了投资效益的提高。法律对此做出规定，不仅规范了发包单位拖欠工程款的行为，同时也为施工企业追回拖欠工程款提供了法律依据。

3. 发包单位及其工作人员不得在发包过程中收受贿赂、回扣或者索取其他好处

根据《中华人民共和国建筑法》第十七条规定，发包单位应当公平、公正地进行工程发包，不得利用工程发包机会接受承包单位提供的贿赂、回扣或者向承包人索取其他好处。

所谓收受贿赂，是指发包单位及其他工作人员利用自己的特殊地位非法收受他人财物的行为。所谓收受回扣，是指在建筑工程的发包中，发包单位及其工作人员非法收取的从对方的工程款项中扣出的钱财。索取其他好处包括主动要求对方给予一定的贿赂、主动要求对方给予一定的回扣、主动要求对方给予一定的手续费、主动要求对方给予出国名额、主动要求对方解决子女就业等情况。

收受贿赂、回扣或者索取其他好处均属于违法行为。如果允许这些行为存在，对于建筑市场的建立极为不利，特别是不利于保证建筑工程的质量与安全、不利于保护国家利益。因此，对此行为应予以禁止。

4. 发包单位应当依照法律、法规规定的程序和方式进行公开招标并接受有关行政主管部门的监督

工程发包虽是民事活动，不受政府直接领导和安排，但发包并不是毫无约束的。为了确保发包活动符合法律规定，不危害社会公共利益和国家利益，《中华人民共和国建筑法》第二十条规定，建筑工程实行公开招标的，发包单位应当依照法定程序和方式，发布招标公告，提供载有招标工程的主要技术要求、主要的合同条款、评标的标准和方法以及开标、评标、定标的程序等内容的招标文件。发包单位组织开标应当在招标文件规定的时间、地点公开进行。开标后发包单位应当按照招标文件规定的评标标准和程序对标书进行评价、比较，在具备相应资质条件的投标者中，择优选定中标者。

5. 发包单位不得将建筑工程肢解发包

肢解发包是指发包单位将应当由一个承包单位完成的建筑工程任务肢解成若干部分分别发包给几个承包单位。这种行为可导致发包单位变相规避招标，造成建筑工程管理上的混乱，不能保证建筑工程的质量与安全，容易造成建筑工期延长，增加建设成本。肢解发包是我国目前建筑市场混乱的重要诱因，危害公共安全，因此，《中华人民共和国建筑法》第二十四条规定，禁止将建筑工程肢解发包。

禁止肢解发包并不等于禁止分包。比如在工程施工中，总承包单位有能力并有相应资质承担上下水、暖气、电气、电讯、消防工程和清运渣土的，就应由其自行组织施工和清运；若总承包单位需将上述某种工程分包的，根据合同约定在征得建设单位同意后，亦可分包给具有相应资质的企业，但必须由总承包单位统一进行管理，切实承担总包责任。建设单位要加强监督检查，明确责任，保证工程质量和施工安全。

6. 发包单位不得向承包单位指定购入用于建筑工程的建筑材料、建筑构配件和设备或指定生产厂、供应商

建筑材料、建筑构配件和设备的采购问题应当是合同的一项内容，这项内容在合同中应

当做出明确的规定。建筑材料、建筑构配件和设备的采购可以由发包单位采购，也可以由承包单位采购。但是，合同一经确定就必须依照合同的约定进行。这里需要说明的是，建筑材料、建筑构配件和设备，应主要由承包单位负责采购，并明确责任，择优选购，加强检查验收，切实保证材料、设备的质量。发包单位需要自己订货采购的，要在合同中明确其责任和要求。对可能影响工程质量和使用功能的劣质材料、建筑构配件和设备，承包单位有权拒绝使用。

如果发包人与承包人在建设工程合同中明确约定由承包人包工包料，那么，承包人按照合同的要求有权自行安排和购买建筑材料、建筑构配件和设备，自由选择生产厂家或者供应商家，发包人无权为承包人进行指定购买，否则就是违反合同约定，侵犯承包人的合法权益。因此《中华人民共和国建筑法》第二十五条对此明确规定，按照合同规定，建筑材料、建筑构配件和设备由工程承包单位采购的，发包单位不得指定承包单位购入用于工程的建筑材料、建筑构配件和设备或指定生产厂、供应商。

【特别提示】

明确肢解发包与分包的不同含义。

4.3 建筑工程承包

4.3.1 承包单位的资质管理

根据《中华人民共和国建筑法》第二十六条的规定，承包建筑工程的单位应当持有依法取得的资质证书，并在其资质等级许可的业务范围内承揽工程。

所谓资质证书，是指承包建筑工程的单位承包建筑工程所必需的凭证。承包建筑工程的单位，包括建筑施工企业、监理单位、勘察设计单位。因其单位性质和技术、设备不同，其资质等级也不完全一样。级别不同，所从事的业务范围也不完全相同。一般情况下，高资质等级的企业可以从事低资质等级企业的业务，但低资质等级的企业不能从事高资质等级企业的业务。如果低资质等级单位从事高资质等级单位的业务，则会因其不具备从事高资质等级单位的业务条件，而给承揽的工程带来质量与安全问题。因此，承包建筑工程的单位应当“在其资质等级许可的业务范围内承揽工程。”若违反此项规定，则应当承担相应的法律责任。

《中华人民共和国建筑法》第二十六条还规定：“禁止建筑施工企业超越本企业资质等级许可的业务范围或者以任何形式用其他建筑施工企业的名义承揽工程。”“禁止建筑施工企业以任何形式允许其他单位或者个人使用本企业的资质证书、营业执照，以本企业的名义承揽工程。”

这就要求建筑施工企业必须根据自己所具备的资质等级从事建筑承揽活动，不能以借用其他建筑施工企业的资质或者以挂靠等形式以其他建筑施工企业的名义来承揽工程。另外，建筑施工企业也不得出借自己的资质证书、营业执照，不得出租自己的资质证书、营业执照，不得允许其他建筑施工企业挂靠在自己企业之下。这些规定都是强制性规定，建筑施工企业必须遵守，否则应承担法律责任。

4.3.2 建筑工程总承包制度

《中华人民共和国建筑法》第二十四条规定，提倡对建筑工程实行总承包。禁止将建筑工程肢解发包。即提倡将一个建筑工程由一个承包单位负责组织实施，由其统一指挥协调，并向发包单位承担统一的经济法律责任的承包形式。

在建筑工程总承包中，有以下两种情况。

1. 全部建筑工程的总承包

即建筑工程的发包单位将建筑工程的勘察、设计、施工、设备采购和试运行一并发包给一个工程总承包单位，由总承包单位直接向发包单位负责。总承包单位可以自己负责整个建筑工程的全过程，也可以依法再分包给若干个专业分包单位来完成。

2. 分项总承包

即建筑工程的发包单位将建筑工程勘察、设计、施工、设备采购的一项或者多项发包给一个工程总承包单位。

建筑工程总承包制度是建筑工程承包方式多样化的产物，是我国工程建设领域改革不断深入的结果，也是借鉴国际建筑工程管理经验的结果。它有利于充分发挥那些在建设工程方面具有较强的技术力量、丰富的经验和组织管理能力的大承包商的专业优势，综合协调工程建设中的各种关系，强化对工程建设的统一指挥和组织管理，保证工程质量和进度，缩短建设工期，减少开支，提高投资效益。因此，国家明确提倡工程总承包，并予以鼓励和推荐。

4.3.3　建筑工程联合承包制度

联合体责任承担案例题

《中华人民共和国建筑法》第二十七条规定："大型建筑工程或者结构复杂的建筑工程，可以由两个以上的承包单位联合共同承包。共同承包的各方对承包合同的履行承担连带责任。两个以上不同资质等级的单位实行联合共同承包的，如属同一专业应当按照资质等级低的单位的业务许可范围承揽工程。"

联合承包须注意下列问题。

参考答案

1. 联合承包的前提条件

承包单位联合承包的前提是大型建筑工程或者是结构复杂的建筑工程。也就是说，一些中小型工程以及结构不复杂的不可以采取联合承包工程的方式。对于什么是大型建筑工程和结构复杂的建筑工程，应以国务院、地方政府或者国务院有关部门确定的标准为准。大型建筑工程的划分应当以建筑面积或者总造价来划分为宜；结构复杂的建筑工程一般是结构的专业性较强的建筑工程。

2. 联合承包的责任分担

共同承包的各方对承包合同的履行应承担连带责任。所谓连带责任，是指一方不能履行义务时，由另一方来承担责任。连带责任是对他方讲的，对于联合共同承包的内部各方来讲应当根据自己各自的过错承担责任。联合承包既然是共同施工、共同承包、共享利润，相应地必须共担风险，共负亏损。这样，联合承包才既能发挥企业互补优势的好处，又能通过连带民事责任的规定加强联合承包各企业的责任感，防患于未然，从而使建筑工程联合承包能健康、活跃地进行和发展。

3. 高资质与低资质联合承包

在联合承包过程中，如果企业资质等级不同，相同类别资质要按照资质等级低的业务许可范围来承包工程。这样规定是为了防止低资质等级企业通过联合承包这种形式进行投机行为，确保业主的利益。这一规定是一个义务性规定，联合承包各方应当履行这一义务。

4. 不同类别资质联合承包

两个以上资质类别不同的承包单位实行联合承包的，应当按照联合体的内部分工，各自按资质类别及等级的许可范围承担工程。

4.3.4 建筑工程分包制度

1. 分包的含义

所谓分包，是指总承包单位将其所承包工程中的专业工程或者施工劳务发包给其他承包单位完成的活动。

分包分为专业工程分包和施工劳务分包。

专业工程分包，是指总承包单位将其所承包工程中的专业工程发包给具有相应资质的其他承包单位完成的活动。

施工劳务分包，是指施工总承包企业或者专业承包企业将其承包工程中的施工劳务发包给劳务分包企业完成的活动。

2. 分包的资质管理

《中华人民共和国建筑法》第二十九条第一款规定："建筑工程总承包单位可以将承包工程中的部分工程发包给具有相应资质条件的分包单位。"例如，对于建筑业企业，依据下列原则承揽工程。

(1)施工总承包企业

获得施工总承包资质的企业，可以对工程实行施工总承包或者对主体工程实行施工承包。承担施工总承包的企业可以对所承接的工程全部自行施工，也可以将非主体工程或者施工劳务分包给具有相应专业承包资质或者施工劳务资质的其他建筑业企业。

(2)专业承包企业

获得专业承包资质的企业可以承接施工总承包企业分包的专业工程或者建设单位按照规定发包的专业工程。专业承包企业可以对所承接的工程全部自行施工，也可以将施工劳务分包给劳务分包企业。

(3)施工劳务企业

劳务分包企业可以承接施工总承包企业或者专业承包企业分包的施工劳务。

3. 对分包单位的认可

《中华人民共和国建筑法》第二十九条第二款规定："但是，除总承包合同中约定的分包外，必须经建设单位认可。"

这条规定实际上赋予了建设单位对分包商的否决权。即没有经过建设单位认可的分包商是违法的分包商。尽管《中华人民共和国建筑法》将认可的范围局限于"总承包合同中约定的分包单位"以外的分包商。但是，由于总承包合同中的分包单位已经在合同中得到了建设单位的认可，因此，实质上需要建设单位认可的分包单位的范围包含了所有的分包单位。

然而，认可分包单位与指定分包单位是不同的。认可是在总承包单位已经做出选择的基础上进行确认，而指定则是首先由建设单位做出选择。在国外，可以存在指定分包商，例如《FIDIC 施工合同条件》中就有指定分包商。但是，指定分包商在国内是违法的。

【法律链接】 《工程建设项目施工招标投标办法》第六十六条规定："招标人不得直接指定分包人。"

4. 总承包单位与分包单位的连带责任

《中华人民共和国建筑法》第二十九条第四款规定："建筑工程总承包单位按照总承包合同的约定对建设单位负责；分包单位按照分包合同的约定对总承包单位负责。总承包单位和分包单位就分包工程对建设单位承担连带责任。"

连带责任既可以依合同约定产生，也可以依法律规定产生。建设单位虽然和分包单位之间没有合同关系，但是当分包工程发生质量、安全、进度等方面问题给建设单位造成损失时，建设单位既可以根据总承包合同向总承包单位追究违约责任，也可以根据法律规定直接要求分包单位承担损害赔偿责任，分包单位不得拒绝。总承包单位和分包单位之间的责任划分，应当根据双方的合同约定或者各自过错大小确定；一方向建设单位承担的责任超过其应承担份额的，有权向另一方追偿。

4.3.5　建筑工程承包的行为规范

(1)建设单位不得直接指定分包工程承包人。任何单位和个人不得对依法实施的分包活动进行干预。

(2)承包单位及其工作人员不得利用向发包单位及其工作人员行贿、提供回扣或者给予其他好处等不正当手段承揽工程。

(3)禁止以转让、出借企业资质证书或者其他方式允许他人以本企业名义承揽工程。

分包工程发包人没有将其承包的工程进行分包，在施工现场所设项目管理机构的项目负责人、技术负责人、项目核算负责人、质量管理人员、安全管理人员不是工程承包人本单位人员的，视同允许他人以本企业名义承揽工程。

(4)禁止将承包的工程进行违法分包。

《中华人民共和国建筑法》禁止总承包单位将工程分包给不具备相应资质条件的单位，也禁止分包单位将其承包的工程再分包。

依据《中华人民共和国建筑法》《建设工程质量管理条例》进一步将违法分包的情形界定为：

①总承包单位将建设工程分包给不具备相应资质条件的单位的；

②建设工程总承包合同中未有约定，又未经建设单位认可，承包单位将其承包的部分建设工程交由其他单位完成的；

③施工总承包单位将建设工程主体结构的施工分包给其他单位的；

④分包单位将其承包的建设工程再分包的。

(5)禁止建筑工程转包。

所谓转包，是指承包单位不行使承包者的管理职能，将所承包的工程完全转手给他人承包的行为。转包的形式有两种：一种是承包单位将其承包的全部建筑工程转包给他人；另一种是承包单位将其承包的全部工程肢解以后以分包的名义发包给他人即变相的转包。分包工程发包人将工程分包后，未在施工现场设立项目管理机构和派驻相应人员，并未对该工程的施工活动进行组织管理的，视同转包行为。

转包工程容易使建设单位失去对其承包人的控制和监督，造成投机行为，引起建筑工程质量与安全事故等，是一种违反双方合同的行为。因此，《中华人民共和国建筑法》第二十八条明确规定禁止转包工程，禁止以分包名义将工程肢解后分别转包给他人。

本章小结

本章首先介绍了建设工程发包与承包活动应遵循的一般原则，继而阐明了招标发包和直接发包两种发包方式，并详细叙述了建设单位进行工程发包应遵守的行为规范；而后阐述了承包单位的资质规定、工程总承包制度、联合承包制度、分包制度以及工程承包活动中所应遵循的行为规范。

习　题

一、单选题

1. 建设工程发包与承包的方式为(　　)。

A. 招标投标发包与直接发包　　B. 招标与投标

C. 直接发包　　D. 总承包

2. 关于建筑工程的发包、承包方式，以下说法正确的是(　　)。

A. 建筑工程实行直接发包的，应当发包给报价最低的承包单位

B. 建筑企业集团公司可以允许所属法人公司以其名义承揽工程

C. 发包单位有权将项目的勘察、设计、施工、设备采购一并发包给一个总承包单位

D. 发包单位有权将地基基础、主体结构、屋面工程分别发包给具有相应资质的承包单位

3. 关于建筑工程发包与承包制度的说法，正确的是(　　)。

A. 总承包合同可以采用书面形式或口头形式

B. 发包人可以将一个单位工程的主体工程分解成若干部分发包

C. 建筑工程只能招标发包，不能直接发包

D. 国家提倡对建筑工程实行总承包

4. 甲乙两家同一专业的工程承包公司，其资质等级分别为一 级、二级。两家组成联合体，共同投标一项工程，为此，该联合体资质等级为(　　)。

A. 以甲公司的资质为准　　B. 以乙公司的资质为准

C. 由主管部门重新评定资质　　D. 由该工程所要求的资质为准

5.《中华人民共和国建筑法》及相关法规规定，禁止分包单位将其承包的工程再分包，但下列分包中的(　　)例外。

A. 专业分包单位将其承包工程中的非关键工作分包给了同等资质的单位

B. 为了赶工期，劳务分包企业将其承包的部分施工作业分包给了同类企业

C. 专业分包单位将其承包工程中的劳务作业分包给了劳务分包企业

D. 分包工程的发包人将所承包的工程肢解后全部发包给他人

6. 下列没有违反《中华人民共和国建筑法》承揽工程的是(　　)。

A. 借用其他施工企业的名义承揽工程

B. 与其他承包单位联合共同承包大型建设工程

C. 经建设单位同意，某施工企业超越企业资质承揽工程

D. 某一级企业与二级企业联合承包了只有一级企业才有资质承包的项目

7. 分包工程发生质量、安全、进度问题给建设单位造成损失的(　　)。

A. 分包单位只对总承包单位负责

B. 建设单位只能向给其造成损失的分包单位主张权利

C. 总承包单位赔偿额超过其应承担份额的，有权向有责任的分包单位追偿

D. 建设单位与分包单位无合同关系，无权向分包单位主张权利

8. 根据《中华人民共和国建筑法》的规定，作为工程总承包单位的建筑施工企业(　　)。

A. 未经发包人认可不得分包施工劳务部分

B. 经发包人认可可以分包主体工程

C. 应当接受发包人指定的分包单位

D. 对以暂估价形式包含在总承包范围的建筑工程属于招标范围且达到规模标准的，以招标方式确定分包单位

9. 甲、乙、丙、丁四家企业组成联合体进行投标。联合体协议约定：若招致招标人索赔时，甲、乙分别承担损失赔偿额的 30%，丙、丁分别承担损失赔偿额的 20%。若因该联合体责任造成招标人损失 100 万元人民币，下列关于损失赔偿正确的是(　　)。

A. 招标人可以向甲主张 50 万元人民币的赔偿

B. 招标人向丙主张 100 万元人民币的赔偿，丙仅应赔偿 20 万元人民币

C. 招标人必须按照联合体协议中约定的比例分别向各组成成员主张赔偿额

D. 乙向招标人赔偿 100 万元人民币后，可以向丁追偿 70 万元人民币

10. 专业承包企业将专业工程分包给了劳务企业，但现场设立了项目管理机构并派驻了单位相应人员，应当定性为(　　)。

A. 转包　　　　B. 违法分包

C. 联合承包　　　　D. 允许他人以本企业名义承揽工程

二、多选题

1. 某办公楼工程招标发包，有多家符合相应资质的承包企业供建设单位选择。可供建设单位依法采用的发包方案有(　　)。

A. 将工程发包给一家企业

B. 将工程的设计、施工发包给一家企业，工程的采购由自己完成

C. 将工程的采购、施工发包给一家企业，工程的设计发包给另一家企业

D. 将工程设计发包给一家企业，采购、施工和监理一并发包给另一家企业

E. 将工程的设计、采购发包给一家企业，工程的施工发包给另一家企业

2. 下列选项中，导致建筑施工企业与他人签订的建设工程施工合同无效的行为有(　　)。

A. 将其承包的建设工程全部转给其他符合资质条件的施工企业完成

B. 将其承包的全部建设工程肢解以后以分包的名义分别转给其他单位承包

C. 将其总承包的工程中的专业工程发包给其他具有相应资质的承包单位完成

D. 借用有资质的建筑施工企业名义

E. 将其所承包的工程中的劳务作业发包给其他承包单位完成

3. 甲施工企业总承包了一个高档酒店工程，经建设单位同意，将其中的大堂装修工程分包给符合资质条件的乙装饰公司，分包合同写明：“大堂装修工程质量完全由乙方负责。”以

下说法正确的是(　　)。

A. 该分包合同约定无效

B. 该分包合同约定有效

C. 该分包合同约定不得对抗建设单位

D. 分包工程出现质量问题，建设单位可以要求总承包单位赔偿全部损失

E. 总承包单位向建设单位赔偿损失后，可以依据分包合同约定向分包单位追偿

4. 甲施工单位(总包单位)将部分非主体工程分包给具有相应资质条件的乙施工单位，且已征得建设单位同意。下面关于该分包行为的说法正确的是(　　)。

A. 甲必须向上级主管部门批准备案

B. 甲就分包工程质量和安全对建设单位承担连带责任

C. 乙应按照分包合同的约定对甲负责

D. 建设单位必须与乙重新签订分包合同

E. 建设单位必须重新为分包工程办理施工许可证

5. 我国建筑法提倡对建设工程实行总承包，因此一个建设项目的业主可以将项目的(　　)发包给一个过程总承包企业。

A. 设计—采购—施工　　B. 采购—施工

C. 发包—招标　　D. 设计—施工—监理

E. 设计—采购

三、简答题

1. 建筑工程发包有哪些方式？各适用于什么情况？发包前应做好哪些准备工作？

2. 什么是联合承包制度？联合承包的前提条件是什么？

3. 何谓违法分包？何谓转包？法律为什么要禁止违法分包和转包？

四、案例分析题

1. 2017 年 10 月，建筑商刘某通过招投标承建了某单位家属楼，后经这家发包单位同意，刘某又将该家属楼的一些附属工程分包给杨某，并就工程质量要求、交付时间等内容分别签订了承包、分包书面合同。一年后，工程按期完成，可经工程质量监督单位检验，发现该家属楼附属工程存在严重的质量问题。发包单位便要求刘某承担责任，刘某却称该附属工程系经发包单位同意后分包给他人，与自己无关。发包单位于是又找到分包人杨某，杨某亦以种种理由拒绝承担责任。无奈，发包单位于 2018 年 3 月将总承包人刘某、分包人杨某共同告至法庭，要求二被告对质量不合格的附属工程返工，并赔偿损失 1 万元。

[问题] 1. 建筑商刘某与杨某签订的分包合同是否有效？

2. 如果你是法官，你会怎样判决？

第 4 章　案例参考答案

【案例 4-1】分析：

某国有单位一房屋建筑工程拟对外发包，经单位集体商议，决定将该工程发包给与本单位具有利益关系的某个体工匠，双方经过协商，签订了《建设工程施工承包合同》。

该个体工匠订立合同后，又与当地一建筑施工企业协商，在提取 5%的管理费后，将所承包的工程项目转包给该企业施工建设。该案例中存在哪些违规行为？

该工程发包与承包中严重违背建筑法规定：一是违背建筑法关于禁止工程转包的规定，承包方将所承包的工程转包给第三方；二是发包方将建筑工程发包给不具有相应资质的个人。

第 4 章　习题答案

一、单选题

1. A　2. C　3. D　4. B　5. C　6. B　7. C　8. D　9. A　10. D

二、多选题

1. CE　2. ABD　3. AD　4. BC　5. ABE

三、简答题(略)

四、案例分析题

问题 1：

建筑商刘某与杨某签订的分包合同有效。

原因：分包的附属工程经过发包单位的同意且都已签订了承包、分包书面合同，合理合法。合同有效。

问题 2：

分包工程按期完成，可经工程质量监督单位检验，发现该家属楼附属工程存在严重的质量问题。

分析：《中华人民共和国建筑法》第二十九条第四款规定："建筑工程总承包单位按照总承包合同的约定对建设单位负责；分包单位按照分包合同的约定对总承包单位负责。总承包单位和分包单位就分包工程对建设单位承担连带责任。"

连带责任既可以依合同约定产生，也可以依法律规定产生。建设单位虽然和分包单位之间没有合同关系，但是当分包工程发生质量、安全、进度等方面问题给建设单位造成损失时，建设单位既可以根据总承包合同向总承包单位追究违约责任，也可以根据法律规定直接要求分包单位承担损害赔偿责任，分包单位不得拒绝。总承包单位和分包单位之间的责任划分，应当根据双方的合同约定或者各自过错大小确定；一方向建设单位承担的责任超过其应承担份额的，有权向另一方追偿。

该案例可做如下判决：

首先杨某有义务返修不合格的工程；给建设方造成的损失，建设方可直接要求分包单位杨某承担损害赔偿 1 万元，分包单位杨某不得拒绝；如杨某实不承担损害赔偿责任，总包刘某就分包的附属工程负有连带责任，建设方可要求刘某承担损害赔偿 1 万元。刘某和杨某之间的责任划分，应当根据双方的合同约定或者各自过错大小确定，一方向建设单位承担的责任超过其应承担份额的，有权向另一方追偿。

第 5 章　建设工程监理制度

【职业能力目标】 建设工程监理制度是我国社会主义市场经济发展的产物，是建筑活动中的一项基本制度，是建设项目有序进行的保证。通过学习，要求学生运用工程建设监理基本知识，结合工程监理的原则与范围，按照监理实施程序，实行监理制度，并掌握监理工程师相关职责。

【学习要求】 了解工程建设监理基本知识，建设单位与监理单位的关系；熟悉工程建设监理与政府工程质量监督的区别；掌握工程建设监理的基本概念，监理工作的主要内容、程序和实际运作方法，掌握工程监理的范围。

【案例 5-1】

某监理单位承担了某工程的施工阶段监理任务，该工程由 A 施工单位总承包，A 施工单位选择了经建设单位同意并经监理单位资质审查合格的 B 施工单位作为分包。施工过程中，监理工程师在熟悉图纸时发现，基础工程部分设计内容不符合国家有关工程质量标准和规范。总监理工程师随即致函设计单位要求改正并提出更改建议方案。设计单位研究后，口头同意了总监理工程师的更改方案。总监理工程师随即将更改内容写成监理指令通知 A 施工单位执行。施工过程中，监理工程师发现 B 施工单位施工的分包工程部分存在质量隐患，同时向 A、B 施工单位发出整改通知。监理工程师在巡视时发现，A 施工单位使用未经报验的建筑材料，如果继续施工，该部分将被隐蔽。于是总监理工程师向 A 施工单位发出暂停施工指令。B 施工单位因此被迫停工。B 施工单位就停工损失向 A 施工单位要求赔偿，A 施工单位认为此次停工是监理工程师的指令，应向建设单位提出赔偿。建设单位认为，此次停工是由于监理单位失职造成的，并且事先未征得建设单位同意，停工损失应由监理单位承担。

请思考：

上述案例中监理工程师的行为是否正确？B 施工单位的损失应当由谁承担？

5.1　工程建设监理基本知识

建设工程监理工作程序

在建设领域推行工程建设监理制度，是我国深化建设管理体制改革、建设社会主义市场经济体制的重要举措之一。随着我国经济体制改革的深化，经过监理工作者们的辛勤努力，我国的工程建设监理事业也有了长足的进步。

从新中国成立直至 20 世纪 80 年代，我国固定资产投资基本上是由国家统一安排计划(包括具体的项目计划)，由国家统一财政拨款。当时，我国建设工程的管理基本上采用两种形式：对于一般建设工程，由建设单位自己组成筹建机构，自行管理；对于重大建设工程，则从与该工程相关的单位抽调人员组成工程建设指挥部，由指挥部进行管理。其弊端是建设工程管理的知识和经验只能在工作实践中摸索，不能承袭升华，用来指导今后的工程建设，教训不断重复发生。投资“三超”(概算超估算、预算超概算、结算超预算)、工期延长的现象较为普遍。

20 世纪 80 年代我国进入了改革开放的新时期，国务院决定在基本建设和建筑业领域采取一些重大的改革措施，例如：投资有偿使用(即“拨改贷”)、投资包干责任制、投资主体多元化、工程招标投标制等。1988 年 7 月，原建设部(现称中华人民共和国住房和城乡建设部)颁发了《关于开展建设监理工作的通知》(以下简称《通知》)，《通知》指出，实施这项重大改革的目的是为了提高我国的投资效益和建设水平，确保国家建设计划和工程合同的实施，逐步建立起建设领域社会主义商品经济的新秩序。它标志着我国工程建设领域的改革进入一个新的阶段，即参照国际惯例，结合中国国情，建立起具有中国特色的建设监理。1997 年，《中华人民共和国建筑法》第三十条规定，国家推行建筑工程监理制度。

通过广大监理工作者的努力和实践，工程建设监理在我国已经开始生根、发展，并取得了丰硕的成果。工程建设监理已被广大工程建设者认同和接受，并得到了他们的支持，我国工程建设监理将在社会化、专业化、法制化和科学化方面迈上新的台阶，并向国际监理水准迈进。

5.1.1　工程建设监理概念

1. 工程建设监理概念由来

工程建设监理在我国是社会主义市场经济的产物，早在一百多年前，工业发达国家的资本占有者进行工程项目建设决策时，就开始雇请有关的专家进行机会分析，咨询之后又委托专家对工程项目建设的实施进行监督管理，从而产生了工程建设监理。所谓监理，通常是指有关执行者根据一定的行为准则，对某些行为进行监督管理，使这些行为符合准则要求，并协助行为主体实现其行为目的。

监理活动的实现，需要具备的基本条件有：应当有明确的监理“执行者”，也就是必须有监理组织；应当有明确的行为“准则”，它是监理的工作依据；应当有明确的被监理“行为”和被监理“行为主体”，它是被监理的对象；应当有明确的监理目的和行之有效的思想、理论、方法和手段。

根据《建设工程监理规范》(GB/T 50319—2013)，工程建设监理，是指工程监理单位受建设单位委托，根据法律法规、工程建设标准、勘察设计文件及合同，在施工阶段对建设工程质量、造价、进度进行控制，对合同、信息进行管理，对工程建设相关方的关系进行协调，并履行建设工程安全生产管理法定职责的服务活动。

【特别提示】

广义的工程建设监理包含工程咨询。

【知识链接】

国际工程咨询的相关概念与知识。

2. 工程建设监理概念要点

(1) 工程建设监理是针对工程项目建设所实施的监督管理活动

工程建设监理的对象包括新建、改建和扩建的各种工程项目。这就是说，无论项目业主、设计单位、施工单位、材料设备供应单位，还是监理单位，它们的工程建设行为载体都是工程项目。离开工程项目，它们的行为就不属于工程建设监理的范围之内。工程建设监理活动都是围绕工程项目来进行的，并应以此来界定工程建设监理范围。

(2)工程建设监理的行为主体是监理单位

工程建设监理的行为主体是明确的，即监理单位，这是我国建设工程监理制度的一项重要规定。监理单位是具有独立性、社会化、专业化特点的专门从事工程建设监理和其他技术服务活动的组织。只有监理单位才能按照独立的、自主的原则，以“公正的第三方”的身份开展工程建设监理活动。非监理单位所进行的监督管理活动一律不能称为工程建设监理。例如，政府有关部门所实施的监督管理活动就不属于工程建设监理范畴；项目业主进行的所谓“自行监理”；以及不具备监理单位资格的其他单位所进行的所谓“监理”都不能纳入工程建设监理范畴。

3)工程建设监理的实施需要业主委托和授权

建设工程监理实施的前提是需要建设单位的委托和授权。工程监理企业应根据委托监理合同和有关建设工程合同的规定实施监理。建设工程监理只有在建设单位委托的情况下才能进行。只有与建设单位订立书面委托监理合同，明确了监理的范围、内容、权利、义务、责任等，工程监理企业才能在规定的范围内行使管理权，合法地开展建设工程监理。这是由工程建设监理特点决定的，是市场经济的必然结果，也是我国建设监理制度的规定。工程建设监理的产生源于市场经济条件下社会的需求，始于有业主的委托和授权，而工程建设监理之所以发展成为一项制度，就是因为这样的客观实际才做出了如此规定。通过业主的委托和授权方式来实施工程建设监理是工程建设监理与政府对工程建设所进行的行政性监督管理的重要区别。这种方式也决定了在实施工程建设监理的项目中，业主与监理单位的关系是委托与被委托关系。这种委托和授权方式说明，在实施工程建设监理的过程中，监理工程师的权利主要是由作为建设项目管理主体的业主通过授权而转移过来的。在工程项目建设过程中，业主始终是以建设项目管理主体身份掌握着工程项目建设的决策权，并承担主要风险。

4)工程建设监理是有明确依据的工程建设行为

工程建设监理是严格地按照有关法律、法规和其他有关准则实施的，工程建设监理的依据是国家批准的工程项目建设文件、有关工程建设的法律和法规(不限于此)、工程建设监理合同和其他工程建设合同。例如，政府批准的建设项目可行性研究报告、规划计划和设计文件；工程建设方面的现行规范、标准、规程，由各级立法机关和政府部门颁发的有关法律和法规；依法成立的工程建设监理合同、工程勘察合同、工程设计合同、工程施工合同、材料和设备供应合同等。特别应当说明的是，各类工程建设合同(含监理合同)是工程建设监理的最直接依据。

5)工程建设是微观性质的监督管理活动

这一点与由政府进行的行政性监督管理活动有着明显的区别。工程建设监理活动是针对一个具体的工程项目展开的。项目业主委托监理的目的就是期望监理单位能够协助他实现项目投资目的。它是紧紧围绕着工程项目建设的各项目投资活动和生产活动所进行的监督管理。它注重具体工程项目的实际效益。当然，根据建设监理的宗旨，在开展这些活动的过程中也应维护社会利益和国家利益。

6)我国工程建设监理主要发生在项目建设的实施阶段

一般而言，工程建设监理这种管理服务活动主要出现在工程项目建设的设计阶段(含设计准备)、招标阶段、施工阶段以及竣工验收和保修阶段。同时，工程建设监理的目的是协助业主在预定的投资、进度、质量目标内建成项目，它的主要内容是进行投资、进度、质量控制、合同管理、组织协调，这些活动在我国主要发生在项目建设的实施阶段。因此，我国工程建设监理主要发生在项目建设的实施阶段。当然，在项目建设实施阶段，监理单位的服务活动是否是监理活动还要看业主是否授予监理单位监督管理权。之所以这样界定，主要是因为工程建设监理是"第三方"的监督管理行为，它的发生不仅要有委托方，需要与项目业主建立委托与服务关系；而且要有被监理方，需要与只在项目实施阶段才出现的设计、施工和材料设备供应单位等承建商建立监理与被监理关系。

【特别提示】

我国工程建设监理尚处于初级阶段，决策阶段的监理目前主要还是由政府行政管理部门进行管理；实施阶段监理我国目前主要是施工监理。

【知识链接】

市场经济与工程建设监理的关系；社会中介组织与政府管理部门的关系。

5.1.2　工程建设监理与政府工程质量监督的区别

工程建设监理与政府工程质量监督都属于工程建设领域的监督管理活动。但是，前者属于社会的、民间的行为，后者属于政府行为。工程建设监理是发生在项目组织系统范围内的平等主体之间的横向监督管理，而政府工程质量监督则是项目组织系统外的监督管理主体对项目系统内的建设行为主体进行的一种纵向监督管理行为。因此，它们在监督依据、工作的深度和广度、工作权限、监督性质、工作方法和手段以及执行者、任务、范围等多方面存在着明显差异。

1. 监督依据不尽相同

政府工程质量监督以国家、地方颁发的有关法律和工程质量条例、规定、规范等法规为基本依据，维护法规的严肃性。而工程建设监理则不仅以法律、法规为依据，还以建设单位的授权、工程建设合同等为依据，不仅维护法律、法规的严肃性，还要维护合同的严肃性。

2. 监督的深度、广度不同

工程建设监理所进行的质量控制工作包括对项目质量目标详细规划，实施一系列主动控制措施，在控制过程中既要做到全面控制又要做到事前、事中、事后控制，它持续在整个项目建设的过程中。而政府工程质量监督则主要在项目建设的施工阶段，对工程质量进行阶段性的监督、检查、确认。

3. 工作权限不同

政府工程质量监督拥有确认工程质量等级的权力，而目前工程建设监理则无权进行此项工作。

4. 监督性质不同

工程建设监理是一种双方自愿的委托性服务活动，而政府工程质量监督是一种强制性的政府监督行为。

5. 工作方法和手段不同

工程建设监理主要采用组织管理的方法，从多方面采取措施进行项目质量控制；而政府工程质量监督则更侧重于行政管理的方法和手段。

6. 其他不同

工程建设监理的实施者是社会化、专业化的监督单位，而政府工程质量监督的执行者是政府建设行政主管部门的专业执行机构——工程质量监督机构；工程建设监理是监理单位接受业主的委托和授权为其提供的工程技术服务，而政府工程质量监督则是质量监督机构代表政府行使工程质量监督职能；另外工程建设监理的工作范围伸缩性较大，它随着业主委托范围大小而变化。如果是全过程、全方位的监理，则其范围远远大于政府工程质量监督的范围。此时，工程建设监理包括整个建设项目的目标规划、动态控制、组织协调、合同管理、信息管理等一系列活动；而政府质量监督则只限于施工阶段的工程质量监督，且工作范围变化较小，相对稳定。

5.1.3 工程建设监理的性质与目的

1. 工程建设监理的性质

工程建设监理在我国作为一种新的独立行业，它是一种特殊的工程建设活动，与其他工程建设活动有明显的区别和差异。这些区别和差异使得工程建设监理与其他工程建设活动之间划出了明显的界限。总的来讲，工程建设监理具有以下性质。

1）服务性

建设工程监理是一种社会的、民间的行为，是发生在建设项目组织系统范围内的平等经济主体之间的横向监督管理，是一种微观性质的、委托性的服务活动，是建设工程监理单位接受业主的委托和授权之后，为项目业主提供的一种高智力工程技术服务工作。而政府工程质量监督则是一种纵向监督管理行为，是一种宏观性质的、强制性的政府监督行为。

工程建设监理既不同于承建商的直接生产活动，也不同于业主的直接投资活动。它既不是工程承包活动，也不是工程发包活动。它不需要投入大量资金、材料、设备、劳动力。监理单位既不向业主承包工程造价，也不参与承包单位的盈利分成。监理单位既不需要拥有大量的机具、设备和劳动力量，一般也不必拥有雄厚的注册资金。它只是在工程项目建设过程中，利用自己的工程建设方面的知识、技能和经验为客户提供高智能监督管理服务，以满足项目业主对项目管理的需要。它所获得的报酬是技术服务的报酬，是脑力劳动的报酬。

工程建设监理的服务性使它与政府对工程建设行政管理活动区别开来，也使它与承建商在工程项目建设中的活动区别开来。

2）独立性

独立性是监理单位开展工程建设监理工作的重要原则。从事工程建设监理活动的监理单位是直接参与工程项目建设的“第三方当事人”之一。它与项目业主、承建商之间的关系是平等的、横向的。在工程项目建设中，监理单位是独立的一方。《建设工程监理规范》（GB 50319—2013）明确指出，工程监理单位应公平、独立、诚信、科学地开展建设工程监理与相关服务活动。国际咨询工程师联合会在出版物《业主/咨询工程师标准服务协议书条件》中明确指出，监理单位是“作为一个独立的专业公司受聘于业主去履行服务的一方”，应当“根据合同进行”，它的监理工程师应当“作为一名独立的专业人员进行工作”。同时，国际咨询工程师联合会要求其会员“相对于承包商、制造商、供应商，必须保持其行为的独立性，不得从他们那里接受任何形式的好处，而使它的决定的公正性受到影响或不利于他行使委托人赋予它的职责”，“不得与任何可能妨碍它作为一个独立的咨询工程师工作的商业活动有关”，“咨询工程师仅为委托人的合法利益行使其职责，他必须以绝对的忠诚履行自己的业务并且忠诚地服务于社会的最高利益以及维护职业荣誉和名望”。因此，监理单位在履行监理合同义务和开展监理活动的过程中，要建立自己的组织，要确定自己的工作准则，要运用自己掌握的方法和手段，根据自己的判断，独立地开展工作。监理单位既要认真、勤奋竭诚地为委托方服务，协助业主实现预定目标，也要按照公正、独立、自主的原则开展监理工作。

工程建设监理的这种独立性是建设监理制度的要求，是监理单位在工程项目建设中的第三方地位所决定的，是它所承担的工程建设监理的基本任务所决定的。

3）公正性

公正性是监理行业的必然要求，它是社会公认的职业准则，也是监理单位和监理工程师的基本职业道德准则。我国工程建设监理制度把“公正”作为从事工程建设监理活动应当遵循的重要准则。

监理单位和监理工程师在工程监理过程中，一方面，应当成为能够严格履行监理合同各项义务，能够竭诚地为客户服务的“服务方”；另一方面，应当成为“公正的第三方”。在工程项目建设中，监理单位和监理工程师应当担任什么角色和如何担任这些角色是从事工程建设监理工作的人们应当认真对待的一个重要问题。也就是在提供监理服务的过程中，监理单位和监理工程师应当排除各种干扰，以公正的态度对待委托方和被监理方，特别是当业主和被监理方发生利益冲突或矛盾时能够以事实为依据，以有关法律、法规和双方所签订的工程建设合同为准绳，站在第三方立场上公正地加以解决和处理，做到“公正的证明、决定或行使自己的处理权”。

4）科学性

按照工程建设监理的科学性要求，监理单位应当有足够数量且业务素质合格的监理工程师；要有一套科学的管理制度；要配备计算机辅助监理的软件和硬件；要掌握先进的监理理论、方法，积累足够的技术、经济资料和数据；要有现代化的监理手段。

工程建设监理是一种高智能的技术服务，要求从事工程建设监理活动应当遵循科学的准则。决定工程建设监理科学性的因素有以下几点。

（1）是由其任务所决定的。

（2）是由被监理单位的社会化、专业化的特点决定的。

（3）是由它的技术服务性质决定的。

（4）是由工程项目所处的外部环境特点决定的。

（5）是由它的维护社会公共利益和国家利益的特殊使命决定的。

2. 工程建设监理的目的

由于工程建设监理具有委托性，所以监理单位可以根据业主的意愿并结合它自身的情况来协商确定监理范围和义务内容。既可承担全过程监理，也可承担阶段性监理，甚至还可以只承担某专项监理服务工作。因此，具体到某监理单位的工程建设监理活动要达到什么目的，由于它们服务范围和内容的差异，会各有不同。但是，从建设监理制度出发，就整个工程建设监理而言，它应当起到的作用和要达到的目的是十分明确的。那就是通过监理工程师谨慎而勤奋的工作，力求在计划的投资、进度和质量目标内促成建设项目顺利完成。全过程监理要力求全面实现项目总目标，阶段性监理要力求实现本阶段建设项目的目标。

工程建设监理只是一种技术服务性活动，只是提供脑力劳动服务或智力服务的行业。在监理工作中，监理单位只承担服务的相应责任。它不直接进行设计，不直接进行施工，也不直接进行材料、设备的采购和供应工作。因此，它不承担设计、施工、物资采购方面的直接责任。由于工程建设监理行业的存在，将使建设项目的经济效益更高，速度更快，质量更好。它能够使粗放型的工程管理变成科学的工程项目管理，因此监理单位只承担整个建设项目的监理责任，也就是在监理合同中确定的职权范围内的责任。在这方面，监理工程师应当认真听取国际咨询工程师联合会的告诫：监理工程师如果超出他的职权范围的严格限制而涉足其专业以外的领域，就会使他自己不必要地为过失承担难以防范的责任，或许还有合同责任；更不应试图对其不具备资格的事项提出咨询意见，这样做对雇主与项目经理极有好处，但对己不一定有利。

工程建设监理要达到的目的是“力求”实现项目目标。这是因为在市场经济条件下，任何承包单位作为建筑产品的卖方，都应当根据工程承包合同的要求，按规定的时间、费用和质量要求完成合同约定的工程勘察、设计、施工建造等承包任务，否则，将承担合同责任。他们与买方，即项目业主，是承发包的关系，他们要承担承包风险。项目业主和工程承包单位对他们的合同义务只能保证完成，而作为工程承包合同“甲方、乙方”之外的“第三方”的监理单位和监理工程师则没有承担它们双方义务的义务。因为谁设计谁负责，谁施工谁负责，谁供应材料和设备谁负责。

在预定的目标内实现建设项目是参与项目建设各方共同的任务。监理方的责任就是“力求”通过目标规划、动态控制、组织协调、合同管理、现象管理，促成业主和承包单位一起共同实现这一任务。

在实现建设项目的过程中，外部环境潜伏着各种风险，会带来各种干扰。而这些干扰和风险并非监理工程师完全能够驾驭的。他们只能力求减少或避免这些干扰和风险造成的影响。因此，一定注意对于提供监理服务的监理单位来说，它并不需承担其专业以外的风险责任。

一个在社会上能够生存、发展的监理单位，虽然不能保证项目一定在预定目标内实现，但在政府有关部门和监理行业组织的规范下，出于职业道德的良知，基于它的社会信誉和经济方面的考虑，它们会竭尽全力为在预定的投资、进度和质量目标范围内实现项目而努力。

5.1.4 建立和实施工程建设监理制度的意义

在我国建立和实施工程建设监理制度具有以下几方面的意义。

1. 实施建设监理制度满足了社会主义市场经济条件下投资者对工程技术服务的社会需求

建设监理制度的提出和推行与我国的改革开放密不可分。进入 20 世纪 80 年代以后，我国的改革开放已在经济领域逐步展开。外资、中外合资、利用国外贷款的工程项目逐渐多了起来。这些项目在管理方面的共同特点是实施工程招标，选择承建商，聘请监理工程师实施监理。他们按照国际通行做法，将工程项目建设的微观管理工作，由业主委托和授权给社会化、专业化的工程监理单位承担，产生了很好的效果。采用这种方式进行工程建设，直接好处是明显的。它使业主从他所不熟悉的工程项目管理的日常工作中解脱出来，专心致力于必须由他自己做出决策的事务。让专长于工程项目管理的监理工程师为其提供技术和管理服务。这些专业化的监理工程师有着丰富的知识和经验来从事这项工作。特别是当前建设项目规模越来越大，技术越来越复杂，由此带来了项目实施时间延长，建设费用迅速增加以及工程质量方面的种种问题，使业主迫切需要从社会上解决技术服务需求问题。建设监理的出现，正是解决这一需求的最好方法。

2. 实施建设监理制有利于实现政府在工程建设中的职能转变

20 世纪 80 年代中期，特别是《中共中央关于经济体制改革的决定》做出后，明确提出转变政府职能，实行政企分开，简政放权；明确提出政府在经济领域的职能要转移到"规划、协调、监督、服务"上来；明确提出在进行各项管理制度改革的同时，应加强经济立法和司法，加强经济管理和监督。在工程建设领域，通过建立和实施建设监理制度来具体贯彻我国经济体制改革的决策具有重要的现实意义。它是实现政企分开的一项必要措施，是政府职能转变后的重要补充和完善措施，是在工程建设领域加强法制和经济管理的重大措施。

3. 实施建设监理制有助于培育、发展和完善我国建筑市场

在建设领域，建立和实施建设监理制度对于培育、发展和完善建筑市场具有不可低估的意义。建设监理制度的建立以及项目法人责任制度的提出，再加上工程招标投标制度的实施，使我国工程建设领域向市场经济体制过渡有了基本完整的措施。由于建设监理制度的实施，我国工程建设管理体制开始形成以项目业主、监理单位和承建商直接参加的，在政府有关部门监督管理之下的新型管理，我国建筑市场的格局也发生了结构性变化。作为连接项目法人责任制度、工程招标投标制度和加强政府宏观管理的中间环节，建设监理制度使它们联系起来，形成一个有机整体，对发挥市场机制作用是有利的。如果没有建设监理制度，就没有监理单位提供的高职能技术服务，项目法人责任制度就难以实行；如果没有建设监理制度，就难以利用竞争择优机制公开、公平、公正地择优选定承建商，工程招标投标制度也就难以有效地规范地实施；如果没有建设监理制度，就没有社会化、专业化的监理单位为工程项目建设提供微观项目管理服务，政府部门也难以进行有效的宏观监督管理。

5.2　我国工程建设监理的实施与范围

【案例 5-2】

某水闸建设工程项目，建设单位与施工单位经公开招标后签订了工程施工承包合同，施工承包合同规定：水闸的启闭机械设备由建设单位采购，其他建筑材料由施工单位采购。同时，建设单位与监理单位签订了施工阶段监理合同。

建设单位为了确保水闸施工质量，经与设计单位商定，在设计文件中标明了水泥的规格、型号等技术指标，并指定了生产厂家。施工单位在工程中标后，与生产厂家签订了购货合同。

为了在汛期来临之前完成水闸的基础工程施工，施工单位采购的水泥进场时，未经监理机构许可就擅自投入施工使用。监理机构在对浇筑而成的第一块闸底板检查时，发现水泥的指标达不到要求，监理机构就通知施工单位该批水泥不得使用。施工单位要求水泥厂家将不合格的水泥退换，厂家认为水泥质量没有问题，若要退货，施工单位应支付退货运费，施工

单位不同意支付，厂家要求建设单位在施工单位的应付工程款中扣除上述费用。

请思考：

(1)施工单位采购的水泥进场，未经监理机构许可就投入使用，此做法正确吗？

(2)监理机构发现水泥的指标达不到要求，通知施工单位不得使用该批水泥是否合理？

5.2.1 我国工程建设监理实施的法律依据与环境

1. 我国工程建设监理实施的法律依据

《中华人民共和国建筑法》第三十二条规定："建筑工程监理应当依照法律、行政法规及有关的技术标准、设计文件和建筑工程承包合同，对承包单位在施工质量、建设工期和建设资金使用等方面，代表建设单位实施监督。工程监理人员认为工程施工不符合工程设计要求、施工技术标准和合同约定的，有权要求建筑施工企业改正。工程监理人员发现工程设计不符合建筑工程质量标准或者合同约定的质量要求的，应当报告建设单位要求设计单位改正。"

监理机构岗位人员职责练习题

没有法律、法规作为坚强后盾，没有良好的法制环境作为运行条件，工程建设监理是很难实施的。

《建设工程质量管理条例》第三十七条规定："工程监理单位应当选派具备相应资格的总监理工程师和监理工程师进驻施工现场。未经监理工程师签字，建筑材料、建筑构配件和设备不得在工程上使用或者安装，施工单位不得进行下一道工序的施工。未经总监理工程师签字，建设单位不拨付工程款，不进行竣工验收。"

工程建设活动涉及人们的生命和财产的安全，涉及环境保护、城市规划、土地利用等诸多公众利益。如果不确定一套规则和标准，那么工程建设不但不能造福于社会和人民，反而会危害自己，危害他人，给社会生产和公众生活造成不良影响。

《工程建设监理规定》第九条规定："工程建设监理的主要内容是控制工程建设的投资、建设工期和工程质量；进行工程建设合同管理，协调有关单位间的工作关系。"

工程建设监理的主要任务是"三控三管一协调"。"三控制"即质量控制、工期控制和投资控制；"三管理"指对工程建设承发包合同的管理、工程建设过程中有关信息的管理和安全管理；"一协调"就是做好参建各方及与周边环境的协调。

【特别提示】

"三控三管一协调"简明扼要地概括了工程建设监理的7项任务。

【知识链接】

《中华人民共和国建筑法》第四章建筑工程监理；《建设工程质量管理条例》《工程建设监理规定》工程监理相关条款。

2. 我国工程建设监理实施的环境

先进国家的建设监理经验中最重要的一条，就是由国家立法部门制定建设监理法律，并由法律确定执行机构来执行，用高层次的法律去规范工程建设行为才能收到理想的效果。

《中华人民共和国建筑法》第三十条规定："国家推行建筑工程监理制度。国务院可以规定实行强制监理的建筑工程的范围。"

1) 工程建设监理法制环境的重要性

首先，工程建设监理的依据之一是工程建设监理合同和其他工程建设合同等。合同是一种法律行为和法律关系。这种行为和关系具有法律的约束力并受到法律的保护。正是法律的严肃性才有力地促使各方严格遵守并认真履行依法成立的工程建设合同。如果没有约束和保护合同的法律，那么合同也就成了一纸空文。工程建设监理的重要工作就是管理好业主与承建商签订的工程建设合同，并根据合同来行使他的权利，履行他的义务。在市场经济条件下，是什么原因促使设计者拿出符合要求的设计？是什么原因促使施工者建成符合要求的工程？是什么原因促使厂家和供应商提供符合要求的材料和设备？很关键的一条是依靠工程建设合同做保障。这种保障的基础不是别的，是法律和人们的法律意识。

其次，市场经济条件下，工程建设必然要充分利用竞争择优机制，实施工程招标投标制度。因此，在工程建设过程中，商业利益必然成为合同双方关注的焦点。因此，在项目实施的任何阶段合同双方都可能存在着矛盾和争端。正因为如此，才需要从制度上建立一种约束协调机制，也就是需要在项目建设过程中存在一个公正的第三方以便进行必要的协调和约束。监理单位和监理工程师靠什么进行约束协调？最关键的就是紧紧依靠工程建设的法律、法规，依靠依法成立的工程建设合同以及合同各方的法律意识。

再次，工程项目的实现也就是各项工程合同的履行。业主在这种合同环境中实现投资目的，需要维护自己的利益，需要正确行使合同赋予自己的权力和履行自己的合同义务。而这正是业主的薄弱环节。因此，业主需要自己在履行合同中得到可靠的支持，为其提供社会化、专业化监督管理服务。而这种服务应当是一种公正性的，根据法律、法规和合同进行的服务。

综上所述，法制环境是建设监理能够发生和发展的基本条件。

2) 建设监理在我国得以推行和实施的环境条件

首先，需要建立建设监理的需求机制。建设监理是为了满足社会需求而产生的，并在满足社会需求的过程中发展。没有投资者对监理的需要，就没有监理市场，自然也就谈不到工程建设监理的存在和发展。长期以来，我国的建设单位作为执行国家投资计划的基层单位，在计划经济环境的影响下，它的责、权、利分离。因此，它很难形成对监理的需求。而在向社会主义市场经济转变的过程中，我们实行项目业主(法人) 责任制就从根本上改变了这种状况。业主集责、权、利于一体，他们往往既是投资者，又是投资使用者和投资偿还者。他们势必为在预计的投资、进度、质量目标内建成工程项目而竭尽全力，也就势必渴望得到来自社会的支持，需要监理单位和监理工程师为其提供专业技术服务。

其次，应当进一步完善竞争机制。要广泛地应用工程招标制度于项目建设中。不仅要在施工阶段利用招标方式选择施工单位，还要在设计阶段利用设计竞赛或设计招标选择优化的设计方案，并选择设计单位，要使竞争择优真正建立在公开、公正、公平的原则之上。只有选择出社会信誉好、技术水平高、管理能力强的设计、施工、材料供应单位承担工程建设任务，才能使项目目标理想地实现，才能使工程建设监理任务圆满地完成。

再次，应当进一步完善科学决策机制。特别要在项目决策阶段大力加强可行性研究工作，把项目咨询评估制度加以完善。如果没有一个正确的投资决策，没有一个深思熟虑的建设方案，没有明确的项目投资、进度、质量总目标，工程建设监理就难以在项目实施阶段发挥作用。因此，建立和完善科学决策机制，实施项目咨询评估制度是推行和发展建设监理的不可缺少条件。

总之，只有我们建立了与工程建设监理相配套的监理需求机制、竞争择优机制、科学决策机制，为全面推行和实施工程建设监理制度建立基础条件，我国的工程建设监理才能更有效地发挥它的作用。

5.2.2 我国工程建设监理的范围

《中华人民共和国建筑法》第三十条第二款规定："国务院可以规定实行强制监理的建筑工程的范围。"《建设工程质量管理条例》对必须实行监理的建设工程做出了原则性的规定。其中第十二条规定，下列建设工程必须实行监理。

(1) 国家重点建设工程。

(2) 大中型公用事业工程。

(3) 成片开发建设的住宅小区工程。

(4) 利用外国政府或者国际组织贷款、援助资金的工程。

(5) 国家规定必须实行监理的其他工程。

原建设部 2001 年 1 月 17 日颁布的《建设工程监理范围和规模标准规定》，对实行强制监理的建设工程的范围和规模进行了细化。根据上述法律法规，下列建设工程必须实行监理。

1. 国家重点建设工程

国家重点建设工程，是指依据《国家重点建设项目管理办法》所确定的对国民经济和社会发展有重大影响的骨干项目。

2. 大中型公用事业工程

大中型公用事业工程，是指项目总投资额在 3000 万元以上的下列工程项目。

(1)供水、供电、供气、供热等市政工程项目。

(2)科技、教育、文化等项目。

(3)体育、旅游、商业等项目。

(4)卫生、社会福利等项目。

(5)其他公用事业项目。

3. 成片开发建设的住宅小区工程

成片开发建设的住宅小区工程，建筑面积在 5 万平方米以上的住宅建设工程必须实行监理；5 万平方米以下的住宅建设工程，可以实行监理，具体范围和规模标准，由省、自治区、直辖市人民政府建设行政主管部门规定；为了保证住宅质量，对高层住宅及地基、结构复杂的多层住宅应当实行监理。

4. 利用外国政府或者国际组织贷款、援助资金的工程

利用外国政府或者国际组织贷款、援助资金的工程范围包括。

(1)使用世界银行、亚洲开发银行等国际组织贷款资金的项目。

(2)使用国外政府及其机构贷款资金的项目。

(3)使用国际组织或者国外政府援助资金的项目。

5. 国家规定必须实行监理的其他工程

国家规定必须实行监理的其他工程包括。

(1)学校、影剧院、体育场馆等项目。

(2)项目总投资额在 3000 万元以上关系社会公共利益、公众安全的下列基础设施项目。

①煤炭、石油、化工、天然气、电力、新能源等项目。

②铁路、公路、管道、水运、民航以及其他交通运输业等项目。

③邮政、电信枢纽、通信、信息网络等项目。

④防洪、灌溉、排涝、发电、引(供)水、滩涂治理、水资源保护、水土保持等水利建设项目。

⑤道路、桥梁、地铁和轻轨交通、污水排放及处理、垃圾处理、地下管道、公共停车场等城市基础设施项目。

⑥生态环境保护项目。

⑦其他基础设施项目。

国务院建设行政主管部门商同国务院有关部门后，可以对本规定确定的必须实行监理的建设工程具体范围和规模标准进行调整。

【知识链接】

《建设工程质量管理条例》《建设工程监理范围和规模标准规定》。

5.3　建设单位与监理单位的关系

【案例 5-3】

某监理单位承担了一工业项目的施工监理工作。经过招标，建设单位选择了甲、乙施工单位分别承担 A、B 标段工程的施工，并按照《建设工程施工合同(示范文本)》分别和甲、乙施工单位签订了施工合同。建设单位与乙施工单位在合同中约定，B 标段所需的部分设备由建设单位负责采购。乙施工单位按照正常的程序将 B 标段的安装工程分包给丙施工单位。总监理工程师根据现场反馈信息及质量记录分析，对 A 标段某部位隐蔽工程的质量有怀疑，随即指令甲施工单位暂停施工，并要求剥离检验。甲施工单位称：该部位隐蔽工程已经由专业监理工程师验收，若剥离检验，监理单位需赔偿由此造成的损失并相应地延长工期。

请思考：

总监理工程师的做法是否正确？为什么？试分析剥离检验的可能结果及总监理工程师相应的处理方法。

5.3.1　我国工程建设监理的原则与若干规定

1. 我国工程建设监理的原则

1) 客观、公正性原则

《中华人民共和国建筑法》第三十四条第二款规定："工程监理单位应当根据建设单位的委托，客观、公正地执行监理任务。"

客观和公正是工程监理单位和监理人员应当遵循的最基本的执业准则，也是对监理活动的基本要求。所谓客观，指工程监理单位和监理人员在执行监理任务时，运用科学的方法和专业知识，以客观事实为依据，用事实说话，不主观臆断；所谓公正，指工程监理单位和监理人员在完成对工程实施质量、进度和投资控制等监理任务时，站在独立、公正的第三方，不受任何外界人为因素的干扰，以相应的法律法规、制度、技术规范等为依据，做到公正廉洁，不偏不倚。

【特别提示】

独立与公正的关系。

【知识链接】

公开、公平、公正的概念及相互间的关系。

2）监理单位独立完成任务的原则

《中华人民共和国建筑法》第三十四条第四款规定："工程监理单位不得转让工程监理业务。"《工程建设监理规定》第十九条规定："监理单位不得转让工程监理业务。"

监理机构岗位职责练习题

工程监理本是由建设单位基于对其信任的具有相应资质等级的监理单位，通过签订委托监理合同而形成的。合同一经订立，就具有法律约束力，任何一方不得擅自变更合同，包括不得变更合同主体。工程监理单位将委托监理业务转让他人，这违背了建设单位的意志，同时也损害了建设单位的利益。特别是委托监理单位将其监理业务转让给不具备相应资质条件的单位，不能按照建设单位的要求对工程质量、进度和资金进行控制，造成工程质量隐患。因此，监理单位接受委托后，应当自行完成工程监理业务，如果由于种种原因，确实无法完成工程监理任务时，应依法解除合同。

3）总监理工程师全权负责原则

《建设工程质量管理条例》第三十七条规定："工程监理单位应当选派具备相应资格的总监理工程师和监理工程师进驻施工现场。"

《建设工程监理规范（GB/T 50319—2013）》规定建设工程监理实行总监理工程师负责制。

未经监理工程师签字，建筑材料、建筑构配件和设备不得在工程上使用或者安装，施工单位不得进行下一道工序的施工。未经总监理工程师签字，建设单位不拨付工程款，不进行竣工验收。

总监理工程师是监理单位履行监理合同的全权负责人；监理工程师具体履行监理职责，对总监理工程师负责。

4）监理事项通知原则

《中华人民共和国建筑法》第三十三条规定："实施建筑工程监理前，建设单位应当将委托的工程监理单位、监理的内容及监理权限，书面通知被监理的建筑施工企业。"

5）监理资质许可原则

《中华人民共和国建筑法》第三十一条规定："实行监理的建筑工程，由建设单位委托具有相应资质条件的工程监理单位监理。建设单位与其委托的工程监理单位应当订立书面委托监理合同。"

《中华人民共和国建筑法》第三十四条第一款规定："工程监理单位应当在其资质等级许可的监理范围内，承担工程监理业务。"

上述法律规定，是政府对从事工程建设监理的单位资质许可的强制性要求。

2. 我国工程建设监理的若干规定

（1）监理单位是建筑市场的主体之一。工程建设监理是一种高智能的有偿技术服务。

(2)设立监理单位的程序。设立监理单位，须报工程建设监理主管机关进行设立的资质审查，审查合格后，向工商行政管理机关申请企业法人登记注册，经核准登记注册后，方可从事工程建设监理活动。

(3)监理单位资质等级。《中华人民共和国建筑法》第十三条规定："从事建筑活动的工程监理单位，按照其拥有的注册资本、专业技术人员、技术装备和已完成的建筑工程业绩等资质条件，划分为不同的资质等级，经资质审查合格，取得相应等级的资质证书后，方可在其资质等级许可的范围内从事建筑活动。"《工程监理企业资质管理规定》第六条规定："工程监理企业资质分为综合资质、专业资质和事务所资质。其中，专业资质按照工程性质和技术特点划分为若干工程类别。综合资质、事务所资质不分级别。专业资质分为甲级、乙级；其中，房屋建筑、水利水电、公路和市政公用专业资质可设立丙级。"有关部门对监理单位的资质定级实行分级审批。经审核符合等级标准的，发给相应的资质等级证书。监理单位资质等级应定期核定，以确认保级或降级，并对申请资质升级的单位进行审批。

(4)关于监理单位业务活动的纪律性规定。监理单位必须在核准的监理业务范围内从事工程建设监理活动。监理单位不得擅自越级承接监理业务，不得转让监理业务，不得承包工程，不得经营建材、设备、构配件和建筑机械销售业务。

(5)中外合资、中外合作监理单位的设立和资质管理按有关规定进行。

(6)监理单位分立、合并、终止。监理单位分立、合并、终止时应向原资质管理部门申请办理有关手续，向工商行政管理机关申办变更登记或注册登记，并进行公告。

(7)监理单位责任。在监理过程中因过错造成重大经济损失的，应承担一定的经济责任或法律责任。

5.3.2　建设单位与监理单位的关系

1. 双方是平等关系

这是工程建设监理与政府工程质量监督的重要区别。政府工程质量监督双方是不平等的行政管理人与行政管理相对人的关系；而工程建设监理双方是平等的市场主体关系，双方意志自由。

业主和监理单位都是建筑市场中的主体，不分主次，自然应当是平等的。这种平等的关系主要体现在它们在经济社会中的地位和工作关系两个方面。第一，都是市场经济中独立的企业法人。不同行业的企业法人，只有经营性质的不同、业务范围不同，而没有主仆之别。即使是同一行业，各独立的企业法人之间(子公司除外)，也只是大小之别、经营种类的不同，不存在主仆关系。所谓主仆关系，既是一种雇佣关系，被雇佣者要听命于雇佣者，被雇佣者不必有主人翁的思想，更没有主人翁的资格。我国法规要求监理单位与业主一样，都要以主人翁的姿态对待工程建设。业主为了更好地搞好自己担负的工程项目建设，而委托监理单位替自己负责一些具体的事项。业主与监理单位之间是一种委托与被委托的关系。业主可以委托甲监理单位，也可以委托乙监理单位。同样，监理单位可以接受委托，也可以不接受委托，即使委托与被委托的关系建立之后，双方也只是按照约定的条款，各尽各的义务，各行使各的权利，各取得各自应得到的利益。所以说，两者在工作关系上仅维系在委托与被委托的水准上，监理单位仅按照委托的要求开展工作，对业主负责，并不受业主的领导。业主对监理单位的人力、财力、物力等方面没有任何支配权、管理权。如果两者之间的委托与被委托关系不成立，则就不存在任何联系。

【知识链接】

平等的含义，工程建设监理与政府工程质量监督的区别。

2. 双方是一种授权与被授权关系

监理单位接受委托之后，业主就把一部分工程项目建设的管理权力授予监理单位。诸如工程建设的组织协调工作的主持权、设计质量和施工质量以及建筑材料与设备质量的确认权与否决权、工程量与工程价款支付确认权与否决权、工程建设进度和建设工期的确认权与否决权以及围绕工程项目建设的各种建议权等。业主往往留有工程建设规模和建设标准的决定权、对承建商的选定权、与承建商签订合同的签认权以及工程竣工后或阶段完工后的验收权等。

监理单位根据业主的授权开展工作，在工程建设的具体实践活动中居于相当显赫的地位，但是，监理单位毕竟不是业主的代理人。按照《中华人民共和国民法通则》的界定，“代理人”的含义是：“代理人在代理权限内，以被代理人的名义实施法律行为”，“被代理人对代理人的代理行为承担民事责任”。监理单位即不是以业主的名义开展监理活动，也不能让业主对自己的监理行为承担任何民事责任。显然，监理单位不是、也不应该是业主的代理人。

3. 双方是一种社会主义市场经济体制下的经济合同关系

业主与监理单位之间的委托与被委托关系确立后，双方订立合同，即工程建设监理合同。合同一经双方签订，这宗交易就意味着成立。业主是买方，监理单位是卖方，即业主出钱购买监理单位的智力劳动。如果有一方不接受对方的要求，对方又不肯退让，或者有一方不按双方的约定履行自己的承诺，那么，这宗交易活动就不能成交。就是说，双方都有自己经济利益的需求，监理单位不会无偿地为业主提供服务；业主也不会对监理单位施舍。双方的经济利益以及各自的职责和义务都体现在签订的监理合同中。

但是，工程建设监理合同毕竟与其他经济合同不同。这是由于监理单位在建筑市场中的特殊地位所决定的。众所周知，业主、监理单位、承建商是建筑市场三元结构的3大主体。业主发包工程建设业务，承建商承接工程建设业务。在这项交易活动中，业主向承建商购买建筑商品(或阶段性建筑产品）。监理单位的责任是既帮助业主购买到合适的建筑商品，又要维护承建商的合法权益。或者说，监理单位与业主签订的监理合同，不仅表明监理单位要为业主提供高智能服务，维护业主的合法权益，而且也表明，监理单位有责任维护承建商的合法权益。这在其他经济合同中是难以找到的条款。可见，监理单位在建筑市场的交易活动中处于建筑商品买卖双方之间，起着维系公平交易、等价交换的制衡作用。因此，不能把监理单位单纯地看成业主利益的代表。这就是社会主义市场经济体制下，监理单位与业主之间经济关系的特点。

本章小结

本章重点介绍了3个内容，即：

1. 工程建设监理基本知识，包括工程建设监理概念；工程建设监理与政府工程质量监督的区别；工程建设监理的性质与目的。

2. 我国工程建设监理的实施与范围，建筑工程监理可分为决策阶段监理(项目可行性研究、论证和参与任务书的编制等)和实施阶段监理(设计、施工、保修等的监理)。我国工程建设监理尚处于初级阶段，决策阶段的监理目前主要还是由政府行政管理部门进行管理；我国工程建设监理主要发生在项目建设的实施阶段。

3. 建设单位与监理单位的关系。

习 题

一、单选题

1. 建设工程监理是全过程建设工程项目管理的一个阶段部分，是以(　　)作为行为管理的主体。

A. 建设单位　　B. 工程监理企业　　C. 承包商　　D. 分包商

2. 目前在我国建设工程监理主要是着重于建设工程的(　　)。

A. 全过程　　B. 施工阶段

C. 设计阶段和施工阶段　　D. 设计阶段

3. 工程建设监理，是指具有相应(　　)的监理单位，受工程项目建设单位委托，对工程建设实施专业化监督管理。

A. 技术能力　　B. 注册资金　　C. 注册监理工程师　　D. 资质

4. 建设工程监理的实施需要建设单位的(　　)。

A. 委托和授权　　B. 申请和审核　　C. 赞助和帮助　　D. 管理和控制

5.《建设工程质量管理条例》规定，禁止工程监理单位超越单位资质范围承担监理任务，(　　)。

A. 禁止监理单位以其他工程监理单位名义承担工程单位业务或允许其他单位以本单位的名义承担工程监理业务

B. 允许其他单位以挂靠形式承担工程监理业务

C. 允许个人以本单位名义承担工程监理业务

D. 允许通过合法的形式以其他监理单位名义承担监理业务

6. 未经(　　)，建设单位不拨付工程款，不进行竣工验收。

A. 总监理工程师签字　　B. 监理工程师签字

C. 监理单位盖章　　D. 项目监理部盖章

7. 在开展工程监理的过程中，必须建立自己的组织，按照自己的工作计划、程序、流程、方法、手段开展工作。这反映了建设工程监理的(　　)。

A. 服务性　　B. 科学性　　C. 独立性　　D. 公正性

8. 在开展工程监理的过程中，当建设单位与承建单位发生利益冲突时，监理单位应以事实为依据，以法律和有关合同为准绳，在维护建设单位的合法权益的同时，不损害承建单位的合法权益。这表明建设工程监理具有(　　)。

A. 公平性　　B. 自主性　　C. 独立性　　D. 公正性

9. 下列工程项目必须实行监理的是(　　)。

A. 总投资额为2亿元的电视机厂改建项目

B. 建筑面积4万平方米的住宅建设项目

C. 总投资额为30万美元的联合国粮农组织的援助项目

D. 总投资额为2000万元的科技项目

10. 成片开发建设的住宅小区工程，建筑面积在(　　)平方米以上的住宅建设工程必须实行监理。

A. 5万　　B. 10万　　C. 3万　　D. 15万

二、多选题

1. 建设工程监理的性质有(　　)。

A. 服务性　　B. 科学性　　C. 独立性

D. 公正性　　E. 公平性

2、实行建设监理制，目的是为了提高工程建设的(　　)。

A. 经济效益　　B. 政治效益　　C. 投资效益

D. 社会效益　　E. 国民收入

3. 必须实施监理的工程包括(　　)。

A. 国家重点项目

B. 大中型公用事业工程

C. 私人或民营投资项目

D. 利用外国政府或国际组织贷款、援助资金的工作

E. 成片开发建设的住宅小区

4.《建设工程质量管理条例》规定，工程监理单位应选派具有相应资格的(　　)进驻施工现场。

A. 总监理工程师　　B. 监理工程师　　C. 监理员

D. 见证取样员　　E. 预算员

5. 国家规定必须实行监理的其他工程是指(　　)。

A. 项目投资额3000万元以上关系社会公众利益、公众安全的基础设施项目

B. 小学、影剧院、体育场馆项目

C. 外国直接投资项目

D. 中外合资项目

E. 民营独资项目

三、简答题

1. 工程建设监理工作的任务有哪些?

2. 我国实行强制性工程建设监理的范围有哪些?

第5章　案例参考答案

【案例5-1】分析：

(1)总监理工程师不应直接致函设计单位，因为总监理工程师无权进行设计变更。正确做法：总监理工程师发现问题应向建设单位报告，由建设单位向设计单位提出变更要求。

(2)设计单位不应口头同意总监理工程师的更改方案。正确做法：应以书面形式答复。

(3)总监理工程师签发的整改通知不妥。因为整改通知单应签发给A施工单位，因B施

工单位和建设单位没有合同关系。

(4) A 施工单位的说法不正确。因为 B 施工单位与建设单位没有合同关系，所以 B 施工单位的损失应由 A 施工单位承担。

(5) 建设单位的说法不正确。因监理工程师是在合同授权范围内履行职责，施工单位所受的损失不应由监理单位承担。

【案例 5-2】分析：(略)

【案例 5-3】分析：(略)

第 5 章　习题答案

一、单选题答案

1. B　2. B　3. D　4. A　5. A　6. A　7. C　8. D　9. C　10. A

二、多选题答案

1. ABCD　2. CD　3. ABDE　4. AB　5. AB

三、简答题答案

1. 工程建设监理的主要任务是“三控三管一协调”。“三控制”即质量控制、工期控制和投资控制；“三管理”指对工程建设承发包合同的管理和工程建设过程中有关信息的管理和安全管理；“一协调”就是做好参建各方及与周边环境的协调。

2. (1) 国家重点建设工程。

(2) 大中型公用事业工程。

(3) 成片开发建设的住宅小区工程。

(4) 利用外国政府或者国际组织贷款、援助资金的工程。

(5) 国家规定必须实行监理的其他工程。

第6章　建设工程安全生产管理制度

【职业能力目标】 由于建筑工程施工项目的高、大、露天作业多、工期长等方面的特点，施工中发生安全事故的概率一直比较高，建筑工程施工安全直接关系到公众生命财产安全，关系到社会的稳定及和谐发展。通过学习，要求学生掌握建筑工程项目施工“安全第一、预防为主”的方针，了解其对预防和减少安全生产事故的发生起到至关重要的作用；熟悉《中华人民共和国建筑法》《中华人民共和国安全生产法》《建设工程安全生产管理条例》等一系列工程建设安全生产法规和规范性文件；具备制定安全生产责任制的能力，掌握编制安全技术措施、专项方案和开展技术交底的技能；具备施工安全事故的应急救援与调查处理的能力。

【学习要求】 掌握建筑安全生产管理的方针；熟悉施工单位和施工项目的安全生产责任；掌握开展安全生产教育培训的要求；熟悉施工现场防护的规定和违法行为应承担的责任；具备施工安全事故的应急救援与调查处理的能力。

【案例6-1】

某市在建高层建筑，总建筑面积约4000 m^2，地下2层，地上18层，建设单位与施工单位签订了施工总承包合同，并委托监理单位进行工程监理，开工前，施工单位对工程进行了三级安全教育。在基础工程施工中，由于是深基坑工程，项目经理部按照设计文件和施工技术标准编制了基坑支护及降水工程专项施工组织方案，经项目经理签字后组织施工。同时，项目经理安排负责质量检查的人员兼任安全工作。当土方开挖至坑底设计标高时，监理工程师发现基坑四周地表出现大量裂纹，坑边部分土石有滑落现象，即向现场作业人员发出口头通知，要求停止施工，撤离相关作业人员。但施工作业人员担心拖延施工进度，对监理通知不予理睬，继续施工。随后，基坑发生大面积坍塌，基坑下6名作业人员被埋，该建筑公司项目经理部向有关部门紧急报告事故情况，闻讯赶到的有关领导，指挥公安民警、武警战士和现场工人实施了紧急抢险工作，将伤者立即送往医院进行救治，事故共造成3人死亡、2人重伤、1人轻伤。事故发生后，经查施工单位未办理意外伤害保险。

试对以上资料进行分析，思考以下问题：

(1)本事件有哪些不妥？

(2)本案中的施工安全事故应定为哪种等级的事故？

(3)事故发生后，施工单位应采取哪些措施？

6.1　建筑安全生产管理的方针

6.1.1　建筑安全生产管理

建筑安全生产管理，是指建设行政主管部门、建筑安全监督管理机构、建筑施工企业及有关单位对建筑生产过程中的安全工作，进行计划、组织、指挥、控制、监督等一系列的管理活动。

安全与生产的关系是一种辩证统一的关系。安全与生产的统一性表现在：一方面，生产必须安全。安全是生产的前提条件，不安全就无法生产；另一方面，安全可以促进生产，抓好安全，为员工创造一个安全、卫生、舒适的工作环境，可以更好地调动员工的积极性，提高劳动生产率和减少因事故带来的不必要损失。

建筑安全生产管理主要有三个方面的管理内容。第一，主要是指建设行政主管部门及其授权的建筑安全监督管理机构对建筑安全生产的行业监督管理；第二，主要是建筑生产有关各方如建设单位、设计单位、监理单位和建筑施工企业等的安全责任和义务；第三，主要是指在生产中，严格控制人的不安全行为和物的不安全状态两个方面的因素。

制定建筑安全生产管理的方针和原则，主要目的在于保证建筑工程安全和建筑职工的人身安全，这也是建筑安全生产管理的关键和集中表现。

6.1.2　建筑安全生产管理的方针

根据《中华人民共和国建筑法》第三十六条规定："建筑工程安全生产管理必须坚持安全第一、预防为主的方针，建立健全安全生产的责任制度和群防群治制度。"同时《中华人民共和国安全生产法》第三条也规定了安全生产管理的基本方针，即坚持安全第一、预防为主、综合治理的方针，从源头上防范化解重大安全风险。所谓"安全第一"，就是说，在生产经营活动中，在处理保证安全与实现生产经营活动的其他各项目标的关系上，要始终把安全特别是从业人员和其他人员的人身安全放在首要的位置，实行"安全优先"的原则。"安全第一、预防为主、综合治理的方针"是以法律形式固定和实施的安全生产基本方针，是《中华人民共和国安全生产法》的灵魂。

安全第一还反映了当安全与生产发生矛盾的时候，应该服从安全，消灭隐患，保证建设工程在安全的条件下生产。预防为主则体现在事先策划、事中控制、事后总结。通过信息收集，归类分析，制定预案，控制防范。安全第一、预防为主的方针，体现了国家在建设工程安全生产过程中"以人为本"的思想，也体现了国家对保护劳动者权利、保护社会生产力的高度重视。

【知识拓展】 我国建筑业每年因工死亡率大体为万分之三，仅次于采矿业而居全国各行业的第二位，安全生产形势十分严峻。

6.2　施工安全生产许可证制度

《中华人民共和国行政许可法》规定："直接涉及国家安全、公共安全、经济宏观调控、生态环境保护以及直接关系人身健康、生命财产安全等特定活动，需要按照法定条件予以批准的事项”，可以设定行政许可。

《安全生产许可证条例》规定，国家对矿山企业、建筑施工企业和危险化学品、烟花爆竹、民用爆破器材生产企业(以下统称企业)实行安全生产许可制度。企业未取得安全生产许可证的，不得从事生产活动。

6.2.1 申请领取安全生产许可证的条件

原建设部结合建筑施工企业的特点，于2004年7月发布了《建筑施工企业安全生产许可证管理规定》。该规定所称建筑施工企业，是指从事土木工程、建筑工程、线路管道和设备安装工程及装修工程的新建、扩建、改建和拆除等有关活动的企业。

《建筑施工企业安全生产许可证管理规定》中将建筑施工企业取得安全生产许可证应当具备的安全生产条件具体规定为。

(1)建立、健全安全生产责任制，制定完备的安全生产规章制度和操作规程；

(2)保证本单位安全生产条件所需资金的投入；

(3)设置安全生产管理机构，按照国家有关规定配备专职安全生产管理人员；

(4)主要负责人、项目负责人、专职安全生产管理人员经建设主管部门或者其他有关部门考核合格；

(5)特种作业人员经有关业务主管部门考核合格，取得特种作业操作资格证书；

(6)管理人员和作业人员每年至少进行1次安全生产教育培训并考核合格；

(7)依法参加工伤保险，依法为施工现场从事危险作业的人员办理意外伤害保险，为从业人员交纳保险费；

(8)施工现场的办公、生活区及作业场所和安全防护用具、机械设备、施工机具及配件符合有关安全生产法律、法规、标准和规程的要求；

(9)有职业危害防治措施，并为作业人员配备符合国家标准或者行业标准的安全防护用具和安全防护服装；

(10)有对危险性较大的分部分项工程及施工现场易发生重大事故的部位、环节的预防、监控措施和应急预案；

(11)有生产安全事故应急救援预案、应急救援组织或者应急救援人员，配备必要的应急救援器材、设备；

(12)法律、法规规定的其他条件。

建筑施工企业未取得安全生产许可证的，不得从事建筑施工活动。

6.2.2 安全生产许可证的有效期和政府监管的规定

1. 安全生产许可证的申请

建筑施工企业从事建筑施工活动前，应当依法申请领取安全生产许可证。省、自治区、直辖市人民政府建设主管部门负责建筑施工企业安全生产许可证的颁发和管理，并接受国务院建设主管部门的指导和监督。

建筑施工企业申请安全生产许可证时，应当向建设主管部门提供下列材料：①建筑施工企业安全生产许可证申请表；②企业法人营业执照；③与申请安全生产许可证应当具备的安全生产条件相关的文件、材料。建筑施工企业申请安全生产许可证，应当对申请材料实质内容的真实性负责，不得隐瞒有关情况或者提供虚假材料。

2. 安全生产许可证的有效期

安全生产许可证的有效期为 3 年。安全生产许可证有效期满需要延期的，企业应当于期满前 3 个月向原安全生产许可证颁发管理机关办理延期手续。企业在安全生产许可证有效期内，严格遵守有关安全生产的法律法规，未发生死亡事故的，在安全生产许可证有效期届满时，经原安全生产许可证颁发管理机关同意，不再审查 12 项安全生产许可条件，批准安全生产许可证有效期可延长 3 年。

建筑施工企业变更名称、地址、法定代表人等，应当在变更后 10 日内，到原安全生产许可证颁发管理机关办理安全生产许可证变更手续。建筑施工企业破产、倒闭、撤销的，应当将安全生产许可证交回原安全生产许可证颁发管理机关予以注销。建筑施工企业遗失安全生产许可证，应当立即向原安全生产许可证颁发管理机关报告，并在公众媒体上声明作废后，方可申请补办。

3. 政府监管

建设主管部门在审核发放施工许可证时，应当对已经确定的建筑施工企业是否有安全生产许可证进行审查，对没有取得安全生产许可证的，不得给建设单位颁发施工许可证，由其重新确定施工单位。企业取得安全生产许可证后，不得降低安全生产条件，并应当加强日常安全生产管理，接受安全生产许可证颁发管理机关的监督检查。安全生产许可证颁发管理机关发现企业不再具备安全生产条件的，应当暂扣或者吊销安全生产许可证。企业不得转让、冒用安全生产许可证或者使用伪造的安全生产许可证。

安全生产许可证颁发管理机关或者其上级行政机关发现有下列情形之一的，可以撤销已经颁发的安全生产许可证：①安全生产许可证颁发管理机关工作人员滥用职权、玩忽职守颁发安全生产许可证的；②超越法定职权颁发安全生产许可证的；③违反法定程序颁发安全生产许可证的；④对不具备安全生产条件的建筑施工企业颁发安全生产许可证的；⑤依法可以撤销已经颁发的安全生产许可证的其他情形。

6.2.3 违法行为应承担的法律责任

安全生产许可证违法行为应承担的主要法律责任如下。

1. 未取得安全生产许可证擅自从事施工活动应承担的法律责任

《安全生产许可证条例》规定，未取得安全生产许可证擅自进行生产的，责令停止生产，没收违法所得，并处 10 万元以上 50 万元以下的罚款；造成重大事故或者其他严重后果，构成犯罪的，依法追究刑事责任。

《建筑施工企业安全生产许可证管理规定》进一步规定，建筑施工企业未取得安全生产许可证擅自从事建筑施工活动的，责令其在建项目停止施工，没收违法所得，并处 10 万元以上 50 万元以下的罚款；造成重大安全事故或者其他严重后果，构成犯罪的，依法追究刑事责任。

2. 安全生产许可证有效期满未办理延期手续继续从事施工活动应承担的法律责任

《安全生产许可证条例》规定，安全生产许可证有效期满未办理延期手续，继续进行生产的，责令停止生产，限期补办延期手续，没收违法所得，并处 5 万元以上 10 万元以下的罚款；逾期仍不办理延期手续，继续进行生产的，依照未取得安全生产许可证擅自进行生产的规定处罚。

《建筑施工企业安全生产许可证管理规定》进一步规定，安全生产许可证有效期满未办理延期手续，继续从事建筑施工活动的，责令其在建项目停止施工，限期补办延期手续，没收违法所得，并处5万元以上10万元以下的罚款；逾期仍不办理延期手续，继续从事建筑施工活动的，依照未取得安全生产许可证擅自从事建筑施工活动的规定处罚。

3. 转让安全生产许可证等应承担的法律责任

《安全生产许可证条例》规定，转让安全生产许可证的，没收违法所得，处10万元以上50万元以下的罚款，并吊销其安全生产许可证；构成犯罪的，依法追究刑事责任；接受转让的，依照未取得安全生产许可证擅自进行生产的规定处罚。冒用安全生产许可证或者使用伪造的安全生产许可证的，依照未取得安全生产许可证擅自进行生产的规定处罚。

《建筑施工企业安全生产许可证管理规定》进一步规定，建筑施工企业转让安全生产许可证的，没收违法所得，处10万元以上50万元以下的罚款，并吊销其安全生产许可证；构成犯罪的，依法追究刑事责任；接受转让的，依照未取得安全生产许可证擅自从事建筑施工活动的规定处罚。冒用安全生产许可证或者使用伪造的安全生产许可证的，依照未取得安全生产许可证擅自从事建筑施工活动的规定处罚。

4. 以不正当手段取得安全生产许可证应承担的法律责任

《建筑施工企业安全生产许可证管理规定》中规定，建筑施工企业隐瞒有关情况或者提供虚假材料申请安全生产许可证的，不予受理或者不予颁发安全生产许可证，并给予警告，1年内不得申请安全生产许可证。

建筑施工企业以欺骗、贿赂等不正当手段取得安全生产许可证的，撤销安全生产许可证，3年内不得再次申请安全生产许可证；构成犯罪的，依法追究刑事责任。

5. 暂扣安全生产许可证并限期整改的规定

《建筑施工企业安全生产许可证管理规定》中规定，取得安全生产许可证的建筑施工企业，发生重大安全事故的，暂扣安全生产许可证并限期整改。

建筑施工企业不再具备安全生产条件的，暂扣安全生产许可证并限期整改；情节严重的，吊销安全生产许可证。

6. 颁证机关工作人员违法行为应承担的法律责任

《安全生产许可证条例》规定，安全生产许可证颁发管理机关工作人员有下列行为之一的，给予降级或者撤职的行政处分；构成犯罪的，依法追究刑事责任：①向不符合本条例规定的安全生产条件的企业颁发安全生产许可证的；②发现企业未依法取得安全生产许可证擅自从事生产活动，不依法处理的；③发现取得安全生产许可证的企业不再具备本条例规定的安全生产条件，不依法处理的；④接到对违反本条例规定行为的举报后，不及时处理的；⑤在安全生产许可证颁发、管理和监督检查工作中，索取或者接受企业的财物，或者谋取其他利益的。

6.3 施工安全生产责任和安全生产教育培训制度

施工安全生产责任制和安全生产教育培训制度，是建设工程施工活动中重要的法律制度。

《中华人民共和国建筑法》规定，建筑工程安全生产管理必须坚持安全第一、预防为主的方针，建立健全安全生产的责任制度和群防群治制度。建筑施工企业应当建立健全劳动安全生产教育培训制度，加强对职工安全生产的教育培训；未经安全生产教育培训的人员，不得上岗作业。

《建设工程安全生产管理条例》进一步规定，施工单位应当建立健全安全生产责任制度和安全生产教育培训制度，制定安全生产规章制度和操作规程，保证本单位安全生产条件所需资金的投入，对所承担的建设工程进行定期和专项安全检查，并做好安全检查记录。

6.3.1　施工单位的安全生产责任制度

施工单位是建设工程施工活动的主体，必须加强对施工安全生产的管理，落实施工安全生产的主体责任。

《中华人民共和国建筑法》规定，建筑施工企业必须依法加强对建筑安全生产的管理，执行安全生产责任制度，采取有效措施，防止伤亡和其他安全生产事故的发生。

1. 施工单位主要负责人对安全生产工作全面负责

《中华人民共和国建筑法》规定，建筑施工企业的法定代表人对本企业的安全生产负责。《建设工程安全生产管理条例》也规定，施工单位主要负责人依法对本单位的安全生产工作全面负责。《国务院关于坚持科学发展安全发展促进安全生产形势持续稳定好转的意见》进一步指出，企业主要负责人、实际控制人要切实承担安全生产第一责任人的责任，带头执行现场带班制度，加强现场安全管理。

不少施工安全事故都表明，如果施工单位主要负责人忽视安全生产，缺乏保证安全生产的有效措施，就会给企业职工的生命安全和身体健康带来威胁，给国家和人民的财产带来损失，企业的经济效益也得不到保障。因此，施工单位主要负责人必须自觉贯彻“安全第一、预防为主、综合治理”的方针，摆正安全与生产的关系，切实克服生产、安全“两张皮”的现象。

施工单位主要负责人，通常是指对施工单位全面负责、有生产经营决策权的人。具体说，可以是施工企业的董事长，也可以是总经理或总裁等。

2. 施工单位安全生产管理机构和专职安全生产管理人员的职责

《建设工程安全生产管理条例》规定，施工单位应当设立安全生产管理机构，配备专职安全生产管理人员。专职安全生产管理人员负责对安全生产进行现场监督检查。发现安全事故隐患，应当及时向项目负责人和安全生产管理机构报告；对违章指挥、违章操作的，应当立即制止。

2008 年 5 月住房和城乡建设部发布的《建筑施工企业安全生产管理机构设置及专职安全生产管理人员配备办法》规定，建筑施工企业应当依法设置安全生产管理机构，在企业主要负责人的领导下开展本企业的安全生产管理工作。建筑施工企业安全生产管理机构具有以下职责：①宣传和贯彻国家有关安全生产法律法规和标准；②编制并适时更新安全生产管理制度并监督实施；③组织或参与企业生产安全事故应急救援预案的编制及演练；④组织开展安全教育培训与交流；⑤协调配备项目专职安全生产管理人员；⑥制订企业安全生产检查计划并组织实施；⑦监督在建项目安全生产费用的使用；⑧参与危险性较大工程安全专项施工方案专家论证会；⑨通报在建项目违规违章查处情况；⑩组织开展安全生产评优评先表彰工作；⑪建立企业在建项目安全生产管理档案；⑫考核评价分包企业安全生产业绩及项目安全生产管理情况；⑬参加生产安全事故的调查和处理工作；⑭企业明确的其他安全生产管理职责。

建筑施工企业安全生产管理机构专职安全生产管理人员在施工现场检查过程中具有以下职责：①查阅在建项目安全生产有关资料、核实有关情况；②检查危险性较大工程安全专项施工方案落实情况；③监督项目专职安全生产管理人员履责情况；④监督作业人员安全防护用品的配备及使用情况；⑤对发现的安全生产违章违规行为或安全隐患，有权当场予以纠正或做出处理决定；⑥对不符合安全生产条件的设施、设备、器材，有权当场做出查封的处理决定；⑦对施工现场存在的重大安全隐患有权越级报告或直接向建设主管部门报告；⑧企业明确的其他安全生产管理职责。

建筑施工企业应当实行建设工程项目专职安全生产管理人员委派制度。建设工程项目的专职安全生产管理人员应当定期将项目安全生产管理情况报告企业安全生产管理机构。项目专职安全生产管理人员具有以下主要职责：①负责施工现场安全生产日常检查并做好检查记录；②现场监督危险性较大工程安全专项施工方案实施情况；③对作业人员违规违章行为有权予以纠正或查处；④对施工现场存在的安全隐患有权责令立即整改；⑤对于发现的重大安全隐患，有权向企业安全生产管理机构报告；⑥依法报告生产安全事故情况。

3. 安全生产管理人员的施工现场检查职责

建筑施工企业应当实行建设工程项目专职安全生产管理人员委派制度。专职安全生产管理人员负责对安全生产进行现场监督检查。发现安全事故隐患，应当及时向项目负责人和安全生产管理机构报告；对违章指挥、违章操作的行为，应当立即制止。

4. 专职安全生产管理人员的配备要求

建筑施工企业安全生产管理机构专职安全生产管理人员的配备应满足下列要求，并应根据企业经营规模、设备管理和生产需要予以增加。

(一)建筑施工总承包资质序列企业：特级资质不少于 6 人；一级资质不少于 4 人；二级和二级以下资质企业不少于 3 人。

(二)建筑施工专业承包资质序列企业：一级资质不少于 3 人；二级和二级以下资质企业不少于 2 人。

(三)建筑施工劳务分包资质序列企业：不少于 2 人。

(四)建筑施工企业的分公司、区域公司等较大的分支机构(以下简称分支机构)应依据实际生产情况配备不少于 2 人的专职安全生产管理人员。

总承包单位配备项目专职安全生产管理人员应当满足下列要求。

(一)建筑工程、装修工程按照建筑面积配备。

(1)1 万平方米以下的工程不少于 1 人；

(2)1 万~5 万平方米的工程不少于 2 人；

(3)5 万平方米及以上的工程不少于 3 人，且按专业配备专职安全生产管理人员。

(二)土木工程、线路管道、设备安装工程按照工程合同价配备。

(1)5000 万元以下的工程不少于 1 人；

(2)5000 万~1 亿元的工程不少于 2 人；

(3)1 亿元及以上的工程不少于 3 人，且按专业配备专职安全生产管理人员。

分包单位配备项目专职安全生产管理人员应当满足下列要求。

(1)专业承包单位应当配置至少 1 人，并根据所承担的分部分项工程的工程量和施工危险程度增加。

(2)劳务分包单位专职安全员的配备与现场施工作业人员有关

施工人员在50人以下的，应当配备1名专职安全生产管理人员；50人~200人的，应当配备2名专职安全生产管理人员；200人及以上的，应当配备3名及以上专职安全生产管理人员，并根据所承担的分部分项工程施工危险实际情况增加，不得少于工程施工人员总人数的5‰。

5. 施工单位项目负责人施工现场带班制度

企业主要负责人和领导班子成员要轮流现场带班，企业负责人带班检查是指由建筑施工企业负责人带队实施的对工程项目质量安全生产状况及项目负责人带班生产情况的检查。建筑施工企业负责人，是指企业的法定代表人、总经理、主管质量安全和生产工作的副总经理、总工程师和副总工程师。

建筑施工企业负责人要定期带班检查，每月检查时间不少于其工作日的25%。

6. 重大事故隐患治理督办制度

对重大安全隐患治理实行逐级挂牌督办、公告制度。企业及工程项目的主要负责人对重大隐患排查治理工作全面负责。建筑施工企业应及时将工程项目重大隐患排查治理的有关情况向建设单位报告。

7. 建立健全的群防群治制度

安全生产管理不能只靠某个人或某个部门单打一地进行，必须全员参与、全面规划、全面分析、全面控制和预防；体现全员：人人有责，人人参加安全管理，人人关心安全、注意安全；全过程：从规划、设计、施工准备直到工程竣工，乃至更新和报废，每一阶段都要进行安全管理；全部：只要有生产和作业的地方，都要有安全管理，做到事事讲安全，处处保安全；全天候：任一时间、任一条件、任一环境在安全管理上必须做到一个样即严格进行安全管理。群防群治的现代化全面安全管理的理念是进一步落实安全生产责任制度、全面进行安全管理的有效手段之一。

6.3.2 施工项目负责人的安全生产责任

施工项目负责人是指建设工程项目的项目经理。施工单位不同于一般的生产经营单位，通常会同时承建若干建设工程项目，且异地承建施工的现象很普遍。为了加强对施工现场的管理，施工单位都要对每个建设工程项目委派一名项目负责人即项目经理，由他对该项目的施工管理全面负责。

《建设工程安全生产管理条例》规定，施工单位的项目负责人应当由取得相应执业资格的人员担任，对建设工程项目的安全施工负责，落实安全生产责任制度、安全生产规章制度和操作规程，确保安全生产费用的有效使用，并根据工程的特点组织制定安全施工措施，消除安全事故隐患，及时、如实报告生产安全事故。

1. 施工项目负责人的执业资格和安全生产责任

施工项目负责人经施工单位法定代表人的授权，要选配技术、生产、材料、成本等管理人员组成项目管理班子，代表施工单位在本建设工程项目上履行管理职责。由于施工项目负责人对该项目的施工组织管理起关键作用，原人事部、建设部发布的《建造师执业资格制度暂行规定》中规定，建造师经注册后，有权以建造师名义担任建设工程项目施工的项目经理及从事其他施工活动的管理。

施工项目负责人的安全生产责任主要是：①对建设工程项目的安全施工负责；②落实安全生产责任制度、安全生产规章制度和操作规程；③确保安全生产费用的有效使用；④根据工程的特点组织制定安全施工措施，消除安全事故隐患；⑤及时、如实报告生产安全事故情况。

2. 施工单位项目负责人施工现场带班责任

《建筑施工企业负责人及项目负责人施工现场带班暂行办法》规定，项目负责人是工程项目质量安全管理的第一责任人，应对工程项目落实带班制度负责。项目负责人带班生产是指项目负责人在施工现场组织协调工程项目的质量安全生产活动。

项目负责人在同一时期只能承担一个工程项目的管理工作。项目负责人带班生产时，要全面掌握工程项目质量安全生产状况，加强对重点部位、关键环节的控制，及时消除隐患。要认真做好带班生产记录并签字存档备查。项目负责人每月带班生产时间不得少于本月施工时间的80%。因其他事务需离开施工现场时，应向工程项目的建设单位请假，经批准后方可离开。离开期间应委托项目相关负责人负责其外出时的日常工作。

6.3.3 施工总承包和分包单位的安全生产责任

《中华人民共和国建筑法》规定，施工现场安全由建筑施工企业负责。实行施工总承包的建设工程，由总承包单位负责。分包单位向总承包单位负责，服从总承包单位对施工现场的安全生产管理。

1. 总承包单位应当承担的法定安全生产责任

施工总承包是由一个施工单位对建设工程施工全面负责。该总承包单位不仅要负责建设工程的施工质量、合同工期、成本控制，还要对施工现场组织和安全生产进行统一协调管。

(1)分包合同应当明确总分包双方的安全生产责任

《建设工程安全生产管理条例》规定，总承包单位依法将建设工程分包给其他单位的，分包合同中应当明确各自的安全生产方面的权利、义务。

施工总承包单位与分包单位的安全生产责任，可分为法定责任和约定责任。所谓法定责任，即法律法规中明确规定的总承包单位、分包单位各自的安全生产责任。所谓约定责任，即总承包单位与分包单位通过协商，在分包合同中约定各自应当承担的安全生产责任。但是，安全生产的约定责任不能与法定责任相抵触。

(2)统一组织编制建设工程生产安全应急救援预案

《建设工程安全生产管理条例》规定，施工单位应当根据建设工程施工的特点、范围，对施工现场易发生重大事故的部位、环节进行监控，制定施工现场生产安全事故应急救援预案。实行施工总承包的建设工程，由总承包单位统一组织编制建设工程生产安全事故应急救援预案，工程总承包单位和分包单位按照应急救援预案，各自建立应急救援组织或者配备应急救援人员，配备救援器材、设备，并定期组织演练。

建设工程的施工属高风险工作，极易发生安全事故。为了加强对施工安全突发事故的处理，提高应急救援快速反应能力，必须重视并编制施工安全事故应急救援预案。由于实行施工总承包的建设工程，是由总承包单位对施工现场的安全生产负总责，所以总承包单位要统一组织编制建设工程生产安全事故应急救援预案。

(3)负责上报施工生产安全事故

《建设工程安全生产管理条例》规定，实行施工总承包的建设工程，由总承包单位负责上报事故。据此，一旦发生施工生产安全事故，施工总承包单位应当依法向有关主管部门报告事故的基本情况。

(4)自行完成建设工程主体结构的施工

《建设工程安全生产管理条例》规定，总承包单位应当自行完成建设工程主体结构的施工。这是为了落实施工总承包单位的安全生产责任，防止因转包和违法分包等行为导致施工生产安全事故的发生。

(5)承担连带责任

《建设工程安全生产管理条例》规定，总承包单位和分包单位对分包工程的安全生产承担连带责任。该项规定既强化了总承包单位和分包单位双方的安全生产责任意识，也有利于保护受损害者的合法权益。

2. 分包单位应当承担的法定安全生产责任

《中华人民共和国建筑法》规定，分包单位按照分包合同的约定对总承包单位负责。《建设工程安全生产管理条例》进一步规定，分包单位应当服从总承包单位的安全生产管理，因分包单位不服从管理导致生产安全事故的，由分包单位承担主要责任。

总承包单位依法对施工现场的安全生产负总责，这就要求分包单位必须服从总承包单位的安全生产管理。在许多工地上，往往有若干分包单位同时在施工，如果缺乏统一的组织管理，很容易发生安全事故。因此，分包单位要服从总承包单位对施工现场的安全生产规章制度、岗位操作要求等安全生产管理。否则，一旦发生施工安全生产事故，分包单位要承担主要责任。

6.3.4　施工作业人员安全生产的权利和义务

《中华人民共和国建筑法》第四十七条规定，建筑施工企业和作业人员在施工过程中，应当遵守有关安全生产的法律、法规和建筑行业安全规章、规程，不得违章指挥或者违章作业。作业人员有权对影响人身健康的作业程序和作业条件提出改进意见，有权获得安全生产所需的防护用品。作业人员对危及生命安全和人身健康的行为有权提出批评、检举和控告。

1. 施工作业人员应当享有的安全生产权利

按照《中华人民共和国建筑法》《中华人民共和国安全生产法》《建设工程安全生产管理条例》等法律、行政法规的规定，施工作业人员主要享有如下的安全生产权利。

(1)施工安全生产的知情权和建议权

施工作业人员是施工单位运行和施工生产活动的主体。充分发挥施工作业人员在企业中的主人翁作用，是搞好施工安全生产的重要保障。因此，施工作业人员对施工安全生产拥有知情权，并享有改进安全生产工作的建议权。

《中华人民共和国安全生产法》规定，生产经营单位的从业人员有权了解其作业场所和工作岗位存在的危险因素、防范措施及事故应急措施，有权对本单位的安全生产工作提出建议。《中华人民共和国建筑法》还规定，作业人员有权对影响人身健康的作业程序和作业条件提出改进意见。《建设工程安全生产管理条例》则进一步规定，施工单位应当向作业人员提供安全防护用具和安全防护服装，并书面告知危险岗位的操作规程和违章操作的危害。

（2）施工安全防护用品的获得权

施工安全防护用品，一般包括安全帽、安全带、安全网、安全绳及其他个人防护用品（如防护鞋、防护服装、防尘口罩）等。它是保护施工作业人员安全健康所必需的防御性装备，可有效地预防或减少伤亡事故的发生。

《中华人民共和国建筑法》规定，作业人员有权获得安全生产所需的防护用品。《中华人民共和国安全生产法》还规定，生产经营单位必须为从业人员提供符合国家标准或者行业标准的劳动防护用品，并监督、教育从业人员按照使用规则佩戴、使用。《建设工程安全生产管理条例》进一步规定，施工单位应当向作业人员提供安全防护用具和安全防护服装。

（3）批评、检举、控告权及拒绝违章指挥权

《中华人民共和国建筑法》规定，作业人员对危及生命安全和人身健康的行为有权提出批评、检举和控告。《中华人民共和国安全生产法》还规定，从业人员有权对本单位安全生产工作中存在的问题提出批评、检举、控告；有权拒绝违章指挥和强令冒险作业。生产经营单位不得因从业人员对本单位安全生产工作提出批评、检举、控告或者拒绝违章指挥、强令冒险作业而降低其工资、福利等待遇或者解除与其订立的劳动合同。《建设工程安全生产管理条例》进一步规定，作业人员有权对施工现场的作业条件、作业程序和作业方式中存在的安全问题提出批评、检举和控告，有权拒绝违章指挥和强令冒险作业。

违章指挥是强迫施工作业人员违反法律、法规或者规章制度、操作规程进行作业的行为。法律赋予施工从业人员拒绝违章指挥和强令冒险作业的权利，是为了保护施工作业人员的人身安全，也是警示施工单位负责人和现场管理人员须按照有关规章制度和操作规程进行指挥，并不得对拒绝违章指挥和强令冒险作业的人员进行打击报复。

（4）紧急避险权

为了保证施工作业人员的安全，在施工中遇有直接危及人身安全的紧急情况时，施工作业人员享有停止作业和紧急撤离的权利。

《中华人民共和国安全生产法》规定，从业人员发现直接危及人身安全的紧急情况时，有权停止作业或者在采取可能的应急措施后撤离作业场所。生产经营单位不得因从业人员在前款紧急情况下停止作业或者采取紧急撤离措施而降低其工资、福利等待遇或者解除与其订立的劳动合同。《建设工程安全生产管理条例》也规定，在施工中发生危及人身安全的紧急情况时，作业人员有权立即停止作业或者在采取必要的应急措施后撤离危险区域。

（5）获得工伤保险和意外伤害保险赔偿的权利

新修订并于 2019 年 4 月 23 日起施行的《中华人民共和国建筑法》规定，建筑施工企业应当依法为职工参加工伤保险缴纳工伤保险费。鼓励企业为从事危险作业的职工办理意外伤害保险，支付保险费。

据此，施工作业人员除依法享有工伤保险的各项权利外，从事危险作业的施工人员还可以依法享有意外伤害保险的各项权利。

（6）请求民事赔偿权

《中华人民共和国安全生产法》规定，因生产安全事故受到损害的从业人员，除依法享有工伤社会保险外，依照有关民事法律尚有获得赔偿的权利的，有权向本单位提出赔偿要求。

（7）依靠工会维权和被派遣劳动者的权利

生产经营单位使用被派遣劳动者的，被派遣劳动者享有本法规定的从业人员的权利。

2. 施工作业人员应当履行的安全生产义务

按照《中华人民共和国建筑法》《中华人民共和国安全生产法》《建设工程安全生产管理条例》等法律、行政法规的规定，施工作业人员主要应当履行如下安全生产义务。

（1）守法遵章和正确使用安全防护用具等的义务

施工单位要依法保障施工作业人员的安全，施工作业人员也必须依法遵守有关的规章制度，做到不违章作业。

《中华人民共和国建筑法》规定，建筑施工企业和作业人员在施工过程中，应当遵守有关安全生产的法律、法规和建筑行业安全规章、规程，不得违章指挥或者违章作业。《中华人民共和国安全生产法》规定，从业人员在作业过程中，应当遵守本单位的安全生产规章制度和操作规程，服从管理，正确佩戴和使用劳动防护用品。《建设工程安全生产管理条例》进一步规定，作业人员应当遵守安全施工的强制性标准、规章制度和操作规程，正确使用安全防护用具、机械设备等。

（2）接受安全生产教育培训的义务

施工单位加强安全教育培训，使作业人员具备必要的施工安全生产知识，熟悉有关的规章制度和安全操作规程，掌握本岗位安全操作技能，这是控制和减少施工安全事故的重要措施。

《中华人民共和国安全生产法》规定，从业人员应当接受安全生产教育和培训，掌握本职工作所需的安全生产知识，提高安全生产技能，增强事故预防和应急处理能力。《建设工程安全生产管理条例》也规定，作业人员进入新的岗位或者新的施工现场前，应当接受安全生产教育培训。未经教育培训或者教育培训考核不合格的人员，不得上岗作业。《国务院安委会关于进一步加强安全培训工作的决定》（安委〔2012〕10号）进一步规定，严格落实"三项岗位"人员持证上岗和从业人员先培训后上岗制度，健全安全培训档案。劳务派遣单位要加强劳务派遣工基本安全知识培训，劳务使用单位要确保劳务派遣工与本企业职工接受同等安全培训。

（3）施工安全事故隐患报告的义务

施工安全事故通常都是由事故隐患或者其他不安全因素酿成。因此，施工作业人员一旦发现事故隐患或者其他不安全因素，应当立即报告，以便及时采取措施，防患于未然。

《中华人民共和国安全生产法》规定，从业人员发现事故隐患或者其他不安全因素，应当立即向现场安全生产管理人员或者本单位负责人报告；接到报告的人员应当及时予以处理。

6.3.5　施工单位安全生产教育培训的规定

针对一些施工单位安全生产教育培训投入不足，许多新入场农民工未经培训即上岗作业，造成一线作业人员安全意识和操作技能普遍不足，违章作业、冒险蛮干的问题，《中华人民共和国建筑法》明确规定，建筑施工企业应当建立健全劳动安全生产教育培训制度，加强对职工安全生产的教育培训；未经安全生产教育培训的人员，不得上岗作业。

到"十二五"时期末，矿山、建筑施工单位和危险物品生产、经营、储存等高危行业企业（以下简称高危企业）主要负责人、安全管理人员和生产经营单位特种作业人员（以下简称"三项岗位"人员）100%持证上岗，以班组长、新工人、农民工为重点的企业从业人员100%培训合格后上岗，各级安全监管监察人员100%持行政执法证上岗，承担安全培训的教师

100%参加知识更新培训，安全培训基础保障能力和安全培训质量得到明显提高。

1. 施工单位三类管理人员与“三项岗位”人员的培训考核

（1）三类管理人员的培训考核

《建设工程安全生产管理条例》规定，施工单位的主要负责人、项目负责人、专职安全生产管理人员经建设行政主管部门或者其他部门考核合格后方可任职。

施工单位的主要负责人要对本单位的安全生产工作全面负责，项目负责人对所负责的建设工程项目的安全生产工作全面负责，安全生产管理人员更是要具体承担本单位日常的安全生产管理工作。这三类人员的施工安全知识水平和管理能力直接关系到本单位、本项目的安全生产管理水平。如果这三类人员缺乏基本的施工安全生产知识，施工安全生产管理和组织能力不强，甚至违章指挥，将很可能会导致施工生产安全事故的发生。因此，他们必须经安全生产知识和管理能力考核合格后方可任职。

（2）“三项岗位”人员的培训考核

《国务院关于坚持科学发展安全发展促进安全生产形势持续稳定好转的意见》规定，企业主要负责人、安全管理人员、特种作业人员一律应经严格考核、持证上岗。《国务院安委会关于进一步加强安全培训工作的决定》进一步指出，严格落实“三项岗位”人员持证上岗制度。企业新任用或者招录“三项岗位”人员，要组织其参加安全培训，经考试合格持证后上岗。对发生人员死亡事故负有责任的企业主要负责人、实际控制人和安全管理人员，要重新参加安全培训考试。

“三项岗位”人员中的企业主要负责人、安全管理人员已涵盖在三类管理人员之中。对于特种作业人员，因其从事直接对本人或他人及其周围设施安全有着重大危害因素的作业，必须经专门的安全作业培训，并取得特种作业操作资格证书后，方可上岗作业。

按照《建设工程安全生产管理条例》的规定，垂直运输机械作业人员、安装拆卸工、爆破作业人员、起重信号工、登高架设作业人员等特种作业人员，必须按照国家有关规定经过专门的安全作业培训，并取得特种作业操作资格证书后，方可上岗作业。国家安全生产监督管理总局《特种作业人员安全技术培训考核管理规定》中规定，特种作业的范围包括电工作业（不含电力系统进网作业）、焊接与热切割作业、高处作业、制冷与空调作业、煤矿安全作业、金属非金属矿山安全作业、石油天然气安全作业、冶金（有色）生产安全作业、危险化学品安全作业、烟花爆竹安全作业等。住房和城乡建设部印发的《建筑施工特种作业人员管理规定》进一步规定，建筑施工特种作业包括：①建筑电工；②建筑架子工；③建筑起重信号司机；④建筑起重机械司机；⑤建筑起重机械安装拆卸工；⑥高处作业吊篮安装拆卸工；⑦经省级以上人民政府建设主管部门认定的其他特种作业。

2. 施工单位全员的安全生产教育培训

《建设工程安全生产管理条例》规定，施工单位应当每年对管理人员和作业人员至少进行一次安全生产教育培训，其教育培训情况记入个人工作档案。安全生产教育培训考核不合格的人员，不得上岗。《国务院关于坚持科学发展安全发展促进安全生产形势持续稳定好转的意见》规定，企业用工要严格依照劳动合同法与职工签订劳动合同，职工必须全部经培训合格后上岗。

施工单位应当根据实际需要，对不同岗位、不同工种的人员进行因人施教。安全教育培训可采取多种形式，包括安全形势报告会、事故案例分析会、安全法制教育、安全技术交流、安全竞赛、师傅带徒弟等。

3. 进入新岗位或者新施工现场前的安全生产教育培训

由于新岗位、新工地往往各有特殊性，施工单位须对新录用或转场的职工进行安全教育培训，包括施工安全生产法律法规、施工工地危险源识别、安全技术操作规程、机械设备电气及高处作业安全知识、防火防毒防尘防爆知识、紧急情况安全处置与安全疏散知识、安全防护用品使用知识以及发生事故时自救排险、抢救伤员、保护现场和及时报告等。

《建设工程安全生产管理条例》规定，作业人员进入新的岗位或者新的施工现场前，应当接受安全生产教育培训。未经教育培训或者教育培训考核不合格的人员，不得上岗作业。《国务院安委会关于进一步加强安全培训工作的决定》中指出，严格落实企业职工先培训后上岗制度。建筑企业要对新职工进行至少 32 学时的安全培训，每年进行至少 20 学时的再培训。

强化现场安全培训。高危企业要严格遵守安全培训制度，有针对性地讲述岗位安全生产与应急救援知识、安全隐患和注意事项等，使班前安全培训成为安全生产第一道防线。要大力推广"手指口述"等安全确认法，帮助员工通过心想、眼看、手指、口述，确保按规程作业。要加强班组长培训，提高班组长现场安全管理水平和现场安全风险管控能力。

4. 采用新技术、新工艺、新设备、新材料前的安全生产教育培训

《建设工程安全生产管理条例》规定，施工单位在采用新技术、新工艺、新设备、新材料时，应当对作业人员进行相应的安全生产教育培训。《国务院安委会关于进一步加强安全培训工作的决定》指出，企业调整职工岗位或者采用新工艺、新技术、新设备、新材料的，要进行专门的安全培训。

随着我国工程建设和科学技术的迅速发展，越来越多的新技术、新工艺、新设备、新材料被广泛应用于施工生产活动中，大大促进了施工生产效率和工程质量的提高，同时也对施工作业人员的素质提出了更高要求。如果施工单位对所采用的新技术、新工艺、新设备、新材料的了解与认识不足，对其安全技术性能掌握不充分，或是没有采取有效的安全防护措施，没有对施工作业人员进行专门的安全生产教育培训，就很可能会导致事故的发生。因此，施工单位在采用新技术、新工艺、新设备、新材料时，必须对施工作业人员进行专门的安全生产教育培训，并采取保证安全的防护措施，防止发生事故。

5. 安全教育培训方式

《国务院安委会关于进一步加强安全培训工作的决定》指出，要完善和落实师傅带徒弟制度。高危企业新职工安全培训合格后，要在经验丰富的工人师傅带领下，实习至少 2 个月方可独立上岗。工人师傅一般应当具备中级工以上技能等级，3 年以上相应工作经验，成绩突出，善于"传、帮、带"，没有发生过"三违"行为等条件。要组织签订师徒协议，向师徒双方说明师傅带徒弟激励约束机制。

支持大中型企业和欠发达地区建立安全培训机构，重点建设一批具有仿真、体感、实操特色的示范培训机构。加强远程安全培训。开发国家安全培训网和有关行业网络学习平台，实现优质资源共享。实行网络培训学时学分制，将学时和学分结果与继续教育、再培训挂钩。利用视频、电视、手机等拓展远程培训形式。

6.3.6　违法行为应承担的法律责任

对于施工安全生产责任和安全生产教育培训违法行为应承担的主要法律责任如下。

1. 施工单位违法行为应承担的法律责任

《中华人民共和国建筑法》规定，建筑施工企业违反本法规定，对建筑安全事故隐患不采取措施予以消除的，责令改正，可以处以罚款；情节严重的，责令停业整顿，降低资质等级或者吊销资质证书；构成犯罪的，依法追究刑事责任。

《建设工程安全生产管理条例》规定，违反本条例的规定，施工单位有下列行为之一的，责令限期改正；逾期未改正的，责令停业整顿，依照《中华人民共和国安全生产法》的有关规定处以罚款；造成重大安全事故，构成犯罪的，对直接责任人员，依照刑法有关规定追究刑事责任：①未设立安全生产管理机构、配备不合格的专职安全生产管理人员或者分部分项工程施工时无专职安全生产管理人员现场监督的；②施工单位的主要负责人、项目负责人、专职安全生产管理人员、作业人员或者特种作业人员，未经安全教育培训或者经考核不合格即从事相关工作的；③未在施工现场的危险部位设置明显的安全警示标志，或者未按照国家有关规定在施工现场设置消防通道、消防水源、配备消防设施和灭火器材的；④未向作业人员提供安全防护用具和安全防护服装的；⑤未按照规定在施工起重机械和整体提升脚手架、模板等自升式架设设施验收合格后登记的；⑥使用国家明令淘汰、禁止使用的危及施工安全的工艺、设备、材料的。

施工单位取得资质证书后，降低安全生产条件的，责令限期改正；经整改仍未达到与其资质等级相适应的安全生产条件的，责令停业整顿，降低其资质等级直至吊销资质证书。

某施工单位挪用列入建设工程概算的安全生产作业环境及安全施工措施所需费用的，责令限期改正，处挪用费用20%以上50%以下的罚款；造成损失的，依法承担赔偿责任。《中华人民共和国刑法》第一百三十七条规定，建设单位、设计单位、施工单位、工程监理单位违反国家规定，降低工程质量标准，造成重大安全事故的，对直接责任人员，处5年以下有期徒刑或者拘役，并处罚金；后果特别严重的，处5年以上10年以下有期徒刑，并处罚金。

住房和城乡建设部《房屋市政工程生产安全重大隐患排查治理挂牌督办暂行办法》规定，建筑施工企业不认真执行《房屋市政工程生产安全重大隐患治理挂牌督办通知书》的，应依法责令整改；情节严重的要依法责令停工整改；不认真整改导致生产安全事故发生的，依法从重追究企业和相关负责人的责任。

2. 施工管理人员违法行为应承担的法律责任

《中华人民共和国建筑法》规定，建筑施工企业的管理人员违章指挥、强令职工冒险作业，因而发生重大伤亡事故或者造成其他严重后果的，依法追究刑事责任。

《建设工程安全生产管理条例》规定，施工单位的主要负责人、项目负责人未履行安全生产管理职责的，责令限期改正；逾期未改正的，责令施工单位停业整顿；造成重大安全事故、重大伤亡事故或者其他严重后果并构成犯罪的，依照刑法有关规定追究刑事责任。

施工单位的主要负责人、项目负责人有以上违法行为，尚不够刑事处罚的，处2万元以上20万元以下的罚款或者按照管理权限给予撤职处分；自刑罚执行完毕或者受处分之日起，5年内不得担任任何施工单位的主要负责人、项目负责人。

注册执业人员未执行法律、法规和工程建设强制性标准的，责令停止执业3个月以上1年以下；情节严重的，吊销执业资格证书，5年内不予注册；造成重大安全事故的，终身不予注册；构成犯罪的，依照刑法有关规定追究刑事责任。

《中华人民共和国刑法》第一百三十四条第二款规定，强令他人违章冒险作业，或者明知存在重大事故隐患而不排除，仍冒险作业的，因而发生重大伤亡事故或者造成其他严重后果的，处 5 年以下有期徒刑或者拘役；情节特别恶劣的，处 5 年以上有期徒刑。

《中华人民共和国刑法》第一百三十五条第一款规定，安全生产设施或者安全生产条件不符合国家规定，因而发生重大伤亡事故或者造成其他严重后果的，对直接负责的主管人员和其他直接责任人员，处 3 年以下有期徒刑或者拘役；情节特别恶劣的，处 3 年以上 7 年以下有期徒刑。

3. 施工作业人员违法行为应承担的法律责任

《建设工程安全生产管理条例》规定，作业人员不服管理、违反规章制度和操作规程冒险作业造成重大伤亡事故或者其他严重后果并构成犯罪的，依照刑法有关规定追究刑事责任。

《中华人民共和国刑法》第一百三十四条第一款规定，在生产、作业中违反有关安全管理的规定，因而发生重大伤亡事故或者造成其他严重后果的，处 3 年以下有期徒刑或者拘役；情节特别恶劣的，处 3 年以上 7 年以下有期徒刑。

4. 特种作业违法行为应承担的法律责任

国务院《特种设备安全监察条例》规定，特种设备使用单位有下列情形之一的，由特种设备安全监督管理部门责令限期改正；逾期未改正的，责令停止使用或者停产停业整顿，处 2000 元以上 2 万元以下罚款：①未依照本条例规定设置特种设备安全管理机构或者配备专职、兼职的安全管理人员的；②从事特种设备作业的人员，未取得相应特种作业人员证书，上岗作业的；③未对特种设备作业人员进行特种设备安全教育和培训的。

国家安全生产监督管理总局公布的《特种作业人员安全技术培训考核管理规定》中规定，生产经营单位未建立健全特种作业人员档案的，给予警告，并处 1 万元以下的罚款。生产经营单位使用未取得特种作业操作证的特种作业人员上岗作业的，责令限期改正；逾期未改正的，责令停产停业整顿，可以并处 2 万元以下的罚款。

生产经营单位非法印制、伪造、倒卖特种作业操作证，或者使用非法印制、伪造、倒卖的特种作业操作证的，给予警告，并处 1 万元以上 3 万元以下的罚款；构成犯罪的，依法追究刑事责任。

特种作业人员伪造、涂改特种作业操作证或者使用伪造的特种作业操作证的，给予警告，并处 1000 元以上 5000 元以下的罚款。特种作业人员转借、转让、冒用特种作业操作证的，给予警告，并处 2000 元以上 10000 元以下的罚款。

5. 安全生产教育培训违法行为应承担的法律责任

《国务院安委会关于进一步加强安全培训工作的决定》规定，严肃追究安全培训责任。对应持证未持证或者未经培训就上岗的人员，一律让其先离岗、培训持证后再上岗，并依法对企业按规定上限处罚，直至停产整顿和关闭。

对存在不按大纲教学、不按题库考试、教考不分、乱办班等行为的安全培训和考试机构，一律依法严肃处罚。对各类生产安全责任事故，一律追查培训、考试、发证不到位的责任。对因未培训、假培训或者未持证上岗人员的直接责任引发重特大事故的，所在企业主要负责人依法终身不得担任本行业企业矿长（厂长、经理），实际控制人依法承担相应责任。

6.4 施工现场安全防护制度

保障建设工程施工安全生产，要建立并落实施工安全生产责任和安全生产教育培训制度，还应当针对建设工程施工的特点，加强安全技术管理和施工现场的安全防护。

6.4.1 编制安全技术措施、专项施工方案和安全技术交底的规定

《中华人民共和国建筑法》第二十八条规定，建筑施工企业在编制施工组织设计时，应当根据建筑工程的特点制定相应的安全技术措施；对专业性较强的工程项目，应当编制专项安全施工组织设计，并采取安全技术措施。

1. 编制安全技术措施和施工现场临时用电方案

《建设工程安全生产管理条例》规定，施工单位应当在施工组织设计中编制安全技术措施和施工现场临时用电方案。

施工组织设计是规划和指导施工全过程的综合性技术经济文件。安全技术措施是为了实现施工安全生产，在安全防护以及技术、管理等方面采取的措施。安全技术措施可分为防止事故发生的安全技术措施和减少事故损失的安全技术措施。

临时用电方案不仅直接关系到用电人员的安全，也关系到施工进度和工程质量。《施工现场临时用电安全技术规范》(JGJ 46—2005)规定，施工现场临时用电设备在5台及以上或设备总容量在50 kW及以上者，应编制用电组织设计。施工现场临时用电设备在5台以下或设备总容量在50 kW以下者，应制定安全用电和电气防火措施。

2. 编制安全专项施工方案

《建设工程安全生产管理条例》规定，对下列达到一定规模的危险性较大的分部分项工程编制专项施工方案，并附具安全验算结果，经施工单位技术负责人、总监理工程师签字后实施，由专职安全生产管理人员进行现场监督：①基坑支护与降水工程；②土方开挖工程；③模板工程；④起重吊装工程；⑤脚手架工程；⑥拆除、爆破工程；⑦国务院建设行政主管部门或者其他有关部门规定的其他危险性较大的工程。对以上所列工程中涉及深基坑、地下暗挖工程、高大模板工程的专项施工方案，施工单位还应当组织专家进行论证、审查。

所谓危险性较大的分部分项工程，是指建筑工程在施工过程中存在的、可能导致作业人员群死群伤或造成重大不良社会影响的分部分项工程。危险性较大的分部分项工程安全专项施工方案，是指施工单位在编制施工组织(总)设计的基础上，针对危险性较大的分部分项工程单独编制的安全技术措施文件。

(1)安全专项施工方案的编制

住房和城乡建设部《危险性较大的分部分项工程安全管理办法》规定，施工单位应当在危险性较大的分部分项工程施工前编制专项方案；对于超过一定规模的危险性较大的分部分项工程(可查阅《危险性较大的分部分项工程安全管理办法》的附件1、附件2)，施工单位应当组织专家对专项方案进行论证。

建筑工程实行施工总承包的，专项方案应当由施工总承包单位组织编制。其中，起重机械安装拆卸工程、深基坑工程、附着式升降脚手架等专业工程实行分包的，其专项方案可由专业承包单位组织编制。

专项方案编制应当包括以下内容：①工程概况：危险性较大的分部分项工程概况、施工平面布置、施工要求和技术保证条件。②编制依据：相关法律、法规、规范性文件、标准、规范及图纸(国标图集)、施工组织设计等。③施工进度及施工计划：材料与设备计划。④施工工艺技术：技术参数、工艺流程、施工方法、检查验收等。⑤施工安全保证措施：组织保障、技术措施、应急预案、监测监控等。⑥劳动力计划：专职安全生产管理人员、特种作业人员等。⑦计算书及相关图纸。

(2)安全专项施工方案的审核

专项方案应当由施工单位技术部门组织本单位施工技术、安全、质量等部门的专业技术人员进行审核。经审核合格的，由施工单位技术负责人签字。实行施工总承包的，专项方案应当由总承包单位技术负责人及相关专业承包单位技术负责人签字。不需专家论证的专项方案，经施工单位审核合格后报监理单位，由项目总监理工程师审核签字。

超过一定规模的危险性较大的分部分项工程专项方案应当由施工单位组织召开专家论证会。实行施工总承包的，由施工总承包单位组织召开专家论证会。

施工单位应当根据论证报告修改完善专项方案，并经施工单位技术负责人、项目总监理工程师、建设单位项目负责人签字后，方可组织实施。实行施工总承包的，应当由施工总承包单位、相关专业承包单位技术负责人签字。

专项方案经论证后需做重大修改的，施工单位应当按照论证报告修改，并重新组织专家进行论证。

(3)安全专项施工方案的实施

施工单位应当严格按照专项方案组织施工，不得擅自修改、调整专项方案。如因设计、结构、外部环境等因素发生变化确需修改的，修改后的专项方案应当按规定重新审核。对于超过一定规模的危险性较大工程的专项方案，施工单位应当重新组织专家进行论证。

施工单位应当指定专人对专项方案实施情况进行现场监督并按规定进行监测。发现不按照专项方案施工的，应当要求其立即整改；发现有危及人身安全紧急情况的，应当立即组织作业人员撤离危险区域。施工单位技术负责人应当定期巡查专项方案实施情况。对于按规定需要验收的危险性较大的分部分项工程，施工单位、监理单位应当组织有关人员进行验收。验收合格的，经施工单位项目技术负责人及项目总监理工程师签字后，方可进入下一道工序。

3. 安全施工技术交底

《建设工程安全生产管理条例》规定，建设工程施工前，施工单位负责项目管理的技术人员应当对有关安全施工的技术要求向施工作业班组、作业人员做出详细说明，并由双方签字确认。

施工前对有关安全施工的技术要求做出详细说明，就是通常说的安全技术交底，它有助于作业班组和作业人员尽快了解工程概况、施工方法、安全技术措施等情况，掌握操作方法和注意事项，以保护作业人员的人身安全。安全技术交底，通常包括施工工种安全技术交底、分部分项工程施工安全技术交底、大型特殊工程单项安全技术交底、设备安装工程技术交底以及采用新工艺、新技术、新材料施工的安全技术交底等。

6.4.2 施工现场安全防护和安全费用的规定

1. 施工现场安全防护

《中华人民共和国建筑法》第二十七条规定，建筑施工企业应当在施工现场采取维护安全、防范危险、预防火灾等措施；有条件的，应当对施工现场实行封闭管理。施工现场对毗邻的建筑物、构筑物和特殊作业环境可能造成损害时，建筑施工企业应当采取安全防护措施。

(1)危险部位设置安全警示标志

《建设工程安全生产管理条例》规定，施工单位应当在施工现场入口处、施工起重机械、临时用电设施、脚手架、出入通道口、楼梯口、电梯井口、孔洞口、桥梁口、隧道口、基坑边沿、爆破物及有害危险气体和液体存放处等危险部位，设置明显的安全警示标志。安全警示标志必须符合国家标准。

所谓危险部位，是指存在着危险因素，容易造成施工作业人员或者其他人员伤亡的地点。尽管工地现场的情况千差万别，不同施工现场的危险源不尽相同，但施工现场入口处、施工起重机械、临时用电设施、脚手架、出入通道口、楼梯口、电梯井口、孔洞口、桥梁口、隧道口、基坑边沿、爆破物及有害危险气体和液体存放处等，通常都是容易出现生产安全事故的危险部位。

安全警示标志则是指提醒人们注意的各种标牌、文字、符号以及灯光等，一般由安全色彩几何图形和图形符号构成。安全警示标志须符合国家标准《安全标志及其使用导则》(GB 2894—2008)的有关规定。

(2)不同施工阶段和暂停施工应采取的安全施工措施

《建设工程安全生产管理条例》规定，施工单位应当根据不同施工阶段和周围环境及季节、气候的变化，在施工现场采取相应的安全施工措施。施工现场暂时停止施工的，施工单位应当做好现场防护，所需费用由责任方承担，或者按照合同约定执行。

由于施工作业的风险性较大，在地下施工、高处施工等不同的施工阶段要采取相应安全措施，并应根据周围环境和季节、气候变化，加强季节性安全防护措施。例如，夏季要防暑降温，在特别高温的天气下要调整施工时间、改变施工方式等；冬季要防寒防冻，防止煤气中毒，还应专门制定保证施工安全的安全技术措施；夜间施工应有足够的照明，在深坑、陡坡等危险地段应增设红灯标志；雨期和冬期施工时，应对道路采取防滑措施；傍山沿河地区应制定防滑坡、防泥石流、防汛措施；大风、大雨期间应暂停施工等。经全国人大常委会批准的国际劳工组织于1988年出台的《建筑业安全卫生公约》中要求，应在每一建筑工地或者其附近地方，按照工人人数和工期长短提供和维护供工人在恶劣气候条件下暂停工作时躲避用的地方。

在实践中，造成暂时停止施工的原因很多，可能是因为施工单位，也可能是建设单位、设计单位或监理单位的问题，还有不可抗力或违法行为被责令停止施工等。一般来说，除不可抗力要按合同约定执行外，其他情况则要分清责任，谁的责任就由谁承担费用。但不论费用由谁承担，施工单位都必须做好现场防护，以防止在暂停施工期间出现施工现场的作业人员或者其他人员的安全事故，并为今后继续施工创造良好的作业环境。

(3) 施工现场临时设施的安全卫生要求

《建设工程安全生产管理条例》规定，施工单位应当将施工现场的办公、生活区与作业区分开设置，并保持安全距离；办公、生活区的选址应当符合安全性要求。职工的膳食、饮水、休息场所等应当符合卫生标准。施工单位不得在尚未竣工的建筑物内设置员工集体宿舍。施工现场临时搭建的建筑物应当符合安全使用要求。施工现场使用的装配式活动房屋应当具有产品合格证。

文明施工是安全施工的基础和保障。“以人为本”，不断改进作业人员的工作和生活条件，创造安全、文明的施工环境，最大限度地降低施工现场的安全风险，方可有效地减少施工生产安全事故的发生。

施工现场的办公区、生活区应当与作业区分开设置，并保持安全距离。这是因为，办公区、生活区是人们进行办公和日常生活的区域，人员较多且复杂，安全意识和防范措施也相对较弱，如果将其混设一处，势必造成施工现场管理混乱，极易发生生产安全事故。办公区和生活区的选址也要满足安全性要求，应当建在安全地带，保证办公、生活用房不致因滑坡、泥石流等地质灾害而受到破坏，造成人员伤亡和财产损失。

为了保障职工身体健康，对职工的膳食、饮水、休息场所等，均应符合卫生安全标准。例如，设有职工食堂的，应当按照《食品安全法》中有关食品生产经营、食品检验等规定执行，患有痢疾、伤寒、病毒性肝炎等消化道传染病以及活动性肺结核、化脓性或者渗出性皮肤病等有碍食品安全的疾病的人员，不得从事接触直接入口食品的工作；没有职工食堂的，施工单位则应提供符合《食品安全法》规定的合格膳食。施工单位提供的饮水也必须达到国家规定的标准。

未竣工的建筑物内不得设置员工集体宿舍。因为这类建筑物尚在施工过程中，条件较差，不宜居住，如将员工集体宿舍设在其中，会有很大的安全事故隐患。施工现场临时搭建的建筑物，如办公用房、宿舍、食堂、仓库、卫生间、淋浴室等，也必须稳固、安全、整洁，并满足消防要求。目前，很多施工工地都采用装配式的活动房屋。这种房屋具有密封严密、隔热保温、防水防火、运输方便、使用周期长等优点。但是，施工单位应当选择具有产品合格证的正规生产厂家产品，防止因活动房屋产品质量不合格导致生产安全事故。

(4) 对施工现场周边的安全防护措施

《建设工程安全生产管理条例》规定，施工单位对因建设工程施工可能造成损害的毗邻建筑物、构筑物和地下管线等，应当采取专项防护措施。在城市市区内的建设工程，施工单位应当对施工现场实行封闭围挡。

建设工程施工多为露天、高处作业，对周围环境特别是毗邻的建筑物、构筑物和地下管线等可能会造成损害。因此，施工单位有责任、有义务采取相应的安全防护措施，确保毗邻的建筑物、构筑物和地下管线等不受损坏。施工现场实行封闭管理，主要是解决“扰民”和“民扰”问题。施工现场采用密目式安全网、围墙、围栏等封闭起来，既可以防止施工中的不安全因素扩散到场外，也可以起到保护环境、美化市容、文明施工的作用，还可以防盗、防砸打损害物品等。

(5) 危险作业的施工现场安全管理

《中华人民共和国安全生产法》规定，生产经营单位进行爆破、吊装等危险作业，应当安排专门人员进行现场安全管理，确保操作规程的规范和安全措施的落实。

《危险化学品安全管理条例》还规定，进行可能危及危险化学品管道安全的施工作业，施工单位应当在开工的 7 日前书面通知管道所属单位，并与管道所属单位共同制定应急预案，采取相应的安全防护措施。管道所属单位应当指派专门人员到现场进行管道安全保护指导。

爆破、吊装等作业具有较大危险性，很容易发生事故；危险化学品，是指具有毒害、腐蚀、爆炸、燃烧、助燃等性质，对人体、设施、环境具有危害的剧毒化学品和其他化学品。因此，施工作业人员必须严格按照操作规程进行操作，施工单位也应当会同有关单位采取必要的防范措施，安排专门人员进行作业现场的安全管理。

(6)安全防护设备、机械设备等的安全管理

《建设工程安全生产管理条例》规定，施工单位采购、租赁的安全防护用具、机械设备、施工机具及配件，应当具有生产(制造)许可证、产品合格证，并在进入施工现场前进行查验。施工现场的安全防护用具、机械设备、施工机具及配件必须由专人管理，定期进行检查、维修和保养，建立相应的资料档案，并按照国家有关规定及时报废。

安全防护用具、机械设备、施工机具及配件质量的好坏，直接关系到施工作业人员的人身安全。因此，决不能让不合格的产品流入施工现场，并要加强对设备日常的检查、维修和保养，保障这些设备和产品的正常使用和运转。

(7)施工起重机械设备等的安全使用管理

《建设工程安全生产管理条例》规定，施工单位在使用施工起重机械和整体提升脚手架、模板等自升式架设设施前，应当组织有关单位进行验收，也可以委托具有相应资质的检验检测机构进行验收；使用承租的机械设备和施工机具及配件的，由施工总承包单位、分包单位、出租单位和安装单位共同进行验收。验收合格的方可使用。

近些年来，由于对施工现场使用的起重机械、整体提升脚手架、模板(主要指提升或滑升模板)等自升式架设设施管理不善或使用不当等，所造成的重大伤亡事故时有发生。因此，必须依法对其加强使用管理。特别是施工起重机械，它是《特种设备安全监察条例》所规定的特种设备，使用单位应当按照安全技术规范的定期检验要求，在安全检验合格有效期届满前 1 个月向特种设备检验检测机构提出定期检验要求。未经定期检验或者检验不合格的特种设备，不得继续使用。

【案例 6-2】

某建筑公司在城市市区承担一商厦工程施工，在施工现场周边设置了 2 m 高的围挡，但因施工日久失管，有几处已破损成洞。某日，有 2 个男孩淘气地从洞处钻入工地现场玩耍，不小心被堆放的钢筋等材料碰伤，引起了孩子家长与该建筑公司的赔偿纠纷。

问题：

(1)本案中的建筑公司是否存在违法行为？

(2)该违法行为应当承担哪些法律责任？

2. 施工单位安全生产费用的提取和使用管理

施工单位安全生产费用(以下简称安全费用)，是指施工单位按照规定标准提取，在成本中列支，专门用于完善和改进企业或者施工项目安全生产条件的资金。安全费用按照“企业提取、政府监管、确保需要、规范使用”的原则进行管理。

《建设工程安全生产管理条例》规定，施工单位对列入建设工程概算的安全作业环境及安全施工措施所需费用，应当用于施工安全防护用具及设施的采购和更新、安全施工措施的落实、安全生产条件的改善，不得挪作他用。

(1)施工单位安全费用的提取管理

原建设部《建筑工程安全防护、文明施工措施费用及使用管理规定》(建办〔2005〕89 号)中规定，建筑工程安全防护、文明施工措施费用是由《建筑安装工程费用项目组成》(建标〔2003〕206 号)中措施费所含的文明施工费、环境保护费、临时设施费、安全施工费组成。

建设单位、设计单位在编制工程概(预)算时，应当依据工程所在地工程造价管理机构测定的相应费率，合理确定工程安全防护、文明施工措施费。依法进行工程招投标的项目，招标方或具有资质的中介机构编制招标文件时，应当按照有关规定并结合工程实际单独列出安全防护、文明施工措施项目清单。投标方应当根据现行标准规范，结合工程特点、工期进度和作业环境要求，在施工组织设计文件中制定相应的安全防护、文明施工措施，并按照招标文件要求结合自身的施工技术水平、管理水平对工程安全防护、文明施工措施项目单独报价。投标方安全防护、文明施工措施的报价，不得低于依据工程所在地工程造价管理机构测定费率计算所需费用总额的 90%。

建设单位与施工单位应当在施工合同中明确安全防护、文明施工措施项目总费用，以及费用预付、支付计划、使用要求、调整方式等条款。建设单位与施工单位在施工合同中对安全防护、文明施工措施费用预付、支付计划未作约定或约定不明的，合同工期在一年以内的，建设单位预付安全防护、文明施工措施项目费用不得低于该费用总额的 50%；合同工期在一年以上的(含一年)，预付安全防护、文明施工措施费用不得低于该费用总额的 30%，其余费用应当按照施工进度支付。

2013 年 3 月 21 日住房和城乡建设部、财政部经修订并颁布了新的《建筑安装工程费用项目组成》(建标〔2013〕44 号)，规定安全文明施工费包括：①环境保护费：是指施工现场为达到环保部门要求所需要的各项费用。②文明施工费：是指施工现场文明施工所需要的各项费用。③安全施工费：是指施工现场安全施工所需要的各项费用。④临时设施费：是指施工企业为进行建设工程施工所必须搭设的生活和生产用的临时建筑物、构筑物和其他临时设施费用，包括临时设施的搭设、维修、拆除、清理费或摊销费等。

(2)施工单位安全费用的使用管理

财政部、国家安全生产监督管理总局发布的《企业安全生产费用提取和使用管理办法》中规定，建设工程施工企业安全费用应当按照以下范围使用：①完善、改造和维护安全防护设施设备支出(不含“三同时”要求初期投入的安全设施)，包括施工现场临时用电系统、洞口、临边、机械设备、高处作业防护、交叉作业防护、防火、防爆、防尘、防毒、防雷、防台风、防地质灾害、地下工程有害气体监测、通风、临时安全防护等设施设备支出；②配备、维护、保养应急救援器材、设备支出和应急演练支出；③开展重大危险源和事故隐患评估、监控和整改支出；④安全生产检查、评价(不包括新建、改建、扩建项目安全评价)、咨询和标准化建设支出；⑤配备和更新现场作业人员安全防护用品支出；⑥安全生产宣传、教育、培训支出；⑦安全生产适用的新技术、新标准、新工艺、新装备的推广应用支出；⑧安全设施及特种设备检测检验支出；⑨其他与安全生产直接相关的支出。

企业应当建立健全内部安全费用管理制度，明确安全费用提取和使用的程序、职责及权限，按规定提取和使用安全费用。企业应当加强安全费用管理，编制年度安全费用提取和使用计划，纳入企业财务预算。企业年度安全费用使用计划和上一年安全费用的提取、使用情况按照管理权限报同级财政部门、安全生产监督管理部门、煤矿安全监察机构和行业主管部门备案。企业安全费用的会计处理，应当符合国家统一的会计制度的规定。企业提取的安全费用属于企业自提自用资金，其他单位和部门不得采取收取、代管等形式对其进行集中管理和使用，国家法律、法规另有规定的除外。

原建设部《建筑工程安全防护、文明施工措施费用及使用管理规定》中规定，实行工程总承包的，总承包单位依法将建筑工程分包给其他单位的，总承包单位与分包单位应当在分包合同中明确安全防护、文明施工措施费用由总承包单位统一管理。安全防护、文明施工措施由分包单位实施的，由分包单位提出专项安全防护措施及施工方案，经总承包单位批准后及时支付所需费用。

工程总承包单位对建筑工程安全防护、文明施工措施费用的使用负总责。总承包单位应当按照本规定及合同约定及时向分包单位支付安全防护、文明施工措施费用。总承包单位不按本规定和合同约定支付费用，造成分包单位不能及时落实安全防护措施导致发生事故的，由总承包单位负主要责任。

6.4.3 施工现场消防安全职责和应采取的消防安全措施

近年来，施工现场的火灾时有发生，甚至出现了特大恶性火灾事故。因此，施工单位必须建立健全消防安全责任制，加强消防安全教育培训，严格消防安全管理，确保施工现场消防安全。

1. 施工单位消防安全责任人和消防安全职责

机关、团体、企业事业单位法定代表人是本单位消防安全第一责任人。各单位要依法履行职责，保障必要的消防投入，切实提高检查消除火灾隐患、组织扑救初期火灾、组织人员疏散逃生和消防宣传教育培训的能力。

重点工程的施工现场多定为消防安全重点单位，按照《中华人民共和国消防法》的规定，除应当履行所有单位都应当履行的职责外，还应当履行下列消防安全职责：①确定消防安全管理人，组织实施本单位的消防安全管理工作；②建立消防档案，确定消防安全重点部位，设置防火标志，实行严格管理；③实行每日防火巡查，并建立巡查记录；④对职工进行岗前消防安全培训，定期组织消防安全培训和消防演练。

《建设工程安全生产管理条例》还规定，施工单位应当在施工现场建立消防安全责任制度，确定消防安全责任人，制定用火、用电、使用易燃易爆材料等各项消防安全管理制度和操作规程，设置消防通道、消防水源，配备消防设施和灭火器材，并在施工现场入口处设置明显标志。

2. 施工现场的消防安全要求

公共建筑在营业、使用期间不得进行外保温材料施工作业，居住建筑进行节能改造作业期间应撤离居住人员，并设消防安全巡逻人员，严格分离用火用焊作业与保温施工作业，严禁在施工建筑内安排人员住宿。新建、改建、扩建工程的外保温材料一律不得使用易燃材料，严格限制使用可燃材料。建筑室内装饰装修材料必须符合国家、行业标准和消防安全要求。

施工单位应当在施工组织设计中编制消防安全技术措施和专项施工方案，并由专职安全管理人员进行现场监督。

施工现场要设置消防通道并确保畅通。建筑工地要满足消防车通行、停靠和作业要求。在建建筑内应设置标明楼梯间和出入口的临时醒目标志，视情安装楼梯间和出入口的临时照明，及时清理建筑垃圾和障碍物，规范材料堆放，保证发生火灾时，现场施工人员疏散和消防人员扑救快捷畅通。

施工现场要按有关规定设置消防水源。应当在建设工程平地阶段按照总平面设计设置室外消火栓系统，并保持充足的管网压力和流量。根据在建工程施工进度，同步安装室内消火栓系统或设置临时消火栓，配备水枪水带，消防干管设置水泵接合器，满足施工现场火灾扑救的消防供水要求。施工现场应当配备必要的消防设施和灭火器材。施工现场的重点防火部位和在建高层建筑的各个楼层，应在明显和方便取用的地方配置适当数量的手提式灭火器、消防沙袋等消防器材。

施工现场的办公、生活区与作业区应当分开设置，并保持安全距离；施工单位不得在尚未竣工的建筑物内设置员工集体宿舍。

3. 施工单位消防安全自我评估和防火检查

建立消防安全自我评估机制，消防安全重点单位每季度、其他单位每半年自行或委托有资质的机构对本单位进行一次消防安全检查评估，做到安全自查、隐患自除、责任自负。

施工单位防火检查的内容应当包括：火灾隐患的整改情况以及防范措施的落实情况，疏散通道、消防车通道、消防水源情况，灭火器材配置及有效情况，用火、用电有无违章情况，重点工种人员及其他施工人员消防知识掌握情况，消防安全重点部位管理情况，易燃易爆危险物品和场所防火防爆措施落实情况，防火巡查落实情况等。

4. 建设工程消防施工的质量和安全责任

建设工程的消防设计、施工必须符合国家工程建设消防技术标准。

施工单位应当承担下列消防施工的质量和安全责任：①按照国家工程建设消防技术标准和经消防设计审核合格或者备案的消防设计文件组织施工，不得擅自改变消防设计进行施工，降低消防施工质量；②查验消防产品和具有防火性能要求的建筑构件、建筑材料及装修材料的质量，使用合格产品，保证消防施工质量；③建立施工现场消防安全责任制度，确定消防安全负责人。加强对施工人员的消防教育培训，落实动火、用电、易燃可燃材料等消防管理制度和操作规程。保证在建工程竣工验收前消防通道、消防水源、消防设施和器材、消防安全标志等完好有效。

5. 施工单位的消防安全教育培训和消防演练

加强对单位消防安全责任人、消防安全管理人、消防控制室操作人员和消防设计、施工、监理人员及保安、电(气)焊工、消防技术服务机构从业人员的消防安全培训。

施工单位应当根据国家有关消防法规和建设工程安全生产法规的规定，建立施工现场消防组织，制定灭火和应急疏散预案，并至少每半年组织一次演练，提高施工人员及时报警、扑灭初期火灾和自救逃生能力。

6.4.4　工伤保险和意外伤害保险的规定

新修订的《中华人民共和国建筑法》规定，建筑施工企业应当依法为职工参加工伤保险缴纳工伤保险费。鼓励企业为从事危险作业的职工办理意外伤害保险，支付保险费。

据此，工伤保险是面向施工企业全体员工的强制性保险。意外伤害保险则是针对施工现场从事危险作业特有群体的职工，仍属于一种法定险种，其适用范围是在施工现场从事高处作业、深基坑作业、爆破作业等危险性较大的施工人员，尽管他们可能已参加了工伤保险，但法律鼓励施工企业再为他们办理意外伤害保险，使这部分人员能够比其他职工依法获得更多的权益保障。

1. 工伤保险的规定

《工伤保险条例》规定，中华人民共和国境内的企业、事业单位、社会团体、民办非企业单位、基金会、律师事务所、会计师事务所等组织和有雇工的个体工商户(以下称用人单位)应当依照本条例规定参加工伤保险，为本单位全部职工或者雇工(以下称职工)缴纳工伤保险费。

中华人民共和国境内的企业、事业单位、社会团体、民办非企业单位、基金会、律师事务所、会计师事务所等组织的职工和个体工商户的雇工，均有依照本条例的规定享受工伤保险待遇的权利。

(1)工伤保险基金

工伤保险基金由用人单位缴纳的工伤保险费、工伤保险基金的利息和依法纳入工伤保险基金的其他资金构成。工伤保险费根据以支定收、收支平衡的原则，确定费率。国家根据不同行业的工伤风险程度确定行业的差别费率，并根据工伤保险费使用、工伤发生率等情况在每个行业内确定若干费率档次。

用人单位应当按时缴纳工伤保险费。职工个人不缴纳工伤保险费。用人单位缴纳工伤保险费的数额为本单位职工工资总额乘以单位缴费费率之积。跨地区、生产流动性较大的行业，可以采取相对集中的方式异地参加统筹地区的工伤保险。

工伤保险基金存入社会保障基金财政专户，用于《工伤保险条例》规定的工伤保险待遇，劳动能力鉴定，工伤预防的宣传、培训等费用，以及法律、法规规定的用于工伤保险的其他费用的支付。任何单位或者个人不得将工伤保险基金用于投资运营、兴建或者改建办公场所、发放奖金，或者挪作其他用途。

(2)工伤认定

职工有下列情形之一的，应当认定为工伤：①在工作时间和工作场所内，因工作原因受到事故伤害的；②工作时间前后在工作场所内，从事与工作有关的预备性或者收尾性工作受到事故伤害的；③在工作时间和工作场所内，因履行工作职责受到暴力等意外伤害的；④患职业病的；⑤因工外出期间，由于工作原因受到伤害或者发生事故下落不明的；⑥在上下班途中，受到非本人主要责任的交通事故或者城市轨道交通、客运轮渡、火车事故伤害的；⑦法律、行政法规规定应当认定为工伤的其他情形。职工有下列情形之一的，视同工伤：①在工作时间和工作岗位，突发疾病死亡或者在48小时之内经抢救无效死亡的；②在抢险救灾等维护国家利益、公共利益活动中受到伤害的；③职工原来在军队服役，因战、因公负伤致残，已取得革命伤残军人证，到用人单位后旧伤复发的。职工有以上第①项、第②项情形的，按照《工伤保险条例》的有关规定享受工伤保险待遇；职工有以上第③项情形的，按照《工伤保险条例》的有关规定享受除一次性伤残补助金以外的工伤保险待遇。

职工符合以上的规定，但是有下列情形之一的，不得认定为工伤或者视同工伤：①故意犯罪的；②醉酒或者吸毒的；③自残或者自杀的。

职工发生事故伤害或者按照职业病防治法规定被诊断、鉴定为职业病，所在单位应当自事故伤害发生之日或者被诊断、鉴定为职业病之日起 30 日内，向统筹地区社会保险行政部门提出工伤认定申请。遇有特殊情况，经报社会保险行政部门同意，申请时限可以适当延长。用人单位未按以上规定提出工伤认定申请的，工伤职工或者其近亲属、工会组织在事故伤害发生之日或者被诊断、鉴定为职业病之日起 1 年内，可以直接向用人单位所在地统筹地区社会保险行政部门提出工伤认定申请。按照以上规定应当由省级社会保险行政部门进行工伤认定的事项，根据属地原则由用人单位所在地的设区的市级社会保险行政部门办理。用人单位未在以上规定的时限内提交工伤认定申请，在此期间发生符合《工伤保险条例》规定的工伤待遇等有关费用由该用人单位负担。

社会保险行政部门受理工伤认定申请后，根据审核需要可以对事故伤害进行调查核实，用人单位、职工、工会组织、医疗机构以及有关部门应当予以协助。职业病诊断和诊断争议的鉴定，依照职业病防治法的有关规定执行。对依法取得职业病诊断证明书或者职业病诊断鉴定书的，社会保险行政部门不再进行调查核实。职工或者其近亲属认为是工伤，用人单位不认为是工伤的，由用人单位承担举证责任。

社会保险行政部门应当自受理工伤认定申请之日起 60 日内做出工伤认定的决定，并书面通知申请工伤认定的职工或者其近亲属和该职工所在单位。社会保险行政部门对受理的事实清楚、权利义务明确的工伤认定申请，应当在 15 日内做出工伤认定的决定。做出工伤认定决定需要以司法机关或者有关行政主管部门的结论为依据在司法机关或者有关行政主管部门尚未做出结论期间，做出工伤认定决定的时限中止。社会保险行政部门工作人员与工伤认定申请人有利害关系的，应当回避。

(3)劳动能力鉴定

劳动能力鉴定由用人单位、工伤职工或者其近亲属向设区的市级劳动能力鉴定委员会提出申请，并提供工伤认定决定和职工工伤医疗的有关资料。

劳动能力鉴定结论做出之日起，工伤职工或者其近亲属、所在单位或者经办机构认为伤残情况发生变化的，可以申请劳动能力复查鉴定。

职工发生工伤，经治疗伤情相对稳定后存在残疾、影响劳动能力的，应当进行劳动能力鉴定。劳动能力鉴定是指劳动功能障碍程度和生活自理障碍程度的等级鉴定。劳动功能障碍分为 10 个伤残等级，最重的为 1 级，最轻的为 10 级。生活自理障碍分为 3 个等级：生活完全不能自理、生活大部分不能自理和生活部分不能自理。

(4)工伤保险待遇

职工因工作遭受事故伤害或者患职业病进行治疗，享受工伤医疗待遇。

①工伤的治疗

职工治疗工伤应当在签订服务协议的医疗机构就医，情况紧急时可以先到就近的医疗机构急救。治疗工伤所需费用符合工伤保险诊疗项目目录、工伤保险药品目录、工伤保险住院服务标准的，从工伤保险基金支付。职工住院治疗工伤的伙食补助费，以及经医疗机构出具证明，报经办机构同意，工伤职工到统筹地区以外就医所需的交通、食宿费用从工伤保险基金支付，基金支付的具体标准由统筹地区人民政府规定。工伤职工到签订服务协议的医疗机构进行工伤康复的费用，符合规定的，从工伤保险基金支付。

工伤职工治疗非工伤引发的疾病，不享受工伤医疗待遇，按照基本医疗保险办法处理。社会保险行政部门做出认定为工伤的决定后发生行政复议、行政诉讼的，行政复议和行政诉讼期间不停止支付工伤职工治疗工伤的医疗费用。

工伤职工因日常生活或者就业需要，经劳动能力鉴定委员会确认，可以安装假肢、矫形器、假眼、假牙和配置轮椅等辅助器具，所需费用按照国家规定的标准从工伤保险基金支付。

②工伤医疗的停工留薪期

职工因工作遭受事故伤害或者患职业病需要暂停工作接受工伤医疗的，在停工留薪期内，原工资福利待遇不变，由所在单位按月支付。停工留薪期一般不超过12个月。伤情严重或者情况特殊，经设区的市级劳动能力鉴定委员会确认，可以适当延长，但延长不得超过12个月。

工伤职工评定伤残等级后，停发原待遇，按照有关规定享受伤残待遇。工伤职工在停工留薪期满后仍需治疗的，继续享受工伤医疗待遇。

③工伤职工的护理

生活不能自理的工伤职工在停工留薪期需要护理的，由所在单位负责。

工伤职工已经评定伤残等级并经劳动能力鉴定委员会确认需要生活护理的，从工伤保险基金按月支付生活护理费。生活护理费按照生活完全不能自理、生活大部分不能自理或者生活部分不能自理3个不同等级支付，其标准分别为统筹地区上年度职工月平均工资的50%、40%或者30%。

④其他规定

职工因工致残的，按劳动能力鉴定得级别享受待遇；职工因工死亡，其近亲属按照规定从工伤保险基金领取应丧葬补助金、抚恤金和一次性工亡补助金。

用人单位分立、合并、转让的，承继单位应当承担原用人单位的工伤保险责任；原用人单位已经参加工伤保险的，承继单位应当到当地经办机构办理工伤保险变更登记。用人单位实行承包经营的，工伤保险责任由职工劳动关系所在单位承担。职工被借调期间受到工伤事故伤害的，由原用人单位承担工伤保险责任，但原用人单位与借调单位可以约定补偿办法。企业破产的，在破产清算时应当依法拨付由单位支付的工伤保险待遇费用。

职工再次发生工伤，根据规定应当享受伤残津贴的，按照新认定的伤残等级享受伤残津贴待遇。

(5)监督管理

任何组织和个人对有关工伤保险的违法行为，有权举报。社会保险行政部门对举报应当及时调查，按照规定处理，并为举报人保密。

工会组织依法维护工伤职工的合法权益，对用人单位的工伤保险工作实行监督。职工与用人单位发生工伤待遇方面的争议，按照处理劳动争议的有关规定处理。

有下列情形之一的，有关单位或者个人可以依法申请行政复议，也可以依法向人民法院提起行政诉讼：①申请工伤认定的职工或者其近亲属、该职工所在单位对工伤认定申请不予受理的决定不服的；②申请工伤认定的职工或者其近亲属、该职工所在单位对工伤认定结论不服的；③用人单位对经办机构确定的单位缴费费率不服的；④签订服务协议的医疗机构、辅助器具配置机构认为经办机构未履行有关协议或者规定的；⑤工伤职工或者其近亲属对经办机构核定的工伤保险待遇有异议的。

2. 建筑意外伤害保险的规定

《中华人民共和国建筑法》规定，鼓励企业为从事危险作业的职工办理意外伤害保险，支付保险费。《建设工程安全生产管理条例》则规定，施工单位应当为施工现场从事危险作业的人员办理意外伤害保险。意外伤害保险费由施工单位支付。实行施工总承包的建设工程，由总承包单位支付意外伤害保险费。意外伤害保险期限自建设工程开工之日起至竣工验收合格止。

《国务院安委会关于进一步加强安全培训工作的决定》进一步要求，研究探索由开展安全生产责任险、建筑意外伤害险的保险机构安排一定资金，用于事故预防与安全培训工作。

工伤保险与建筑意外伤害保险有着很大的不同。工伤保险是社会保险的一种，实行实名制，并按工资总额计提保险费，较适用于企业的固定职工。建筑意外伤害保险则是一种法定的商业保险，通常是按照施工合同额或建筑面积计提保险费，针对着施工现场从事危险作业的特殊人群，较适合施工现场作业人员包括从事危险作业人员流动性大的行业特点。

(1) 建筑意外伤害保险的范围、保险期限和最低保险金额

原建设部《关于加强建筑意外伤害保险工补的指导意见》(建质〔2003〕107 号) 中指出，建筑施工企业应当为施工现场从事施工作业和管理的人员，在施工活动过程中发生的人身意外伤亡事故提供保障，办理建筑意外伤害保险、支付保险费。范围应当覆盖工程项目。已在企业所在地参加工伤保险的人员，从事现场施工时仍可参加建筑意外伤害保险。

保险期限应涵盖工程项目开工之日到工程竣工验收合格日。提前竣工的，保险责任自行终止。因延长工期的，应当办理保险顺延手续。各地建设行政主管部门要结合本地区实际情况，确定合理的最低保险金额。最低保险施工企业办理建筑意外伤害保险时，金额要能够保障施工伤亡人员得到有效的经济补偿。投保的保险金额不得低于此标准。

(2) 建筑意外伤害保险的保险费和费率

保险费应当列入建筑安装工程费用。保险费由施工企业支付，施工企业不得向职工摊派。

施工企业和保险公司双方应本着平等协商的原则，根据各类风险因素商定建筑意外伤害保险费率，提倡差别费率和浮动费率。差别费率可与工程规模、类型、工程项目风险程度和施工现场环境等因素挂钩。浮动费率可与施工企业安全生产业绩、安全生产管理状况等因素挂钩。对重视安全生产管理、安全业绩好的企业可采用下浮费率；对安全生产业绩差、安全管理不善的企业可采用上浮费率。通过浮动费率机制，激励投保企业安全生产的积极性。

(3) 建筑意外伤害保险的投保

施工企业应在工程项目开工前，办理完投保手续。鉴于工程建设项目施工工艺流程中各工种调动频繁、用工流动性大，投保应实行不记名和不计人数的方式。工程项目中有分包单位的由总承包施工企业统一办理，分包单位合理承担投保费用。业主直接发包的工程项目由承包企业直接办理。

投保人办理投保手续后，应将投保有关信息以布告形式张贴于施工现场，告之被保险人。

(4) 建筑意外伤害保险的索赔

建筑意外伤害保险应规范和简化索赔程序，搞好索赔服务。各地建设行政主管部门要积极创造条件，引导投保企业在发生意外事故后即向保险公司提出索赔，使施工伤亡人员能够

得到及时、足额的赔付。

各级建设行政主管部门应设置专门电话接受举报，对于被保险人发生意外伤害事故，企业和工程项目负责人隐瞒不报、不索赔的事件，要严肃查处。

(5)建筑意外伤害保险的安全服务

施工企业应当选择能提供建筑安全生产风险管理、事故防范等安全服务和有保险能力的保险公司，以保证事故后能及时补偿与事故前能主动防范。目前还不能提供安全风险管理和事故预防的保险公司，应通过建筑安全服务中介组织向施工企业提供与建筑意外伤害保险相关的安全服务。建筑安全服务中介组织必须拥有一定数量、专业配套、具备建筑安全知识和管理经验的专业技术人员。

安全服务内容可包括施工现场风险评估、安全技术咨询、人员培训、防灾防损设备配置、安全技术研究等。施工企业在投保时可与保险机构商定具体服务内容。

6.4.5 违法行为应承担的法律责任

施工现场安全防护违法行为应承担的主要法律责任如下。

1. 施工现场安全防护违法行为应承担的法律责任

《中华人民共和国建筑法》规定，建筑施工企业违反本法规定，对建筑安全事故隐患不采取措施予以消除的，责令改正，可以处以罚款；情节严重的，责令停业整顿，降低资质等级或者吊销资质证书；构成犯罪的，依法追究刑事责任。

《建设工程安全生产管理条例》规定，施工单位有下列行为之一的，责令限期改正；逾期未改正的，责令停业整顿，并处5万元以上10万元以下的罚款；造成重大安全事故，构成犯罪的，对直接责任人员，依照刑法有关规定追究刑事责任：①施工前未对有关安全施工的技术要求做出详细说明的；②未根据不同施工阶段和周围环境及季节、气候的变化，在施工现场采取相应的安全施工措施，或者在城市市区内的建设工程的施工现场未实行封闭围挡的；③在尚未竣工的建筑物内设置员工集体宿舍的；④施工现场临时建的建筑物不符合安全使用要求的；⑤未对因建设工程施工可能造成损害的毗邻建筑物、构筑物和地下管线等采取专项防护措施的。施工单位有以上规定第④项、第⑤项行为，造成损失的，依法承担赔偿责任。

施工单位有下列行为之一的，责令限期改正；逾期未改正的，责令停业整顿，并处10万元以上30万元以下的罚款；情节严重的，降低资质等级，直至吊销资质证书；造成重大安全事故，构成犯罪的，对直接责任人员，依照刑法有关规定追究刑事责任；造成损失的，直接责任人员依法承担赔偿责任：①安全防护用具、机械设备、施工机具及配件在进入施工现场前未经查验或者查验不合格即投入使用的；②使用未经验收或者验收不合格的施工起重机械和整体提升脚手架、模板等自升式架设设施的；③委托不具有相应资质的单位承担施工现场安装、拆卸施工起重机械和整体提升脚手架、模板等自升式架设设施的；④在施工组织设计中未编制安全技术措施、施工现场临时用电方案或者专项施工方案的。《中华人民共和国安全生产法》规定，生产经营单位有下列行为之一的，责令限期改正；逾期未改正的，责令停止建设或者停产停业整顿，可以并处5万元以下的罚款；造成严重后果，构成犯罪的，依照刑法有关规定追究刑事责任：①未在有较大危险因素的生产经营场所和有关设施、设备上设置明显的安全警示标志的；②安全设备的安装、使用、检测、改造和报废不符合国家标准或者行业标准的；③未对安全设备进行经常性维护、保养和定期检测的；④未为从业人员提供符合国家标准或者行业标准的劳动防护用品的；⑤危险物品的容器、运输工具，以及普及人身安全、危险性较大的海洋石油开采特种设备和矿山井下特种设备未经具有专业资质的机构检测、检验合格，取得安全使用证或安全标志就投入使用的；⑥使用应当淘汰的危及生产安全的工艺、设备的。

生产经营单位有下列行为之一的，责令限期改正；逾期未改正的，责令停产停业整顿，可以并处 2 万元以上 10 万元以下的罚款；造成严重后果，构成犯罪的，依照刑法有关规定追究刑事责任：……进行爆破、吊装等危险作业，未安排专门管理人员进行现场安全管理的。

《危险化学品安全管理条例》规定，有下列情形之一的，由安全生产监督管理部门责令改正，可以处 5 万元以下的罚款；拒不改正的，处 5 万元以上 10 万元以下的罚款；情节严重的，责令停产停业整顿：…… 进行可能危及危险化学品管道安全的施工作业，施工单位未按照规定书面通知管道所属单位，或者未与管道所属单位共同制定应急预案、采取相应的安全防护措施，或者管道所属单位未指派专门人员到现场进行管道安全保护指导的……

2. 施工单位安全费用违法行为应承担的法律责任

财政部、国家安全生产监督管理总局发布的《企业安全生产费用提取和使用管理办法》中规定，企业未按本办法提取和使用安全费用的，安全生产监督管理部门、煤矿安全监察机构和行业主管部门会同财政部门责令其限期改正，并依照相关法律法规进行处理、处罚。建设工程施工总承包单位未向分包单位支付必要的安全费用以及承包单位挪用安全费用的，由建设、交通运输、铁路、水利、安全生产监督管理、煤矿安全监察等主管部门依照相关法规、规章进行处理、处罚。

原建设部《建筑工程安全防护、文明施工措施费用及使用管理规定》中规定，建设单位未按本规定支付安全防护、文明施工措施费用的，由县级以上建设行政主管部门依据《建设工程安全生产管理条例》第五十四条规定，责令限期整改；逾期未改正的，责令该建设工程停止施工。

施工单位挪用安全防护、文明施工措施费用的，由县级以上建设主管部门依据《建设工程安全生产管理条例》第六十三条规定，责令限期整改，处挪用费用 20% 以上 50% 以下的罚款；造成损失的，依法承担赔偿责任。

3. 施工现场消防安全违法行为应承担的法律责任

《中华人民共和国消防法》规定，违反本法规定，有下列行为之一的，责令改正或者停止施工，并处 1 万元以上 10 万元以下罚款：…… 建筑施工企业不按照消防设计文件和消防技术标准施工，降低消防施工质量的。

违反本法规定，有下列行为之一的，责令改正，处 5000 元以上 5 万元以下罚款：①消防设施、器材或者消防安全标志的配置、设置不符合国家标准、行业标准，或者未保持完好有效的；②损坏、挪用或者擅自拆除、停用消防设施、器材的；③占用、堵塞、封闭疏散通道、安全出口或者有其他妨碍安全疏散行为的；④埋压、圈占、遮挡消火栓或者占用防火间距的；⑤占用、堵塞、封闭消防车通道，妨碍消防车通行的；⑥人员密集场所在门窗上设置影响逃生和灭火救援的障碍物的；⑦对火灾隐患经公安机关消防机构通知后不及时采取措施消除的。

有下列行为之一，尚不构成犯罪的，处 10 日以上 15 日以下拘留，可以并处 500 元以下罚款；情节较轻的，处警告或者 500 元以下罚款：①指使或者强令他人违反消防安全规定，冒险作业的；②过失引起火灾的；③在火灾发生后阻拦报警，或者负有报告职责的人员不及时报警的；④扰乱火灾现场秩序，或者拒不执行火灾现场指挥员指挥，影响灭火救援的；⑤故意破坏或者伪造火灾现场的；⑥擅自拆封或者使用被公安机关消防机构查封的场所、部位的。

当事人逾期不执行停产停业、停止使用、停止施工决定的，由做出决定的公安机关消防机构强制执行。

4. 施工现场食品安全违法行为应承担的法律责任

《中华人民共和国食品安全法》(以下简称《食品安全法》)规定，违反本法规定，有下列情形之一的，由有关主管部门按照各自职责分工，责令改正，给予警告；拒不改正的，处5000元以上5万元以下罚款；情节严重的，责令停产停业，直至吊销许可证：(1)未对采购的食品原料和生产的食品、食品添加剂、食品相关产品进行检验；(2)未按规定要求贮存、销售食品或者清理库存食品；(3)进货时未查验许可证和相关证明文件；(4)安排患有痢疾、伤寒、病毒性肝炎等消化道传染病的人员，以及患有活动性肺结核、化脓性或者渗出性皮肤病等有碍食品安全的疾病的人员从事接触直接入口食品的工作。

5. 工伤保险违法行为应承担的法律责任

《工伤保险条例》规定，用人单位、工伤职工或者其近亲属骗取工伤保险待遇，医疗机构、辅助器具配置机构骗取工伤保险基金支出的，由社会保险行政部门责令退还，处骗取金额2倍以上5倍以下的罚款；情节严重，构成犯罪的，依法追究刑事责任。

用人单位依照本条例规定应当参加工伤保险而未参加的，由社会保险行政部门责令限期参加，补缴应当缴纳的工伤保险费，并自欠缴之日起，按日加收万分之五的滞纳金；逾期仍不缴纳的，处欠缴数额1倍以上3倍以下的罚款。依照本条例规定应当参加工伤保险而未参加工伤保险的用人单位职工发生工伤的，由该用人单位按照本条例规定的工伤保险待遇项目和标准支付费用。用人单位参加工伤保险并补缴应当缴纳的工伤保险费、滞纳金后，由工伤保险基金和用人单位依照本条例的规定支付新发生的费用。

用人单位违反本条例规定，拒不协助社会保险行政部门对事故进行调查核实的，由社会保险行政部门责令改正，处5000元以上5万元以下的罚款。

6.5 施工安全事故的应急救援与调查处理

施工现场一旦发生生产安全事故，应当立即实施抢险救援，特别是抢救遇险人员，争取迅速控制事态，防止伤亡事故进一步扩大，并依法向有关部门报告事故。事故调查处理应当坚持实事求是、尊重科学的原则，及时准确地查清事故经过、事故原因和事故损失，查明事故性质，认定事故责任，总结事故教训，提出整改措施，并对事故责任者依法追究责任。

6.5.1 生产安全事故的等级划分标准

国务院《生产安全事故报告和调查处理条例》规定，根据生产安全事故(以下简称事故)造成的人员伤亡或者直接经济损失，事故一般分为以下等级：①特别重大事故，是指造成30人以上死亡，或者100人以上重伤(包括急性工业中毒，下同)，或者1亿元以上直接经济损失的事故；②重大事故，是指造成10人以上30人以下死亡，或者50人以上100人以下重伤，或者5000万元以上1亿元以下直接经济损失的事故；③较大事故，是指造成3人以上10人以下死亡，或者10人以上50人以下重伤，或者1000万元以上5000万元以下直接经济损失的事故；④一般事故，是指造成3人以下死亡，或者10人以下重伤，或者1000万元以下直接经济损失的事故。所称的“以上”包括本数，所称的“以下”不包括本数。

《生产安全事故报告和调查处理条例》还规定，没有造成人员伤亡，但是社会影响恶劣的事故，国务院或者有关地方人民政府认为需要调查处理的，依照本条例的有关规定执行。

事故等级划分的要素有3个，可以单独适用。首先是人身要素，人员伤亡的数量是事故分析的第一要素；其次是经济要素；最后是社会要素。

6.5.2 施工生产安全事故应急救援预案的规定

施工生产安全事故多具有突发性、群体性等特点，如果施工单位事先根据本单位和施工现场的实际情况，针对可能发生事故的类别、性质、特点和范围等，事先制定当事故发生时有关的组织、技术措施和其他应急措施，做好充分的应急救援准备工作，不但可以采用预防技术和管理手段，降低事故发生的可能性，而且一旦发生事故时，还可以在短时间内组织有效地抢救，防止事故扩大，减少人员伤亡和财产损失。

《中华人民共和国安全生产法》规定，生产经营单位的主要负责人具有组织制定并实施本单位的生产安全事故应急救援预案的职责。《建设工程安全生产管理条例》进一步规定，施工单位应当制定本单位生产安全事故应急救援预案，建立应急救援组织或者配备应急救援人员，配备必要的应急救援器材、设备，并定期组织演练。

1. 施工生产安全事故应急救援预案的编制

《建设工程安全生产管理条例》规定，施工单位应当根据建设工程施工的特点、范围，对施工现场易发生重大事故的部位、环节进行监控，制定施工现场生产安全事故应急救援预案。

国家安全生产监督管理总局《生产安全事故应急预案管理办法》进一步规定，生产经营单位的应急预案按照针对情况的不同，分为综合应急预案、专项应急预案和现场处置方案。生产经营单位编制的综合应急预案、专项应急预案和现场处置方案之间应当相互衔接，并与所涉及的其他单位的应急预案相互衔接。

综合应急预案，应当包括本单位的应急组织机构及其职责、预案体系及响应程序、事故预防及应急保障、应急培训及预案演练等主要内容；专项应急预案，应当包括危险性分析、可能发生的事故特征、应急组织机构与职责、预防措施、应急处置程序和应急保障等内容；现场处置方案，应当包括危险性分析、可能发生的事故特征、应急处置程序、应急处置要点和注意事项等内容。

应急预案的编制应当符合下列基本要求：①符合有关法律、法规、规章和标准的规定；②结合本地区、本部门、本单位的安全生产实际情况；③结合本地区、本部门、本单位的危险性分析情况；④应急组织和人员的职责分工明确，并有具体的落实措施；⑤有明确、具体的事故预防措施和应急程序，并与其应急能力相适应；⑥有明确的应急保障措施，并能满足本地区、本部门、本单位的应急工作要求；⑦预案基本要素齐全、完整，预案附件提供的信息准确；⑧预案内容与相关应急预案相互衔接。应急预案应当包括应急组织机构和人员的联系方式、应急物资储备清单等附件信息。

2. 施工生产安全事故应急救援预案的评审和备案

《生产安全事故应急预案管理办法》规定，建筑施工单位应当组织专家对本单位编制的应急预案进行评审。评审应当形成书面纪要并附有专家名单。应急预案的评审应当注重应急预案的实用性、基本要素的完整性、预防措施的针对性、组织体系的科学性、响应程序的操作性、应急保障措施的可行性、应急预案的衔接性等内容。施工单位的应急预案经评审后，由施工单位主要负责人签署公布。

生产经营单位申请应急预案备案，应当提交以下材料：①应急预案备案申请表；②应急预案评审或者论证意见；③应急预案文本及电子文档。

对于实行安全生产许可的生产经营单位，已经进行应急预案备案登记的，在申请安全生产许可证时，可以不提供相应的应急预案，仅提供应急预案备案登记表。

3. 施工生产安全事故应急预案的培训和演练

生产经营单位应当制定本单位的应急预案演练计划，根据本单位的事故预防重点，每年至少组织一次综合应急预案演练或者专项应急预案演练，每半年至少组织一次现场处置方案演练。应急预案演练结束后，应急预案演练组织单位应当对应急预案演练效果进行评估，撰写应急预案演练评估报告，分析存在的问题，并对应急预案提出修订意见。

4. 施工生产安全事故应急预案的修订

生产经营单位应当及时向有关部门或者单位报告应急预案的修订情况，并按照有关应急预案报备程序重新备案。生产经营单位应当按照应急预案的要求配备应急物资及装备，建立使用状况档案，并定期检测和维护，使其处于良好状态。

5. 施工总分包单位的职责分工

《建设工程安全生产管理条例》规定，实行施工总承包的，由总承包单位统一组织编制建设工程生产安全事故应急救援预案，工程总承包单位和分包单位要按照应急救援预案，各自建立应急救援组织或者配备应急救援人员，配备救援器材、设备，并定期组织演练。

6.5.3 施工生产安全事故报告及采取相应措施的规定

《中华人民共和国建筑法》规定，施工中发生事故时，建筑施工企业应当采取紧急措施减少人员伤亡和事故损失，并按照国家有关规定及时向有关部门报告。

《建设工程安全生产管理条例》进一步规定，施工单位发生生产安全事故，应当按照国家有关伤亡事故报告和调查处理的规定，及时、如实地向负责安全生产监督管理的部门、建设行政主管部门或者其他有关部门报告；特种设备发生事故的，还应当同时向特种设备安全监督管理部门报告。实行施工总承包的建设工程，由总承包单位负责上报事故。

1. 施工生产安全事故报告的基本要求

《中华人民共和国安全生产法》规定，生产经营单位发生生产安全事故后，事故现场有关人员应当立即报告本单位负责人。单位负责人接到事故报告后，应当迅速采取有效措施，组织抢救，防止事故扩大，减少人员伤亡和财产损失，并立即按照国家有关规定如实报告给当地安全生产监督管理部门，不得隐瞒不报、谎报或者拖延不报，不得故意破坏事故现场、毁灭有关证据。

(1) 事故报告的时间要求

《生产安全事故报告和调查处理条例》规定，事故发生后，事故现场有关人员应当立即向本单位负责人报告；单位负责人接到报告后，应当于 1 小时内向事故发生地县级以上人民政府安全生产监督管理部门和负有安全生产监督管理职责的有关部门报告。情况紧急时，事故现场有关人员可以直接向事故发生地县级以上人民政府安全生产监督管理部门和负有安全生产监督管理职责的有关部门报告。

所谓事故现场，是指事故具体发生地点及事故能够影响和波及的区域，以及该区域内的物品、痕迹等所处的状态。所谓有关人员，主要是指事故发生单位在事故现场的有关工作人员，可以是事故的负伤者，或者是在事故现场的其他工作人员。所谓立即报告，是指在事故发生后的第一时间用最快捷的报告方式进行报告。所谓单位负责人，可以是事故发生单位的主要负责人，也可以是事故发生单位主要负责人以外的其他分管安全生产工作的副职领导或其他负责人。

在一般情况下，事故现场有关人员应当先向本单位负责人报告事故。但是，事故是人命关天的大事，在情况紧急时允许事故现场有关人员直接向安全生产监督管理部门和负有安全生产监督管理职责的有关部门报告。事故报告应当及时、准确、完整。任何单位和个人对事故不得迟报、漏报、谎报或者瞒报。

(2)事故报告的内容要求

《生产安全事故报告和调查处理条例》规定，报告事故应当包括下列内容：①事故发生单位概况；②事故发生的时间、地点以及事故现场情况；③事故的简要经过；④事故已经造成或者可能造成的伤亡人数(包括下落不明的人数)和初步估计的直接经济损失；⑤已经采取的措施；⑥其他应当报告的情况。

事故发生单位概况，应当包括单位的全称、所处地理位置、所有制形式和隶属关系、生产经营范围和规模、持有各类证照情况、单位负责人基本情况以及近期生产经营状况等。该部分内容应以全面、简洁为原则。

报告事故发生的时间应当具体；报告事故发生的地点要准确，除事故发生的中心地点外，还应当报告事故所波及的区域；报告事故现场的情况应当全面，包括现场的总体情况、人员伤亡情况和设备设施的毁损情况，以及事故发生前后的现场情况，便于比较分析事故原因。

对于人员伤亡情况的报告，应当遵守实事求是的原则，不作无根据的猜测，更不能隐瞒实际伤亡人数。对直接经济损失的初步估算，主要指对事故所导致的建筑物毁损、生产设备设施和仪器仪表损坏等损失的估算。

已经采取的措施，主要是指事故现场有关人员、事故单位负责人以及已经接到事故报告的安全生产管理部门等，为减少损失、防止事故扩大和便于事故调查所采取的应急救援和现场保护等具体措施。

其他应当报告的情况，则应根据实际情况而定。如较大以上事故，还应当报告事故所造成的社会影响、政府有关领导和部门现场指挥等有关情况。

(3)事故补报的要求

《生产安全事故报告和调查处理条例》规定，事故报告后出现新情况的，应当及时补报。

自事故发生之日起 30 日内，事故造成的伤亡人数发生变化的，应当及时补报。道路交通事故、火灾事故自发生之日起 7 日内，事故造成的伤亡人数发生变化的，应当及时补报。

2. 发生施工生产安全事故后应采取的相应措施

《建设工程安全生产管理条例》规定，发生生产安全事故后，施工单位应当采取措施防止事故扩大，保护事故现场。需要移动现场物品时，应当做出标记和书面记录，妥善保管有关证物。

（1）组织应急抢救工作

《生产安全事故报告和调查处理条例》规定，事故发生单位负责人接到事故报告后，应当立即启动事故相应应急预案，或者采取有效措施，组织抢救，防止事故扩大，减少人员伤亡和财产损失。

例如，对危险化学品泄漏等可能对周边群众和环境产生危害的事故，施工单位应当在向地方政府及有关部门报告的同时，还要及时向可能受到影响的单位、职工、群众发出预警信息，标明危险区域，组织、协助应急救援队伍救助受害人员，疏散、撤离、安置受到威胁的人员，并采取必要措施防止发生次生、衍生事故。

（2）妥善保护事故现场

《生产安全事故报告和调查处理条例》规定，事故发生后，有关单位和人员应当妥善保护事故现场以及相关证据，任何单位和个人不得破坏事故现场、毁灭相关证据。因抢救人员、防止事故扩大以及疏通交通等原因，需要移动事故现场物件的，应当做出标志，绘制现场简图并做出书面记录，妥善保存现场重要痕迹、物证。

事故现场是追溯判断发生事故原因和事故责任人责任的客观物质基础。从事故发生到事故调查组赶赴现场，往往需要一段时间，而在这段时间里，许多外界因素，如救护伤员、险情控制、周围群众围观等都会给事故现场造成不同程度的破坏，甚至还有故意破坏事故现场的情况。如果事故现场保护不好，一些与事故有关的证据难以找到，将直接影响到事故现场的勘查，不便于查明事故原因，从而影响事故调查处理的进度和质量。

保护事故现场，就是要根据事故现场的具体情况和周围环境，划定保护区范围，布置警戒，必要时将事故现场封锁起来，维持现场的原始状态，既不要减少任何痕迹、物品，也不能增加任何痕迹、物品。即使是保护现场的人员，也不要无故进入，更不能擅自进行勘查，或者随意触摸、移动事故现场的任何物品。任何单位和个人都不得破坏事故现场，毁灭相关证据。

确因特殊情况需要移动事故现场物件的，须同时满足以下条件：①出于抢救人员、防止事故扩大以及疏通交通的需要；②经事故单位负责人或者组织事故调查的安全生产监督管理部门和负有安全生产监督管理职责的有关部门同意；③做出标志，绘制现场简图，拍摄现场照片，对被移动物件贴上标签，并做出书面记录；④尽量使现场少受破坏。

【案例 6–3】

某住宅小区工地上，一载满作业工人的施工升降机在上升过程中突然失控冲顶，从 100 米高处坠落，造成施工升降机上的 9 名施工人员全部随机坠落遇难的惨剧。

问题：

（1）本案中的事故应当定为何等级？

（2）在事故发生后，施工单位应当依法采取哪些措施？

3. 施工生产安全事故的调查

《中华人民共和国安全生产法》规定，事故调查处理应当按照科学严谨、依法依规、实事求是、注重实效的原则，及时、准确地查清事故原因，查明事故性质和责任，总结事故教训，提出整改措施，并对事故责任者提出处理意见。

(1)事故调查的管辖

《生产安全事故报告和调查处理条例》规定，特别重大事故由国务院或者国务院授权有关部门组织事故调查组进行调查。

重大事故、较大事故、一般事故分别由事故发生地省级人民政府、设区的市级人民政府、县级人民政府负责调查。省级人民政府、设区的市级人民政府、县级人民政府可以直接组织事故调查组进行调查，也可以授权或者委托有关部门组织事故调查组进行调查。未造成人员伤亡的一般事故，县级人民政府也可以委托事故发生单位组织事故调查组进行调查。当上级人民政府认为必要时，可以调查由下级人民政府负责调查的事故。

自事故发生之日起30日内(道路交通事故、火灾事故自发生之日起7日内)，因事故伤亡人数变化导致事故等级发生变化，依照《生产安全事故报告和调查处理条例》规定应当由上级人民政府负责调查的，上级人民政府可以另行组织事故调查组进行调查。

特别重大事故以下等级事故，事故发生地与事故发生单位不在同一个县级以上行政区域的，由事故发生地人民政府负责调查，事故发生单位所在地人民政府应当派人参加。

(2)事故调查组的组成与职责

事故调查组的组成应当遵循精简、效能的原则。根据事故的具体情况，事故调查组由有关人民政府、安全生产监督管理部门、负有安全生产监督管理职责的有关部门、监察机关、公安机关以及工会的工作人员组成，并应当邀请人民检察院派人参加。事故调查组可以聘请有关专家参与调查。

事故调查组成员应当具有事故调查所需要的知识和专长，并与所调查的事故没有直接利害关系。事故调查组组长由负责事故调查的人民政府指定。事故调查组组长主持事故调查组的工作。

事故调查组履行下列职责：①查明事故发生的经过、原因、人员伤亡情况及直接经济损失；②认定事故的性质和事故责任；③提出对事故责任者的处理建议；④总结事故教训，提出防范和整改措施；⑤提交事故调查报告。

(3)事故调查组的权利与纪律

事故调查组有权向有关单位和个人了解与事故有关的情况，并要求其提供相关文件、资料，有关单位和个人不得拒绝。事故发生单位的负责人和有关人员在事故调查期间不得擅离职守，并应当随时接受事故调查组的询问，如实提供有关情况。事故调查中发现涉嫌犯罪的，事故调查组应当及时将有关材料或者其复印件移交司法机关处理。

事故调查中需要进行技术鉴定的，事故调查组应当委托具有国家规定资质的单位进行技术鉴定。必要时，事故调查组可以直接组织专家进行技术鉴定。技术鉴定所需时间不计入事故调查期限。

事故调查组成员在事故调查工作中应当诚信公正、恪尽职守，遵守事故调查组的纪律，保守事故调查的秘密。未经事故调查组组长允许，事故调查组成员不得擅自发布有关事故的信息。

(4)事故调查报告的期限与内容

事故调查组应当自事故发生之日起60日内提交事故调查报告；特殊情况下，经负责事故调查的人民政府批准，提交事故调查报告的期限可以适当延长，但延长的期限最长不超过60日。

事故调查报告应当包括下列内容：①事故发生单位概况；②事故发生经过和事故救援情况；③事故造成的人员伤亡和直接经济损失；④事故发生的原因和事故性质；⑤事故责任的认定以及对事故责任者的处理建议；⑥事故防范和整改措施。事故调查报告应当附具有关证据材料。事故调查组成员应当在事故调查报告上签名。

4. 施工生产安全事故的处理

(1)事故处理时限和落实批复

《生产安全事故报告和调查处理条例》规定，对于重大事故、较大事故、一般事故，负责事故调查的人民政府应当自收到事故调查报告之日起15日内做出批复；对于特别重大事故，应在30日内做出批复，特殊情况下，批复时间可以适当延长，但延长的时间最长不超过30日。

有关机关应当按照人民政府的批复，依照法律、行政法规规定的权限和程序，对事故发生单位和有关人员进行行政处罚，对负有事故责任的国家工作人员进行处分。事故发生单位应当按照负责事故调查的人民政府的批复，对本单位负有事故责任的人员进行处理。负有事故责任的人员涉嫌犯罪的，依法追究刑事责任。

(2)事故发生单位的防范和整改措施

事故发生单位应当认真吸取事故教训，落实防范和整改措施，防止事故再次发生。防范和整改措施的落实情况应当接受工会和职工的监督。

安全生产监督管理部门和负有安全生产监督管理职责的有关部门应当对事故发生单位落实防范和整改措施的情况进行监督检查。

(3)处理结果的公布

事故处理的情况由负责事故调查的人民政府或者其授权的有关部门、机构向社会公布，依法应当保密的除外。

6.5.4 违法行为应承担的法律责任

施工安全事故应急救援与调查处理违法行为应承担的主要法律责任如下。

1. 制定事故应急救援预案违法行为应承担的法律责任

《特种设备安全监察条例》规定，特种设备使用单位有下列情形之一的，由特种设备安全监督管理部门责令限期改正；逾期未改正的，处2000元以上2万元以下罚款；情节严重的，责令停止使用或者停产停业整顿：…… 未制定特种设备事故应急专项预案的。

《生产安全事故应急预案管理办法》规定，生产经营单位应急预案未按照本办法规定备案的，由县级以上安全生产监督管理部门给予警告，并处3万元以下罚款。

2. 事故报告及采取相应措施违法行为应承担的法律责任

《中华人民共和国安全生产法》规定，生产经营单位的主要负责人在本单位发生生产安全事故时，不立即组织抢救或者在事故调查处理期间擅离职守或者逃匿的，给予降级、撤职的处分，对逃匿人员可处15日以下拘留；构成犯罪的，依照刑法有关规定追究刑事责任。生产经营单位的主要负责人对生产安全事故隐瞒不报、谎报或者延迟报的，依照前款规定处罚。

《生产安全事故报告和调查处理条例》规定，事故发生单位主要负责人有下列行为之一的，处上一年年收入 40%至 80%的罚款；属于国家工作人员的，并依法给予处分；构成犯罪的，依法追究刑事责任：①不立即组织事故抢救的；②迟报或者漏报事故的；③在事故调查处理期间擅离职守的。

事故发生单位及其有关人员有下列行为之一的，对事故发生单位处 100 万元以上 500 万元以下的罚款；对主要负责人、直接负责的主管人员和其他直接责任人员处上一年年收入 60%至 100%的罚款；属于国家工作人员的，依法给予处分；构成违反治安管理行为的，由公安机关依法给予治安管理处罚；构成犯罪的，依法追究刑事责任：①谎报或者瞒报事故的；②伪造或者故意破坏事故现场的；③转移、隐匿资金、财产，或者销毁有关证据、资料的；④拒绝接受调查或者拒绝提供有关情况和资料的；⑤在事故调查中作伪证或者指使他人作伪证的；⑥事故发生后逃匿的。

《特种设备安全监察条例》规定，发生特种设备事故，有下列情形之一的，对单位，由特种设备安全监督管理部门处 5 万元以上 20 万元以下罚款；对主要负责人，由特种设备安全监督管理部门处 4000 元以上 2 万元以下罚款；属于国家工作人员的，依法给予处分；触犯刑律的，依照刑法关于重大责任事故罪或者其他罪的规定，依法追究刑事责任：①特种设备使用单位的主要负责人在本单位发生特种设备事故时，不立即组织抢救或者在事故调查处理期间擅离职守或者逃匿的；②特种设备使用单位的主要负责人对特种设备事故隐瞒不报、谎报或者拖延不报的。

《职业病防治法》规定，用人单位违反本法规定，有下列行为之一的，由卫生行政部门给予警告，责令限期改正，逾期不改正的，处 5 万元以上 20 万元以下的罚款；情节严重的，责令停止产生职业病危害的作业，或者提请有关人民政府按照国务院规定的权限责令关闭：…… 发生或者可能发生急性职业病危害事故时，未立即采取应急救援和控制措施或者未按照规定及时报告的。

《中华人民共和国刑法》第一百三十九条第二款规定，在安全事故发生后，负有报告职责的人员不报或者谎报事故情况，贻误事故抢救，情节严重的，处 3 年以下有期徒刑或者拘役；情节特别严重的，处 3 年以上 7 年以下有期徒刑(《刑法修正案(六)》)。

3. 事故调查违法行为应承担的法律责任

《生产安全事故报告和调查处理条例》规定，参与事故调查的人员在事故调查中有下列行为之一的，依法给予处分；构成犯罪的，依法追究刑事责任：①对事故调查工作不负责任，致使事故调查工作有重大疏漏的；②包庇、袒护负有事故责任的人员或者借机打击报复的。

4. 事故责任单位及主要负责人应承担的法律责任

《中华人民共和国安全生产法》规定，生产经营单位发生生产安全事故造成人员伤亡、他人财产损失的，应当依法承担赔偿责任；拒不承担或者其负责人逃匿的，由人民法院依法强制执行。生产安全事故的责任人未依法承担赔偿责任，经人民法院依法采取执行措施后，仍不能对受害人给予足额赔偿的，应当继续履行赔偿义务；受害人发现责任人有其他财产的，可以随时请求人民法院执行。

《生产安全事故报告和调查处理条例》规定，事故发生单位对事故发生负有责任的，依照下列规定处以罚款：①发生一般事故的，处 10 万元以上 20 万元以下的罚款；②发生较大事故的，处20万元以上50万元以下的罚款；③发生重大事故的，处50万元以上200万元以下的罚款；④发生特别重大事故的，处200万元以上500万元以下的罚款。

事故发生单位主要负责人未依法履行安全生产管理职责，导致事故发生的，依照下列规定处以罚款；属于国家工作人员的，并依法给予处分；构成犯罪的，依法追究刑事责任：①发生一般事故的，处上一年年收入30%的罚款；②发生较大事故的，处上一年年收入40%的罚款；③发生重大事故的，处上一年年收入60%的罚款；④发生特别重大事故的，处上一年年收入80%的罚款。

事故发生单位对事故发生负有责任的，由有关部门依法暂扣或者吊销其有关证照；对事故发生单位负有事故责任的有关人员，依法暂停或者撤销其与安全生产有关的执业资格及岗位证书；事故发生单位主要负责人受到刑事处罚或者撤职处分的，自刑罚执行完毕或者受处分之日起，5年内不得担任任何生产经营单位的主要负责人。

6.6 建设单位和相关单位的建设工程安全责任制度

《建设工程安全生产管理条例》规定，建设单位、勘察单位、设计单位、施工单位、工程监理单位及其他与建设工程安全生产有关的单位，必须遵守安全生产法律规定，保证建设工程安全生产，依法承担建设工程安全生产责任。

这是因为，建设工程安全生产的重点是施工现场，其主要责任单位是施工单位，但与施工活动密切相关单位的活动也都影响着施工安全。因此，有必要对所有与建设工程施工活动有关的单位的安全责任做出明确规定。

6.6.1 建设单位相关的安全责任

建设单位是建设工程项目的投资主体或管理主体，在整个工程建设中居于主导地位。但长期以来，我国对建设单位的工程项目管理行为缺乏必要的法律约束，对其安全管理责任更没有明确规定，由于建设单位的某些工程项目管理行为不规范，直接或者间接导致了施工生产安全事故的发生，这方面是有着不少惨痛教训的。为此，《建设工程安全生产管理条例》中明确规定，建设单位必须遵守安全生产法律、法规的规定，保证建设工程安全生产，依法承担建设工程安全生产责任。

1. 依法办理有关批准手续

《中华人民共和国建筑法》第四十二条规定，有下列情形之一的，建设单位应当按照国家有关规定办理申请批准手续：①需要临时占用规划批准范围以外场地的；②可能损坏道路、管线、电力、邮电通信等公共设施的；③需要临时停水、停电、中断道路交通的；④需要进行爆破作业的；⑤法律、法规规定需要办理报批手续的其他情形。

这是因为，上述活动不仅涉及工程建设的顺利进行和施工现场作业人员的安全，也影响到周边区域人们的安全或是正常的工作生活，并需要有关方面给予支持和配合。为此，建设单位应当依法向有关部门申请办理批准手续。

2. 向施工单位提供真实、准确和完整的有关资料

《中华人民共和国建筑法》第四十条规定，建设单位应当向建筑施工企业提供与施工现场相关的地下管线资料，建筑施工企业应当采取措施加以保护。

《建设工程安全生产管理条例》进一步规定，建设单位应当向施工单位提供施工现场及毗邻区域内供水、排水、供电、供气、供热、通信、广播电视等地下管线资料，气象和水文观测资料，相邻建筑物和构筑物、地下工程的有关资料，并保证资料的真实、准确、完整。

在建设工程施工前，施工单位须搞清楚施工现场及毗邻区域内地下管线，以及相邻建筑物、构筑物和地下工程的有关资料，否则很有可能会因施工而造成对其破坏，不仅会导致人员伤亡和经济损失，还将影响周边地区单位和居民的工作与生活。同时，建设工程的施工周期往往比较长，又多是露天作业，受气候条件的影响较大，建设单位还应当提供有关气象和水文观测资料。建设单位须保证所提供资料的真实、准确，并能满足施工安全作业的需要。

3. 不得提出违法要求和随意压缩合同工期

《建设工程安全生产管理条例》规定，建设单位不得对勘察、设计、施工、工程监理等单位提出不符合建设工程安全生产法律、法规和强制性标准规定的要求，不得压缩合同约定的工期。

由于市场竞争相当激烈，一些勘察、设计、施工、工程监理单位为了承揽业务，往往对建设单位提出的各种要求尽量给予满足，这就造成某些建设单位为了追求利益最大化而提出一些非法要求，甚至明示或者暗示相关单位进行一些不符合法律、法规和强制性标准的活动。因此，建设单位也必须依法规范自身的行为。

合同约定的工期是建设单位与施工单位在工期定额的基础上，根据施工条件、技术水平等，经过双方平等协商而共同约定的工期。建设单位不能片面为了早日发挥建设项目的效益，迫使施工单位大量增加人力、物力投入，或者是简化施工程序，随意压缩合同约定的工期。应该讲，任何违背科学和客观规律的行为，都是施工生产安全事故隐患，都有可能导致施工生产安全事故的发生。当然，在符合有关法律、法规和强制性标准的规定，并编制了赶工技术措施等前提下，建设单位与施工单位就提前工期的技术措施费和提前工期奖励等问题协商一致后，是可以对合同工期进行适当调整的。

4. 确定建设工程安全作业环境及安全施工措施所需费用

《建设工程安全生产管理条例》规定，建设单位在编制工程概算时，应当确定建设工程安全作业环境及安全施工措施所需费用。

多年的实践表明，要保障施工安全生产，必须有合理的安全投入。因此，建设单位在编制工程概算时，就应当合理确定保障建设工程施工安全所需的费用，并依法足额向施工单位提供。

5. 不得要求购买、租赁和使用不符合安全施工要求的用具设备等

《建设工程安全生产管理条例》规定，建设单位不得明示或者暗示施工单位购买、租赁、使用不符合安全施工要求的安全防护用具、机械设备、施工机具及配件、消防设施和器材。

由于建设工程的投资额、投资效益以及工程质量最终都是由建设单位承担，建设单位势必对工程建设的各个环节都非常关心，包括材料设备的采购、租赁等。这就要求建设单位与施工单位应当在合同中约定双方的权利义务，包括采用哪种供货方式等。无论施工单位购买、租赁或是使用有关安全防护用具、机械设备等，建设单位都不得采用明示或者暗示的方式，向施工单位提出不符合安全施工的违法要求。

6. 申领施工许可证应当提供有关安全施工措施的资料

按照《中华人民共和国建筑法》的规定，申请领取施工许可证应当具备的条件之一，就是

"有保证工程质量和安全的具体措施"。

《建设工程安全生产管理条例》进一步规定，建设单位在领取施工许可证时，应当提供建设工程有关安全施工措施的资料。依法批准开工报告的建设工程，建设单位应当自开工报告批准之日起 15 日内，将保证安全施工的措施报送建设工程所在地的县级以上地方人民政府建设行政主管部门或者其他有关部门备案。

建设单位在申请领取施工许可证时，应当提供的建设工程有关安全施工措施资料，一般包括：中标通知书，工程施工合同，施工现场总平面布置图，临时设施规划方案和已搭建情况，施工现场安全防护设施搭设(设置)计划、施工进度计划、安全措施费用计划，专项安全施工组织设计(方案、措施)，拟进入施工现场使用的施工起重机械设备(塔式起重机、物料提升机、外用电梯)的型号、数量，工程项目负责人、安全管理人员及特种作业人员持证上岗情况，建设单位安全监督人员名册、工程监理单位人员名册，以及其他应提交的材料。

7. 装修工程和拆除工程的规定

《中华人民共和国建筑法》第四十九条规定，涉及建筑主体和承重结构变动的装修工程，建设单位应当在施工前委托原设计单位或者具有相应资质条件的设计单位提出设计方案；没有设计方案的，不得施工。《中华人民共和国建筑法》第五十条规定，房屋拆除应当由具备保证安全条件的建筑施工单位承担，由建筑施工单位对安全负责。

《建设工程安全生产管理条例》进一步规定，建设单位应当将拆除工程发包给具有相应资质等级的施工单位。建设单位应当在拆除工程施工 15 日前，将下列资料报送建设工程所在地的县级以上地方人民政府建设行政主管部门或者其他有关部门备案：①施工单位资质等级证明；②拟拆除建筑物、构筑物及可能危及毗邻建筑的说明；③拆除施工组织方案；④堆放、清除废弃物的措施。

实施爆破作业的，应当遵守国家有关民用爆炸物品管理的规定。

8. 建设单位违法行为应承担的法律责任

《建设工程安全生产管理条例》规定，建设单位未提供建设工程安全生产作业环境及安全施工措施所需费用的，责令限期改正；逾期未改正的，责令该建设工程停止施工。

建设单位未将保证安全施工的措施或者拆除工程的有关资料报送有关部门备案的，责令限期改正，给予警告。

建设单位有下列行为之一的，责令限期改正，处 20 万元以上 50 万元以下的罚款；造成重大安全事故，构成犯罪的，对直接责任人员，依照刑法有关规定追究刑事责任；造成损失的，依法承担赔偿责任：①对勘察、设计、施工、工程监理等单位提出不符合安全生产法律、法规和强制性标准规定的要求的；②要求施工单位压缩合同约定的工期的；③将拆除工程发包给不具有相应资质等级的施工单位的。

【案例 6-4】

某县招待所决定对 2 层砖混结构住宿楼进行局部拆除改建和重新装修，并将拆改和装修工程包给一无资质的劳务队。该工程未经有资质的单位设计，也没有办理相关手续，仅由劳务队队长口述了自己的施工方案，便开始组织施工。该劳务队队长在现场指挥 4 人在 2 楼干活，安排 2 人在 1 楼干活。当 1 名工人在修凿砖柱(剩余墙体)时，突然发生坍塌，导致屋面梁和整个屋面板全部倒塌，施工人员被埋压。

问题：

(1)本案中建设单位有何违法行为？

(2)建设单位应当承担哪些法律责任？

6.6.2　勘察、设计单位相关的安全责任

建设工程安全生产是一个大的系统工程。工程勘察、设计作为工程建设的重要环节，对于保障安全施工有着重要影响。

1. 勘察单位的安全责任

《建设工程安全生产管理条例》规定，勘察单位应当按照法律、法规和工程建设强制性标准进行勘察，提供的勘察文件应当真实、准确，满足建设工程安全生产的需要。勘察单位在勘察作业时，应当严格执行操作规程，采取措施保证各类管线、设施和周边建筑物、构筑物的安全。

工程勘察是工程建设的先行官。工程勘察成果是建设工程项目规划、选址、设计的重要依据，也是保证施工安全的重要因素和前提条件。因此，勘察单位必须按照法律、法规的规定以及工程建设强制性标准的要求进行勘察，并提供真实、准确的勘察文件，不能弄虚作假。

此外，勘察单位在进行勘察作业时，也易发生安全事故。为了保证勘察作业的安全，要求勘察人员必须严格执行操作规程，并应采取措施保证各类管线、设施和周边建筑物、构筑物的安全，保障施工作业人员和相关人员的安全。

2. 设计单位的安全责任

工程设计是工程建设的灵魂。在建设工程项目确定后，工程设计便成为工程建设中最重要、最关键的环节，对安全施工有着重要影响。

(1)按照法律、法规和工程建设强制性标准进行设计

《建设工程安全生产管理条例》规定，设计单位应当按照法律、法规和工程建设强制性标准进行设计，防止因设计不合理导致生产安全事故的发生。

工程建设强制性标准是工程建设技术和经验的总结与积累，对保证建设工程质量和施工安全起着至关重要的作用。从一些生产安全事故的原因分析，涉及设计单位责任的，主要是没有按照强制性标准进行设计，由于设计的不合理导致施工过程中发生了安全事故。因此，设计单位在设计过程中必须考虑施工生产安全，严格执行强制性标准。

(2)提出防范生产安全事故的指导意见和措施建议

《建设工程安全生产管理条例》规定，设计单位应当考虑施工安全操作和防护的需要，对涉及施工安全的重点部位和环节在设计文件中注明，并对防范生产安全事故提出指导意见。采用新结构、新材料、新工艺的建设工程和特殊结构的建设工程，设计单位应当在设计中提出保障施工作业人员安全和预防生产安全事故的措施和建议。

设计单位的工程设计文件对保证建设工程结构安全至关重要。同时，设计单位在编制设计文件时，还应当结合建设工程的具体特点和实际情况，考虑施工安全作业和安全防护的需要，为施工单位制定安全防护措施提供技术保障。特别是对采用新结构、新材料、新工艺的建设工程和特殊结构的建设工程，设计单位应当在设计中提出保障施工作业人员安全和预防生产安全事故的措施和建议。在施工单位作业前，设计单位还应当就设计意图、设计文件向施工单位做出说明和技术交底，并对防范生产安全事故提出指导意见。

(3)对设计成果承担责任

《建设工程安全生产管理条例》规定，设计单位和注册建筑师等注册执业人员应当对其设计负责。

“谁设计，谁负责”，这是国际通行做法。如果由于设计责任造成事故，设计单位就要承担法律责任，还应当对造成的损失进行赔偿。建筑师、结构工程师等注册执业人员应当在设计文件上签字盖章，对设计文件负责，并承担相应的法律责任。

3. 勘察、设计单位应承担的法律责任

《建设工程安全生产管理条例》规定，勘察单位、设计单位有下列行为之一的，责令限期改正，处10万元以上30万元以下的罚款；情节严重的，责令停业整顿，降低资质等级，直至吊销资质证书；造成重大安全事故，构成犯罪的，对直接责任人员，依照刑法有关规定追究刑事责任；造成损失的，依法承担赔偿责任：①未按照法律、法规和工程建设强制性标准进行勘察、设计的；②采用新结构、新材料、新工艺的建设工程和特殊结构的建设工程，设计单位未在设计中提出保障施工作业人员安全和预防生产安全事故的措施建议的。

注册执业人员未执行法律、法规和工程建设强制性标准的，责令停止执业3个月以上1年以下；情节严重的，吊销执业资格证书，5年内不予注册；造成重大安全事故的，终身不予注册；构成犯罪的，依照刑法有关规定追究刑事责任。

6.6.3 工程监理、检验检测单位相关的安全责任

1. 工程监理单位的安全责任

工程监理是监理单位受建设单位的委托，依照法律、法规和建设工程监理规范的规定，对工程建设实施的监督管理。但在实践中，一些监理单位只注重对施工质量、进度和投资的监控，不重视对施工安全的监督管理，这就使得施工现场因违章指挥、违章作业而发生的伤亡事故情况未能得到有效控制。因此，须依法加强施工安全监理工作，进一步提高建设工程监理水平。

(1)对安全技术措施或专项施工方案进行审查

《建设工程安全生产管理条例》规定，工程监理单位应当审查施工组织设计中的安全技术措施或者专项施工方案是否符合工程建设强制性标准。

施工组织设计中应当包括安全技术措施和施工现场临时用电方案，对基坑支护与降水工程、土方开挖工程、模板工程、起重吊装工程、脚手架工程、拆除、爆破工程等达到一定规模的危险性较大的分部分项工程，还应当编制专项施工方案。工程监理单位要对这些安全技术措施和专项施工方案进行审查，重点审查是否符合工程建设强制性标准；对于达不到强制性标准的，应当要求施工单位进行补充和完善。

(2)依法对施工安全事故隐患进行处理

《建设工程安全生产管理条例》规定，工程监理单位在实施监理过程中，发现存在安全事故隐患的，应当要求施工单位整改；情况严重的，应当要求施工单位暂时停止施工，并及时报告建设单位。施工单位拒不整改或者不停止施工的，工程监理单位应当及时向有关主管部门报告。

工程监理单位受建设单位的委托，有权要求施工单位对存在的安全事故隐患进行整改，有权要求施工单位暂时停止施工，并依法向建设单位和有关主管部门报告。

(3) 承担建设工程安全生产的监理责任

《建设工程安全生产管理条例》规定，工程监理单位和监理工程师应当按照法律、法规和工程建设强制性标准实施监理，并对建设工程安全生产承担监理责任。

工程监理单位有下列行为之一的，责令限期改正；逾期未改正的，责令停业整顿，并处 10 万元以上 30 万元以下的罚款；情节严重的，降低资质等级，直至吊销资质证书；造成重大安全事故，构成犯罪的，对直接责任人员，依照刑法有关规定追究刑事责任；造成损失的，依法承担赔偿责任：①未对施工组织设计中的安全技术措施或者专项施工方案进行审查的；②发现安全事故隐患未及时要求施工单位整改或者暂时停止施工的；③施工单位拒不整改或者不停止施工，未及时向有关主管部门报告的；④未依照法律、法规和工程建设强制性标准实施监理的。

2. 设备检验检测单位的安全责任

《建设工程安全生产管理条例》规定，检验检测机构对检测合格的施工起重机械和整体提升脚手架、模板等自升式架设设施，应当出具安全合格证明文件，并对检测结果负责。

(1) 设备检验检测单位的职责

《中华人民共和国安全生产法》规定，承担安全评价、认证、检测、检验的机构应当具备国家规定的资质条件，并对其做出的安全评价、认证、检测、检验的结果负责。

《特种设备安全监察条例》规定，特种设备的监督检验、定期检验、型式试验和无损检测应当由经核准的特种设备检验检测机构进行。

特种设备检验检测机构，应当依照规定进行检验检测工作，对其检验检测结果、鉴定结论承担法律责任。特种设备检验检测机构进行特种设备检验检测时，发现严重事故隐患或者能耗严重超标的情况后，应当及时告知特种设备使用单位，并立即向特种设备安全监督管理部门报告。

(2) 设备检验检测单位违法行为应承担的法律责任

特种设备检验检测机构，有下列情形之一的，由特种设备安全监督管理部门处 2 万元以上 10 万元以下罚款；情节严重的，撤销其检验检测资格：…… 在进行特种设备检验检测中，发现严重事故隐患或者能耗严重超标，未及时告知特种设备使用单位，并立即向特种设备安全监督管理部门报告的。

特种设备检验检测机构和检验检测人员，出具虚假的检验检测结果、鉴定结论或者检验检测结果、鉴定结论严重失实的，由特种设备安全监督管理部门对检验检测机构没收违法所得，处 5 万元以上 20 万元以下罚款，情节严重的，撤销其检验检测资格；对检验检测人员处 5000 元以上 5 万元以下罚款，情节严重的，撤销其检验检测资格，触犯刑律的，依照刑法关于中介组织人员提供虚假证明文件罪、中介组织人员出具证明文件重大失实罪或者其他罪的规定，追究刑事责任。

特种设备检验检测机构和检验检测人员，出具虚假的检验检测结果、鉴定结论或者检验检测结果、鉴定结论严重失实，造成损害的，应当承担赔偿责任。

特种设备检验检测机构和检验检测人员利用检验检测工作故意刁难特种设备生产、使用单位，由特种设备安全监督管理部门责令改正；拒不改正的，撤销其检验检测资格。

6.6.4 机械设备等单位相关的安全责任

1. 提供机械设备和配件单位的安全责任

《建设工程安全生产管理条例》规定，为建设工程提供机械设备和配件的单位，应当按照安全施工的要求配备齐全有效的保险、限位等安全设施和装置。

施工机械设备是施工现场的重要设备，在建设工程施工中的应用越来越普及。但是，当前施工现场所使用的机械设备产品质量不容乐观，有的安全保险和限位装置不齐全或是失灵，有的在设计和制造上存在重大质量缺陷，这些现象导致施工安全事故时有发生。为此，为建设工程提供施工机械设备和配件的单位，应当配齐有效的保险、限位等安全设施和装置，保证灵敏可靠，以保障施工机械设备的安全使用，减少施工机械设备事故的发生。

2. 出租机械设备和施工机具及配件单位的安全责任

《建设工程安全生产管理条例》规定，出租的机械设备和施工机具及配件，应当具有生产(制造)许可证、产品合格证。出租单位应当对出租的机械设备和施工机具及配件的安全性能进行检测，在签订租赁协议时，应当出具检测合格证明。禁止出租检测不合格的机械设备和施工机具及配件。

近年来，我国的机械设备租赁市场发展很快，越来越多的施工单位是通过租赁方式获取所需的机械设备和施工机具及配件。这对于降低施工成本、提高机械设备等使用率是有着积极作用的，但也存在着出租的机械设备等安全责任不明确的问题。因此，必须依法对出租单位的安全责任做出规定。

3. 施工起重机械和自升式架设设施安装、拆卸单位的安全责任

施工起重机械，是指施工中用于垂直升降或者垂直升降并水平移动重物的机械设备，如塔式起重机、施工外用电梯、物料提升机等。自升式架设设施，是指通过自有装置可将自身升高的架设设施，如整体提升脚手架、模板等。

(1)安装、拆卸施工起重机械和自升式架设设施必须具备相应的资质

《建设工程安全生产管理条例》规定，在施工现场安装、拆卸施工起重机械和整体提升脚手架、模板等自升式架设设施，必须由具有相应资质的单位承担。

施工起重机械和自升式架设设施等的安装、拆卸，不仅专业性很强，还具有较高的危险性，与相关的施工活动关联很大，稍有不慎就容易造成群死群伤的重大施工安全事故。因此，按照《建筑业企业资质管理规定》和《建筑业企业资质等级标准》的规定，从事起重设备安装、附着升降脚手架等施工活动的单位，应当按照资质条件申请资质，经审查合格并取得专业承包资质证书后，方可在其资质等级许可的范围内从事安装、拆卸活动。

(2)编制安装、拆卸方案和现场监督

《建设工程安全生产管理条例》规定，安装、拆卸施工起重机械和整体提升脚手架、模板等自升式架设设施，应当编制拆装方案、制定安全施工措施，并由专业技术人员现场监督。

《建筑起重机械安全监督管理规定》进一步规定，建筑起重机械使用单位和安装单位应当在签订的建筑起重机械安装、拆卸合同中明确双方的安全生产责任。实行施工总承包的，施工总承包单位应当与安装单位签订建筑起重机械安装、拆卸工程安全协议书。安装单位应当履行下列安全职责：①按照安全技术标准及建筑起重机械性能要求，编制建筑起重机械安装、拆卸工程专项施工方案，并由本单位技术负责人签字；②按照安全技术标准及安装使用

说明书等检查建筑起重机械及现场施工条件；③组织安全施工技术交底并签字确认；④制定建筑起重机械安装、拆卸工程生产安全事故应急救援预案；⑤将建筑起重机械安装、拆卸工程专项施工方案，安装、拆卸人员名单，安装、拆卸时间等材料报施工总承包单位和监理单位审核后，告知工程所在地县级以上地方人民政府建设主管部门。

安装单位应当按照建筑起重机械安装、拆卸工程专项施工方案及安全操作规程组织安装、拆卸作业。安装单位的专业技术人员、专职安全生产管理人员应当进行现场监督，技术负责人应当定期巡查。

(3) 出具自检合格证明、进行安全使用说明、办理验收手续的责任

《建设工程安全生产管理条例》规定，施工起重机械和整体提升脚手架、模板等自升式架设设施安装完毕后，安装单位应当自检，出具自检合格证明，并向施工单位进行安全使用说明，办理验收手续并签字。

《建筑起重机械安全监督管理规定》进一步规定，建筑起重机械安装完毕后，安装单位应当按照安全技术标准及安装使用说明书的有关要求对建筑起重机械进行自检、调试和试运转。自检合格的，应当出具自检合格证明，并向使用单位进行安全使用说明。

建筑起重机械安装完毕后，使用单位应当组织出租、安装、监理等有关单位进行验收，或者委托具有相应资质的检验检测机构进行验收。建筑起重机械经验收合格后方可投入使用，未经验收或者验收不合格的不得使用。实行施工总承包的建筑工程，由施工总承包单位组织验收。

(4) 依法对施工起重机械和自升式架设设施进行检测

《建设工程安全生产管理条例》规定，施工起重机械和整体提升脚手架、模板等自升式架设设施的使用达到国家规定的检验检测期限的，必须经具有专业资质的检验检测机构检测。经检测不合格的，不得继续使用。

(5) 机械设备等单位违法行为应承担的法律责任

《建设工程安全生产管理条例》规定，为建设工程提供机械设备和配件的单位，未按照安全施工的要求配备齐全有效的保险、限位等安全设施和装置的，责令限期改正，处合同价款 1 倍以上 3 倍以下的罚款；造成损失的，依法承担赔偿责任。

6.6.5　政府部门安全监督管理的相关规定

1. 建设工程安全生产的监督管理体制

《建设工程安全生产管理条例》规定，国务院负责安全生产监督管理的部门依照《中华人民共和国安全生产法》的规定，对全国安全生产工作实施综合监督管理。县级以上地方各级人民政府负责安全生产监督管理的部门，依照《中华人民共和国安全生产法》的规定，对本行政区域内安全生产工作实施综合监督管理。

国务院建设行政主管部门对全国的建设工程安全生产实施监督管理。国务院铁路、交通、水利等有关部门按照国务院规定的职责分工，负责有关专业建设工程安全生产的监督管理。

县级以上地方人民政府建设行政主管部门对本行政区域内的建设工程安全生产实施监督管理。县级以上地方人民政府交通、水利等有关部门在各自的职责范围内，负责本行政区域内的专业建设工程安全生产的监督管理。

建设行政主管部门或者其他有关部门可以将施工现场的监督检查委托给建设工程安全监督机构具体实施。

2. 政府主管部门对安全施工措施的审查

建设行政主管部门在审核发放施工许可证时，应当对建设工程是否有安全施工措施进行审查，对没有安全施工措施的，不得颁发施工许可证。

建设行政主管部门或者其他有关部门在对建设工程是否有安全施工措施进行审查时，不得收取费用。

3. 政府主管部门履行职责时有权采取的措施

县级以上人民政府负有建设工程安全生产监督管理职责的部门在各自的职责范围内履行安全监督检查职责时，有权采取下列措施：①要求被检查单位提供有关建设工程安全生产的文件和资料；②进入被检查单位施工现场进行检查；③纠正施工中违反安全生产要求的行为；④对检查中发现的安全事故隐患，责令立即排除，重大安全事故隐患排除前或者排除过程中无法保证安全的，责令从危险区域内撤出作业人员或者暂时停止施工。

4. 组织制定特大事故应急救援预案和重大生产安全事故抢救

《中华人民共和国安全生产法》规定，县级以上地方各级人民政府应当组织有关部门制定本行政区域内特大生产安全事故应急救援预案，建立应急救援体系。

有关地方人民政府和负有安全生产监督管理职责的部门负责人接到重大生产安全事故报告后，应当立即赶到事故现场，组织事故抢救。

5. 淘汰严重危及施工安全的工艺设备材料及受理检举、控告和投诉

《建设工程安全生产管理条例》规定，国家对严重危及施工安全的工艺、设备、材料实行淘汰制度。具体目录由国务院建设行政主管部门会同国务院其他有关部门制定并公布。

县级以上人民政府建设行政主管部门和其他有关部门应当及时受理对建设工程生产安全事故及安全事故隐患的检举、控告和投诉。

本章小结

本章重点介绍了以下六部分内容：

1. “安全第一、预防为主、综合治理”的建筑安全生产管理方针。

2. 施工安全许可证制度。介绍了申请领取安全生产许可证的条件、许可证的有效期和政府监管的有关规定、法律责任。

3. 施工安全生产责任(包括施工单位主要负责人、施工项目负责人、专职安全生产管理员、施工总承包单位和分包单位、施工作业人员等的安全人才责任)，安全生产教育培训制度和法律责任。

4. 施工现场安全防护制度，主要有编制安全生产技术措施、专项施工方案和安全技术交底的规定，施工现场安全防护和安全费用的规定；工伤保险和意外伤害保险的规定及法律责任。

5. 施工安全事故的应急救援与调查处理。

6. 建设单位和相关单位的建设工程安全责任制度。

习　题

建设工程安全生产
单选题及参考答案

一、单项选择题

1. 建筑施工总承包特级资质企业，应至少配备(　　)名专职安全生产管理人员。

A. 8　　B. 6　　C. 4　　D. 3

2. 在建设工程施工前，应由(　　)将工程概况、施工方法、安全技术措施等向作业班组、作业人员进行交底。

A. 项目负责人　　B. 安全生产管理机构

C. 安全生产管理员　　D. 负责项目管理的技术人员

3. 某施工现场所需临时用电设备总容量经测算达到75 kW，则施工单位应当(　　)。

A. 单独设计配电系统　　B. 编制用电组织设计

C. 制定安全用电措施和电气防火措施　　D. 确定用电安全防护措施

4. 在施工现场安装、拆卸施工起重机械和整体提升脚手架，模板等自升式架设设施，必须由(　　)单位承担。

A. 施工单位　　B. 出租单位　　C. 具有相应资质的　　D. 检验机构

5. 下列不属于建筑施工企业的特种作业人员的是(　　)。

A. 建筑电工　　B. 架子工　　C. 起重机械司机　　D. 钢筋工

6. 职工群众进行预防和治理安全的制度是安全生产管理制度中的安全生产(　　)。

A. 责任制度　　B. 检查制度　　C. 群防群治制度　　D. 民主制度

7. 在建筑生产中最基本的安全生产管理制度是(　　)。

A. 安全生产责任制度　　B. 安全生产检查制度

C. 安全生产教育培训制度　　D. 安全事故追究制度

8. 按照《建设工程安全生产管理条例》的规定，下列与建设单位安全责任相关的表述中正确的是(　　)。

A. 根据实际需要，建设单位可适当压缩合同约定的工期

B. 建设单位应当自开工报告批准之日起的30天内将保证安全施工措施所需的费用

C. 建设单位编制的工程概算,要包含保证工程安全作业环境及安全施工措施所需的费用

D. 建设单位可将拆除工程发包给有经验的包工头建筑队

9. 工程监理单位有审查施工方案的责任，从安全生产的角度，主要是审查其中的(　　)。

A. 安全生产投入是否充足

B. 安全技术措施或专项施工方案是否符合强制性标准

C. 项目组成员的安全生产知识和管理能力

D. 安全技术措施是否在施工中得到落实

10. 下列关于总承包单位与分包单位安全责任的表述中，符合《建设工程安全生产管理条例》规定的是(　　)。

A. 总、分包单位对施工现场的安全生产各负其责

B. 总、分包的安全责任，由双方在分包合同中自行约定

C. 分包单位自行其是导致安全事故责任自负

D. 总包与分包单位对分包工程的安全生产承担连带责任

二、多项选择题

建设工程安全生产多选题及参考答案

1. 在建设工程施工活动中应当贯彻始终的法定安全生产基本制度是(　　)。

A. 安全生产责任制　　B. 安全责任追究制

C. 群防群治制度　　D. 安全生产检查制度

E. 安全生产教育培训制度

2. 施工作业人员享有的安全生产权利包括(　　)。

A. 获得安全生产所需的防护用品

B. 了解其作业场所和工作岗位存在的危险因素、防范措施及事故应急措施

C. 安全事故隐患报告

D. 拒绝加班连续作业

E. 获得意外伤害保险赔偿

3. 生产安全事故调查"四不放过"的内容包括(　　)。

A. 事故责任人未受到教育不放过　　B. 事故责任人未受到处理不放过

C. 防范措施未落实不放过　　D. 事故原因未查明不放过

E. 全体员工未受到教育不放过

4. 某建设项目由于涉及深基坑工程.总包单位依法分包给专业工程公司，对于编制专项施工方案，下列说法中正确的是(　　)。

A. 该专项方案应当由施工总包单位组织编制

B. 该专项方案可由专业工程公司组织编制

C. 该专项方案应当由总包单位项目技术负责人签字

D. 该专项方案应当组织专家论证

E. 该专项方案经现场监理工程师确认后方可实施

5. 在工程建设项目中，建设单位的安全责任包括(　　)。

A. 编制安全技术措施的责任

B. 统一协调总、分包单位安全生产的责任

C. 对拆除工程进行备案的责任

D. 确定建设工程安全作业环境及安全施工措施所需费用的责任

E. 需要进行爆破作业的办理报批手续的责任

三、简答题

1. 安全生产许可证违法行为主要有哪些?

2. 建筑施工企业安全教育培训考核如何规定?

3. 简述安全技术措施一般包括哪些内容? 安全技术交底一般包括哪些内容?

4. 施工现场安全防护都有哪些内容?

5. 简述施工现场应采取的消防安全措施有哪些?

6. 简述生产安全事故的等级划分标准。

7. 简述施工生产安全事故应急救援预案的主要作用和事故报告的主要内容。

四、技能训练活动

通过观看一些建筑施工安全生产管理的相关视频，掌握开展安全生产管理的重要性。以本地区实际项目为背景展开分小组讨论，预先收集有关建筑施工安全生产的相关资料，最终完成一篇切合本地区实际情况的、以如何更好地开展建筑施工安全生产管理、安全生产教育、施工现场安全防护、安全技术交底，如何开展施工安全生产事故的应急救援等为议题的论文，字数要求3000字以上。

第6章　习题答案

一、单项选择题

1. B　2. D　3. B　4. C　5. D　6. C　7. A　8. C　9. B　10. D

二、多项选择题

1. AE　2. ABE　3. ABCD　4. ABD　5. CDE

三、简答题

1. 答：安全生产许可证违法行为主要有以下几种：

(1)未取得安全生产许可证擅自从事施工活动应承担的法律责任；

(2)安全生产许可证有效期满未办理延期手续继续从事施工活动应承担的法律责任；

(3)转让安全生产许可证等应承担的法律责任；

(4)以不正当手段取得安全生产许可证应承担的法律责任；

(5)暂扣安全生产许可证并限期整改的规定；

(6)颁证机关工作人员违法行为应承担的法律责任。

2. 答：《中华人民共和国建筑法》规定，建筑施工企业应当建立健全劳动安全生产教育培训制度，加强对职工安全生产的教育培训；未经安全生产教育培训的人员，不得上岗作业。

(1)施工单位三类管理人员的考核；

(2)每年至少进行一次全员安全生产教育培训；

(3)进入新的岗位或者新的施工现场前的安全生产教育培训；

(4)采用新技术、新工艺、新设备、新材料前的安全生产教育培训；

(5)特种作业人员的安全培训考核；

(6)消防安全教育培训。

3. 答：安全技术措施通常包括：根据基坑、地下室深度和地质资料，保证土石方边坡稳定的措施；脚手架、吊篮、安全网、各类洞口防止人员坠落的技术措施；外用电梯、井架以及塔吊等垂直运输机具的拉结要求及防倒塌的措施；安全用电和机电防短路、防触电的措施；有毒有害、易燃易爆作业的技术措施；施工现场周围通行道路及居民防护隔离等措施。

安全技术措施可分为防止事故发生的安全技术措施和减少事故损失的安全技术措施。常用的防止事故发生的安全技术措施有：消除危险源、限制能量或危险物质、隔离、故障安全设计、减少故障和失误等。减少事故损失的安全技术措施是在事故发生后，迅速控制局面，防止事故扩大，避免引起二次事故发生，从而减少事故造成的损失。常用的减少事故损失的安全技术措施有隔离、个体防护、设置薄弱环节、避难与救援等。

安全技术交底通常包括：施工工种安全技术交底，分部分项工程施工安全技术交底、大型特殊工程单项安全技术交底、设备安装工程技术交底以及使用新工艺、新技术、新材料施工层的安全技术交底等。

4. 答:《中华人民共和国建筑法》规定，建筑施工企业应当在施工现场采取维护安全、防范危险、预防火灾等措施；有条件的，应当对施工现场实行封闭管理。施工现场对毗邻的建筑物、构筑物和特殊作业环境可能造成损害的，建筑施工企业应当采取安全防护措施。

(1)危险部位设置安全警示标志；

(2)根据不同施工阶段等采取相应的安全施工措施；

(3)施工现场临时设施的安全卫生要求；

(4)对施工现场周边的安全防护措施；

(5)危险作业的施工现场安全管理；

(6)安全防护设备、机械设备等的安全管理；

(7)施工起重机械设备等的安全使用管理。

5. 答:《建设工程安全生产管理条例》规定，施工单位应当在施工现场建立消防安全责任制度，确定消防安全责任人，制定用火、用电、使用易燃易爆材料等各项消防安全管理制度和操作规程，设置消防通道、消防水源，配备消防设施和灭火器材，并在施工现场入口处设置明显标志。

(1)在施工现场建立消防安全责任制，确定消防安全责任人；

(2)制定各项消防安全管理制度和操作规程；

(3)设置消防通道、消防水源，配备消防设施和灭火器材；

(4)在施工现场入口处设置明显标志。

6. 答：国务院《生产安全事故报告和调查处理条例》规定，根据生产安全事故(以下简称事故)造成的人员伤亡或者直接经济损失，事故一般分为以下等级：

(1)特别重大事故，是指造成30人以上死亡，或者100人以上重伤(包括急性工业中毒，下同)，或者1亿元以上直接经济损失的事故；

(2)重大事故，是指造成10人以上30人以下死亡，或者50人以上100人以下重伤，或者5000万元以上1亿元以下直接经济损失的事故；

(3)较大事故，是指造成3人以上10人以下死亡，或者10人以上50人以下重伤，或者1000万元以上5000万元以下直接经济损失的事故；

(4)一般事故，是指造成3人以下死亡，或者10人以下重伤，或者1000万元以下直接经济损失的事故。

所称的“以上”包括本数，所称的“以下”不包括本数。

7. 答：施工生产安全事故应急救援预案主要有以下作用：①事故预防。通过危险辨识、事故后果分析，采用技术和管理手段降低事故发生的可能性，使可能发生的事故控制在局部，防止事故蔓延。②应急处理。一旦发生事故，有应急处理程序和方法，能快速反应处理故障或将事故消除在萌芽状态。③抢险救援。采用预定现场抢险和抢救的方式，控制或减少事故造成的损失。

事故报告应当包括下列内容：①事故发生单位概况；②事故发生的时间、地点以及事故现场情况；③事故的简要经过；④事故已经造成或者可能造成的伤亡人数(包括下落不明的人数)和初步估计的直接经济损失；⑤已经采取的措施；⑥其他应当报告的情况。

第 7 章　建设工程质量管理法律制度

【职业能力目标】 建设工程是人们日常生活和生产、经营和工作的主要场所，建设工程一旦发生质量事故，特别是重大坍塌事故，将危及人民生命财产安全，甚至造成无可估量的损失。所以国家通过制定《中华人民共和国建筑法》《建设项目（工程）竣工验收办法》和《建设工程质量管理条例》等一系列法律制度来提高建设工程质量水平，确保建设工程的安全可靠。通过学习，要求学生具备识别工程标准类型的能力；能熟练掌握建设行为各方主体质量责任和义务的具体规定；能了解建设工程竣工验收制度的具体应用；能进行建设工程质量保修制度的具体应用。

【学习要求】 了解工程标准的分类及各类工程标准的审批发布；了解工程建设标准强制性条文的实施；掌握施工单位的质量责任和义务；熟悉建设单位、勘察设计单位和工程监理单位的质量责任和义务；掌握建设工程竣工验收制度；熟悉建设工程质量保修制度。

【案例 7-1】

某建设单位投资 3100 万元建疗养院，该工程框架结构 5 层，设计合理使用年限 50 年，由北京某设计院设计，施工图已通过北京某施工图设计文件审查机构审查。施工阶段由甲监理公司负责监理。建设单位与乙施工单位签订施工合同，其中乙起草的《工程质量保修书》中约定卫生间防水工程：6 年；供热系统工程：2 年；轻钢结构工程：35 年；装修工程：2 年；钢筋混凝土主体结构工程：50 年。并约定铝合金窗和电梯由建设单位供应。施工中发生了未按图施工，漏设旋转楼梯下一根柱子的质量事故，且进场的铝合金质量不合格。甲公司和乙公司出现责任推诿，乙公司认为是由甲监理公司同意后使用的，监理公司认为是由乙公司自身的原因导致质量问题。装修时，建设单位提出在顶层增加一层轻钢结构层，并办理了规划等相关手续。建设单位为了加速施工周期直接委托当地某甲级设计院出变更图纸，送当地审图机构审查合格后进行施工。

试对以上资料进行分析，思考以下问题：

（1）以上案例中有哪些不妥之处？

（2）柱子漏设的质量事故、铝合金窗质量不合格的问题责任应由哪方承担？

（3）乙起草的《工程质量保修书》中，哪些保修期限不符合《建设工程质量管理条例》要求？

7.1　工程建设标准

工程建设标准是指为在工程建设领域内获得最佳秩序，对建设工程的勘察、设计、施工、安装、验收、运营维护及管理等活动和结果中需要协调统一的事项所制定的共同的、重复施工的技术依据和准则。制定和实施各项工程建设标准，并逐步使其各系统的标准形成相辅相成、共同作用的完整体系。实现工程建设标准化既是实现现代化建设的重要手段，也是我国建设领域现阶段一项重要的经济、技术政策。它可保证工程建设的质量及安全生产，全面提高工程建设的经济效益、社会效益和环境效益。

工程建设标准通过行之有效的标准规范，特别是工程建设强制性标准，为建设工程实施安全防范措施、消除安全隐患提供统一的技术要求，以确保在现有的技术、管理条件下尽可能地保障建设工程质量安全，从而最大限度地保障建设工程的建造者、使用者和所有者的生命财产安全以及人身健康安全。

7.1.1 工程建设标准的分类

根据《中华人民共和国标准化法》的规定，我国的标准分为国家标准、行业标准、地方标准和企业标准。国家标准、行业标准又分为强制性标准和推荐性标准。

保障人体健康、人身、财产安全的标准和法律、行政法规规定强制执行的标准是强制性标准，其他标准是推荐性标准。强制性标准一经颁布，必须贯彻执行，否则对因未执行标准而造成恶劣后果和重大损失的单位和个人，要受到经济制裁或承担法律责任。

1. 工程建设国家标准

《中华人民共和国标准化法》规定，对需要在全国范围内统一的技术要求，应当制定国家标准。

(1)工程建设国家标准的类型

工程建设国家标准分为强制性标准和推荐性标准。下列标准属于强制性标准：①工程建设勘察、规划、设计、施工(包括安装)及验收等通用的综合标准和重要的通用的质量标准；②工程建设通用的有关安全、卫生和环境保护的标准；③工程建设重要的通用的术语、符号、代号、量与单位、建筑模数和制图方法标准；④工程建设重要的通用的试验、检验和评定方法等标准；⑤工程建设重要的通用的信息技术标准；⑥国家需要控制的其他工程建设通用的标准。

强制性标准以外的标准是推荐性标准。推荐性标准，国家鼓励企业自愿采用。

(2)工程建设国家标准的制定原则和程序

制定国家标准应当遵循下列原则：①必须贯彻执行国家的有关法律、法规和方针、政策，密切结合自然条件，合理利用资源，充分考虑使用和维修的要求，做到安全适用、技术先进、经济合理；②对需要进行科学试验或测试验证的项目，应当纳入各级主管部门的科研计划，认真组织实施，写出成果报告；③纳入国家标准的新技术、新工艺、新设备、新材料，应当经有关主管部门或受委托单位鉴定，且经实践检验行之有效；④积极采用国际标准和国外先进标准，并经认真分析论证或测试验证，符合我国国情；⑤国家标准条文规定应当严谨明确，文句简练，不得模棱两可，其内容深度、术语、符号、计量单位等应当前后一致；⑥必须做好与现行相关标准之间的协调工作。

工程建设国家标准的制定程序分为准备、征求意见、送审和报批四个阶段。

(3)工程建设国家标准的审批发布和编号

工程建设国家标准由国务院工程建设行政主管部门审查批准，由国务院标准化行政主管部门统一编号，由国务院标准化行政主管部门和国务院工程建设行政主管部门联合发布。

工程建设国家标准的编号由国家标准代号、发布标准的顺序号和发布标准的年号组成。强制性国家标准的代号为“GB”，推荐性国家标准的代号为“GB/T”。例如：《建筑工程施工质量验收统一标准》(GB 50300—2013)，其中“GB”表示强制性国家标准，“50300”表示标准发布顺序号，“2013”表示是 2013 年批准发布；《工程建设施工企业质量管理规范》(GB/T 50430—2007)，其中“GB/T”表示为推荐性国家标准，“5043”表示标准发布顺序号，“2007”表示是 2007 年批准发布。

2. 工程建设行业标准

《中华人民共和国标准化法》规定，对没有国家标准而又需要在全国某个行业范围内统一的技术要求，可以制定行业标准。在公布国家标准之后，该项行业标准即行废止。

(1)工程建设行业标准的类型

工程建设行业标准也分为强制性标准和推荐性标准。下列标准属于强制性标准：①工程建设勘察、规划、设计、施工(包括安装)及验收等行业专用的综合性标准和重要的行业专用的质量标准；②工程建设行业专用的有关安全、卫生和环境保护的标准；③工程建设重要的行业专用的术语、符号、代号、量与单位和制图方法标准；④工程建设重要的行业专用的试验、检验和评定方法等标准；⑤工程建设重要的行业专用的信息技术标准；⑥行业需要控制的其他工程建设标准。

强制性标准以外的标准是推荐性标准。

(2)工程建设行业标准的审批发布

工程建设行业标准由国务院有关行政主管部门审批、颁布，并报国务院建设行政主管部门备案。

3. 工程建设地方标准

我国幅员辽阔，各地的自然环境差异较大，而工程建设在许多方面要受到自然环境的影响。例如，我国的黄土地区、冻土地区以及膨胀土地区，对建筑技术的要求有很大差异性。因此工程建设标准除了国家标准、行业标准外，还需要相应的地方标准。

《中华人民共和国标准化法》规定，对没有国家标准和行业标准而又需要在省、自治区、直辖市范围内统一的工业产品的安全、卫生要求，可以制定地方标准。在公布国家标准或者行业标准之后，该项地方标准即行废止。

工程建设地方标准在省、自治区、直辖市范围内由省、自治区、直辖市建设行政主管部门统一计划、统一审批、统一发布、统一管理。

工程建设地方标准不得与国家标准和行业标准相抵触。对与国家标准或行业标准相抵触的工程建设地方标准，应当自行废止。工程建设地方标准应报国务院建设行政主管部门备案。未经备案的工程建设地方标准，不得在建设活动中使用。

在工程建设地方标准中，对直接涉及人民生命财产安全、人体健康、环境保护和公共利益的条文，经国务院建设行政主管部门确定后，可作为强制性条文。在不违反国家标准和行业标准的前提下，工程建设地方标准可以独立实施。

4. 工程建设企业标准

《中华人民共和国标准化法》规定，企业生产的产品没有国家标准和行业标准的，应当制定企业标准，作为组织生产的依据。已有国家标准或者行业标准的，国家鼓励企业制定严于国家标准或者行业标准的企业标准，在企业内部适用。

原建设部颁布的《关于加强工程建设企业标准化工作的若干意见》中指出，工程建设企业标准一般包括企业的技术标准、管理标准和工作标准。

企业技术标准，是指对本企业范围内需要协调和统一的技术要求所制定的标准。对已有国家标准、行业标准或地方标准的，企业可以按照国家标准、行业标准或地方标准的规定执行，也可以根据本企业的技术特点和实际需要制定优于国家标准、行业标准或地方标准的企业标准；对没有国家标准、行业标准或地方标准的，企业应当制定企业标准。国家鼓励企业积极采用国际标准或国外先进标准。

企业管理标准，是指对本企业范围内需要协调和统一的管理要求，如企业的组织管理、计划管理、技术管理、质量管理和财务管理等所制定的标准。

企业工作标准，是指对本企业范围内需要协调和统一的工作事项要求所制定的标准。重点应围绕工作岗位的要求，对企业各个工作岗位的任务、职责、权限、技能、方法、程序、评定等做出规定。如施工企业的泥工工作标准、木工翻样工作标准、中心试验室工作标准、吊装起重工作标准等。

7.1.2　工程建设强制性标准实施的规定

工程建设标准制定的目的在于实施。否则，再好的标准也是一纸空文。我国工程建设领域所出现的各类工程质量事故，大都是没有贯彻或没有严格贯彻强制性标准的结果。因此，《中华人民共和国标准化法》规定，强制性标准必须执行。《中华人民共和国建筑法》规定，建筑活动应当确保建筑工程质量和安全，符合国家的建设工程安全标准。

1. 工程建设各方主体实施强制性标准的法律规定

《中华人民共和国建筑法》第五十四条和《建设工程质量管理条例》规定，建设单位不得以任何理由，要求建筑设计单位或者建筑施工企业在工程设计或者施工作业中，违反法律、行政法规和建筑工程质量、安全标准，降低工程质量。建设单位不得明示或者暗示设计单位或者施工单位违反工程建设强制性标准，降低建设工程质量。建筑设计单位和建筑施工企业对建设单位违反规定提出的降低工程质量的要求，应当予以拒绝。

勘察、设计单位必须按照工程建设强制性标准进行勘察、设计，并对其勘察、设计的质量负责。建筑工程设计应当符合按照国家规定制定的建筑安全规程和技术规范，保证工程的安全性能。勘察、设计文件应当符合有关法律、行政法规的规定和建筑工程质量、安全标准、建筑工程勘察、设计技术规范以及合同的约定。设计文件选用的建筑材料、建筑构配件和设备，应当注明其规格、型号、性能等技术指标，其质量要求必须符合国家规定的标准。

施工单位必须按照工程设计图纸和施工技术标准施工，不得擅自修改工程设计，不得偷工减料。施工单位必须按照工程设计要求、施工技术标准和合同约定，对建筑材料、建筑构配件、设备和商品混凝土进行检验，检验应当有书面记录和专人签字；未经检验或者检验不合格的材料，不得使用。

工程监理单位应当依照法律、行政法规及有关的技术标准、设计文件和工程承包合同，对承包单位在施工质量、建设工期和建设资金使用等方面，代表建设单位实施监督。工程监理人员认为工程施工不符合工程设计要求、施工技术标准和合同约定的，有权要求建筑施工企业改正。工程监理人员发现工程设计不符合建筑工程质量标准或者合同约定的质量要求的，应当报告建设单位要求设计单位改正。

2. 工程建设标准强制性条文的实施

在工程建设标准的条文中，使用“必须”“严禁”“应”“不应”“不得”等属于强制性标准的用词，而使用“宜”“不宜”“可”等一般不是强制性标准的规定。但在工作实践中，强制性标准与推荐性标准的划分仍然存在一些困难。

《实施工程建设强制性标准监督规定》中规定，在中华人民共和国境内从事新建、扩建、改建等工程建设活动，必须执行工程建设强制性标准。工程建设强制性标准是指直接涉及工程质量、安全、卫生及环境保护等方面的工程建设标准强制性条文。

在对工程建设强制性标准实施改革后，我国目前实行的强制性标准包含三部分：①批准发布时已明确为强制性标准的；②批准发布时虽未明确为强制性标准，但其编号中不带“/T”的，仍为强制性标准；③自2000年后批准发布的标准，批准时虽未明确为强制性标准，但其中有必须严格执行的强制性条文(黑体字)，编号也不带“/T”的，应视为强制性标准。

3. 对工程建设强制性标准实施的监督管理

《实施工程建设强制性标准监督规定》规定，国务院建设行政主管部门负责全国范围内实施工程建设强制性标准的监督管理工作。国务院有关行政主管部门按照国务院的职能分工负责实施工程建设强制性标准的监督管理工作。县级以上地方人民政府建设行政主管部门负责本行政区域内实施工程建设强制性标准的监督管理工作。

建设项目规划审查机关应当对工程建设规划阶段执行强制性标准的情况实施监督；施工图设计文件审查单位应当对工程建设勘察、设计阶段执行强制性标准的情况实施监督；建筑安全监督管理机构应当对工程建设施工阶段执行施工安全强制性标准的情况实施监督；工程质量监督机构应当对工程建设施工、监理、验收等阶段强制性标准的执行情况实施监督。

7.2 施工单位的质量责任和义务

施工单位是工程建设的重要责任主体之一。由于施工阶段影响质量稳定的因素和涉及的责任主体均较多，协调管理的难度较大，施工阶段的质量责任制度尤为重要。

7.2.1 对施工质量负责和总分包单位的质量责任

1. 施工单位对施工质量负责

《中华人民共和国建筑法》规定，建筑施工企业对工程的施工质量负责。《建设工程质量管理条例》进一步规定，施工单位对建设工程的施工质量负责。施工单位应当建立质量责任制，确定工程项目的项目经理、技术负责人和施工管理负责人。

施工单位的质量责任制，是其质量保证体系的一个重要组成部分，也是施工质量目标得以实现的重要保证。建立质量责任制，主要包括制定质量目标计划，建立考核标准，并层层分解落实到具体的责任单位和责任人，特别是工程项目的项目经理、技术负责人和施工管理负责人。落实质量责任制，不仅是为了在出现质量问题时可以追究责任，更重要的是通过层层落实质量责任制，做到事事有人管、人人有职责，通过加强对施工过程的全面质量控制，保证建设工程的施工质量。

【知识拓展】 建设工程质量责任与施工质量责任的责任主体不尽相同。在工程建设的全过程中，由于参与主体多元化，所以建设工程质量的责任主体也势必多元化。建设工程各方主体依法各司其职、各负其责。每个参与主体仅就自己的工作内容对建设工程承担相应的质量责任。施工单位是建设工程质量的重要责任主体，但不是唯一的责任主体。对施工质量负责是施工单位法定的质量责任。

2. 总分包单位的质量责任

《中华人民共和国建筑法》规定，建筑工程实行总承包的，工程质量由工程总承包单位负责，总承包单位将建筑工程分包给其他单位的，应当对分包工程的质量与分包单位承担连带责任。分包单位应当接受总承包单位的质量管理。

《建设工程质量管理条例》进一步规定，建设工程实行总承包的，总承包单位应当对全部建设工程质量负责；建设工程勘察、设计、施工、设备采购的一项或者多项实行总承包的，总承包单位应当对其承包的建设工程或者采购的设备的质量负责。总承包单位依法将建设工程分包给其他单位的，分包单位应当按照分包合同的约定就其分包工程的质量向总承包单位负责，总承包单位与分包单位对分包工程的质量承担连带责任。

7.2.2 按照工程设计图纸和施工技术标准施工的规定

《中华人民共和国建筑法》第五十八条规定，建筑施工企业对工程的施工质量负责。建筑施工企业必须按照工程设计图纸和施工技术标准施工，不得偷工减料。工程设计的修改由原设计单位负责，建筑施工企业不得擅自修改工程设计。

《建设工程质量管理条例》进一步规定，施工单位必须按照工程设计图纸和施工技术标准施工，不得擅自修改工程设计，不得偷工减料。施工单位在施工过程中发现设计文件和图纸有差错的，应当及时提出意见和建议。

1. 按图施工，遵守标准

按工程设计图纸施工，是保证工程实现设计意图的前提，也是明确划分设计、施工单位质量责任的前提。施工技术标准则是工程建设过程中规范施工行为的技术依据。施工单位只有按照施工技术标准，特别是强制性标准的要求施工，才能保证工程的施工质量。此外，从法律的角度来看，工程设计图纸和施工技术标准都属于合同文件的组成部分，如果施工单位不按照工程设计图纸和施工技术标准施工，则属于违约行为，应该对建设单位承担违约责任。

2. 防止设计文件和图纸出现差错

工程项目的设计涉及多个专业，需要同有关方面进行协调，设计文件和图纸也有可能会出现差错。施工人员特别是施工管理负责人、技术负责人以及项目经理等，都是有着丰富实践经验的专业人员。如果施工单位在施工过程中发现设计文件和图纸中确实存在差错，有义务及时向设计单位提出来，以避免造成质量问题和不必要的损失。这也是施工单位履行合同应尽的基本义务。

7.2.3 对建筑材料、设备等进行检验检测的规定

建设工程属于特殊产品，其质量隐蔽性强、终检局限性大，在施工全过程质量控制中，必须严格执行法定的检验、检测制度，否则将造成质量隐患甚至导致质量事故。

《中华人民共和国建筑法》第五十九条规定，建筑施工企业必须按照工程设计要求、施工技术标准和合同的约定，对建筑材料、建筑构配件和设备进行检验，不合格的不得使用。《建

设工程质量管理条例》进一步规定，施工单位必须按照工程设计要求、施工技术标准和合同约定，对建筑材料、建筑构配件、设备和商品混凝土进行检验，检验应当有书面记录和专人签字；未经检验或者检验不合格的材料，不得使用。

1. 建筑材料、构配件、设备和商品混凝土的检验制度

施工单位对进入施工现场的建筑材料、建筑构配件、设备和商品混凝土实行检验制度，是施工单位质量保证体系的重要组成部分，也是保证施工质量的重要前提。施工单位的检验要依据工程设计要求、施工技术标准和合同约定。检验对象是将在工程施工中使用的建筑材料、建筑构配件、设备和商品混凝土。合同若有其他约定的，检验工作还应满足合同相应条款的要求。检验结果要按规定的格式形成书面记录，并由相关的专业人员签字。对于未经检验或检验不合格的，不得在施工中用于工程上。

2. 施工检测的见证取样和送检制度

《建设工程质量管理条例》规定，施工人员对涉及结构安全的试块、试件以及有关材料，应当在建设单位或者工程监理单位监督下现场取样，并送具有相应资质等级的质量检测单位进行检测。

(1) 见证取样和送检

见证取样和送检，是指在建设单位或工程监理单位人员的见证下，由施工单位的现场试验人员对工程中涉及结构安全的试块、试件和材料现场取样，并送至具有法定资格的质量检测单位进行检测的活动。

原建设部发布的《房屋建筑工程和市政基础设施工程实行见证取样和送检的规定》中规定，涉及结构安全的试块、试件和材料见证取样和送检的比例不得低于有关技术标准中规定应取样数量的 30%。下列试块、试件和材料必须实施见证取样和送检：①用于承重结构的混凝土试块；②用于承重墙体的砌筑砂浆试块；③用于承重结构的钢筋及连接接头试件；④用于承重墙的砖和混凝土小型砌块；⑤用于拌制混凝土和砌筑砂浆的水泥；⑥用于承重结构的混凝土中使用的掺加剂；⑦地下、屋面、厕浴间使用的防水材料；⑧国家规定必须实行见证取样和送检的其他试块、试件和材料。

见证人员应由建设单位或该工程的监理单位中具备施工试验知识的专业技术人员担任，并由建设单位或该工程的监理单位书面通知施工单位、检测单位和负责该项工程的质量监督机构。

在施工过程中，见证人员应按照见证取样和送检计划，对施工现场的取样和送检进行见证。取样人员应在试样或其包装上做出标识、封志。标识和封志应标明工程名称、取样部位、取样日期、样品名称和样品数量，并由见证人员和取样人员签字。见证人员和取样人员应对试样的代表性和真实性负责。

(2) 工程质量检测单位的资质和检测规定

原建设部发布的《建设工程质量检测管理办法》中规定，工程质量检测机构是具有独立法人资格的中介机构。检测机构资质按照其承担的检测业务内容分为专项检测机构资质和见证取样检测机构资质。若检测机构未取得相应的资质证书，不得承担本办法规定的质量检测业务。

质量检测业务由工程项目建设单位委托具有相应资质的检测机构进行检测。委托方与被委托方应当签订书面合同。

检测机构完成检测业务后，应当及时出具检测报告。检测报告经检测人员签字、检测机构法定代表人或者其授权的签字人签署，并加盖检测机构公章或者检测专用章后方可生效。检测报告经建设单位或者工程监理单位确认后，由施工单位归档。任何单位和个人不得明示或者暗示检测机构出具虚假检测报告，不得篡改或者伪造检测报告。如果检测结果利害关系人对检测结果发生争议的，由双方共同认可的检测机构复检，复检结果由提出复检方报当地建设主管部门备案。

检测机构应当将检测过程中发现的建设单位、监理单位、施工单位违反有关法律、法规和工程建设强制性标准的情况，以及涉及结构安全检测结果的不合格情况，及时报告工程所在地建设主管部门。检测机构应当建立档案管理制度，并应当单独建立检测结果不合格项目台账。

7.2.4 施工质量检验和返修的规定

1. 施工质量检验制度

施工质量检验，通常是指工程施工过程中工序质量检验(或称为过程检验)，包括预检、自检、交接检、专职检、分部工程中间检验以及隐蔽工程检验等。

《建设工程质量管理条例》规定，施工单位必须建立、健全施工质量的检验制度，严格工序管理，做好隐蔽工程的质量检查和记录。隐蔽工程在隐蔽前，施工单位应当通知建设单位和建设工程质量监督机构。

(1) 严格工序质量检验和管理

任何一项工程的施工，都是通过一个由许多工序或过程组成的工序(或过程)网络来实现的。施工单位要加强对施工工序或过程的质量控制，特别是要加强对影响结构安全的地基和结构等关键施工过程的质量控制。

完善的检验制度和严格的工序管理是保证工序或过程质量的前提。只有工序或过程网络上的所有工序或过程的质量都受到严格控制，整个工程的质量才能得到保证。

(2) 强化隐蔽工程质量检查

隐蔽工程，是指在施工过程中某一道工序所完成的工程实物，被后一工序形成的工程实物所隐蔽，而且不可以逆向作业的那部分工程。例如，在钢筋混凝土工程施工中，钢筋为混凝土所覆盖，前者即为隐蔽工程。

由于隐蔽工程被后续工序隐蔽后，其施工质量就很难检验及认定。因此，隐蔽工程在隐蔽前，施工单位除了要做好检查、检验并做好记录外，还应当及时通知建设单位(实施监理的工程为监理单位)和建设工程质量监督机构，以接受政府监督并向建设单位提供质量保证。

按照《建设工程施工合同(示范文本)》的规定，承包人应当对工程隐蔽部位进行自检，并经自检确认是否具备覆盖条件。除专用合同条款另有约定外，工程隐蔽部位经承包人自检确认具备覆盖条件的，承包人应在共同检查前48小时书面通知监理人检查，通知中应载明隐蔽检查的内容、时间和地点，并应附有自检记录和必要的检查资料。

监理人应按时到场并对隐蔽工程及其施工工艺、材料和工程设备进行检查。经监理人检查确认质量符合隐蔽要求，并在验收记录上签字后，承包人才能进行覆盖。经监理人检查质量不合格的，承包人应在监理人指示的时间内完成修复，并由监理人重新检查，由此增加的费用和(或)延误的工期由承包人承担。除专用合同条款另有约定外，监理人不能按时进行检查的，应在检查前 24 小时向承包人提交书面延期要求，但延期不能超过 48 小时，由此导致工期延误的，工期应予以顺延。监理人未按时进行检查，也未提出延期要求的，视为隐蔽工程检查合格，承包人可自行完成覆盖工作，并做相应记录报送监理人，监理人应签字确认。监理人事后对检查记录有疑问的，可按约定重新检查。

承包人覆盖工程隐蔽部位后，发包人或监理人对质量有疑问的，可要求承包人对已覆盖的部位进行钻孔探测或揭开重新检查，承包人应遵照执行，并在检查后重新覆盖恢复原状。经检查证明工程质量符合合同要求的，由发包人承担由此增加的费用和(或)延误的工期，并支付承包人合理的利润；经检查证明工程质量不符合合同要求的，由此增加的费用和(或)延误的工期由承包人承担。

承包人未通知监理人到场检查就私自将工程隐蔽部位覆盖的，监理人有权指示承包人钻孔探测或揭开检查，无论工程隐蔽部位质量是否合格，由此增加的费用和(或)延误的工期均由承包人承担。

2. 建设工程的返修

《中华人民共和国建筑法》规定，对已发现的质量缺陷，建筑施工企业应当修复。《建设工程质量管理条例》进一步规定，施工单位对施工中出现质量问题的建设工程或者竣工验收不合格的建设工程，应当负责返修。

《中华人民共和国民法典》合同编也做了相应规定，因施工人的原因致使建设工程质量不符合约定的，发包人有权要求施工人在合理期限内无偿修理或者返工、改建。

返修作为施工单位的法定义务，其返修包括施工过程中出现质量问题的建设工程和竣工验收不合格的建设工程两种情形。不论是施工过程中出现质量问题的建设工程，还是竣工验收时发现质量问题的工程，施工单位都要负责返修。

对于非施工单位原因造成的质量问题，施工单位也应当负责返修，但是因此而造成的损失及返修费用由责任方负责。

【案例 7-2】

某房地产开发公司与某建筑公司签订了一份建筑工程承包合同。合同规定，建筑公司为房地产开发公司建造一栋写字楼，开工时间为 2015 年 5 月 10 日，竣工时间为 2016 年 11 月 1 日。在施工过程中，建筑公司以工期紧为由，在一些隐蔽工程隐蔽前没有通知房地产开发公司、监理工程师和建设工程质量监督机构，就进行了下一道程序的施工。在竣工验收时，发现该工程存在多处质量缺陷。房地产开发公司要求该建筑公司返修，但建筑公司以下一个工程项目马上要开工为由，拒绝返修。

问题：

(1) 该建筑公司有何过错？

(2) 该写字楼工程的质量问题应该如何解决？

7.2.5　建立健全职工教育培训制度的规定

《建设工程质量管理条例》规定，施工单位应当建立、健全教育培训制度，加强对职工的教育培训；未经教育培训或者考核不合格的人员，不得上岗作业。

施工单位的教育培训通常包括各类质量教育和岗位技能培训等。先培训、后上岗，是对施工单位的职工教育的基本要求。对于与质量工作有关的人员，如总工程师、项目经理、质量体系内审员、质量检查员，施工人员、材料试验及检测人员；关键技术工种如焊工、钢筋工、混凝土工等，未经培训或者培训考核不合格的人员，不得上岗工作或作业。

7.2.6 违法行为应承担的法律责任

施工单位质量违法行为应承担的主要法律责任如下。

1. 违反资质管理规定和转包、违法分包造成质量问题应承担的法律责任

《中华人民共和国建筑法》规定，建筑施工企业转让、出借资质证书或者以其他方式允许他人以本企业的名义承揽工程的，责令改正，没收违法所得，并处罚款，可以责令停业整顿，降低资质等级；情节严重的，吊销资质证书。对因该项承揽工程不符合规定的质量标准造成的损失，建筑施工企业与使用本企业名义的单位或者个人承担连带赔偿责任。

承包单位将承包的工程转包的，或者违反本法规定进行分包的，责令改正，没收违法所得，并处罚款，可以责令停业整顿，降低资质等级；情节严重的，吊销资质证书。对因转包工程或者违法分包的工程不符合规定的质量标准造成的损失，与接受转包或者分包的单位承担连带赔偿责任。

2. 偷工减料等违法行为应承担的法律责任

《建设工程质量管理条例》规定，施工单位在施工中偷工减料的，使用不合格的建筑材料、建筑构配件和设备的，或者有不按照工程设计图纸或者施工技术标准施工的其他行为的，责令改正，处工程合同价款2%以上4%以下的罚款；造成建设工程质量不符合规定的质量标准的，负责返工、修理，并赔偿因此造成的损失；情节严重的，责令停业整顿，降低资质等级或者吊销资质证书。

3. 检验检测违法行为应承担的法律责任

《建设工程质量管理条例》规定，施工单位未对建筑材料、建筑构配件、设备和商品混凝土进行检验，或者未对涉及结构安全的试块、试件以及有关材料取样检测的，责令改正，处10万元以上20万元以下的罚款；情节严重的，责令停业整顿，降低资质等级或者吊销资质证书；造成损失的，依法承担赔偿责任。

4. 构成犯罪的追究刑事责任

《中华人民共和国刑法》第一百三十七条规定，建设单位、设计单位、施工单位、工程监理单位违反国家规定，降低工程质量标准，造成重大安全事故的，对直接责任人员处5年以下有期徒刑或者拘役，并处罚金；后果特别严重的，处5年以上10年以下有期徒刑，并处罚金。

7.3 建设单位及相关单位的质量责任和义务

建设工程质量责任制涵盖了多方主体的质量责任制，除施工单位的质量责任制外，还有建设单位，勘察、设计单位，工程监理单位的质量责任制。

7.3.1 建设单位相关的质量责任和义务

建设单位(国外称业主)是投资建设工程，并对工程项目享有所有权的主体。按理说，它

对建设工程质量最为关心，也最为精心。但在我国，工程建设的投资者主要还是国家及一些开发商，代表建设单位直接参与工程管理的人并不一定是工程最后的所有人和使用者，建设工程质量的好坏与其自身利益并无十分密切的关系，他们享有建设单位的权利，但不承担工程质量低劣的后果。另外，我国建筑行业竞争激烈，基本处于“僧多粥少”的局面，承包方与建设单位处于不平等的地位，建设单位的压造价、压工期等一些不合理要求得不到抵制，使得工程建设中建设单位的行为没有多少约束，其主观随意性大，大量工程在建设单位恣意干涉下，以违背正常建设规律的方式建成，造成建设工程质量事故层出不穷。鉴于此，国务院 2000 年 1 月 30 日颁发《建设工程质量管理条例》，特别对建设单位的质量责任和义务做出了明确规定。

1. 依法发包工程

《建设工程质量管理条例》规定，建设单位应当将工程发包给具有相应资质等级的单位。建设单位不得将建设工程肢解发包。建设单位应当依法对工程建设项目的勘察、设计、施工、监理以及与工程建设有关的重要设备、材料等的采购进行招标。

建设单位将工程发包给具有相应资质等级的单位来承担，是保证建设工程质量的基本前提。原建设部《建设工程勘察设计资质管理规定》《建筑业企业资质管理规定》《工程监理企业资质管理规定》等，对工程勘察单位、工程设计单位、施工企业和工程监理单位的资质等级、资质标准、业务范围等做出了明确规定。如果建设单位选择不具备相应资质等级的承包人，一方面，极易造成工程质量低劣，甚至使工程项目半途而废；另一方面，也扰乱了建设市场秩序，助长了不正当竞争。

建设单位发包工程时，应该根据工程特点，以有利于工程的质量、进度、成本控制为原则，合理划分标段，而不能肢解发包工程。如果将应当由一个承包单位完成的工程肢解成若干部分，分别发包给不同的承包单位，会使整个工程建设在管理和技术上缺乏应有的统筹协调，从而造成施工现场秩序的混乱，责任不清，严重影响建设工程质量，一旦出现问题也很难找到责任方。

建设单位还要依照《中华人民共和国招标投标法》等有关规定，对必须实行招标的工程项目进行招标，择优选定工程勘察、设计、施工、监理及重要设备、材料的采购。

2. 依法提供原始资料

《建设工程质量管理条例》规定，建设单位必须向有关的勘察、设计、施工、工程监理等单位提供与建设工程有关的原始资料。原始资料必须真实、准确、齐全。原始资料是工程勘察、设计、施工、监理等单位赖以进行相关工程建设的基础性材料。建设单位作为建设活动的总负责方，向有关单位提供原始资料，以及施工地段地下管线现状资料，并保证这些资料的真实、准确、齐全，是其基本的质量责任和义务。

3. 限制不合理的干预行为

《中华人民共和国建筑法》规定，建设单位不得以任何理由，要求建筑设计单位或者建筑施工企业在工程设计或者施工作业中，违反法律、行政法规和建筑工程质量、安全标准，降低工程质量。

《建设工程质量管理条例》进一步规定，建设工程发包单位，不得迫使承包方以低于成本的价格竞标，不得任意压缩合理工期。建设单位不得明示或者暗示设计单位或者施工单位违反工程建设强制性标准，降低建设工程质量。

成本是构成价格的主要部分，是承包方估算投标价格的依据和最低的经济底线。如果建设单位迫使承包方以低于成本的价格中标，势必会导致中标单位在承包工程后，为了减少开支、降低成本而利用偷工减料、以次充好、粗制滥造等手段，最终导致建设工程出现质量问题，影响投资效益的发挥。

建设单位也不得任意压缩合理工期。因为，合理工期是指在正常建设条件下，采取科学合理的施工工艺和管理方法，以现行的工期定额为基础，结合工程项目建设的实际，经合理测算和平等协商而确定的使参与各方均获满意的经济效益的工期。如果盲目要求赶工期，势必会简化工序，无法按规程操作，从而导致建设工程出现质量等诸多问题。

建设单位更不得以任何理由，诸如建设资金不足、工期紧等，违反强制性标准的规定，要求设计单位降低设计标准，或者要求施工单位采用建设单位采购的不合格材料设备等。因为强制性标准是保证建设工程结构安全可靠的基础性要求，违反了这类标准，必然会给建设工程带来重大质量隐患。

4. 依法报审施工图设计文件

《建设工程质量管理条例》规定，建设单位应当将施工图设计文件报县级以上人民政府建设行政主管部门或者其他有关部门审查。施工图设计文件未经审查批准的，不得使用。

施工图设计文件是编制施工图预算、安排材料、设备订货和非标准设备制作，进行施工、安装及工程验收等工作的依据。因此，施工图设计文件的质量直接影响建设工程的质量。

建立和实施施工图设计文件审查制度，是许多发达国家确保建设工程质量的成功做法。我国于1998年开始进行建筑工程项目施工图设计文件审查试点工作，在节约投资、发现设计质量隐患和避免违法违规行为等方面都有明显的成效。通过开展对施工图设计文件的审查，既可以对设计单位的成果进行质量控制，也能纠正参与建设活动各方特别是建设单位的不规范行为。

5. 依法实行工程监理

《建设工程质量管理条例》规定，实行监理的建设工程，建设单位应当委托具有相应资质等级的工程监理单位进行监理，也可以委托具有工程监理相应资质等级并与被监理工程的施工承包单位没有隶属关系或者其他利害关系的该工程的设计单位进行监理。

工程监理单位的资质反映了该单位从事某项监理工作的资格和能力。为了保证监理工作的质量，建设单位必须将需要监理的工程委托给具有相应资质等级的工程监理单位进行监理。目前，我国的工程监理主要是对工程的施工过程进行监督，而该工程的设计人员对设计意图比较理解，对设计中各专业如结构、设备等在施工中可能发生的问题也比较清楚，由具有监理资质的设计单位对自己设计的工程进行监理，对保证工程质量是有利的。但是，设计单位与承包该工程的施工单位不得有行政隶属关系，也不得存在可能直接影响设计单位实施监理公正性的非常明显的经济或其他利益关系。

《建设工程质量管理条例》还规定，下列建设工程必须实行监理：①国家重点建设工程；②大中型公用事业工程；③成片开发建设的住宅小区工程；④利用外国政府或者国际组织贷款、援助资金的工程；⑤国家规定必须实行监理的其他工程。

6. 依法办理工程质量监督手续

《建设工程质量管理条例条例》规定，建设单位在领取施工许可证或者开工报告前，应当按照国家有关规定办理工程质量监督手续。

因此，建设单位在领取施工许可证或者开工报告之前，应当依法到建设行政主管部门或铁路、交通、水利等有关管理部门，或其委托的工程质量监督机构办理工程质量监督手续，接受政府主管部门的工程质量监督。

7. 依法保证建筑材料等符合要求

《建设工程质量管理条例》规定，按照合同约定，由建设单位采购建筑材料、建筑构配件和设备的，建设单位应当保证建筑材料、建筑构配件和设备符合设计文件和合同要求。建设单位不得明示或者暗示施工单位使用不合格的建筑材料、建筑构配件和设备。

在工程实践中，常由建设单位采购建筑材料、构配件和设备，在合同中应当明确约定采购责任，即谁采购、谁负责。对于建设单位负责供应的材料设备，在使用前施工单位应当按照规定对其进行检验和试验，如果不合格，不得在工程上使用，并应通知建设单位予以退换。

8. 依法进行装修工程

随意拆改建筑主体结构和承重结构等，会危及建设工程安全和人民生命财产安全。因此，《建设工程质量管理条例》规定，涉及建筑主体和承重结构变动的装修工程，建设单位应当在施工前委托原设计单位或者具有相应资质等级的设计单位提出设计方案；没有设计方案的，不得施工。房屋建筑使用者在装修过程中，不得擅自变动房屋建筑主体和承重结构。

建设单位应当委托该建筑工程的原设计单位或者具有相应资质条件的设计单位提出装修工程的设计方案。如果没有设计方案就擅自施工，将留下质量隐患甚至造成质量事故；后果严重。至于房屋使用者，在装修过程中也不得擅自变动房屋建筑主体和承重结构，如拆除墙体、窗洞改门洞等，否则很有可能会酿成房屋倒塌的灾难。

9. 建设单位质量违法行为应承担的法律责任

《中华人民共和国建筑法》规定，建设单位违反本法规定，要求建筑设计单位或者建筑施工企业违反建筑工程质量、安全标准，降低工程质量的，责令改正，可以处以罚款；构成犯罪的，依法追究刑事责任。

《建设工程质量管理条例》规定，建设单位有下列行为之一的，责令改正，处20万元以上50万元以下的罚款：①迫使承包方以低于成本的价格竞标的；②任意压缩合理工期的；③明示或者暗示设计单位或者施工单位违反工程建设强制性标准，降低工程质量的；④施工图设计文件未经审查或者审查不合格，擅自施工的；⑤建设项目必须实行工程监理而未实行工程监理的；⑥未按照国家规定办理工程质量监督手续的；⑦明示或者暗示施工单位使用不合格的建筑材料、建筑构配件和设备的；⑧未按照国家规定将竣工验收报告、有关认可文件或者准许使用文件报送备案的。

7.3.2 勘察、设计单位相关的质量责任和义务

《中华人民共和国建筑法》规定，建筑工程的勘察、设计单位必须对其勘察、设计的质量负责。勘察、设计文件应当符合有关法律、行政法规的规定和建筑工程质量、安全标准、建筑工程勘察、设计技术规范以及合同的约定。

《建设工程质量管理条例》进一步规定，勘察、设计单位必须按照工程建设强制性标准进行勘察、设计，并对其勘察、设计的质量负责。注册建筑师、注册结构工程师等注册执业人员应当在设计文件上签字，对设计文件负责。

“谁勘察设计谁负责，谁施工谁负责”，这是国际上通行的做法。勘察、设计单位和执业

注册人员是勘察设计质量的责任主体，也是整个工程质量的责任主体之一。勘察、设计质量实行单位与执业注册人员双重责任，即勘察、设计单位对其勘察、设计的质量负责，注册建筑师、注册结构工程师等专业人士对其签字的设计文件负责。

1. 依法承揽勘察、设计业务

《建设工程质量管理条例》规定，从事建设工程勘察、设计的单位应当依法取得相应等级的资质证书，并在其资质等级许可的范围内承揽工程。禁止勘察、设计单位超越其资质等级许可的范围或者以其他勘察、设计单位的名义承揽工程。禁止勘察、设计单位允许其他单位或者个人以本单位的名义承揽工程。勘察、设计单位不得转包或者违法分包所承揽的工程。

勘察、设计作为一个特殊行业，与施工单位一样，也有着严格的市场准入条件，有着从业资格制度，同样禁止无资质或者越级承揽工程，禁止以其他勘察、设计单位的名义承揽工程或者允许其他单位、个人以本单位的名义承揽工程，禁止转包或者违法分包所承揽的工程。

2. 勘察、设计必须执行强制性标准

《建设工程质量管理条例》规定，勘察、设计单位必须按照工程建设强制性标准进行勘察、设计，并对其勘察、设计的质量负责。

强制性标准是工程建设技术和经验的积累，是勘察、设计工作的技术依据。只有满足工程建设强制性标准才能保证质量，才能满足工程对安全、卫生、环保等多方面的质量要求。

3. 勘察单位提供的勘察成果必须真实、准确

《建设工程质量管理条例》规定，勘察单位提供的地质、测量、水文等勘察成果必须真实、准确。

工程勘察工作是建设工作的基础工作，工程勘察成果文件是设计和施工的基础资料和重要依据，其真实准确与否直接影响到设计、施工质量。因而工程勘察成果必须真实准确、安全可靠。

4. 设计依据和设计深度

《建设工程质量管理条例》规定，设计单位应当根据勘察成果文件进行建设工程设计。设计文件应当符合国家规定的设计深度要求，注明工程合理使用年限。

勘察成果文件是设计的基础资料，是设计的依据。我国对各类设计文件的编制深度都有规定，在实践中应当贯彻执行。工程合理使用年限是指从工程竣工验收合格之日起，工程的地基基础、主体结构在正常情况下安全使用的年限。它与《中华人民共和国建筑法》中的“建筑物合理寿命年限”、《中华人民共和国民法典》合同编中的“工程合理使用期限”等在概念上是一致的。

【案例 7-3】

某写字楼项目的整体结构属“筒中筒”，中间“筒”高 18 层，四周裙楼 3 层，地基设计是“满堂红”布桩，素混凝土排土灌桩。施工到 12 层时，地下筏板剪切破坏，地下水上冲。经鉴定发现，此地基土属于饱和土，地基中素混凝土排土桩被破坏。经调查得知：①该工程的地质勘查报告已经载明，此地基土属于饱和土；②在打桩过程中曾出现跳土现象。

本案中设计方有何过错？违反了什么规定？

5. 依法规范设计单位对建筑材料等的选用

《中华人民共和国建筑法》《建设工程质量管理条例》均规定，设计单位在设计文件中选用的建筑材料、建筑构配件和设备，应当注明规格、型号、性能等技术指标，其质量要求必须符合国家规定的标准。除有特殊要求的建筑材料、专用设备、工艺生产线等外，设计单位不得指定生产厂、供应商。

为了使施工能准确贯彻设计意图，设计文件中必须注明所选用的建筑材料、建筑构配件和设备的规格、型号、性能等技术指标。这也是设计文件编制深度的要求。但是，在通用产品能保证工程质量的前提下，设计单位就不应选用特殊要求的产品，也不能滥用权力指定生产厂、供应商，以免限制建设单位或者施工单位在材料等物资采购上的自主权，导致垄断或者变相垄断现象的发生。

6. 依法对设计文件进行技术交底

《建设工程质量管理条例》规定，设计单位应当就审查合格的施工图设计文件向施工单位做出详细说明。设计文件的技术交底，是指设计单位将设计意图、特殊工艺要求，以及建筑、结构、设备等各专业在施工中的难点、疑点和容易发生的问题等向施工单位作详细说明，并负责解释施工单位对设计图纸的疑问。

对设计文件进行技术交底是设计单位的重要义务，这对确保工程质量有重要的意义。

7. 依法参与建设工程质量事故分析

《建设工程质量管理条例》规定，设计单位应当参与建设工程质量事故分析，并对因设计造成的质量事故，提出相应的技术处理方案。工程质量的好坏，在一定程度上就是工程建设是否准确贯彻了设计意图。因此，一旦发生了质量事故，该工程的设计单位最有可能在短时间内发现存在的问题，他们对事故的分析具有权威性。这对及时进行事故处理十分有利。对因设计造成的质量事故，原设计单位必须提出相应的技术处理方案，这是设计单位的法定义务。

8. 勘察、设计单位质量违法行为应承担的法律责任

《建设工程质量管理条例》规定，有下列行为之一的，责令改正，处10万元以上30万元以下的罚款：①勘察单位未按照工程建设强制性标准进行勘察的；②设计单位未根据勘察成果文件进行工程设计的；③设计单位指定建筑材料、建筑构配件的生产厂、供应商的；④设计单位未按照工程建设强制性标准进行设计的。有以上所列行为，造成工程质量事故的，责令停业整顿，降低资质等级；情节严重的，吊销资质证书；造成损失的，依法承担赔偿责任。

7.3.3　工程监理单位相关的质量责任和义务

工程监理单位接受建设单位的委托，代表建设单位，对建设工程进行管理。因此，工程监理单位也是建设工程质量的责任主体之一。

1. 依法承担工程监理业务

《建设工程质量管理条例》规定，工程监理单位应当依法取得相应等级的资质证书，并在其资质等级许可的范围内承担工程监理业务。禁止工程监理单位超越本单位资质等级许可的范围或者以其他工程监理单位的名义承担工程监理业务。禁止工程监理单位允许其他单位或者个人以本单位的名义承担工程监理业务。工程监理单位不得转让工程监理业务。

监理单位必须按照资质等级承担工程监理业务。越级监理、允许其他单位或者个人以本

单位的名义承担监理业务等，都将使工程监理变得有名无实，最终对工程质量造成危害。监理单位转让工程监理业务，与施工单位转包工程有着同样的危害性。

2. 对有隶属关系或其他利害关系的回避

《中华人民共和国建筑法》《建设工程质量管理条例》都规定，工程监理单位与被监理工程的施工承包单位以及建筑材料、建筑构配件和设备供应单位有隶属关系或者其他利害关系的，不得承担该项建设工程的监理业务。

由于工程监理单位与被监理工程的承包单位以及建筑材料、建筑构配件和设备供应单位之间，是一种监督与被监督的关系，为了保证客观、公正执行监理任务，工程监理单位与上述单位不能有隶属关系或者其他利害关系。如果有这种关系，工程监理单位在接受监理委托前，应当自行回避；对于没有回避而被发现的，建设单位可以依法与其解除委托关系。

3. 监理工作的依据和监理责任

《建设工程质量管理条例》规定，工程监理单位应当依照法律、法规以及有关技术标准、设计文件和建设工程承包合同，代表建设单位对施工质量实施监理，并对施工质量承担监理责任。

监理工作的主要依据是：①法律、法规，如《中华人民共和国建筑法》《中华人民共和国民法典》合同编《建设工程质量管理条例》等；②有关技术标准，如《工程建设标准强制性条文》以及建设工程承包合同中确认采用的推荐性标准等；③设计文件，施工图设计等设计文件既是施工的依据，也是监理单位对施工活动进行监督管理的依据；④建设工程承包合同，监理单位据此监督施工单位是否全面履行合同约定的义务。

监理单位对施工质量承担监理责任，包括违约责任和违法责任两个方面：①违约责任。如果监理单位不按照监理合同约定履行监理义务，给建设单位或其他单位造成损失的，应当承担相应的赔偿责任。②违法责任。如果监理单位违法监理，或者降低工程质量标准，造成质量事故的，要承担相应的法律责任。

4. 工程监理的职责和权限

《建设工程质量管理条例》规定，工程监理单位应当选派具备相应资格的总监理工程师和监理工程师进驻施工现场。未经监理工程师签字，建筑材料、建筑构配件和设备不得在工程上使用或者安装，施工单位不得进行下一道工序的施工。未经总监理工程师签字，建设单位不拨付工程款，不进行竣工验收。

监理单位应根据所承担的监理任务，组建驻工地监理机构。监理机构一般由总监理工程师、监理工程师和其他监理人员组成。工程监理实行总监理工程师负责制。总监理工程师依法和在授权范围内可以发布有关指令，全面负责受委托的监理工程。监理工程师拥有对建筑材料、建筑构配件和设备以及每道施工工序的检查权，对检查不合格的，有权决定是否允许在工程上使用或进行下一道工序的施工。

5. 工程监理的形式

《建设工程质量管理条例》规定，监理工程师应当按照工程监理规范的要求采取旁站、巡视和平行检验等方式，对建设工程实施监理。

所谓旁站，是指对工程中有关地基和结构安全的关键工序和关键施工过程，进行连续不断地监督检查或检验的监理活动，有时甚至要连续跟班监理。所谓巡视，主要是强调除了关键点的质量控制外，监理工程师还应对施工现场进行面上的巡查监理。所谓平行检验，主要是强调监理单位对施工单位已经检验的工程应及时进行检验。对于关键性、较大体量的工程实物，予以纠正。采取分段后平行检验的方式，有利于及时发现质量问题，及时采取措施予以纠正。

6. 工程监理单位质量违法行为应承担的法律责任

《建设工程质量管理条例》规定，工程监理单位有下列行为之一的，责令改正，处 50 万元以上 100 万元以下的罚款，降低资质等级或者吊销资质证书；有违法所得的，予以没收；造成损失的，承担连带赔偿责任：①与建设单位或者施工单位串通、弄虚作假、降低工程质量的；②将不合格的建设工程、建筑材料、建筑构配件和设备按照合格签字的。

7.3.4　政府部门工程质量监督管理的相关规定

为了确保建设工程质量，保障公共安全和人民生命财产安全，政府必须加强对建设工程质量的监督管理。因此，《建设工程质量管理条例》规定，国家实行建设工程质量监督管理制度。

1. 我国的建设工程质量监督管理体制

《建设工程质量管理条例》规定，国务院建设行政主管部门对全国的建设工程质量实施统一监督管理。国务院铁路、交通、水利等有关部门按照国务院规定的职责分工，负责对全国的有关专业建设工程质量的监督管理。

国务院发展计划部门按照国务院规定的职责，组织稽查特派员，对国家出资的重大建设项目实施监督检查。国务院经济贸易主管部门按照国务院规定的职责，对国家重大技术改造项目实施监督检查。

县级以上地方人民政府建设行政主管部门对本行政区域内的建设工程质量实施监督管理。县级以上地方人民政府交通、水利等有关部门在各自的职责范围内，负责对本行政区域内的专业建设工程质量的监督管理。

建设工程质量监督管理，可以由建设行政主管部门或者其他有关部门委托的建设工程质量监督机构具体实施。从事房屋建筑工程和市政基础设施工程质量监督的机构，必须按照国家有关规定经国务院建设行政主管部门或者省、自治区、直辖市人民政府建设行政主管部门考核；从事专业建设工程质量监督的机构，必须按照国家有关规定经国务院有关部门或者省、自治区、直辖市人民政府有关部门考核。考核合格后，方可实施质量监督。在政府加强监督的同时，还要发挥社会监督的巨大作用，即任何单位和个人对建设工程的质量事故、质量缺陷都有权检举、控告、投诉。

2. 政府监督检查的内容和有权采取的措施

《建设工程质量管理条例》规定，国务院建设行政主管部门和国务院铁路、交通、水利等有关部门以及县级以上地方人民政府建设行政主管部门和其他有关部门，应当加强对有关建设工程质量的法律、法规和强制性标准执行情况的监督检查。

县级以上人民政府建设行政主管部门和其他有关部门履行监督检查职责时，有权采取下列措施：①要求被检查的单位提供有关工程质量的文件和资料；②进入被检查单位的施工现场进行检查；③发现有影响工程质量的问题时，责令改正。

有关单位和个人对县级以上人民政府建设行政主管部门和其他有关部门进行的监督检查应当支持、配合，不得拒绝或者阻碍建设工程质量监督检查人员依法执行职务。

3. 禁止滥用权力的行为

《建设工程质量管理条例》规定，供水、供电、供气、公安消防等部门或者单位不得明示或者暗示建设单位、施工单位购买其指定的生产供应单位的建筑材料、建筑构配件和设备。

4. 建设工程质量事故报告制度

《建设工程质量管理条例》规定，建设工程发生质量事故，有关单位应当在24小时内向当地建设行政主管部门和其他有关部门报告。对重大质量事故，事故发生地的建设行政主管部门和其他有关部门应当按照事故类别和等级向当地人民政府和上级建设行政主管部门和其他有关部门报告。特别重大质量事故的调查程序按照国务院有关规定办理。

根据国务院《生产安全事故报告和调查处理条例》的规定，特别重大事故，是指造成30人以上死亡，或者100人以上重伤，或者1亿元以上直接经济损失的事故。特别重大事故、重大事故应逐级上报至国务院安全生产监督管理部门和负有安全生产监督管理职责的有关部门。每级上报的时间不得超过2小时。必要时，安全生产监督管理部门和负有安全生产监督管理职责的有关部门可以越级上报事故情况。

5. 有关质量违法行为应承担的法律责任

《建设工程质量管理条例》规定，发生重大工程质量事故隐瞒不报、谎报或者拖延报告期限的，对直接负责的主管人员和其他责任人员依法给予行政处分。

供水、供电、供气、公安消防等部门或者单位明示或者暗示建设单位或者施工单位购买其指定的生产供应单位的建筑材料、建筑构配件和设备的，责令改正。

国家机关工作人员在建设工程质量监督管理工作中玩忽职守、滥用职权、徇私舞弊，构成犯罪的，依法追究刑事责任；尚不构成犯罪的，依法给予行政处分。

7.4 建设工程竣工验收制度

建筑工程项目的竣工验收，指在建筑工程已按照设计要求完成全部施工任务，准备交付给建设单位投入使用时，由建设单位或有关主管部门依照国家关于建筑工程竣工验收制度的规定，对该项工程是否符合设计要求和工程质量标准所进行的检查、考核工作。工程项目的竣工验收是施工全过程的最后一道工序，也是工程项目管理的最后一道工作。建设工程竣工验收是建设投资成果转入生产或使用的标志，也是全面考核投资效益、检验设计和施工质量的重要环节。

7.4.1 竣工验收的主体和法定条件

1. 建设工程竣工验收的主体

《建设工程质量管理条例》规定，建设单位收到建设工程竣工报告后，应当组织设计、施工、工程监理等有关单位进行竣工验收。

对工程进行竣工检查和验收，是建设单位法定的权利和义务。在建设工程完工后，承包单位应当向建设单位提供完整的竣工资料和竣工验收报告，提请建设单位组织竣工验收。建设单位收到竣工验收报告后，应及时组织包括设计、施工、工程监理等有关单位参加的竣工验收，检查整个工程项目是否已按照设计要求和合同约定全部建设完成，并符合竣工验收条件。

2. 竣工验收应当具备的法定条件

《中华人民共和国建筑法》规定，交付竣工验收的建筑工程，必须符合规定的建筑工程质量标准，有完整的工程技术经济资料和经签署的工程保修书，并具备国家规定的其他竣工条件。建筑工程竣工经验收合格后，方可交付使用；未经验收或者验收不合格的，不得交付使用。

《建设工程质量管理条例》进一步规定，建设工程竣工验收应当具备下列条件。

(1)完成建设工程设计和合同约定的各项内容

建设工程设计和合同约定的内容，主要是指设计文件所确定的以及承包合同"承包人承揽工程项目一览表"中载明的工作范围，也包括监理工程师签发的变更通知单中所确定的工作内容。

(2)有完整的技术档案和施工管理资料

工程技术档案和施工管理资料是工程竣工验收和质量保证的重要依据之一，主要包括以下档案和资料：①工程项目竣工验收报告；②分项、分部工程和单位工程技术人员名单；③图纸会审和技术交底记录；④设计变更通知单，技术变更核实单；⑤工程质量事故发生后调查和处理资料；⑥隐蔽验收记录及施工日志；⑦竣工图；⑧质量检验评定资料等；⑨合同约定的其他资料。

(3)有工程使用的主要建筑材料、建筑构配件和设备的进场试验报告

对建设工程使用的主要建筑材料、建筑构配件和设备，除须具有质量合格证明资料外，还应当有进场试验、检验报告，其质量要求必须符合国家规定的标准。

(4)有勘察、设计、施工、工程监理等单位分别签署的质量合格文件

勘察、设计、施工、工程监理等有关单位要依据工程设计文件及承包合同所要求的质量标准，对竣工工程进行检查评定；符合规定的，应当签署合格文件。

(5)有施工单位签署的工程保修书

施工单位同建设单位签署的工程保修书，也是交付竣工验收的条件之一。

凡是没有经过竣工验收或者经过竣工验收确定为不合格的建设工程，不得交付使用。如果建设单位为提前获得投资效益，未验收工程就提前投产或使用，由此而发生的质量等问题，建设单位要承担责任。

7.4.2 施工单位应提交的档案资料

《建设工程质量管理条例》规定，建设单位应当严格按照国家有关档案管理的规定，及时收集、整理建设项目各环节的文件资料，建立健全建设项目档案，并在建设工程竣工验收后，及时向建设行政主管部门或者其他有关部门移交建设项目档案。

建设工程是百年大计。一般的建筑物设计年限都在 50~70 年之间，重要的建筑物达百年以上。在建设工程投入使用之后，还要进行检查、维修、管理，还可能会遇到改建、扩建或拆除，以及在其周围进行建设活动。这些都需要参考原始的勘察、设计、施工等资料。建设单位是工程建设活动的总负责方，应当在合同中明确要求勘察、设计、施工、监理等单位分别提供工程建设各环节的文件资料，及时对其进行收集整理，建立健全建设项目档案。

原建设部《城市建设档案管理规定》中规定，建设单位应当在工程竣工验收后 3 个月内，向城建档案馆报送一套符合规定的建设工程档案。凡建设工程档案不齐全的，应当限期补

充。对改建、扩建和重要部位维修的工程，建设单位应当组织设计、施工单位据实修改、补充和完善原建设工程档案。

施工单位应当按照归档要求制定统一目录，有专业分包工程的，分包单位要按照总承包单位的总体安排做好各项资料整理工作，最后再由总承包单位进行审核、汇总。施工单位一般应当提交的档案资料是：①工程技术档案资料；②工程质量保证资料；③工程检验评定资料；④竣工图等。

7.4.3 规划、消防、节能、环保等验收的规定

《建设工程质量管理条例》规定，建设单位应当自建设工程竣工验收合格之日起15日内，将建设工程竣工验收报告和规划、公安消防、环保等部门出具的认可文件或者准许使用文件报建设行政主管部门或者其他有关部门备案。

1. 建设工程竣工规划验收

《中华人民共和国城乡规划法》规定，县级以上地方人民政府城乡规划主管部门按照国务院规定对建设工程是否符合规划条件予以核实。未经核实或者经核实不符合规划条件的，建设单位不得组织竣工验收。建设单位应当在竣工验收后6个月内向城乡规划主管部门报送有关竣工验收资料。

建设工程竣工后，建设单位应当依法向城乡规划行政主管部门提出竣工规划验收申请，由城乡规划行政主管部门按照选址意见书、建设用地规划许可证、建设工程规划许可证、乡村建设规划许可证及其有关规划的要求，对建设工程进行规划验收，包括对建设用地范围内的各项工程建设情况、建筑物的使用性质、位置、间距、层数、标高、平面、立面、外墙装饰材料和色彩、各类配套服务设施、临时施工用房、施工场地等进行全面核查，并做出验收记录。对于验收合格的，由城乡规划行政主管部门出具规划认可文件或核发建设工程竣工规划验收合格证。

2. 建设工程竣工消防验收

根据《中华人民共和国消防法》（简称《消防法》）规定，对建设工程要按照国家工程建设消防技术标准进行消防设计的建设工程竣工，依照下列规定进行消防验收、备案：①国务院公安部门规定的大型的人员密集场所和其他特殊建设工程，建设单位应当向公安机关消防机构申请消防验收；②其他建设工程，建设单位在验收后应当报公安机关消防机构备案，公安机关消防机构应当进行抽查。依法应当进行消防验收的建设工程，未经消防验收或者消防验收不合格的，禁止投入使用；其他建设工程经依法抽查不合格的，应当停止使用。

公安部发布的《建设工程消防监督管理规定》进一步规定，建设单位申请消防验收应当提供下列材料：①建设工程消防验收申报表；②工程竣工验收报告和有关消防设施的工程竣工图纸；③消防产品质量合格证明文件；④具有防火性能要求的建筑构件、建筑材料、装修材料符合国家标准或者行业标准的证明文件、出厂合格证；⑤消防设施检测合格证明文件；⑥施工、工程监理、检测单位的合法身份证明和资质等级证明文件；⑦建设单位的工商营业执照等合法身份证明文件；⑧法律、行政法规规定的其他材料。

公安机关消防机构应当自受理消防验收申请之日起20日内组织消防验收，并出具消防验收意见。公安机关消防机构对申报消防验收的建设工程，应当依照建设工程消防验收评定标准对已经消防设计审核合格的内容组织消防验收。对综合评定结论为合格的建设工程，公

安机关消防机构应当出具消防验收合格意见；对综合评定结论为不合格的建设工程，应当出具消防验收不合格意见，并说明理由。

3. 建设工程竣工环保验收

国务院发布的《建设项目环境保护管理条例》规定，建设项目竣工后，建设单位应当向审批该建设项目环境影响报告书、环境影响报告表或者环境影响登记表的环境保护行政主管部门，申请与该建设项目配套建设的环境保护设施竣工验收。

环境保护设施竣工验收，应当与主体工程竣工验收同时进行。需要进行试生产的建设项目，建设单位应当自建设项目投入试生产之日起3个月内，向审批该建设项目环境影响报告书、环境影响报告表或者环境影响登记表的环境保护行政主管部门，申请该建设项目需要配套建设的环境保护设施竣工验收。分期建设、分期投入生产或者使用的建设项目，其相应的环境保护设施应当分期验收。

环境保护行政主管部门应当自收到环境保护设施竣工验收申请之日起30日内，完成验收。建设项目需要配套建设的环境保护设施经验收合格，该建设项目方可正式投入生产或者使用。

4. 建筑工程节能验收

《中华人民共和国节约能源法》规定，不符合建筑节能标准的建筑工程，建设主管部门不得批准开工建设；已经开工建设的，应当责令停止施工、限期改立；已经建成的，不得销售或者使用。

国务院《民用建筑节能条例》进一步规定，建设单位组织竣工验收，应当对民用建筑是否符合民用建筑节能强制性标准进行查验；对不符合民用建筑节能强制性标准的，不得出具竣工验收合格报告。

建筑节能工程施工质量的验收，主要应按照国家标准《建筑节能工程施工质量验收规范》(GB 50411—2007)以及《建筑工程施工质量验收统一标准》(GB 50300—2013)、各专业工程施工质量验收规范等执行。单位工程竣工验收应在建筑节能分部工程验收合格后进行。

建筑节能工程为单位建筑工程的一个分部工程，并按规定划分为分项工程和检验批。建筑节能工程应按照分项工程进行验收，如墙体节能工程、幕墙节能工程、门窗节能工程、屋面节能工程、地面节能工程、采暖节能工程、通风与空气调节节能工程、配电与照明节能工程等。当建筑节能分项工程的工程量较大时，可以将分项工程划分为若干个检验批进行验收。当建筑节能工程验收无法按照要求划分分项工程或检验批时，可由建设、施工、监理等各方协商进行划分。但验收项目、验收内容、验收标准和验收记录均应遵守《建筑节能工程施工质量验收规范》的规定。

7.4.4 竣工验收报告备案的规定

《建设工程质量管理条例》规定，建设单位应当自建设工程竣工验收合格之日起15日内，将建设工程竣工验收报告和规划、公安消防、环保等部门出具的认可文件或者准许使用文件报建设行政主管部门或者其他有关部门备案。建设行政主管部门或者其他有关部门发现建设单位在竣工验收过程中有违反国家有关建设工程质量管理规定行为的，责令停止使用，重新组织竣工验收。

1. 竣工验收备案的时间及须提交的文件

住房和城乡建设部发布的《房屋建筑和市政基础设施工程竣工验收备案管理办法》中规定，建设单位应当自工程竣工验收合格之日起 15 日内，依照本办法规定，向工程所在地的县级以上地方人民政府建设主管部门（以下简称备案机关）备案。

建设单位办理工程竣工验收备案应当提交下列文件：①工程竣工验收备案表；②工程竣工验收报告。竣工验收报告应当包括工程报建日期，施工许可证号，施工图设计文件审查意见，勘察、设计、施工、工程监理等单位分别签署的质量合格文件及验收人员签署的竣工验收原始文件，市政基础设施的有关质量检测和功能性试验资料以及备案机关认为需要提供的有关资料；③法律、行政法规规定应当由规划、环保等部门出具的认可文件或者准许使用文件；④法律规定应当由公安消防部门出具的对大型的人员密集场所和其他特殊建设工程验收合格的证明文件；⑤施工单位签署的工程质量保修书；⑥法规、规章规定必须提供的其他文件。住宅工程还应当提交《住宅质量保证书》和《住宅使用说明书》。

《城市地下管线工程档案管理办法》还规定，建设单位在地下管线工程竣工验收备案前，应当向城建档案管理机构移交下列档案资料：①地下管线工程项目准备阶段文件、监理文件、施工文件、竣工验收文件和竣工图；②地下管线竣工测量成果；③其他应当归档的文件资料（电子文件、工程照片、录像等）。建设单位向城建档案管理机构移交的档案资料应当符合《建设工程文件归档整理规范》（GB/T 50328—2014）的要求。

2. 竣工验收备案文件的签收和处理

《房屋建筑和市政基础设施工程竣工验收备案管理办法》规定，备案机关收到建设单位报送的竣工验收备案文件，验证文件齐全后，应当在工程竣工验收备案表上签署文件收讫。工程竣工验收备案表一式两份，一份由建设单位保存，一份留备案机关存档。

工程质量监督机构应当在工程竣工验收之日起 5 日内，向备案机关提交工程质量监督报告。

备案机关发现建设单位在竣工验收过程中有违反国家有关建设工程质量管理规定行为的，应当在收讫竣工验收备案文件 15 日内，责令停止使用，重新组织竣工验收。

3. 竣工验收备案违反规定的处罚

《房屋建筑和市政基础设施工程竣工验收备案管理办法》规定，建设单位在工程竣工验收合格之日起 15 日内未办理工程竣工验收备案的，备案机关责令限期改正，处 20 万元以上 50 万元以下罚款。

备案机关决定重新组织竣工验收的工程，在重新组织竣工验收前，建设单位将其擅自使用的，备案机关责令停止使用，处工程合同价款 2%以上 4%以下罚款。

建设单位采用虚假证明文件办理工程竣工验收备案的，工程竣工验收无效，备案机关责令停止使用，重新组织竣工验收，处 20 万元以上 50 万元以下罚款；构成犯罪的，依法追究刑事责任。

备案机关决定重新组织竣工验收并责令停止使用的工程，建设单位在备案之前已投入使用或者建设单位擅自继续使用造成使用人损失的，由建设单位依法承担赔偿责任。

7.5　建设工程质量保修制度

《中华人民共和国建筑法》《建设工程质量管理条例》均规定，建设工程实行质量保修制度。

建设工程质量保修制度，是指建设工程竣工经验收后，在规定的保修期限内，因勘察、设计、施工、材料等原因造成的质量缺陷，应当由施工承包单位负责维修、返工或更换，由责任单位负责赔偿损失的法律制度。

7.5.1　质量保修书和最低保修期限的规定

1. 建设工程质量保修书

《建设工程质量管理条例》规定，建设工程承包单位在向建设单位提交工程竣工验收报告时，应当向建设单位出具质量保修书。质量保修书中应当明确建设工程的保修范围、保修期限和保修责任等。

(1)质量保修范围

《中华人民共和国建筑法》规定，建筑工程的保修范围应当包括地基基础工程、主体结构工程、屋面防水工程和其他土建工程，以及电气管线、上下水管线的安装工程，供热、供冷系统工程等项目。当然，不同类型的建设工程，其保修范围是有所不同的。

(2)质量保修期限

《中华人民共和国建筑法》规定，保修的期限应当按照保证建筑物合理寿命年限内正常使用，维护使用者合法权益的原则确定。具体的保修范围和最低保修期限，国务院在《建设工程质量管理条例》中做了明确规定。

(3)质量保修责任

施工单位在质量保修书中，应当向建设单位承诺保修范围、保修期限和有关具体实施保修的措施，如保修的方法、人员及联络办法，保修答复和处理时限，不履行保修责任的罚则等。

需要注意的是，施工单位在建设工程质量保修书中，应当对建设单位合理使用建设工程有所提示。如果是因建设单位或者用户使用不当或擅自改动结构、设备位置以及不当装修等造成质量问题的，施工单位不承担保修责任；由此而造成的质量受损或者其他用户损失，应当由责任人承担相应的责任。

2. 建设工程质量的最低保修期限

《建设工程质量管理条例》规定，在正常使用条件下，建设工程的最低保修期限为：①基础设施工程、房屋建筑的地基基础工程和主体结构工程，为设计文件规定的该工程的合理使用年限；②屋面防水工程、有防水要求的卫生间、房间和外墙面的防渗漏，为5年；③供热与供冷系统，为2个采暖期、供冷期；④电气管线、给排水管道、设备安装和装修工程，为2年。其他项目的保修期限由发包方与承包方约定。

建设工程保修期的起始日是竣工验收合格之日。《建设工程质量管理条例》规定，建设行政主管部门或者其他有关部门发现建设单位在竣工验收过程中有违反国家有关建设工程质量管理规定行为的，责令停止使用，重新组织竣工验收。对于重新组织竣工验收的工程，其保修期为各方都认可的重新组织竣工验收的日期。

7.5.2 质量责任的损失赔偿

《建设工程质量管理条例》规定，建设工程在保修范围和保修期限内发生质量问题的，施工单位应当履行保修义务，并对造成的损失承担赔偿责任。

1. 保修义务的责任落实与损失赔偿责任的承担

《最高人民法院关于审理建设工程施工合同纠纷案件适用法律问题的解释》规定，因保修人未及时履行保修义务，导致建筑物损毁或者造成人身、财产损害的，保修人应当承担赔偿责任。保修人与建筑物所有人或者发包人对建筑物毁损均有过错的，各自承担相应的责任。

建设工程保修的质量问题是指在保修范围和保修期限内的质量问题。对于保修义务的承担和维修的经济责任承担应当按下述原则处理。

(1)施工单位未按照国家有关标准规范和设计要求施工所造成的质量缺陷，由施工单位负责返修并承担经济责任。

(2)由于设计问题造成的质量缺陷，先由施工单位负责维修，其经济责任通过建设单位向设计单位索赔。

(3)因建筑材料、构配件和设备质量不合格引起的质量缺陷，先由施工单位负责维修，其经济责任属于施工单位采购的或经其验收同意的，由施工单位承担经济责任；属于建设单位采购的，由建设单位承担经济责任。

(4)因建设单位(含监理单位)错误管理而造成的质量缺陷，先由施工单位负责维修，其经济责任由建设单位承担；如属监理单位责任，则由建设单位向监理单位索赔。

(5)因使用单位使用不当造成的损坏问题，先由施工单位负责维修，其经济责任由使用单位自行负责。

(6)因地震、台风、洪水等自然灾害或其他不可抗拒原因造成的损坏问题，先由施工单位负责维修，建设参与各方再根据国家具体政策分担经济责任。

2. 建设工程质量保证金

原建设部、财政部颁布的《建设工程质量保证金管理暂行办法》规定，建设工程质量保证金(保修金)(以下简称保证金)是指发包人与承包人在建设工程承包合同中约定，从应付的工程款中预留，用以保证承包人在缺陷责任期内对建设工程出现的缺陷进行维修的资金。

(1)缺陷责任期的确定

所谓缺陷，是指建设工程质量不符合工程建设强制性标准、设计文件要求，以及承包合同的约定。缺陷责任期一般为 6 个月、12 个月或 24 个月，具体可由发承包双方在合同中约定。

缺陷责任期从工程通过竣(交)工验收之日起计。由于承包人原因导致工程无法按规定期限进行竣(交)工验收的，缺陷责任期从实际通过竣(交)工验收之日起计。由于发包人原因导致工程无法按规定期限进行竣(交)工验收的，在承包人提交竣(交)工验收报告 90 天后，工程自动进入缺陷责任期。

(2)预留保证金的比例

全部或者部分使用政府投资的建设项目，按工程价款结算总额 5%左右的比例预留保证金。社会投资项目采用预留保证金方式的，预留保证金的比例可参照执行。

缺陷责任期内，由承包人原因造成的缺陷，承包人应负责维修，并承担鉴定及维修费用。如承包人不维修也不承担费用，发包人可按合同约定扣除保证金，并由承包人承担违约责任。承包人维修并承担相应费用后，不免除其对工程的一般损失赔偿责任。由他人原因造成的缺陷，发包人负责组织维修，承包人不承担费用，且发包人不得从保证金中扣除费用。

(3)质量保证金的返还

缺陷责任期内，承包人认真履行合同约定的责任，到期后，承包人向发包人申请返还保证金。

发包人在接到承包人返还保证金申请后，应于 14 日内会同承包人按照合同约定的内容进行核实。如无异议，发包人应当在核实后 14 日内将保证金返还给承包人，逾期支付的，从逾期之日起，按照同期银行贷款利率计付利息，并承担违约责任。发包人在接到承包人返还保证金申请后 14 日内不予答复，经催告后 14 日内仍不予答复，视同认可承包人的返还保证金申请。

发包人和承包人对保证金预留、返还以及工程维修质量、费用有争议，按承包合同约定的争议和纠纷解决程序处理。

7.5.3　违法行为应承担的法律责任

建设工程质量保修违法行为应承担的主要法律责任如下。

《中华人民共和国建筑法》规定，对建筑施工企业违反本法规定，不履行保修义务的责令改正，可以处以罚款，并对在保修期内因屋顶、墙面渗漏、开裂等质量缺陷造成的损失，承担赔偿责任。

《建设工程质量管理条例》规定，对施工单位不履行保修义务或者拖延履行保修义务的责令改正，处 10 万元以上 20 万元以下的罚款，并对在保修期内因质量缺陷造成的损失承担赔偿责任。

《建设工程质量保证金管理暂行办法》规定，缺陷责任期内，由承包人原因造成的缺陷，承包人应负责维修，并承担鉴定及维修费用。如承包人不维修也不承担费用，发包人可按合同约定扣除保证金，并由承包人承担违约责任。承包人维修并承担相应费用后，不免除对工程的一般损失赔偿责任。

《建筑业企业资质管理规定》规定，建筑业企业申请晋升资质等级或者主项资质以外的资质，在申请之日前 1 年内有未履行保修义务、造成严重后果的情形的，建设行政主管部门不予批准。

本章小结

本章重点介绍了以下五部分的内容：

1. 工程建设标准的定义与分类，工程建设强制性标准实施的规定；

2. 施工单位的质量责任和义务。主要有建筑材料、设备检验、检测的规定；施工质量检验和返修的规定及法律责任；

3. 建设单位、勘察单位、设计单位及工程监理单位的质量责任和义务；政府部门工程质量监督管理的相关规定；

4. 建设工程竣工验收制度。竣工验收的主体和法定条件、档案管理以及规划、消防、节能、环保等验收的规定；竣工验收报告备案的规定；

5. 建设工程质量保修制度。

习 题

一、单项选择题

建设工程质量管理练习题及参考答案

1. 在《工程建设施工企业质量管理规范》(GB/T 50430—2007)中，其中“GB/T”符号表示此规范为(　　)。

A. 强制性国家标准　　B. 推荐性国家标准

C. 强制性行业标准　　D. 推荐性行业标准

2. 某住宅工程，总承包单位经建设单位同意将装修工程分包给某分包单位施工。工程竣工验收时发现，混凝土基础工程出现渗漏，部分房间地面石材出现大面积花斑。对上述质量问题的责任承担说法正确的是(　　)。

A. 由总承包单位对上述两个问题承担责任，分包单位不承担责任

B. 由总承包单位与分包单位承担连带责任

C. 总承包单位对基础混凝土问题承担责任，分包单位对地面石材问题承担责任

D. 总承包单位对基础混凝土问题承担责任，总承包单位与分包单位对地面石材问题承担连带责任

3. 某住宅小区分期开工建设，其中二期5号楼建设单位仍然复制使用一期工程施工图纸。施工时承包方发现图纸使用的02标准图集现已作废，承包方正确的做法是(　　)。

A. 因为图纸已经施工图审核合格，按图施工即可

B. 按现行图集套改后继续施工

C. 由施工单位技术人员修改图纸

D. 向相关单位及时提出修改建议

4. 某工程承包单位完成了设计图纸和合同规定的施工任务，建设单位欲组织施工竣工验收，按照《建设工程质量管理条例》规定的工程竣工验收必备条件不包括的是(　　)。

A. 完整的技术档案盒施工管理资料

B. 工程使用的主要建筑材料、建筑构配件和设备的进场试验报告

C. 勘察、设计、施工、工程监理等单位共同签署的质量合格文件

D. 施工单位签署的工程保修书

5.《建设工程质量管理条例》中要求，施工单位向建设单位提交《工程质量保修书》的时间是(　　)。

A. 工程竣工验收合格后　　B. 工程竣工同时

C. 提交工程竣工验收报告时　　D. 工程竣工结算后

6. 某工程未经竣工验收，建设单位(业主)提前动用一层临街的门面开始营业，不久便发现局部地基下沉，承重墙裂缝。对此质量问题应承担法律责任的主题是(　　)

A. 建设单位　　B. 施工单位

C. 承包人　　D. 勘察、设计单位

7. 建设工程发生质量事故后，有关单位应向当地建设行政主管部门和其他有关部门报告。时间从发生质量事故时起算，最晚不迟于(　　)小时。

A. 8　　B. 12　　C. 24　　D. 28

8. 工程发包和招标过程中的质量责任和义务的承担者应当是(　　)。

A. 施工单位　　B. 勘察、设计单位

C. 建设单位　　D. 工程监理单位

9. 工程监理人员发现工程设计不符合合同约定的质量标准的，应(　　)。

A. 指示施工单位修改设计文件　　B. 要求设计单位改正

C. 将设计文件修改后发给施工单位实施　　D. 报告建设单位要求设计单位改正

10. 建设刚才质量管理条例》规定，施工人员对涉及结构安全的试块、试件及有关材料，应当在(　　)监督下现场取样，并送具有相应资质等级的质量检测单位进行检测。

A. 施工企业质量管理部门　　B. 设计单位或建立单位

C. 建设单位或监理单位　　D. 工程质量监督机构

二、多项选择题

1. 工程建设企业标准一般包括企业的(　　)。

A. 技术标准　　B. 管理标准　　C. 组织标准

D. 工作标准　　E. 操作标准

2. 工程建设的强制性标准是指直接涉及工程(　　)方面的工程建设标准强制性条文。

A. 质量　　B. 安全　　C. 环保

D. 造价　　E. 性能

3. 下列建设工程项目，必须实施工程监理的是(　　)。

A. 某住宅小区建筑工程　　B. 世界银行贷款建设卫生设施

C. 合资开发的生物制药产业园区　　D. 监理工程师

E. 南水北调工程

4. 下列选项中，属于设计单位应履行的质量义务的是(　　)。

A. 提供项目规划总平面图、地下管线、地形地貌等基础资料

B. 对设计文件进行技术交底　　C. 依法办理工程质量监督手续

D. 见证取样和送检　　E. 参与建设工程质量事故分析

5. 某住宅楼工程设计合理使用年限为50年。以下是该工程施工单位和建设单位鉴定的《工程质量保修书》关于工程保修期的条款，其中符合《建设工程质量管理条例》规定合法有效的是(　　)。

A. 地基基础和主体结构工程为50年　　B. 屋面防水工程、卫生间防水为8年

C. 电气管线、给排水管道为2年　　D. 供热与供冷系统为2年

E. 装饰装修工程为1年

6. 建设工程质量监督机构的主要任务包括(　　)。

A. 根据政府主管部门委托，受理建设工程项目质量监督

B. 制定质量监督方案

C. 检查建设工程的实体质量

D. 组织工程竣工验收

E. 检查施工现场工程建设各方主体的质量行为

三、简答题

1. 我国的标准是如何分类的?

2. 施工单位违反资质管理规定和转包、违法分包并造成质量问题应承担哪些法律责任?

3. 政府监督检查的内容和有权采取的措施有哪些?

4. 建设工程竣工验收的主体是什么单位?竣工验收应当具备哪些法定条件?

5. 建设工程的保修期限从何时算起?我国现行规定的最低保修期限是多长?

四、技能训练活动

以本地区实际项目为背景,主要以学生为主,教师为辅,以学生分组分别担任建设单位、施工单位、监理单位、设计单位、勘察单位,开展建筑工程竣工验收,严格按照本地区建设行政主管部门的要求和程序开展验收和备案,并在验收合格后签署建筑工程质量保修书。

第 7 章　案例参考答案

【案例 7-1】分析:

(1)设计文件的修改只能由原设计单位或经由原设计单位同意后建设单位选择的其他设计单位完成。

原因分析:根据《建设工程勘察设计管理条例》第二十八条规定,“确需修改建设工程设计文件的,应当由原建设工程设计单位修改,经原建设工程设计单位书面同意,建设单位也可以委托其他具有相应资质的建设工程设计单位修改”。建设单位为了加速施工周期直接委托当地某甲级设计院出变更图纸,未经原设计单位(北京某设计院)同意的做法不妥。

(2)根据《建设工程质量管理条例》的规定,施工单位未按图施工,监理公司未尽到对施工质量的监督管理责任,二者应当对柱子漏设这一质量问题各自承担相应的法律责任;铝合金是由建设单位提供的,其质量不合格的问题应当由建设单位承担。

(3)工程质量保修书中约定的保修期限必须长于法律规定的最低保修期限,轻钢结构工程的保修期限应为其设计年限,应当等于主体结构的设计年限 50 年。

原因分析:根据《建设工程质量管理条例》第三十九条建设工程最低保修期限的规定,“主体结构为设计文件规定的该工程的合理使用年限”。轻钢结构工程也是该工程的主体结构工程,故其保修期限应为其设计年限,应当是主体结构的设计年限 50 年。

【案例 7-2】分析:

(1)《建设工程质量管理条例》第三十条规定:“施工单位必须建立、健全施工质量的检验制度,严格工序管理,做好隐蔽工程的质量检查和记录。隐蔽工程在隐蔽前,施工单位应当通知建设单位和建设工程质量监督机构。”在本案中,建筑公司没有通知有关单位验收就将隐蔽工程进行隐蔽并继续施工,严重违反了《建设工程质量管理条例》的上述规定,应该承担相应的法律责任。

(2)《中华人民共和国建筑法》第六十一条第二款规定:“建筑工程竣工经验收合格后,方可交付使用;未经验收或者验收不合格的,不得交付使用。”《建设工程质量管理条例》第三十二条规定:“施工单位对施工中出现质量问题的建设工程或者竣工验收不合格的建设工程,应当负责返修。”第 64 条规定:“违反本条例规定,施工单位……造成建设工程质量不符合规定的质量标准的,负责返工、修理,并赔偿因此造成的损失;情节严重的,责令停业整顿，降低资质等级或者吊销资质证书。”本案中，建筑公司应该对存在的工程质量缺陷进行修复，并赔偿因此造成的损失；情节严重的，政府主管部门应责令停业整顿，降低资质等级或者吊销资质证书。

【案例 7-3】分析：

本案中涉及多方面的结构技术问题，较为复杂，地下筏板剪切破坏的可能原因并不唯一，需要做进一步的结构计算分析才能够下结论。但是，设计单位对桩型选择是有失误的。因为该工程的地质勘查报告已经载明了地基土属于饱和土，饱和土的湿软特性决定了设计单位不应该选择采用排土灌桩，此失误导致了在打桩过程中出现跳土现象。设计单位没有根据勘察成果文件提供的信息进行设计，违反了《建设工程质量管理条例》第二十一条规定：“设计单位应当根据勘察成果文件进行建设工程设计。”设计单位应该对该工程设计承担质量责任。

第 7 章　习题答案

一、单项选择题

1. B　2. D　3. D　4. C　5. C　6. C　7. C　8. C　9. D　10. C

二、多项选择题

1. ABD　2. ABC　3. BCE　4. BE　5. ABC　6. ABCE

三、简答题

1. 按照《中华人民共和国标准化法》的规定，我国的标准按级别分为国家标准、行业标准、地方标准和企业标准；国家标准、行业标准按约束性分为强制性标准和推荐性标准。

2.《中华人民共和国建筑法》规定，建筑施工企业转让、出借资质证书或者以其他方式允许他人以本企业的名义承揽工程的，责令改正，没收违法所得，并处罚款，可以责令停业整顿，降低资质等级；情节严重的，吊销资质证书。对因该项承揽工程不符合规定的质量标准造成的损失，建筑施工企业与使用本企业名义的单位或者个人承担连带赔偿责任。

承包单位将承包的工程转包的，或者违反本法规定进行分包的，责令改正，没收违法所得，并处罚款，可以责令停业整顿，降低资质等级；情节严重的，吊销资质证书。对因转包工程或者违法分包的工程不符合规定的质量标准造成的损失，与接受转包或者分包的单位承担连带赔偿责任。

3.《建设工程质量管理条例》规定，国务院建设行政主管部门和国务院铁路、交通、水利等有关部门以及县级以上地方人民政府建设行政主管部门和其他有关部门，应当加强对有关建设工程质量的法律、法规和强制性标准执行情况的监督检查。

县级以上人民政府建设行政主管部门和其他有关部门履行监督检查职责时，有权采取下列措施：

(1) 要求被检查的单位提供有关工程质量的文件和资料；

(2) 进入被检查单位的施工现场进行检查；

(3) 发现有影响工程质量的问题时，责令改正。

有关单位和个人对县级以上人民政府建设行政主管部门和其他有关部门进行的监督检查应当支持与配合，不得拒绝或者阻碍建设工程质量监督检查人员依法执行职务。

4. 建设工程竣工验收的主体：

《建设工程质量管理条例》规定，建设单位收到建设工程竣工报告后，应当组织设计、施工、工程监理等有关单位进行竣工验收。

对工程进行竣工检查和验收，是建设单位法定的权利和义务。在建设工程完工后，承包单位应当向建设单位提供完整的竣工资料和竣工验收报告，提请建设单位组织竣工验收。建设单位收到竣工验收报告后，应及时组织包括设计、施工、工程监理等有关单位参加的竣工验收，检查整个工程项目是否已按照设计要求和合同约定全部建设完成，并符合竣工验收条件。

竣工验收应当具备的法定条件：

《中华人民共和国建筑法》规定，交付竣工验收的建筑工程，必须符合规定的建筑工程质量标准，有完整的工程技术经济资料和经签署的工程保修书，并具备国家规定的其他竣工条件。建筑工程竣工经验收合格后，方可交付使用；未经验收或者验收不合格的，不得交付使用。

《建设工程质量管理条例》进一步规定，建设工程竣工验收应当具备下列条件：

(1)完成建设工程设计和合同约定的各项内容。

建设工程设计和合同约定的内容，主要是指设计文件所确定的以及承包合同“承包人承揽工程项目一览表”中载明的工作范围，也包括监理工程师签发的变更通知单中所确定的功能。

(2)有完整的技术档案和施工管理资料。

工程技术档案和施工管理资料是工程竣工验收和质量保证的重要依据之一，主要包括以下档案和资料：

①工程项目竣工验收报告；

②分项、分部工程和单位工程技术人员名单；

③图纸会审和技术交底记录；

④设计变更通知单，技术变更核实单；

⑤工程质量事故发生后调查和处理资料；

⑤隐蔽验收记录及施工日志；

⑦竣工图；

⑧质量检验评定资料等；

⑨合同约定的其他资料。

(3)有工程使用的主要建筑材料、建筑构配件和设备的进场试验报告。

对建设工程使用的主要建筑材料、建筑构配件和设备，除须具有质量合格证明资料外，还应当有进场试验、检验报告，其质量要求必须符合国家规定的标准。

(4)有勘察、设计、施工、工程监理等单位分别签署的质量合格文件。

勘察、设计、施工、工程监理等有关单位要依据工程设计文件及承包合同所要求的质量标准，对竣工工程进行检查评定，符合规定的，应当签署合格文件。

(5)有施工单位签署的工程保修书。

施工单位同建设单位签署的工程保修书，也是交付竣工验收的条件之一。

凡是没有经过竣工验收或者经过竣工验收确定为不合格的建设工程，不得交付使用。如果建设单位为提前获得投资效益，未验收工程就提前投产或使用，由此而发生的质量等问题，建设单位要承担责任。

5. 建设工程保修期的起始日是竣工验收合格之日。按照《建设工程质量管理条例》的规定："建设行政主管部门或者其他有关部门发现建设单位在竣工验收过程中有违反国家有关建设工程质量管理规定行为的，责令停止使用，重新组织竣工验收。"对于重新组织竣工验收的工程，其保修期为各方都认可的重新组织竣工验收的日期。

《建设工程质量管理条例》规定，在正常使用条件下，建设工程的最低保修期限为：基础设施工程、房屋建筑的地基基础工程和主体结构工程，为设计文件规定的该工程的合理使用年限；屋面防水工程、有防水要求的卫生间、房间和外墙面的防渗漏，为 5 年；供热与供冷系统，为 2 个采暖期、供冷期；电气管线、给排水管道、设备安装和装修工程，为 2 年。其他项目的保修期限由发包方与承包方约定。

第 8 章　建设工程招标与投标

【职业能力目标】《中华人民共和国招标投标法》明确规定了招标项目的范围，并明确提出招标方式包括公开招标和邀请招标。招标工作由招标准备、招标投标、开标、评标和定标等一系列衔接紧密的步骤构成。从事招标投标具体工作时，必须以国家相关法律、法规为尺度。要求学生重点掌握建设工程招标投标实施的范围和建设工程招标工作程序，培养未来实际建设工程项目招、投标实践能力。

【学习要求】 了解强制招标制度，熟悉招标投标活动应遵循的基本原则；掌握招标文件、投标文件的编制、招标投标活动中的禁止性规定；了解开标的时间、地点，评标委员会的组成，评标的标准和方法。

【案例 8-1】

2013 年某房地产开发公司为建设某大厦进行了招标，招标文件中规定了中标单位应与招标单位签订履约保证金合同。中标单位确定为某建筑公司，原告某建筑公司与被告某房地产开发公司签订了一份履约保证金协议，约定由原告向被告支付 200 万元作为履约保证金，期限为一年；同时约定了补偿办法和违约责任等。协议签订后，经被告许可，原告实际支付了 150 万元。被告收取了此笔保证金，即将其挪用于工程建设。一年期满后被告未按约如期履行返还义务。双方于 2016 年 9 月 24 日签订补偿协议，约定从 2016 年 10 月起，被告按月归还，每季度不少于 50 万元，在 2017 年 7 月前归还全部保证金。但是到期后被告仍未归还，原告催索无果，遂书面通知被告解除补充协议，并向法院提起诉讼，要求法院判令归还保证金及利息。

问题：本案应当如何处理？为什么？

8.1　招标投标活动原则及适用范围

建筑工程招标投标，是在市场经济条件下进行工程建设项目的发包与承包时所采用的一种交易方式。采用招标投标方式进行交易活动的最显著特征，是将竞争机制引入了交易过程，它具有公平竞争、减少或杜绝行贿受贿等腐败和不正当竞争行为、节省和合理使用资金、保证建设项目质量等明显的优越性。为了规范这种交易方式，确立招标投标的法律制度，是十分必要的。1999 年 8 月 30 日，第九届全国人大常委会第十一次会议审议并通过了《中华人民共和国招标投标法》(以下简称(招标投标法))，标志着我国的招标投标活动在法制的轨道上，已经进入了一个规范的、公平竞争的崭新阶段。这部法共六章、六十八条。第一章为总则，它是《中华人民共和国招标投标法》概括性、纲领性、原则性的规定，对其他各章的规定具有指导作用。第二至四章根据招标投标活动的具体程序和步骤，规定了招标、投标、开标、评标和中标各阶段的行为规则。第五章规定了违反本法应当承担的法律责任。第六章为附则，是该法的附加部分，是对法律正文中未尽事项的规定。整部法律体现了鼓励和保护公平竞争的精神，限制了不利于公平竞争的行政干预，排除了地方、部门的保护主义，确立了以效率、质量取胜的机制，加大了对干扰破坏招标投标秩序行为的惩罚力度。《中华人民共和国招标投标法》是招标投标法律体系中的基本法律。继《中华人民共和国招标投标法》发布之后，中华人民共和国国家发展计划委员会于 2000 年 5 月 1 日发布了《工程建设项目招标范围和规模标准规定》，2000 年 7 月 1 日发布了《招标公告发布暂行办法》和《工程建设项目自行招标试行办法》；原建设部于 2000 年 6 月 30 日发布了《工程建设项目招标代理机构资格认定办法》，2000 年 10 月 18 日发布了《建筑工程设计招标投标管理办法》，2001 年 6 月 1 日发布了《房屋建筑和市政基础设施工程施工招标投标管理办法》；原国家发展计划委员会、建设部、铁道部、交通部、信息产业部、水利部、民航总局等七部(委)于 2001 年 7 月 5 日联合发布了《评标委员会和评标方法》，于 2003 年 3 月 8 日联合发布了《工程建设项目施工招标投标办法》。2013 年 3 月 11 日，国务院发布《关于废止和修改部分招标投标规章和规范性文件的决定》，对相关的招投标法规进行了修订。2013 年 2 月 4 日，发改委第二十条公布《电子招标投标办法》，该办法自 2013 年 5 月 1 日起施行。2018 年 6 月 1 日，国务院发改委批准实施《必须招标的工程项目规定》。目前，招标投标法律制度已处于较为成熟阶段。

8.1.1 《中华人民共和国招标投标法》的立法宗旨、适用范围和调整对象

1. 立法宗旨

立法宗旨，又称立法目的，是一部法律所要达到的目标。制定《中华人民共和国招标投标法》的根本目的，是维护市场平等竞争秩序，完善社会主义市场经济体制。而其直接立法目的是：规范招标投标活动，保护国家利益、社会公共利益和招标投标活动当事人的合法权益，提高经济效益，保证项目质量。

2. 适用范围

《中华人民共和国招标投标法》第二条对该法的适用范围做出了明确规定：“在中华人民共和国境内进行招标投标活动，适用本法。”需要指出的是，由于我国对境内的香港特别行政区，澳门特别行政区实行“一国两制”，按照我国香港、澳门两个特别行政区基本法的规定，只有列入这两个基本法附件三的法律，才能在这两个特别行政区适用。《中华人民共和国招标投标法》没有列入这两个法的附件三中，因此，《中华人民共和国招标投标法》不适用香港、澳门两个特别行政区。按照《中华人民共和国招标投标法》第六十八条的规定，《中华人民共和国招标投标法》自 2000 年 1 月 1 日起施行。

3. 调整对象

法律的调整对象是指一部法律所调整的社会关系。《中华人民共和国招标投标法》是调整“招标投标活动”中产生的社会关系，比如招标人和投标人平等主体之间的平等关系、招标投标活动过程中的有关行政监督部门和被监督对象之间的监督与被监督的关系等。凡是在中国境内进行的招标投标活动，不论是属于必须进行招标的项目，还是属于自愿进行招标的项目，其招标投标活动均适用《中华人民共和国招标投标法》。需要注意的是，根据强制招标项目和非强制招标项目的不同情况，《中华人民共和国招标投标法》做了有所区别的规定。有关招标投标规则和程序的强制性规定及法律责任的规定，主要适用于强制招标的项目。

8.1.2 中华人民共和国强制招标制度

强制招标，是指法律、法规规定某些特定类型的采购项目，凡是达到规定的规模标准的，必须通过招标进行采购，否则采购单位要承担法律责任。这一做法早已成为国际惯例。国际经验表明，强制性招标是发展国民经济的一项重要的制度保证。在我国当前推行强制性招标可以带来的好处有：①减少国有资产的投资风险，避免投资浪费，提高经济效益。②为民主、科学的投资决策提供保障，防止市场竞争中由于盲目性、随意性、自发性带来的决策失误。③有效扼制投资领域的不正之风和贪污腐败行为。④为所有符合条件的供应商、承包商提供公开、公平、公正的竞争环境，保证招标者能够择优确定投标人，保证采购的质量。⑤有利于打破采购供应领域的地方、行业、部门的垄断及保护政策。

1. 强制招标的范围和规模标准

关于强制招标的范围，根据《中华人民共和国招标投标法》第三条的规定，法定强制招标项目的范围有两大类：一是《中华人民共和国招标投标法》明确规定必须进行招标的项目；二是依照其他法律或者国务院的规定必须进行招标的项目。

1)《中华人民共和国招标投标法》明确规定必须进行招标的项目

下列工程建设项目包括项目的勘察、设计、施工、监理以及与工程建设项目有关的重要设备、材料等的采购，必须进行招标：大型基础设施、公用事业等关系社会公共利益、公共安全的项目；全部或者部分使用国有资金投资或者国家融资的项目；使用国际组织或者外国政府贷款、援助资金的项目。

为了增加强制招标工作的可操作性，根据《中华人民共和国招标投标法》的授权，国家发改委于2018年3月30日发布了《必须招标的工程项目规定》(以下简称《规定》)。该《规定》第二条至第五条确定了必须进行招标的工程建设项目的具体范围和规模标准。

(1)全部或者部分使用国有资金投资或者国家融资的项目包括：①使用预算资金200万元人民币以上，并且该资金占投资额10%以上的项目；②使用国有企业事业单位资金，并且该资金占控股或者主导地位的项目。

(2)使用国际组织或者外国政府贷款、援助资金的项目包括：①使用世界银行、亚洲开发银行等国际组织贷款、援助资金的项目；②使用外国政府及其机构贷款、援助资金的项目。

(3)不属于上述规定情形的大型基础设施、公用事业等关系社会公共利益、公众安全的项目，必须招标的具体范围由国务院发展改革部门会同国务院有关部门按照确有必要、严格限定的原则制定，报国务院批准。

(4)上述规定范围内的项目，其勘察、设计、施工、监理以及与工程建设有关的重要设备、材料等的采购达到下列标准之一的，必须招标：①施工单项合同估算价在400万元人民币以上的；②重要设备、材料等货物的采购，单项合同估算价在200万元人民币以上的；③勘察、设计、监理等服务的采购，单项合同估算价在100万元人民币以上的；④同一项目中可以合并进行的勘察、设计、施工、监理以及与工程建设有关的重要设备、材料等的采购，合同估算价合计达到前款规定标准的，必须招标。

2)法律或者国务院规定的其他必须进行招标的项目

随着招标投标制度的建立和推行，我国实行招标投标制度的领域将逐步扩大，必须依法采用招标采购方式的项目并非仅限于工程建设项目。例如，《中华人民共和国招标投标法》规定以外的属于政府采购范围内的其他大额采购，也应纳入强制招标的范围，对此由政府采购法做出规定。为此，《中华人民共和国招标投标法》第三条第三款规定，法律或者国务院对必须进行招标的其他项目的范围有规定的，按照其规定。但应指出，其他法律或国务院规定实行强制招标采购的项目，在招标投标的规则和程序方面，都应适用《中华人民共和国招标投标法》的规定。

2. 可以不进行招标的工程建设项目

如果建设项目不属于强制招标的项目则可以招标也可以不招标。但是，即使符合强制招标项目的条件，但是属于某些特殊情形的，也可以不进行招标。

1）可以不进行招标的施工项目

依据《中华人民共和国招标投标法》第六十六条和 2003 年 3 月 8 日国家发改委、原建设部等七部委令第 30 号发布的 2013 年 3 月 11 日修改、2013 年 5 月 1 日发布的《工程建设项目施工招标投标办法》第十二条的规定，需要审批的工程建设项目，有下列情形之一的，由审批部门批准，可以不进行施工招标。

（1）涉及国家安全、国家秘密或者抢险救灾而不适宜招标的；

（2）属于利用扶贫资金实行以工代赈需要使用农民工的；

（3）施工主要技术采用特定的专利或者专有技术的；

（4）施工企业自建自用的工程，且该施工企业资质等级符合该工程要求的；

（5）在建工程追加的附属小型工程或者主体加层工程，原中标人仍具备承包能力的；

（6）法律、行政法规规定的其他情形。

国家重点建设项目，应当经国务院发展计划部门批准；地方重点建设项目，应当经各省、自治区、直辖市人民政府批准。全部使用国有资金投资或者国有资金投资占控股或者主导地位的并需要审批的工程建设项目，应当经项目审批部门批准，若项目审批部门只审批立项，则由有关行政监督部门批准。

不需要审批但依法必须招标的工程建设项目，有前款规定情形之一的，可以不进行施工招标。

2）可以不进行招标的勘察、设计项目

依据《建设工程勘察设计管理条例》第十六条的规定，下列建设工程的勘察、设计，经有关主管部门批准，可以直接发包：

（1）采用特定的专利或者专有技术的；

（2）建筑艺术造型有特殊要求的；

（3）国务院规定的其他可以直接发包的建设工程的勘察、设计。

8.1.3　招标投标活动应遵循的基本原则

招标、投标活动应遵循的基本原则

《中华人民共和国招标投标法》第五条规定了招标投标活动必须遵循的基本原则，即“公开、公平、公正和诚实信用”。这是招标投标必须遵循的最基本的原则，违反了这一基本原则，招标投标活动就失去了本来的意义。招标投标法有关招标投标的各项规定，都是为了保证这一基本原则的实现而制定的。

1. 公开原则

公开原则，就是要求招标投标活动具有较高的透明度，实行招标信息、招标程序、招标结果公开。

(1)信息公开

采用公开招标方式的，招标方应通过国家指定的报刊、信息网络或者其他公共媒介发布招标公告；采取邀请招标方式的，招标方应当向三个以上具备承担招标项目的能力、资信良好的特定的法人或其他组织发出投标邀请书。

(2)开标公开

开标应当公开进行，开标的时间和地点应当与招标文件中预先确定的相一致。开标由招标人主持，邀请所有投标人和有关单位代表参加。招标人在提交投标文件的截止时间前收到的所有投标文件，开标时都应当众予以拆封、宣读，并做好记录，存档备查。

(3)评标标准与方法公开

评标的标准和办法应当在提供给所有投标人的招标文件中载明，评标应严格按照招标文件确定的标准和办法进行，不得采用招标文件未列明的任何标准。招标人不得与投标人就投标价格、投标方案等实质性内容进行谈判。

(4)中标结果公开

确定中标人后，招标人应当向中标人发出通知书，同时将中标结果通知所有未中标的投标人。中标通知书对招标人和中标人都具有法律效力。中标通知书发出后，招标人改变中标结果的，或者中标人放弃的，均应当承担法律责任。对于未中标的其他投标人对招标投标活动中不符合《中华人民共和国招标投标法》有关规定的，或对中标结果有异议的，有权向招标人提出或向有关行政监督部门投诉。

2. 公平原则

公平原则要求给予所有投标人平等的机会，使其享有同等的权利，履行同等的义务。不能有意排斥、歧视任何一方。而投标人不得采用不正当竞争手段参加投标竞争。

对于招标方，应向所有的潜在投标人提供相同的招标信息；招标人不得以不合理的条件限制或者排斥潜在投标人，不得对潜在投标人实行歧视待遇；招标文件不得要求或者标明特定的生产供应者以及含有倾向或者排斥潜在投标人的其他内容；招标人不得向他人透露已获取招标文件的潜在投标人的名称、数量以及可能影响公平竞争的有关招标投标的其他情况；招标人不得限制投标人之间的竞争；所有投标人都有权参加开标会；所有在投标截止时间前收到的投标文件都应当在开标时当众拆封、宣读。

对于投标方，不得相互串通投标报价，不得排斥其他投标人的公平竞争，损害招标人或者其他投标人的合法权益；投标人不得与招标人串通投标，损害国家利益、社会公共利益或者他人的合法权益。

对于招投标双方来说，在采购活动中双方的地位平等，任何一方不得向另一方提出不合理的要求，不得将自己的意志强加给对方。

3. 公正原则

公正原则就是要求在招标投标活动中，程序规范、标准一致。评标时对所有投标者一视同仁，严格按照事先公布的标准和规则统一对待各投标人。不得向任何投标人泄露标底或其他可能妨碍公平竞争的信息；任何单位和个人不得非法干预、影响评标过程和结果。

4. 诚实信用原则

“诚实信用”是民事活动的基本原则之一。我国《民法通则》和《中华人民共和国民法典》

合同编等民事基本法律中都规定了这一原则。招标投标活动是以订立采购合同为目的的民事活动，当然也适用这一原则。本原则的含义是，在招标投标活动中，招标人或招标代理机构、投标人等均应以诚实、善意的态度参与招标投标活动，严格按照法律的规定行使自己的权利和义务，坚持良好的信用，不得弄虚作假，欺骗他人，牟取不正当利益，不得损害对方、第三者或者社会的利益。对违反诚实信用原则，给他方造成损失的，要依法承担赔偿责任。《中华人民共和国招标投标法》第五十三条至第六十条明确规定了各种违背诚实信用原则的行为的法律责任。

8.2 工程招标与投标

一次完整的招标投标活动，包括招标、投标、开标、评标和中标等许多环节。招标是整个招标投标过程的第一个环节，也是对投标、评标、定标有直接影响的环节，所以在《中华人民共和国招标投标法》中对这个环节确立了一系列的明确的规范。要求在招标中有严格的程序，较高的透明度、严谨的行为规则，以求有效地调整在招标中形成的社会经济关系。

8.2.1 工程招标

工程项目施工招投标程序

1. 招标人

《中华人民共和国招标投标法》第八条规定："招标人是依照本法规定提出招标项目、进行招标的法人或者其他组织。"正确理解法律意义上的招标人的含义，应当把握以下几点。

(1)招标人应当是法人或者其他组织，而自然人则不能成为该法意义上的招标人。根据我国《中华人民共和国民法通则》的有关规定，法人是指具有民事权利能力和民事行为能力，依法独立享有民事权利和承担民事义务的组织。其他组织，是指除法人以外的不具备法人条件的其他实体。包括合伙企业、个人独资企业和外国企业以及企业的分支机构等。

(2)依法提出招标项目。这里有两层含义：一是要提出招标项目，即根据招标人的实际情况以及《中华人民共和国招标投标法》的有关规定确定需要招标的具体项目，办理有关审批手续，落实项目的资金来源等。二是进行招标，即根据《中华人民共和国招标投标法》规定的程序和实质内容确定招标方式，编制招标文件，发布招标公告，审查潜在投标人资格，进行开标、评标、确定中标人及订立书面合同等。

(3)招标条件。

根据《中华人民共和国招标投标法》第九条、《房屋建筑和市政基础设施工程施工招标投标管理办法》第八条和《工程建设项目施工招标投标办法》第八条的规定，依法必须招标的工程建设项目，应当具备下列条件才能进行施工招标：①招标人已经依法成立；②初步设计及概算已经审批；③有相应资金或资金来源已经落实；④有招标所需的设计图纸及技术资料。

2. 招标方式

招标投标作为大额采购的一种主要交易方式在国外已有多年的历史。按照不同的标准，招标有多种方式。比如，按其性质划分，可分为公开招标和邀请招标；按竞争范围划分，可分为国际竞争性招标和国内竞争性招标；按价格确定方式划分，可分为固定总价项目招标、成本加酬金项目招标和单价不变项目招标等。无论哪一种招标方式，都离不开招标的基本特性，即招标的公开性、竞争性和公平性。

目前世界各国和有关国际组织有关招标的方式大体上有三种：公开招标、邀请招标和议标。与以往的招标法律文件不同，《中华人民共和国招标投标法》只规定了公开招标和邀请招标为法定招标方式，摒弃了议标方式。这是因为议标是通过协商达成交易的一种方式，通常在非公开状态下采取一对一谈判方式进行，这显然违反了招标应遵循的公开、公平、公正的原则。

1)公开招标

公开招标也称“无限竞争性招标”，是指由招标人按照法定程序，在规定的公开的媒体上发布招标公告，公开提供招标文件，使所有符合条件的潜在投标人都可以平等参加投标竞争，从中择优选定中标人的一种招标方式。其特点是招标人发出招标公告，其针对的对象是所有对招标项目感兴趣的法人或者其他组织，对参加投标的投标人在数量上没有限制，具有广泛性。这种公告方式，可以大大提高招标活动的透明度，对招标过程中的不正当交易行为起到较强的抑制作用。

国务院发展计划部门确定的国家重点建设项目和各省、自治区、直辖市人民政府确定的地方重点建设项目，以及全部使用国有资金投资或者国有资金投资占控股或者主导地位的工程建设项目，应当公开招标。

2)邀请招标

邀请招标也称“有限竞争性招标”或“限制性招标”，是指招标方根据自己所掌握的情况，预先确定一定数量的符合招标项目基本要求的潜在投标人并向其发出投标邀请书，由被邀请的潜在投标人参加投标竞争，招标人从中择优确定中标人的一种招标方式。其特点是：

(1)根据《中华人民共和国招标投标法》第十七条的规定，采用邀请招标方式的招标人应当向三个以上潜在投标人发出投标邀请书。

(2)邀请招标的招标人要以投标邀请书的方式向一定数量的潜在投标人发出投标邀请，只有接受投标邀请书的法人或者其他组织才可以参加投标竞争，其他法人或组织无权参加投标。由于这种招标方式的投标者范围只限于受到招标方邀请的人，竞争受到限制，因此，有关国际组织，国际金融机构和一些国家的法律规定，只有在所规定的不适宜公开招标的特殊情形下，招标或采购方才可以采用邀请招标方式。但从另一方面看，由于被邀请参加投标竞争者有限，不仅可以节约招标费用，而且提高了每个投标者的中标机会，又因为不用刊登招标公告，招标文件只送几家，投标有效期大大缩短。这对采购那些价格波动较大的商品是非常必要的。

根据《工程建设项目施工招标投标办法》第十一条的规定，有下列情形之一的，经批准可以进行邀请招标：①项目技术复杂或有特殊要求，或者受自然地域环境限制，只有少量潜在投标人可供选择；②涉及国家安全、国家秘密或者抢险救灾，适宜招标但不宜公开招标；③采用公开招标方式的费用占项目合同金额的比例过大；④法律、法规规定不宜公开招标的。

国家重点建设项目的邀请招标，应当经国务院发展计划部门批准；地方重点建设项目的邀请招标，应当经各省、自治区、直辖市人民政府批准。全部使用国有资金投资或者国有资金投资占控股或者主导地位的并需要审批的工程建设项目的邀请招标，应当经项目审批部门批准，若项目审批部门只审批立项，则由有关行政监督部门批准。

3. 自行招标和代理招标

从招标行为实施主体的自主性来看，招标有自行招标和代理招标两种。

1) 自行招标

自行招标指的是招标方独自进行的招标活动。国家发展计划委员会于 2000 年 7 月 1 日发布了《工程建设项目自行招标试行办法》。该办法第四条对自行招标方必须具备的条件做出了规定：①具有项目法人资格（或者法人资格）；②具有与招标项目规模和复杂程度相适应的工程技术、概预算、财务和工程管理等专业技术力量；③有从事同类工程建设项目招标的经验；④设有专门的招标机构或者拥有 3 名以上专职招标业务人员；⑤熟悉和掌握招标投标法及有关法规规章。

招标人符合法律规定的自行招标条件的，可以自行办理招标事宜。任何单位和个人不得强制其委托招标代理机构办理招标事宜。

2) 代理招标和招标代理机构

若不具备自行招标条件时，应当采用代理招标的方式。

所谓代理招标，是指招标代理机构接受招标人的委托，代为办理招标事宜。招标代理机构是"依法设立、从事招标代理业务并提供相关服务的社会中介组织。"

(1) 工程招标代理机构应具备的条件

①有从事招标代理业务的营业场所和相应资金；②有健全的组织机构和内部管理的规章制度；③有能够编制招标文件和组织评标的相应专业力量；④有符合该法定条件、可以作为评标委员会成员人选的技术、经济等方面的专家库。

(2) 工程建设项目招标代理机构的工程承接范围

工程招标代理机构可以跨省、自治区、直辖市承担工程招标代理业务。任何单位和个人不得限制或者排斥工程招标代理机构依法开展工程招标代理业务。

(3) 招标代理机构可以承担的招标事宜

招标代理机构应当在招标人委托的范围内承担招标事宜。招标代理机构可以承担下列招标事宜：①拟订招标方案，编制和出售招标文件、资格预审文件；②审查投标人资格；③编制标底；④组织投标人踏勘现场；⑤组织开标、评标，协助招标人定标；⑥草拟合同；⑦招标人委托的其他事项。

(4) 工程招标代理机构的行为规范

工程招标代理机构在工程招标代理活动中不得有下列行为：

①与所代理招标工程的招投标人有隶属关系、合作经营关系以及其他利益关系；

②从事同一工程的招标代理和投标咨询活动；

③明知委托事项违法而进行代理；

④采取行贿、提供回扣或者给予其他不正当利益等手段承接工程招标代理业务；

⑤未经招标人书面同意，转让工程招标代理业务；

⑥泄露应当保密的与招标投标活动有关的情况和资料；

⑦与招标人或者投标人串通，损害国家利益、社会公共利益和他人合法权益；

⑧对有关行政监督部门依法责令改正的决定拒不执行或者以弄虚作假方式隐瞒真相；

⑨擅自修改经招标人同意并加盖了招标人公章的工程招标代理成果文件；等等。

招标代理机构应当与招标人签订工程招标代理书面委托合同，并在合同约定的范围内依法开展工程招标代理活动。招标代理机构及其从业人员应当严格按照《招标投标法》《招标投标法实施条例》等相关法律法规开展工程招标代理活动，并对工程招标代理业务承担相应责任。

4. 招标公告的发布方式及内容

1)公开招标应当发布招标公告

招标公告是招标人以公告方式邀请不特定的潜在投标人就招标项目参加投标的意思表示。公开招标的招标信息必须通过公告的途径予以通知，使所有合格的投标人都有同等机会了解招标要求。招标公告是公开招标的第一步，也是决定竞争的广泛程度，保证招标质量的关键性一步。同时，招标公告的发布方式对信息能否广泛传播也起着决定性作用，直接影响招标公告的发布结果。因此，对公告发布的方式做出法律规定是十分必要的。

2)招标公告的发布方式

依法必须进行招标的项目的招标公告，应当通过国家指定的报刊、信息网络或者其他媒介发布。国内招标公告应使用中国文字，国际招标公告还应同时使用英文或相关国家的文字。国际招标还可以在发布招标公告的同时，向有关国家的使馆或驻招标国的外国机构发出通知。“国家指定”主要是指由法律、行政法规做出的规定。2000 年 7 月 1 日原国家发展计划委员会令第 4 号发布了《招标公告发布暂行办法》，同时指定《中国日报》《中国经济导报》《中国建设报》《中国采购与招标网》(http：//www. chinabidding. com. cn)为发布依法必须招标项目的招标公告的媒介。其中，依法必须招标的国际招标项目的招标公告应在《中国日报》发布。随着科学技术的发展，可能还会出现一些新的发布方式，为此，《中华人民共和国招标投标法》第十六条规定了“其他媒介”，作为报刊和信息网络的补充。

3)招标公告的主要内容

招标公告的主要目的是发布招标项目的有关信息，使那些有兴趣的潜在投标人知道与项目有关的主要情况，来决定其是否参加投标。因此，招标公告的内容对潜在投标人是至关重要的。

(1)施工招标公告的主要内容

根据《工程建设项目施工招标投标办法》第十四条的规定，施工招标的招标公告或者投标邀请书应当至少载明下列内容：①招标人的名称和地址；②招标项目的内容、规模、资金来源；③招标项目的实施地点和工期；④获取招标文件或者资格预审文件的地点和时间；⑤对招标文件或者资格预审文件收取的费用；⑥对投标人的资质等级的要求。

(2)设计招标公告的主要内容

根据《建筑工程设计招标投标管理办法》第八条的规定，设计招标的招标公告或者投标邀请书应当载明招标人的名称和地址、招标项目的基本要求、投标人的资质以及获取招标文件的办法等事项。

5. 对潜在投标人或者投标人的资格审查

招标人可以根据招标项目本身的特点和需要，要求潜在投标人或者投标人提供满足其资格要求的文件，对潜在投标人或者投标人进行资格审查。

1)资格审查的类型

资格审查分为资格预审和资格后审。

(1)资格预审。

资格预审，是指在投标前对潜在投标人进行的资格审查。若采取资格预审，招标人可以发布资格预审公告，并应在资格预审文件中载明资格预审的条件、标准和方法。经资格预审后，招标人应当向资格预审合格的潜在投标人发出资格预审合格通知书，告知获取招标文件的时间、地点和方法，并同时向资格预审不合格的潜在投标人告知资格预审结果。资格预审不合格的潜在投标人不得参加投标。

(2)资格后审。

资格后审，是指在开标后对投标人进行的资格审查。进行资格预审的，一般不再进行资格后审，但招标文件另有规定的除外。采取资格后审的，招标人应当在招标文件中载明对投标人资格要求的条件、标准和方法等。资格后审不合格的投标人的投标应作废标处理。

2)资格审查的内容

资格审查主要审查潜在投标人或者投标人是否符合下列条件：①具有独立订立合同的权利；②具有履行合同的能力，包括专业、技术资格和能力，资金、设备和其他物质设施状况，管理能力，经验、信誉和相应的从业人员；③没有处于被责令停业，投标资格被取消，财产被接管、冻结，破产状态；④在最近3年内没有骗取中标和严重违约及重大工程质量问题；⑤法律、行政法规规定的其他资格条件。

资格审查时，招标人不得以不合理的条件限制、排斥潜在投标人或者投标人，不得对潜在投标人或者投标人实行歧视待遇。任何单位和个人不得以行政手段或者其他不合理方式限制投标人的数量。

6. 招标文件的编制和出售

一般情况下，在发布招标公告或发出投标邀请书前，招标方就应根据招标项目特点和要求编制招标文件并确定标底(标底一经审定，应封标至开标，在此之前要绝对保密)。在发布招标公告或发出投标邀请书的基础上，按照招标公告中载明的时间和地点，向有意参加投标的供应商或承包商提供招标文件。与招标公告、投标邀请书不同，招标文件是招标人向供应商或承包商发出的，为其提供编写投标文件的资料并向其通报招标投标将依据的规则和程序等项内容的书面文件。

1)编制招标文件应遵守的原则

为了规范招标人的行为，保证招标文件的公正合理，我国《中华人民共和国招标投标法》及其相关规定要求招标人在编制招标文件时，应当遵守如下原则。

《中华人民共和国招标投标法》第十九条规定的原则："招标人应当根据招标项目的特点和需要编制招标文件。招标文件应当包括招标项目的技术要求、对投标人资格审查的标准、投标报价要求和评标标准等所有实质性要求和条件以及拟签订合同的主要条款。国家对招标项目的技术、标准有规定的，招标人应当按照其规定在招标文件中提出相应要求。招标项目需要划分标段、确定工期的，招标人应当合理划分标段、确定工期，并在招标文件中载明。"

《中华人民共和国招标投标法》第二十条规定的原则："招标文件不得要求或者标明特定的生产供应者以及含有倾向或者排斥潜在投标人的其他内容。"

2)关于时间方面招标文件应遵守的规定

(1)可以澄清、修改招标文件的时间

《中华人民共和国招标投标法》第二十三条规定："招标人对已发出的招标文件进行必要

的澄清或者修改的，应当在招标文件要求提交投标文件截止时间至少十五日前，以书面形式通知所有招标文件收受人。该澄清或者修改的内容为招标文件的组成部分。”

(2)确定编制投标文件的时间

《中华人民共和国招标投标法》第二十四条规定：“招标人应当确定投标人编制投标文件所需要的合理时间；但是，依法必须进行招标的项目，自招标文件开始发出之日起至投标人提交投标文件截止之日止，最短不得少于二十日。”

(3)确定投标有效期

投标有效期，是招标文件中规定的投标文件有效期。《工程建设项目施工招标投标办法》第二十九条规定：“招标文件应当规定一个适当的投标有效期，以保证招标人有足够的时间完成评标和与中标人签订合同。投标有效期从投标人提交投标文件截止之日起计算。

在原投标有效期结束前，出现特殊情况的，招标人可以书面形式要求所有投标人延长投标有效期。投标人同意延长的，不得要求或被允许修改其投标文件的实质性内容，但应当相应延长其投标保证金的有效期；投标人拒绝延长的，其投标失效，但投标人有权收回其投标保证金。因延长投标有效期造成投标人损失的，招标人应当给予补偿，但因不可抗力需要延长投标有效期的除外。”

3)设计招标文件的特点

建设工程设计招标不同于建设工程项目实施阶段其他工作的招标，它是投标人通过自己的智力劳动，将招标人对建设项目的设想转变为可实施的蓝图。设计招标与常见的施工招标相比较，具有以下显著的特点。

(1)招标文件无工作量要求。设计招标文件对投标人所提出的要求不是十分明确具体，只是简要介绍建设工程项目的实施条件和项目所在地的基本资料，提出设计依据、工程项目应达到的技术经济指标、限定的工作范围、要求完成设计的时间等内容，而无具体的工作量要求。

(2)投标文件报价的依据不是工程量表。投标人提交的投标文件一般首先提出设计初步方案并论证该设计方案的优点和实现计划，在此基础上再进一步提出报价。报价不是以规定的工程量表为依据，设计方案的优劣对报价影响程度较大。

(3)开标时不排定标价次序。设计招标开标时只是分别简要公布各设计方案的基本构思、设计意图和报价，一般不由招标单位按公布的各投标书的报价高低排定标价次序。

(4)报价对中标的影响程度较小。设计招标评标时，更多地是关注所提供设计方案的技术先进性和合理性，所达到的技术指标以及对工程项目投资效益的影响，而不过分追求完成设计任务报价的高低，因此报价对中标的影响程度较小。

4)设计招标文件的一般要求和主要内容

《建筑工程设计招标投标管理办法》对设计招标文件的一般要求和主要内容做出了规定。

(1)一般要求

设计招标文件的一般要求是：①招标人应当在招标文件中规定实质性要求和条件，并用醒目的方式标明；②招标文件应具有严肃性，一经发出，招标人不得随意变更，确需进行必要的澄清或者修改，应当在提交投标文件截止日期15日前，书面通知所有招标文件收受人；③招标人要求投标人提交投标文件的时限为：特级和一级建筑工程不少于45日；二级以下建筑工程不少于30日；进行概念设计招标的，不少于20日。

（2）主要内容

设计招标文件应包括以下主要内容：①工程名称、地址、占地面积、建筑面积等；②已批准的项目建议书或者可行性研究报告；③工程经济技术要求；④城市规划管理部门确定的规划控制条件和用地红线图；⑤可供参考的工程地质、水文地质、工程测量等建设场地勘察成果报告；⑥供水、供电、供气、供热、环保、市政道路等方面的基础资料；⑦招标文件答疑、踏勘现场的时间和地点；⑧投标文件编制要求及评标原则；⑨投标文件送达的截止时间；⑩拟签订合同的主要条款；⑩未中标方案的补偿办法。

5）施工招标文件的一般要求和主要内容

《工程建设项目施工招标投标办法》对施工招标文件的一般要求和主要内容做出了规定。

（1）一般要求

①招标人应当在招标文件中规定实质性要求和条件，并用醒目的方式标明。

②招标人可以要求投标人在提交符合招标文件规定要求的投标文件外，提交备选投标方案，但应当在招标文件中做出说明，并提出相应的评审和比较办法。

③招标文件规定的各项技术标准均应符合国家强制性标准，均不得要求或标明某一特定的专利、商标、名称、设计、原产地或生产供应者，不得含有倾向或者排斥潜在投标人的其他内容。

④招标项目需要划分标段、确定工期的，招标人应当合理划分标段、确定工期，并在招标文件中载明。对工程技术上紧密相连、不可分割的单位工程不得分割标段。招标人不得以不合理的标段或工期限制或者排斥潜在投标人或者投标人。

⑤招标文件应当明确规定评标时除价格以外的所有评标因素，以及如何将这些因素量化或者据此进行评估。

⑥招标文件应当规定一个适当的投标有效期。

⑦招标项目工期超过 12 个月的，招标文件中可以规定工程造价指数体系、价格调整因素和调整方法。

⑧招标人应当确定投标人编制投标文件所需要的合理时间。

⑨招标人根据招标项目的具体情况，可以组织潜在投标人踏勘项目现场，向其介绍工程场地和相关环境的有关情况。但招标人不得单独或者分别组织任何一个投标人进行现场踏勘。潜在投标人依据招标人介绍情况做出的判断和决策，由投标人自行负责。

⑩对于潜在投标人在阅读招标文件和现场踏勘中提出的疑问，招标人可以书面形式或召开投标预备会的方式解答，但需同时将解答以书面方式通知所有购买招标文件的潜在投标人。该解答的内容为招标文件的组成部分。

（2）主要内容

①招标公告或投标邀请书；

②投标人须知，包括工程概况，招标范围，资格审查条件，工程资金来源或者落实情况（包括银行出具的资金证明），标段划分，工期要求，质量标准，现场踏勘和答疑安排，投标文件编制、提交、修改、撤回的要求，投标报价要求，投标有效期，开标的时间和地点，评标的方法和标准等；

③合同的主要条款；

④投标文件格式；

⑤采用工程量清单招标的，应当提供工程量清单；

⑥技术条款；

⑦设计图纸；

⑧评标标准和方法；

⑨要求投标人提交的其他辅助材料。

在招标投标过程中，如果投标人投标后擅自撤回投标，或者投标被接受后由于投标人的原因不能签订合同，那么招标人就可能遭受损失（如重新进行招标的费用和招标推迟造成的损失等）。因此，招标人可以在招标文件中要求投标人提供投标保证金或其他形式的担保，以防投标人违约，并在投标人违约时得到补偿。投标保证金可以是支票、现金、银行汇票等。为避免影响投标人的积极性，投标保证金的金额不宜太高，一般不超过投标总价的 2%，最高不超过 80 万元。中标人确定后，对落选的投标人应及时退还其投标保证金。

6）工程量清单

（1）工程量清单及编制要求

工程量清单也叫工程量表，是将招标工程的全部项目内容按工程的部位、性质等放在一系列表内，每个表中既有工程部位和该部位实施时的各个项目的工程量，又有每个项目的计价要求（单价或总价），以及每个项目的报价和每个表的合计等，其中后两个栏目是留给投标者填写的。工程量清单一般由业主在招标文件中提供，作为投标人计算报价的依据。

工程量清单的项目可分为两大类，一类是按“单份”计价的项目，另一类是按“项”包干的项目。在编制工程量清单时要按工程的施工要求进行工作分解来立项。在立项时，注意将不同等级的工程区分开，将性质相同但部位不同的工作区分开，将情况不同可进行不同报价的工作区分开，尽力做到使工程量清单中各项既能满足工序进度控制的要求，又能满足费用控制的要求；既便于报价，又便于工程进度款的结算和支付。

（2）工程量清单的作用

①供投标人用于报价。投标人可以根据工程量清单按统一的规格填报单价，按价格的组成逐项汇总成整个工程的投标报价。

②用于工程实施过程中的结算。工程实施过程中，每月结算时可按工程量清单中已实施的项目单价或价格来计算应给付承包企业的款项。

③用于确定工程变更或新增项目时的单价或价格。工程实施过程中，如果发生工程变更或新增项目时，可选用或参考工程量清单中的单价来确定工程变更或新增项目的单价或价格。

（3）工程量清单的前言说明

招标文件中，在工程量清单的前言一般应有以下说明：

①工程量清单应与投标须知、合同条件、技术规范和图纸一起使用。在编制和填写工程量清单的每一项单价和合价时应考虑投标须知、合同条件的有关内容。

②工程量清单所列工程量系招标人估算和临时作为投标单位共同报价的基础使用的，而付款应以实际完成的工程量为依据，实际完成的工程量由承包单位计量，监理工程师核准。

③工程量清单中所填写的单价和合价，对于综合单价应说明包括人工费、材料费、机械费、其他直接费、有关文件规定的调价、利润、税金以及现行取费中的有关费用、材料差价以及采用固定价格的工程所测算的风险费等全部费用。对于工料单价，应说明按照现行预算定

额的工、料、机消耗及预算价格确定，作为直接费的基础，其他直接费、间接费、有关文件规定的调价、利润、税金、材料差价、设备价、现场费用、施工技术措施费用以及采用固定价格的工程所测算的风险费等按现行计算方法记取，计入其他相应的报价表中。

④工程量清单中的工程量应根据业主选定的计量方法和标准进行计量。

7）标底及其编制

建筑工程的标底，是指招标人认可的招标项目的预算价格。它由招标人或委托建设行政主管部门批准的具有相应资格和能力的中介代理机构，依据现行的工程量计算规则和规定的计价方法及要求编制。一个招标工程只能编制一个标底，并经招标管理机构审定，妥善封存，在开标前保密。任何单位和个人不得强制招标人编制或报审标底，或干预其确定标底。招标人可根据项目特点决定是否编制标底。招标项目也可以不设标底，进行无标底招标。

8）招标文件的出售

根据《工程建设项目施工招标投标办法》第十五条的规定，招标人应当按招标公告或者投标邀请书规定的时间、地点出售招标文件。自招标文件出售之日起至停止出售之日止，最短不得少于 5 个工作日。对招标文件的收费应当合理，不得以营利为目的。招标人在发布招标公告、发出投标邀请书后或者售出招标文件或资格预审文件后不得擅自终止招标。

8.2.2　工程投标

在招标人以招标公告或者投标邀请书的方式发出招标邀请后，具备承担该招标项目能力的法人或者其他组织即可在招标文件指定的提交投标文件的截止时间之前，向招标人提交投标文件，参加投标竞争。

投标又称报价，是指作为承包方的投标人根据招标人的招标条件向招标人提交其依照招标文件的要求所编制的投标文件，即向招标人提出自己的报价，以期承包到该招标项目的行为。

1. 投标人

1）投标人的范围

《中华人民共和国招标投标法》第二十五条的规定："投标人是响应招标、参加投标竞争的法人或者其他组织。""依法招标的科研项目允许个人参加投标的，投标的个人适用本法有关投标人的规定。"

所有对招标公告或投标邀请书感兴趣的并有可能参加投标的人，称为潜在投标人。所谓响应招标，是指潜在投标人获得了招标的信息或者投标邀请书以后购买招标文件，接受资格审查，并编制投标文件，按照招标人的要求参加投标。参加投标竞争是指按照招标文件的要求并在规定的时间内提交投标文件的活动。

按照法律规定，投标人必须是法人或者其他组织，不包括自然人。但是，考虑到科研项目的特殊性，法律条文中增加了个人对科研项目投标的规定，个人可以作为投标主体参加科研项目投标活动。这是对科研项目投标的特殊规定。

2）投标人应具备的条件

参加投标活动必须具备一定的条件，不是所有感兴趣的法人或经济组织都可以投标。根据《中华人民共和国招标投标法》第二十六条的规定："投标人应当具备承担招标项目的能力；国家有关规定对投标人资格条件或者招标文件对投标人资格有规定的，投标人应当具备规定的资格条件。"从广义上理解，投标人可以认为是按照招标文件的规定参加投标竞争的自然人、法人和其他组织，但这只是基本的前提，某一个法人或经济组织是否适合做一个招标项目的投标人，关键还要看其是否具备承担该招标项目的能力或在必要时是否符合国家规定所要求的资格条件。

首先，投标人应当具备承担招标项目的能力，具体包括：①与招标文件要求相适应的人力、物力和财力；②招标文件要求的资质证书和相应的工作经验与业绩证明；③法律、法规规定的其他条件。

其次，国家有关规定对投标人资格条件或招标文件对投标人资格有规定的，投标人应当具备规定的资格条件。比如说按照《中华人民共和国建筑法》的规定，从事房屋建筑活动的建筑施工企业，勘察单位、设计单位和工程监理单位，应当具备下列条件：有符合国家规定的注册资本，有与其从事的建筑活动相适应的具有法定执业资格的专业技术人员，有从事相关建筑活动所应有的技术装备以及法律、行政法规规定的其他条件。从事建筑活动的建筑施工企业、勘察单位、设计单位和工程监理单位，按照其拥有的注册资本，专业技术人员，技术装备和已完成的建筑工程业绩等资质条件，划分为不同的资质等级，经资质审查合格，取得相应等级的资质证书后，方可在其资质等级许可的范围内从事建筑活动。

法律对投标人的资格条件做出规定，对保证招标项目的质量，维护招标人的利益乃至国家和社会公共利益，都是很有必要的。不具备相应的资格条件的承包商、供应商，不能参加有关的招标项目的投标；招标人也应当按照《中华人民共和国招标投标法》和国家有关规定及招标文件的要求，对投标人进行必要的资格审查，不具备规定的资格条件的，不能中标。法律对投标人应具备的资格条件做出规定，也可以使潜在的投标人以此判断自己有无资格参加投标，以避免花费不必要的投标费用，这对潜在投标人也是有益的。

2. 投标文件的编制

1）基本要求

根据《中华人民共和国招标投标法》第二十七条第一款的规定，编制投标文件应当符合下述两项要求：

（1）按照招标文件的要求编制投标文件。投标人应认真研究、正确理解招标文件的全部内容；并按照招标文件的要求来编制自己的投标文件，方有中标的可能。

（2）对招标文件提出的实质性要求和条件做出响应。这里"实质性要求和条件"，是指招标文件中有关招标项目的技术要求、投标报价要求和评标标准、合同的主要条款等，投标人必须严格按招标文件的要求，一一作答，不得对招标文件进行修改，不得遗漏或回避招标文件中的问题，更不能提出任何附带条件。否则将有可能失去中标机会。

根据《中华人民共和国招标投标法》的基本要求和《建筑工程设计招标投标管理办法》的规定，投标人应当按照招标文件、建筑方案设计文件编制深度规定的要求编制投标文件；进行概念设计招标的，应当按照招标文件要求编制投标文件。投标文件应当由具有相应资格的注册建筑师签章，加盖单位公章。

《工程建设项目施工招标投标办法》规定，施工投标文件应当包括下列内容：①投标函；②施工组织设计；③投标报价；④商务和技术偏差表。另外，投标人根据招标文件载明的项目实际情况，拟在中标后将中标项目的部分非主体、非关键性工作进行分包的，应当在投标文件中载明。

2) 特殊要求

根据《中华人民共和国招标投标法》第二十七条第二款的规定，编制建设施工项目的投标文件，除符合上述两项基本要求外，还应当包括如下的特殊要求：

(1) 拟派出的项目负责人的简历。包括项目负责人的姓名、年龄、文化程度、职称、参加工作时间、担任负责人的年限、参加过的施工项目(包括建设单位、项目名称、建设规模、开竣工日期和工程质量等)等情况。

(2) 主要技术人员的简历。主要技术人员是下列人员：总部的项目主管、现场的项目正副主管、质量主管、材料主管、计划主管、安全主管等。这些专业技术人员简历应当包括姓名、年龄、文化程度、参加过的施工项目等情况。

(3) 业绩。一般是指近三年承建的施工项目。具体应写明建设单位、项目名称与建设地点、结构类型、建设规模、开竣工日期、合同价格和质量达标情况等。

(4) 拟用于完成招标项目的机械设备。这部分应将投标方自有的拟用于完成招标项目的机械设备以表格的形式列出。主要内容包括机械设备的名称、型号规格、数量、国别产地、制造年份、额定功率、生产能力、备注等内容。

(5) 其他。比如近两年的财务会计报表，资金平衡表和负债表，下一年的财务预测报告等情况；全体员工人数特别是技术工人数量；现有的主要施工任务，包括在建或尚未开工的工程、工程进度等。

3) 施工投标报价

施工投标报价，是指投标人完成招标项目施工任务的合理费用。

(1) 施工投标报价的组成

施工投标报价由投标人自主确定，一般应包括直接费、间接费、利润和税金、不可预见费等。

(2) 施工投标报价方式

施工投标报价方式分为工料单价方式和综合单价方式两种。投标人可根据招标文件的要求，选择其中的一种方式，并根据本企业的具体情况确定完成招标项目的合理费用，计算单价，汇总投标总价。

(3) 施工投标报价与工程概(预)算造价的区别

施工投标报价的费用组成与现行概(预)算文件中的费用构成基本一致，但投标报价与工程概(预)算造价是有区别的。工程概(预)算造价必须按照国家有关规定编制，尤其是各种费用的计算，必须按规定的费率进行，不得任意修改，而投标报价则可根据本企业的实际情况进行计算，在概(预)算造价上下浮动，以体现企业的实际水平。一般情况下，投标报价的上限为招标控制价，下限不应低于合理成本。

4) 对投标文件的补充、修改和撤回

《中华人民共和国招标投标法》第二十九条规定："投标人在招标文件要求提交投标的截止时间前，可以补充、修改或者撤回已提交的投标文件，并书面通知招标人。补充、修改内容为投标文件的组成部分。"

补充是指对投标文件中遗漏和不足的部分进行增补。修改是指对投标文件中已有的内容进行修订。撤回是指收回全部投标文件，或者放弃投标，或者以新的投标文件重新投标。

(1)投标人在投标截止时间前，可以修改和补充投标文件

在招标过程中，由于投标人对招标文件的理解和认识水平不一，有些投标人对招标文件常常发生误解，或者投标文件对一些重要的内容有遗漏。对此投标人需要补充、修改的，可以在提交投标文件截止日期前，进行补充或者修改。补充或修改的内容为投标文件的组成部分。这些修改和补充的文件也应当以密封的方式在规定时间以前送达，招标人要严格履行签收登记手续，并存放在安全保密的地方。但在提交投标文件截止时间后到招标文件规定的投标有效期终止之前，投标人不得补充、修改、替代或者撤回其投标文件。投标人补充、修改、替代投标文件的，招标人不予接受。

(2)投标人有权撤回自己提交的投标文件

在投标的截止日期以前，投标人有权撤回已经递交的投标文件，这反映了契约自由的原则。招标一般被看作要约邀请，而投标则为一种要约，潜在投标人是否做出要约，完全取决于潜在投标人的意愿。所以在投标截止日期之前，允许投标人撤回投标文件，但撤回已经提交的投标文件必须以书面形式通知招标人，以备案待查。投标人既可以在法定时间内，重新编制投标文件，并在规定时间内送达指定地点；也可以放弃投标。如果在投标截止日期前放弃招标，招标人不得没收其投标保证金。如果在投标截止日期之后撤回的，投标保证金可以被没收。

3. 投标文件的送达

1)送达要求

送达通常包括直接送达、邮寄送达和委托送达三种方式，从投标的严肃性和安全性来讲，直接送达更为适宜。

2)送达签收

在投标人按照送达要求，将投标文件送达以后，招标人应当签收。签收时应有签收的书面证明，证明上应载明签收时间、地点、具体的签收人、签收的包数和密封状况等，同时直接送达的送达人也应当签字。签收人签收时应检查投标文件是否按招标文件的要求进行了密封和加写了标志，如果没有按照要求密封和加写标志的，招标人或招标的代理人员应予拒收，或者告知投标人招标人不承担提前开封的责任，以防给以后的开标、评标带来不必要的争议。履行完签收手续后，应登记、备案，并加以妥善保存，任何人不得在开标前启封。

4. 共同投标

1)共同投标的概念

共同投标指的是某承包单位为了承揽不适于自己单独承包的工程项目而与其他单位联合，以一个投标人的身份参与投标的投标方式。

《中华人民共和国招标投标法》第三十一条规定，两个以上法人或者其他组织可以组成一个联合体，以一个投标人的身份共同投标。

2)共同投标的联合体应具备的条件

根据《中华人民共和国招标投标法》第三十一条第二款的规定，联合体投标的各方应具备下列条件：

(1)联合体各方均应具备承担招标项目的相应能力。承担招标项目的相应能力，是指完成招标项目所需要的技术、资金、设备、管理等方面的能力。

(2)国家有关规定或者招标文件对投标人资格条件有规定的，联合体各方均应具备规定

的相应资格条件。

(3) 由同一专业的单位组成的联合体，按照资质等级较低的施工企业的业务范围承揽工程。

3) 联合体内外关系的确定

共同投标的联合体，其联合体各方的内部关系以及联合体对外部的关系问题，《中华人民共和国招标投标法》第三十一条第三款对此做出了规定。

(1) 内部关系以协议的形式确定

联合体各方应当签订共同投标协议，明确约定各方拟承担的工作和责任，并将共同投标协议连同投标文件一并提交招标人。

共同投标协议约定了组成联合体各成员单位在联合体中所承担的各自的工作范围，这个范围的确定也为建设单位判断该成员单位是否具备"相应的资格条件"提供了依据。共同投标协议也约定了组成联合体各成员单位在联合体中所承担的各自的责任，这也为将来可能引发的纠纷的解决提供了必要的依据。因此，共同投标协议对于联合体投标这种投标的形式是非常必要的，也正是基于此，《工程建设项目施工招标投标办法》第五十条规定没有附有联合体各方共同投标协议的联合体投标将被否决。

(2) 共同投标的联合体对外关系的确定包括以下两个方面：

①中标的联合体各方应当共同与招标人签订合同。这里所讲的共同"签订合同"，是指联合体各方均应参加合同的订立，并在合同上签字盖章。

②就中标项目向招标人承担连带责任。如果联合体中的一个成员单位没能按照合同约定履行义务，招标人可以要求联合体中任何一个成员单位承担不超过总债务的任何比例的债务，而该单位不得拒绝。该成员单位承担了被要求的责任后，有权向其他成员单位追偿其按照共同投标协议不应当承担的债务。

4) 联合体各方的责任义务

(1) 履行共同投标协议中约定的义务。共同投标协议中约定了联合体中各方应该承担的责任，各成员单位必须要按照该协议的约定认真履行自己的义务，否则将对对方承担违约责任。同时，共同投标协议中约定的责任承担也是各成员单位最终的责任承担方式。

(2) 不得重复投标。联合体各方签订共同投标协议后，不得再以自己名义单独投标，也不得组成新的联合体或参加其他联合体在同一项目中投标。

(3) 不得随意改变联合体的构成。联合体参加资格预审并获通过的，其组成的任何变化都必须在提交投标文件截止之日前征得招标人的同意。如果变化后的联合体削弱了竞争，含有事先未经过资格预审或者资格预审不合格的法人或者其他组织，或者使联合体的资质降到资格预审文件中规定的最低标准以下，招标人有权拒绝。

(4) 必须有代表联合体的牵头人。联合体各方必须指定牵头人，授权其代表所有联合体成员负责投标和合同实施阶段的主办、协调工作，并应当向招标人提交由所有联合体成员法定代表人签署的授权书。

联合体投标的，应当以联合体各方或者联合体中牵头人的名义提交投标保证金。以联合体中牵头人名义提交的投标保证金，对联合体各成员具有约束力。

5. 招标投标活动中的禁止性规定

1) 严厉禁止串通投标

串通投标包括两种情况：一是投标人之间串通投标；二是投标人与招标人之间相互串通投标。

(1)投标人之间相互串通投标

《工程建设项目施工招标投标办法》第四十六条规定，下列行为均属于投标人串通投标：①投标人之间相互约定抬高或降低投标报价；②投标人之间相互约定，在招标项目中分别以高、中、低价位报价；③投标人之间先进行内部竞价，内定中标人，然后再参加投标；④投标人之间其他串通投标报价行为。

(2)投标人与招标人之间相互串通投标

《工程建设项目施工招标投标办法》第四十七条规定，下列行为均属于招标人与投标人串通投标：①招标人在开标前开启投标文件，并将投标情况告知其他投标人，或者协助投标人撤换投标文件，更改报价；②招标人向投标人泄露标底；③招标人与投标人商定，投标时压低或抬高标价，中标后再给投标人或招标人额外补偿；④招标人预先内定中标人；⑤其他串通投标行为。

2)严厉禁止投标人行贿

投标人不得以向招标人或者评标委员会成员行贿的手段来谋取中标。如果有行贿受贿行为的，中标无效，情节严重的还要依法追究刑事责任。

《中华人民共和国招标投标法》之所以禁止串通投标行为和行贿投标行为，是因为这些行为严重破坏了招标投标活动应当遵守的公平竞争的原则，损害了招标人和其他投标人的合法权益，损害了国家利益和社会公共利益，同时也助长了腐败现象的蔓延。因此，对上述行为将依法追究其法律责任。

3)严厉禁止以低于成本的价格竞标

实行招标采购的目的，就是为了通过投标人之间的竞争，特别是在投标报价方面的竞争，择优选择中标者。由于每个投标人的管理水平、技术能力与条件不同，即使完成同样的招标项目，其个别成本也不可能完全相同。管理水平高、技术先进的投标人，生产、经营成本低，有条件以较低的报价参加竞争，这是其竞争实力强的表现，因此只要投标人的报价不低于自身的个别成本，即使是低于本行业平均成本，也是完全可以的。但是按照《中华人民共和国招标投标法》第三十三条的规定，投标人不得以低于其自身完成投标项目所需的成本报价进行投标竞争。法律做出这一规定的主要目的有两个：一是为了避免出现投标人在以低于成本的报价中标后，以粗制滥造、偷工减料等违法手段不正当地降低成本，挽回其低于中标价的损失，给工程质量造成危害；二是为了维护正常的投标竞争秩序，防止产生投标人以低于其成本的报价进行不正当竞争，损害其他以合理报价进行竞争的投标人的利益。

在招标投标活动中，除上述提到的“相互串通投标报价”“以向招标人或者评标委员会成员行贿的手段谋取中标”“以低于成本的报价竞标”等弄虚作假骗取中标的方式外，还有“以他人名义投标”“以其他方式弄虚作假，骗取中标”“排挤其他投标人的公平竞争”等一系列的非法竞争手段，这些行为会对国家利益和社会公共利益以及他人的合法权益造成危害，《中华人民共和国招标投标法》对此都做出了相应的禁止规定。

【案例 8-2】

新疆某水库大坝工程是新疆维吾尔自治区重点建设项目的骨干工程，总投资额 17 000 万元，现对其中工程概算 6644 万元的大坝填筑及基础灌浆工程进行招标。

本次招标采取邀请招标的方式，由建设单位自行组织招标。2016 年 6 月中旬，由工程建设单位组建的资格评审小组对申请投标的 20 家施工企业进行了资格审查。2017 年 6 月 20 日，建设单位向 10 家通过资格审查的企业发售了招标文件，并组织了现场勘查和答疑。建设单位于 7 月 16 日首次与政府有关部门联系，向政府有关部门发出参加招标活动的邀请。2017 年 7 月 18 日，由投资方、建设方、技术部门等各方代表参加的评标委员会组成。7 月 20 日 13 时公开开标。当日下午至次日上午，评标委员会的商务组、技术组对 10 家投标企业递交的标书进行了审查，并向建设单位按顺序推荐了中标候选人。有关部门派员参与了开标和评标监督。建设单位认为评标委员会推荐的中标候选人不如名单之外的某部水电某局提出的优惠条件好(实际上是垫资施工)，决定让某部水电某局中标。但在有关部门的干预和协调下，建设单位最终从评标委员会推荐的中标候选人中选择了承包商。

问题：对照《中华人民共和国招标投标法》的规定，你认为该案例在招投标中有哪些不妥之处？

8.3　工程开标、评标和定标

开标、评标和中标，是招标投标过程中非常重要的环节，是决定投标人能否最后中标的关键阶段，同时也是最容易产生腐败的一个阶段，对于体现招标投标的公开、公平、公正原则，也具有极其重要的意义。

8.3.1　开标

开标就是招标人依据招标文件的时间、地点，当众开启所有投标人提交的投标文件，公开宣布投标人的姓名、投标报价和其他主要内容的行为。

开标会现场模拟

1. 公开开标

《中华人民共和国招标投标法》为了贯彻公开、公平、公正的原则，规定开标应当公开进行，而不得秘密开标。这是法律的强制性规定，任何当事人不得违反或变更。公开开标也是目前国际招标投标中的主要开标方式，已被人们普遍地接受和采用。公开开标保护了投标人的合法权益，增加了招标投标活动的透明度，维护了公开、公平、公正的原则。

2. 开标的时间和地点

按照《中华人民共和国招标投标法》的规定，开标时间应当是招标文件确定的提交投标文件截止时间的同一时间；开标地点应当是招标文件中预先确定的地点。

3. 开标的主持人和参加人

开标由招标人负责主持。招标人自行办理招标事宜的，当然要自行主持开标；招标人委托招标代理机构办理招标事宜的，可以由招标代理机构按照委托招标合同的约定负责主持开标事宜。招标人主持开标，应当严格按照法定程序和招标文件载明的规定进行。包括：按照规定的开标时间宣布开标开始；核对出席开标的投标人身份和出席人数；安排投标人或代表检查投标文件密封情况后工作人员监督拆封；组织唱标、记录；维护开标活动的正常秩序等。既然公开开标，开标过程就应当对所有投标人和社会公开。因此，作为开标的组织者，招标人应邀请所有投标人参加开标会，确保开标在所有投标人参与、监督下进行。参加开标是每一投标人的法定权利，招标人不得以任何理由排斥、限制任何投标人参加开标。当然，投标人既可以参加也可以不参加。已通知而放弃参加开标的投标人不得对开标会的有效性提出异议。

除了通知所有投标人参与开标外，招标人还应邀请有关单位代表参加开标，以实现开标向社会公开，保证开标的公正性和合法性。有关单位代表一般包括负责本次招标的两名以上主管人员及其主管部门代表、咨询机构代表、公证机关代表等。

4. 不予受理的投标文件

施工投标文件有下列情形之一的，招标人不予受理：

(1)逾期送达的或者未送达指定地点的；

(2)未按招标文件要求密封的。

5. 开标程序

开标一般按下列程序进行：

(1)主持人宣布开标开始，宣布参加开标人员名单，包括招标方代表、投标方代表、公证员、法律顾问、拆封人、唱标人、监标人以及记录人员等名单；主持人宣布评标、决标的原则和纪律。

(2)宣布开标后的程序安排。

(3)验证唱标。在公证员的监督下，由投标人或者其推选的代表检查投标文件的密封情况，也可以由招标人委托的公证机构检查并公证，经确认无误后，由工作人员当众拆封，宣读投标人名称、投标价格和投标的其他主要内容。若是涉外招标投标的，要分别用中英文宣读投标人名称、投标价格和投标文件的其他主要内容，并在事先备好的唱标记录上登记。

开标过程中，一般允许投标人记录或录音。投标人或其代表应在会议签到簿上签名，以证明其在场。

开标过程应当记录，并存档备查，开标结束后，应编写一份开标会议纪要。其内容包括：开标日期、时间、地点；开标会议主持者；出席开标会议的全体工作人员名单，到场的投标方代表和各有关部门代表名单；截止时间前收到的标书、收到日期和时间及其报价一览表；迟到标书的处理；等等。开标的会议记录应送交有关方，包括：业主、工程师、项目主管部门，如果是世界银行贷款项目，还应送交世界银行。

8.3.2 评标

1. 评标委员会

评标是招标人根据招标文件的要求，对投标人所报送的投标文件进行审查及评议，从中选出最佳投标人的过程。评标是一项重要而复杂的综合性工作。它是关系到整个招标过程是否体现公平竞争的原则，招标结果是否能使招标人得到最大效益的关键。因此，《中华人民共和国招标投标法》以及 2001 年 7 月 5 日七部委联合发布的《评标委员会和评标方法暂行规定》规定，评标必须由专门的评标委员会来负责，以确保评标结果的科学性和公正性。

1)评标委员会

评标委员会由招标人负责组建。评标委员会成员名单一般应于开标前确定。

评标委员会由下列人员组成：①招标人或其委托的招标代理机构中熟悉相关业务的代表；②相关技术方面的专家；③经济方面的专家；④其他方面的专家。评标委员会成员人数为 5 人以上的单数。其中技术、经济等方面的专家的人数不得少于成员总数的 2/3，以保证各方面专家的人数在评标委员会成员中占绝对多数，充分发挥专家在评标活动中的权威作用，保证评审结论的科学性、合理性。

评标委员会应设负责人，评标委员会负责人由评标委员会成员推举产生或者由招标人确定。评标委员会负责人与评标委员会的其他成员有同等的表决权。

评标委员会的专家成员应当从省级以上人民政府有关部门提供的专家名册或者招标代理机构的专家库内的相关专家名单中确定。

确定评标专家，可以采取随机抽取或者直接确定的方式。一般项目，可以采取随机抽取的方式；技术特别复杂、专业性要求特别高或者国家有特殊要求的招标项目，采取随机抽取方式确定的专家难以胜任的，可以由招标人直接确定。

2）评标专家的条件

评标专家应当具有：①从事相关专业领域工作满 8 年并具有高级职称或者同等专业水平；②熟悉有关招标投标的法律法规，并具有与招标项目相关的实践经验；③能够认真、公正、诚实、廉洁地履行职责；④身体健康，能够承担评标工作。

3）评标委员会专家的回避制度

依据现代法治的精神，任何人不得成为审判或处理自己案件的法官。评标委员会作为独立实施评标职能的组织，其组成成员如与招标项目或投标人有利害关系，则不能进入相关项目的评审。有下列情形之一的，不得担任评标委员会成员：①投标人或者投标人主要负责人的近亲属；②项目主管部门或者行政监督部门的人员；③与投标人有经济利益关系，可能影响对投标公正评审的；④曾因在招标、评标以及其他与招标投标有关活动中从事违法行为而受过行政处罚或刑事处罚的。

评标委员会成员有上述情形之一的，应当主动提出回避。

4）评标过程的保密性

按照《中华人民共和国招标投标法》第三十八条第一款的规定，招标人应当采取必要的措施，保证评标在严格保密的情况下进行。评标过程涉及对投标文件的评审和比较、标底价格、中标候选人的推荐情况、投标人不希望其他参与竞争的投标人知道自己的任何资料以及可能影响公平竞争的其他资料。这些情况及资料如果透露出去，将影响评标的公平、公正。评标的过程必须要在严格保密的情况下进行，这既要求评标委员会成员严格自律，恪守秘密，同时也要求招标人采取必要的保密措施。保密措施包括评标委员会成员名单在中标结果确定前对外要严格保密，以避免某些投标人在得知评标委员会成员的名单后，采取不正当手段对评委会的成员施加影响，造成评标结果的不公正；为评标委员会进行评标工作提供比较安静、不易受外界干扰的评标地点，并对该评标地点保密，做好警戒工作；制定严密的工作计划和程序，堵住泄露秘密的缺口以及加强完善本单位工作人员的职业道德等。

评标是一个严格保密的过程，它与《中华人民共和国招标投标法》的公开原则并不矛盾。公开原则只是要求招标投标活动的基本过程应当公开，包括招标文件的公开、开标的公开、中标的公开等，其目的也在于保证招标投标活动的公正和公平。而秘密评标的目的也在于保证招标投标活动的公正和公平。两者的宗旨是相通的。

5）评标工作的独立性

从我国推行招标投标制度的实践看，确实存在着许多非法干预招标投标活动的情况。因此，《中华人民共和国招标投标法》第三十八条第二款规定，任何单位和个人不得非法干预、影响评标的过程和结果。评标委员会是法定的独立行使评标职能的组织。独立性是评标工作公平、公正的基础。评标委员会不隶属于任何行政机关，包括招标人。招标人虽然负责组建评标委员会，但是评标委员会一旦组建，其工作是独立的，并不受招标人的领导和支配。评标委员会以专业知识为评标标准，不受任何组织和个人的压力或暗示的影响。任何组织或个人都不得非法干预、影响评标的过程和结果。凡是违反法律规定，非法干预、影响评标委员会的正常评标工作和评标结果的，无论是任何单位和个人，都必须依法追究责任。只有保证评标的独立性，才能保证评标的公正性，也才能使评标结果达到使招标人以最低价格获得高质量效益的目的，同时保障社会公共利益不受损害。

6) 评标委员会成员的行为准则

根据《中华人民共和国招标投标法》第四十四条的规定，评标委员会成员履行职务时应遵守下列准则：

(1) 评标委员会成员应当客观、公正地履行职务，遵守职业道德，对所提出的评审意见承担个人责任。

(2) 评标委员会成员不得私下接触投标人，不得接受投标人的任何馈赠或者其他好处。

(3) 评标委员会成员和参与评标的有关工作人员不得透露对投标文件的评审和比较、中标候选人的推荐情况以及与评标有关的其他情况。

2. 评标方法

为保证招标投标活动符合公开、公平和公正的原则，评标委员会对各投标竞争者提交的投标文件进行评审、比较的唯一标准和评审方法，只能是在事先已提供给每一个投标人的招标文件中已载明的评标标准和方法，而不能以别的理由为依据。招标文件中规定的评标标准和评标方法应当合理，不得含有倾向或者排斥潜在投标人的内容，不得妨碍或者限制投标人之间的竞争。

1) 评审指标

建设工程施工评标时的评审指标一般设技术标和商务标。

(1) 技术标的设置

技术标一般指施工组织设计，主要内容应包括施工方案、方法，进度计划，采用新技术、新工艺的可行性，质量、安全施工保证体系与保证措施，现场平面布置，文明施工措施的合理性、可靠性、先进性，主要机具、劳动力配置，项目经理及主要技术、管理人员配备等。

(2) 商务标的设置

①投标报价。评标时依评标标准价合理确定最优投标报价。评标标准价，是指对招标项目价格进行评审的对比价格，是合理范围内的投标报价的平均值。

②施工工期。招标要求工期应满足工期定额的规定，招标文件要求提前工期的，投标人应满足其要求，但要求提前工期超出定额工期 15% 以上时，招标人应给予必要的赶工措施费，此项费用投标人在投标报价外单列。

③工程质量。工程质量应达到国家建设工程质量检验评定标准的质量等级。

2) 评标方法

评标方法一般有经评审的最低投标价法、综合评估法或者法律、行政法规允许的其他评标方法。

(1)经评审的最低投标价法

经评审的最低投标价法一般适用于具有通用技术、性能标准或者招标人对其技术、性能没有特殊要求的招标项目。

采用经评审的最低投标价法的，评标委员会应当根据招标文件中规定的评标价格调整方法，将所有投标人的投标报价以及投标文件的商务部分做必要的价格调整。

采用经评审的最低投标价法的，中标人的投标应当符合招标文件规定的技术要求和标准，但评标委员会无须对投标文件的技术部分进行价格折算。

采用经评审的最低投标价法的，应当在投标文件能够满足招标文件实质性要求的投标人中，评审出投标价格最低的投标人，但投标价格低于其企业成本的除外。

根据经评审的最低投标价法完成详细评审后，评标委员会应当拟定一份“标价比较表”，连同书面评标报告提交招标人。“标价比较表”应当载明投标人的投标报价、对商务偏差的价格调整和说明以及经评审的最终投标价。

(2)综合评估法

不宜采用经评审的最低投标价法的招标项目，一般应当采取综合评估法进行评审。

采用综合评估法的，应当对投标文件提出的工程质量、施工工期、投标价格、施工组织设计或者施工方案、投标人及项目经理业绩等，能否最大限度地满足招标文件中规定的各项要求和评价标准进行评审和比较。以评分方式进行评估的，对于各种评比奖项不得额外计分。

根据综合评估法完成评标后，评标委员会应当拟定一份“综合评估比较表”，连同书面评标报告提交招标人。“综合评估比较表”应当载明投标人的投标报价、所做的任何修正、对商务偏差的调整、对技术偏差的调整、对各评审因素的评估以及对每一投标的最终评审结果。

3. 初步评审

初步评审时，评标委员会应当根据招标文件规定的评标标准和方法，对投标文件进行系统的评审和比较。招标文件中没有规定的标准和方法不得作为评标的依据。评标委员会应当按照投标报价的高低或者招标文件规定的其他方法对投标文件排序。以多种货币报价的，应当按照中国银行在开标日公布的汇率中间价换算成人民币。招标文件应当对汇率标准和汇率风险做出规定。未作规定的，汇率风险由投标人承担。

1)投标偏差

评标委员会应当根据招标文件，审查并逐项列出投标文件的全部投标偏差。投标偏差分为重大偏差和细微偏差。

(1)重大偏差

下列情况属于重大偏差：①没有按照招标文件要求提供投标担保或者所提供的投标担保有瑕疵；②投标文件没有投标人授权代表签字和加盖公章；③投标文件载明的招标项目完成期限超过招标文件规定的期限；④明显不符合技术规格、技术标准的要求；⑤投标文件载明的货物包装方式、检验标准和方法等不符合招标文件的要求；⑥投标文件附有招标人不能接受的条件；⑦不符合招标文件中规定的其他实质性要求。

(2)细微偏差

细微偏差是指投标文件在实质上响应招标文件要求，但在个别地方存在漏项或者提供了不完整的技术信息和数据等情况，并且补正这些遗漏或者不完整不会对其他投标人造成不公平的结果。细微偏差不影响投标文件的有效性。

评标委员会应当书面要求存在细微偏差的投标人在评标结束前予以补正。拒不补正的，在详细评审时可以对细微偏差做不利于该投标人的量化，量化标准应当在招标文件中规定。

2）投标文件的澄清、说明和补正

评标委员会可以要求投标人对投标文件中含义不明确的内容做必要的澄清或者说明，但是澄清或者说明不得超出投标文件的范围或者改变投标文件的实质性内容。

评标委员会在对实质上响应招标文件要求的投标进行报价评估时，除招标文件另有约定外，应当按下述原则进行修正：

（1）用数字表示的数额与用文字表示的数额不一致时，以文字数额为准；

（2）单价与工程量的乘积与总价之间不一致时，以单价为准。若单价为明显的小数点错位，应以总价为准，并修改单价。

调整后的报价经投标人确认后产生约束力。

3）按否决其投标处理的情况

（1）在评标过程存在下列情况的投标应做否决其投标处理：

①投标人以他人的名义投标、串通投标，以行贿手段谋取中标或者以其他弄虚作假方式投标的，该投标人的投标应被否决。

②投标人的报价明显低于其他投标报价或者在设有标底时明显低于标底，使得其投标报价可能低于其企业成本的，应当要求该投标人做出书面说明并提供相关证明材料。投标人不能合理说明或者不能提供相关证明材料的，由评标委员会认定该投标人以低于成本报价竞标，其投标应被否决。

③未能对招标文件提出的所有实质性要求和条件做出响应的投标，应被否决。

（2）设计投标文件有下列情形之一的，投标文件将被否决：

①投标文件未经密封的；

②无相应资格的注册建筑师签字的；

③无投标人公章的；

④注册建筑师受聘单位与投标人不符的。

（3）施工投标文件有下列情形之一的，由评标委员会初审将否决其投标。

①无单位盖章并无法定代表人或法定代表人授权的代理人签字或盖章的；

②未按规定的格式填写，内容不全或关键字迹模糊、无法辨认的；

③投标人递交两份或多份内容不同的投标文件，或在一份投标文件中对同一招标项目报有两个或多个报价，且未声明哪一个有效，按招标文件规定提交备选投标方案的除外；

④投标人名称或组织结构与资格预审时不一致的；

⑤未按招标文件要求提交投标保证金的；

⑥联合体投标未附联合体各方共同投标协议的。

2005年3月1日起施行的《工程建设项目货物招标投标办法》在《工程建设项目施工招标投标办法》的基础上进一步补充了应当作为废标的情形：①无法定代表人出具的授权委托书的；②投标人名称或组织结构与资格预审时不一致且未提供有效证明的；③投标有效期不满足招标文件要求的。

4)投标的否决

《中华人民共和国招标投标法》第四十二条规定:“评标委员会可以否决全部投标。依法必须进行招标的项目的所有投标被否决的,招标人应当依法重新招标。”

投标人资格条件不符合国家有关规定和招标文件要求的,或者拒不按照要求对投标文件进行澄清、说明或者补正的,评标委员会可以否决其投标。

因有效投标不足三个使得投标明显缺乏竞争的,评标委员会可以否决全部投标。

4. 详细评审

(1)经初步评审合格的投标文件,评标委员会应当根据招标文件确定的评标标准和方法,对其技术部分和商务部分作进一步评审、比较。

评标委员会对各个评审因素进行量化时,应当将量化指标建立在同一基础或者同一标准上,使各投标文件具有可比性。对技术部分和商务部分进行量化后,评标委员会应当对这两部分的量化结果进行加权,计算出每一投标的综合评估价或者综合评估分。

(2)根据招标文件的规定,允许投标人投备选标的,评标委员会可以对中标人所投的备选标进行评审,以决定是否采纳备选标。不符合中标条件的投标人的备选标不予考虑。

(3)对于划分有多个单项合同的招标项目,招标文件允许投标人为获得整个项目合同而提出优惠的,评标委员会可以对投标人提出的优惠进行审查,以决定是否将招标项目作为一个整体合同授予中标人。将招标项目作为一个整体合同授予的,整体合同中标人的投标应当最有利于招标人。

(4)评标和定标应当在投标有效期结束日 30 个工作日前完成。不能在投标有效期结束日 30 个工作日前完成评标和定标的,招标人应当通知所有投标人延长投标有效期。拒绝延长投标有效期的投标人有权收回投标保证金。同意延长投标有效期的投标人应当相应延长其投标担保的有效期,但不得修改投标文件的实质性内容。因延长投标有效期造成投标人损失的,招标人应当给予补偿,但因不可抗力需延长投标有效期的除外。

招标文件应当载明投标有效期。投标有效期从提交投标文件截止日起计算。

(5)评标报告

评标委员会完成评标后,应当向招标人提出书面评标报告,并抄送有关行政监督部门。评标报告应阐明评标委员会对各投标文件的评审和比较意见,并按照招标文件中规定的评标方法,推荐不超过 3 名有排序的合格的中标候选人或中标候选方案。招标人根据评标委员会提出的书面评标报告和推荐的中标候选人或中标候选方案,结合投标人的技术力量和业绩确定中标人或中标方案。

评标报告应当如实记载以下内容:①基本情况和数据表;②评标委员会成员名单;③开标记录;④符合要求的投标一览表;⑤废标情况说明;⑥评标标准、评标方法或者评标因素一览表;⑦经评审的价格或者评分比较一览表;⑧经评审的投标人排序;⑨推荐的中标候选人名单与签订合同前要处理的事宜;⑩澄清、说明、补正事项纪要。

评标报告由评标委员会全体成员签字。对评标结论持有异议的评标委员会成员可以书面方式阐述其不同的意见和理由。评标委员会成员拒绝在评标报告上签字且不陈述其不同意见和理由的,视为同意评标结论。评标委员会应当对此做出书面说明并记录在案。

向招标人提交书面评标报告后,评标委员会即告解散。评标过程中使用的文件、表格以及其他资料应当即时归还招标人。

8.3.3 定标

1. 推荐中标候选人

根据经评审的最低投标价法，能够满足招标文件的实质性要求，并且经评审的最低投标价的投标，应当推荐为中标候选人。

根据综合评估法，最大限度地满足招标文件中规定的各项综合评价标准的投标，应当推荐为中标候选人。

衡量投标文件是否最大限度地满足招标文件中规定的各项评价标准，可以采取折算为货币的方法、打分的方法或者其他方法。需量化的因素及其权重应当在招标文件中明确规定。

评标委员会推荐的中标候选人应当限定在1~3人，并标明排列顺序。

2. 确定中标人

在确定中标人之前，招标人不得与投标人就投标价格、投标方案等实质性内容进行谈判。

根据《中华人民共和国招标投标法》和《工程建设项目施工招标投标办法》的有关规定，确定中标人应当遵守如下程序：

(1) 评标委员会提出书面评标报告后，招标人一般应当在15日内确定中标人，但最迟应当在投标有效期结束日30个工作日前确定。

(2) 招标人应当接受评标委员会推荐的中标候选人，不得在评标委员会推荐的中标候选人之外确定中标人。

(3) 中标人的投标应当符合下列条件之一：

①能够最大限度满足招标文件中规定的各项综合评价标准；

②能够满足招标文件的实质性要求，并且经评审的投标价格最低；但是投标价格低于成本的除外。

(4) 使用国有资金投资或者国家融资的项目，招标人应当确定排名第一的中标候选人为中标人。排名第一的中标候选人放弃中标、因不可抗力提出不能履行合同，或者招标文件规定应当提交履约保证金而在规定的期限内未能提交的，招标人可以确定排名第二的中标候选人为中标人。

排名第二的中标候选人因前款规定的同样原因不能签订合同的，招标人可以确定排名第三的中标候选人为中标人。

(5) 招标人可以授权评标委员会直接确定中标人。国务院对中标人的确定另有规定的，从其规定。

3. 中标通知书

中标人确定后，招标人应当向中标人发出中标通知书，根据《中华人民共和国招标投标法》及《工程建设项目施工招标投标办法》的有关规定，招标人发出中标通知书应当遵守如下规定：

(1) 中标人确定后，招标人应当向中标人发出中标通知书，并同时将中标结果通知所有未中标的投标人。

(2) 招标人不得以向中标人提出压低报价、增加工作量、缩短工期或其他违背中标人意愿的要求，以此作为发出中标通知书和签订合同的条件。

(3)中标通知书对招标人和投标人具有法律效力。中标通知书发出后，招标人改变中标结果的，或者中标人放弃中标项目的，应当依法承担法律责任。

招标投标是以订立合同为目的的民事活动。从合同法的意义上讲，招标人发出的招标公告或者投标邀请书，是吸引法人或者其他组织向自己投标的意思表示，属于要约邀请；投标人向招标人送达的投标文件，是投标人希望与招标人就招标项目订立合同的意思表示，属于要约；而招标人向中标的投标人发出的中标通知书，则是招标人同意接受中标的投标人的投标条件，即同意接受该投标人的要约的意思表示，属于承诺。因此，中标通知书发出后产生承诺的法律效力。此法律效力主要是指民事上的法律约束力。按照我国《中华人民共和国民法典》合同编的规定，当事人在订立合同的过程中，因违背诚实信用原则而给对方造成损失的，应当承担赔偿责任。中标通知书产生法律效力后，招标人不得改变中标结果，否则要承担法律责任；而中标人也不得放弃中标项目，否则，招标人将对投标保证金予以没收。所谓投标保证金，是指投标人按照招标文件的要求向招标人出具的，以一定金额表示的投标责任担保。也就是说，投标人应保证其投标被接受后对投标书中规定的责任不得撤销或反悔。

4. 招标人和中标人订立合同

1)签订合同的要求

《中华人民共和国招标投标法》第四十六条规定："招标人和中标人应当自中标通知书发出之日起 30 日内，按照招标文件和中标人的投标文件订立书面合同。招标人和中标人不得再行订立背离合同实质性内容的其他协议。"

如果出现了两个或者两个以上内容有矛盾的合同，将来就会出现履行合同时适用哪一个合同的争议。但是有的时候，招标人为了能够获得更大的利益，会要求中标人另行签订一个背离原合同实质性内容的合同。针对这种情况可能产生的纠纷，《最高人民法院关于审理建设工程施工合同纠纷案件适用法律问题的解释》第二十一条规定："当事人就同一建设工程另行订立的建设工程施工合同与经过备案的中标合同实质性内容不一致的，应当以备案的中标合同作为结算工程价款的根据。"

"备案的中标合同"就是依据《中华人民共和国招标投标法》第四十六条签订的书面合同。

2)担保与垫资

(1)担保

招标人为了降低自己的风险，经常会要求投标人提交履约保证金，招标文件要求中标人提交履约保证金的，中标人应当提交。拒绝提交的，视为放弃中标项目。招标人要求中标人提供履约保证金或其他形式履约担保的，招标人应当同时向中标人提供工程款支付担保。履约保证金应该依据招标文件确定，招标人不得擅自提高履约保证金。

招标人最迟应当在书面合同签订后 5 日内向中标人和未中标的投标人退还投标保证金及银行同期存款利息。

(2)垫资

《工程建设项目施工招标投标办法》第六十二条同时规定："招标人不得强制要求中标人垫付中标项目建设资金。"

尽管法律已经明确规定招标人不得强制要求中标人垫付中标项目资金，但在实践中，中标人垫付中标项目建设资金的情形还是存在的。这种垫资行为经常引发关于利息的纠纷，对此，《最高人民法院关于审理建设工程施工合同纠纷案件适用法律问题的解释》第六条给出了如下的处理意见：

①当事人对垫资和垫资利息有约定、承包人请求按照约定返还垫资及其利息的，应予支持，但是约定的利息计算标准高于中国人民银行发布的同期同类贷款利率的部分除外。

②当事人对垫资没有约定的，按照工程欠款处理。

③当事人对垫资利息没有约定、承包人请求支付利息的，不予支持。

5. 重新招标

评标委员会按照招标文件中规定的评标标准，对每一份投标文件的各项指标进行评审后，如果认为所有的投标都不符合招标文件要求，即所有投标均被否决；或者当投标人少于3个，招标人应当依法重新招标。

对于依法必须进行招标的项目，如果出现上述情况，招标人不能再从落选的投标中进行挑选，也不能找另外的人进行一对一的谈判，自己确定中标人。而是应当按照《中华人民共和国招标投标法》规定的招标程序，重新进行招标。当然，如果是原招标条件规定不当，致使所有投标被否决的情况，招标人还应重新修改招标文件，然后再进行新的招标。如果重新招标时间较紧来不及时，经批准也可采用其他采购方式。对于非强制性招标的项目，则可不受必须重新招标的限制，招标人可以重新招标，也可以采用其他采购方式。

【案例 8-3】

2016 年，某国家科研单位为建设一栋实验楼而进行招标，根据当时建设部的文件精神和建设方的设计要求，要求建设工程的承包单位必须具有掌握先进施工工艺和技术，拥有雄厚的资金，足以在规定的期限内完成施工任务。竣工目标必须满足工程建设的新设计、新技术、新工艺和新材料，以保证国家对该实验楼的验收。由于该实验楼的建设资金有一部分来源于国际科研组织，因此，参与投资的一方要求建设方务必在工程的招标过程中选择优秀的施工单位作为中标人。

在投标过程中，招标方对参加投标各方的资格进行了资格预审，对各方提交的投标文件内容进行了审查，由于该建设项目质量要求较高，因此各投标报价都相对于标底有较大的偏差，高于标底的投标有三家，最高的一个投标人报价高于标底 500 万元，最低的报价也高于标底 100 万元。其中方圆建设有限公司报价则低于标底 100 万元，这引起了招标单位高度重视，虽然不能仅仅依据投标报价的高低来决定中标单位，但是招标人还是希望能够通过考核施工技术力量，决定将标授予该公司。通过文件的审查，该公司的施工人员、施工机械、施工工艺和设计预案与其他投标人没有太大的差别，但是为什么该投标单位报价如此低呢？招标人希望该投标人能够继续补充资料，对投标文件做出更加确切的说明，并决定在审理完补充资料后进行实地考察，以确保中标单位的施工能力满足建设方的预期目标。但是，在招标人给予方圆公司 5 天的补充资料期限内，方圆公司并没有积极地做出反应。为此，招标人依照招标文件确定的时间进行了开标。同时宣布方圆公司的投标为废标。方圆公司不服，向法院提起诉讼，要求按照标底的最优惠状况确认其中标。

问题：方圆公司的请求是否符合招投标法的规定？

8.4　招标投标活动的监督管理与法律责任

8.4.1　招标投标备案制度

《建筑工程设计招标投标管理办法》第七条和《房屋建筑和市政基础设施工程施工招标投标管理办法》第十二条均规定，招标人自行组织招标的，应当在发布招标公告或者发出投标邀请书前，持有关材料到县级以上地方人民政府建设行政主管部门备案；招标人委托招标代理机构进行招标的，招标人应当在委托合同签订 15 日内，持有关材料到县级以上地方人民政府建设行政主管部门备案。

备案机关对有关材料进行审核后，发现招标人不具备自行招标条件、代理机构无相应资格、招标前期条件不具备、招标公告或者投标邀请书有重大瑕疵的，可以责令招标人暂时停止招标活动。

建设工程交易中心

《中华人民共和国招标投标法》第四十七条规定，依法必须进行招标的项目，招标人应当自确定中标人之日起15 日内，向工程所在地的县级以上地方人民政府建设行政主管部门提交包括以下内容的招标投标情况的书面报告：①招标范围；②招标方式和发布招标公告的媒介；③招标文件中投标人须知、技术条款、评标标准和方法、合同主要条款等内容；④评标委员会的组成和评标报告；⑤中标结果。

法律对此做出强制性规定是非常必要的，这体现了国家对这种民事活动的干预和监督。为了有效监督这些项目的招标投标情况，及时发现其中可能存在的问题，招标人在事前应当向国家有关行政监督部门备案，事后应当向这些监督部门提交招标投标情况的书面报告。书面报告要写明招标过程、投标过程、评标过程、选定中标人的理由、签订合同等情况。

需要注意的是：只有依法必须进行招标的项目，《中华人民共和国招标投标法》才要求招标人向有关部门提交书面报告。提交书面报告并不是说合法的中标结果和合同必须经行政部门审查批准后才能生效，而是为了通过审查备案，及时发现问题、解决问题，追究其中的违法行为。

8.4.2　法律责任

1. 招标人的违法责任

(1) 规避招标的法律责任

依法必须进行招标的项目而不招标的，将必须精心招标的项目化整为零或者以其他任何方式规避招标的，有关行政监督部门责令限期改正，可以处项目合同金额千分之五以上千分之十以下的罚款；对全部或者部分使用国有资金的项目，项目审批部门可以暂停项目执行或者暂停资金拨付；对单位直接负责的主管人员和其他直接责任人员依法给予处分。

(2) 影响公平竞争的法律责任

①招标人以不合理的条件限制或者排斥潜在投标人的，对潜在投标人实行歧视待遇的，强制要求投标人组成联合体共同投标的，或者限制投标人之间竞争的，责令改正，处以 1 万元以上 5 万元以下的罚款。

②依法必须进行招标的项目的招标人向他人透露已获取招标文件的潜在投标人的名称、

数量或者影响公平竞争的有关招标投标的其他情况的，或者泄露标底的，给予警告，可以并处 1 万元以上 10 万元以下的罚款；对单位直接负责的主管人员和其他直接责任人员依法给予处分；构成犯罪的，依法追究刑事责任。

前款所列行为影响中标结果的，中标无效。

(3) 与投标人先行谈判的法律责任

依法必须进行招标的项目，招标人违反本法规定，与投标人就投标价格、投标方案等实质性内容进行谈判的，给予警告，对单位直接负责的主管人员和其他直接责任人员依法给予处分。

前款所列行为影响中标结果的，中标无效。

(4) 非法确定中标人的法律责任

招标人在评标委员会依法推荐的中标候选人以外确定中标人的，依法必须进行招标的项目在所有投标被评标委员会否决后自行确定中标人的，中标无效。应对其责令改正，可以处中标项目金额千分之五以上千分之十以下的罚款；对单位直接负责的主管人员和其他直接责任人员依法给予处分。

2. 投标人的违法责任

(1) 串通投标的法律责任

投标人相互串通投标或者与招标人串通投标的，投标人以向招标人或者评标委员会成员行贿的手段谋取中标的，中标无效，处项目合同金额千分之五以上千分之十以下的罚款；对单位直接负责的主管人员和其他直接责任人员处单位罚款数额百分之五以上百分之十以下的罚款；有违法所得的，并处没收违法所得；情节严重的，取消其一年至二年内参加依法必须进行的项目的投标资格并予以公告，直至由工商行政管理机关吊销营业执照；构成犯罪的，应依法追究刑事责任。给他们造成损失的，依法承担赔偿责任。

前款所列行为影响中标结果的，中标无效。

(2) 骗取中标的法律责任

投标人以他人名义投标或者以其他方式弄虚作假，骗取中标的，中标无效。给招标人造成损失的，依法承担赔偿责任；构成犯罪的，依法追究刑事责任。

依法必须进行招标的项目的投标人有欠款所列行为尚未构成犯罪的，处中标项目金额千分之五以上千分之十以下罚款，对单位直接负责的主管人员和其他直接责任人员处单位罚款数额百分之五以上百分之十以下的罚款；有违法所得的，并处没收违法所得；情节严重的，取消其一年至三年内参加依法必须进行的项目的投标资格并予以公告，直至由工商行政管理机关吊销营业执照。

前款所列行为影响中标结果的，中标无效。

3. 招标代理机构的违法责任

招标代理机构违反本法规定，泄露应当保密的与招标投标活动有关的情况和资料的，或者与招标人、投标人串通损害国家利益、社会公共利益或者他人合法权益的，处五万元以上二十五万元以下的罚款，对单位直接负责的主管人员和其他直接责任人员处单位罚款数额百分之五以上百分之十以下的罚款；有违法所得的，并处没收违法所得；情节严重的，暂停直至取消招标代理资格；构成犯罪的，依法追究刑事责任；给他人造成损失的，依法承担赔偿责任。

前款所列行为影响中标结果的，中标无效。

4. 评标委员会的违法责任

评标委员会成员收受投标人的财物或者其他好处的，评标委员成员或者参加评标的有关工作人员向他人透露对投标文件的评审和比较、中标候选人的推荐与评标有关的其他情况的，给予警告，没收收受的财物，可以并处 3000 元以上 5 万元以下的罚款，对有所列违法行为的评标委员会成员取消担任评标委员会成员的资格，不得再参加任何依法必须进行招标的项目的评标；构成犯罪的，依法追究刑事责任。

5. 中标人的违法责任

(1) 非法分包、转包的违法责任。

中标人将中标项目转让给他人的，将中标项目肢解后分别转让给他人的，违反本法规定将中标项目的部分主体、关键性工作分包给他人的，或者分包人再次分包的，转让、分包无效，处转让、分包项目金额千分之五以上千分之十以下的罚款；有违法所得的，并处没收违法所得；可以责令停业整顿；情节严重的，由工商行政管理机关吊销营业执照。

(2) 订立背离合同实质性内容协议的违法责任。

招标人与中标人不按照招标文件和中标人的投标文件订立合同的，或者招标人、中标人订立背离合同实质性内容的协议的，责令改正；可以处中标项目金额千分之五以上千分之十以下的罚款。

(3) 中标人不履行与招标人订立的合同的，履约保证金不予退还，给招标人造成的损失超过履约保证金数额的，还应当对超过部分予以赔偿；没有提交履约保证金的，应当对招标人的损失承担赔偿责任。

中标人不按照与招标人订立的合同履行义务，情节严重的，取消其两年至五年内参加依法必须进行招标的项目的投标资格并予以公告，直至由工商行政管理机关吊销营业执照。

因不可抗力不能履行合同的，不适用前两款规定。

6. 政府及其他单位的违法责任

任何单位违反本法规定，限制或者排斥本地区、本系统以外的法人或者其他组织参加投标的，为招标人指定招标代理机构的，强制招标人委托招标代理机构办理招标事宜的，或者以其他方式干涉招标投标活动的，责令改正；对单位直接负责的主管人员和其他直接责任人员依法给予警告、记过、记大过的处分，情节较重的，依法给予降级、撤职、开除的处分。

个人利用职权进行前款违法行为的，依照前款规定追究责任。

对招标投标活动依法负有行政监督职责的国家机关工作人员徇私舞弊、滥用职权或者玩忽职守，构成犯罪的，依法追究刑事责任；不构成犯罪的，依法给予行政处分。

本章小结

本章主要根据《中华人民共和国招标投标法》的规定，阐明了以下几项内容：

(1) 建设工程强制招标制度，包括法定招标工程的范围和规模标准等；

(2) 工程招投标活动中所应遵循的基本原则；

(3) 公开招标和邀请招标两种招标方式，招投标的各项流程，尤其是如何编制招标文件、投标文件和联合体投标等；

(4)工程开标的时间地点、评标委员会的组成、评标标准与方法等。

习 题

一、单选题

1.《中华人民共和国招标投标法》于(　　)起开始实施。

A. 2000年7月1日　　B. 1999年8月30日

C. 2000年1月1日　　D. 1999年10月1日

2. 根据《中华人民共和国招标投标法》的有关规定，下列项目不属于必须招标范围的是(　　)。

A. 某水利工程　　B. 国家博物馆的修葺工程

C. 2008年奥运会的游泳馆建设项目　　D. 王某给自己盖的别墅

3. 自招标文件开始发出之日起，至投标人提交投标文件截止之日止，最短不得少于(　　)天。

A. 15　　B. 20　　C. 30　　D. 25

4. 关于招标方式的说法，正确的是(　　)。

A. 公开招标是招标人以招标公告的方式邀请特定的法人或其他组织投标

B. 邀请招标是指招标人以投标邀请书的方式邀请五个以上特定的法人或其他组织投标

C. 省级人民政府确定的地方重点项目不适宜公开招标的经省级人民政府批准可以进行邀请招标

D. 国有资金占控股或者主导地位的依法必须进行招标的项目一律公开招标

5. 我国招标投标法规定，开标应由(　　)主持。

A. 地方政府相关行政主管部门　　B. 招标代理人

C. 招标人　　D. 中介机构

6. 依法必须进行招标的项目，招标人(　　)。

A. 应选择排名第一的候选人为中标人

B. 可以任意选择候选人为中标人

C. 应选择其中报价最低的候选人为中标人

D. 和候选人谈判后再选择中标人

7. 招标人和中标人应当自中标通知书发出之日起(　　)日内，按照招标文件和中标人的投标文件订立书面合同。

A. 15　　B. 30　　C. 45　　D. 60

8. 业主为防止投标人随意撤标或拒签正式合同而设置的保证金为(　　)。

A. 履约保证金　　B. 投标保证金　　C. 担保保证金　　D. 签约保证金

9. 某大型公用事业项目，评标委员会总人数为11人，其中经济、技术方面的专家最少应为(　　)人。

A. 7　　B. 8　　C. 9　　D. 10

10. 投标文件应当对招标文件提出的(　　)做出响应。

A. 工期要求　　B. 格式要求

C. 实质性要求和条件　　　　　　　　D. 技术、标准要求

二、多选题

1. 根据《必须招标的工程项目规定》，下列项目属于必须进行招标的有(　　)。

A. 使用国有企业资金并且该资金占控股或者主导地位的项目

B. 使用有限公司资金的项目

C. 使用世界银行、亚洲开发银行等国际组织贷款、援助资金的项目

D. 使用外国政府及其机构贷款、援助资金的项目

E. 使用财政预算资金200万元以上并且该资金占投资额10%以上的项目

2. 根据《中华人民共和国招标投标法实施条例》规定，有下列(　　)情形之一的，评标委员会应当否决其投标。

A. 投标联合体没有提交共同投标协议

B. 投标人不符合国家或者招标文件规定的资格条件

C. 投标报价低于成本或者高于招标文件设定的最高投标限价

D. 投标文件没有对招标文件的实质性要求和条件作出响应

E. 投标文件无项目经理签字

3. 有下列(　　)几种情况的，经批准可以进行邀请招标。

A. 项目技术复杂或有特殊要求，只有少量几家潜在投标人可供选择

B. 涉及国家安全、国家秘密或者抢险救灾，适宜招标但不宜公开招标的

C. 医院行政办公楼工程

D. 拟公开招标的费用与项目的价值相比，不值得的

E. 学校教学楼工程

4. 建设单位的招标应当具备的条件是(　　)。

A. 招标单位可以是任何单位

B. 有与招标工程相适应的经济、技术、管理人员

C. 有组织编制招标文件的能力

D. 有审查投标单位资质的能力

E. 有组织开标、评标、定标的能力

5. 关于投标担保说法正确的有(　　)。

A. 投标担保可以采用投标保函或投标保证金的方式

B. 投标保证金不得超过招标项目估算价的2%

C. 投标保证约束的是开标后投标人的行为

D. 投标保证约束的是递交投标文件后投标人的行为

E. 投保担保的形式和金额由招标人和投标人共同商定

三、案例题

某省沉管隧道工程的建设单位自行办理招标事宜。由于该工程的技术难度大，建设单位决定采用邀请招标方式，邀请A、B、C三家国有特级施工企业参加投标。

投标邀请书中规定：6月1日~6月3日9：00~17：00在该单位总经济师室出售招标文件。

招标文件中规定：6月30日为投标截止日；投标有效期到7月20日为止；投标保证金统

一定为100万元，投标保证金有效期到8月20日为止；评标采用综合评价法，技术标和商务标各占50%。

在评标过程中，鉴于各投标人的技术方案大同小异，建设单位决定将评标方法改为经评审的最低投标价法。评标委员会根据修改后的评标方法，确定的评标结果排名顺序为A公司、C公司、B公司。建设单位于7月15日确定A公司中标，于7月16日向A公司发出中标通知书，并于7月18日与A公司签订了合同。在签订合同过程中，经审查，A公司所选择的设备安装分包单位不符合要求，建设单位遂指定国有一级安装企业D公司作为A公司的分包单位。建设单位于7月28日将中标结果通知了B、C两家公司，并将投标保证金退还给该两家公司。建设单位于7月31日向当地招标投标管理部门提交了该工程招标投标情况的书面报告。

问题：

1. 招标人自行组织招标需具备什么条件？要注意什么问题？对于必须招标的项目，哪些情形经批准后可以进行邀请招标？

2. 该建设单位在招标工作中有哪些不妥之处？请逐一说明理由。

第8章　习题答案

一、单选题

1. C　2. D　3. B　4. C　5. C　6. A　7. B　8. B　9. B　10. C

二、多选题

1. ACDE　2. ABCD　3. ABD　4. BCDE　5. ABC

三、案例题

答：1. 招标人具有编制招标文件和组织评标能力的，可以自行办理招标事宜。依法必须进行招标的项目，招标人自行办理招标事宜的，应当向有关行政监督部门备案。

2. 该建设单位在招标工作中有下列不妥之处：

(1)停止出售招标文件的时间不妥，因为按(办法》规定，自招标文件出售之日起至停止出售之日止，最短不得少于5日。

(2)规定的投标有效期截止时间不妥，因为按《办法》规定，评标委员会提出书面评标报告后，招标人最迟应当在投标有效期结束日30个工作日前确定中标人。

(3)评标过程中改变评标的方法不妥，因为按《中华人民共和国招标投标法》规定，评标委员会应当按照招标文件确定的评标标准和方法进行评标。

(4)中标结果通知未中标人的时间不妥，因为按《中华人民共和国招标投标法》规定，中标人确定后，招标人应当在向中标人发出中标通知的同时将中标结果通知给所有未中标的投标人。

(5)退还投标保证金的时间不妥，因为按《办法》规定，招标人与中标人签订合同后5日内，应当向未中标的投标人退还投标保证金。

(6)指定D公司作为A公司的分包单位不妥，因为按《办法》规定，招标人不得直接指定分包人。

(7)向招标投标管理部门提交报告的时间不妥，因为按《中华人民共和国招标投标法》规定，招标人应当自确定中标人之日起15日内，向有关行政监督部门提交招标情况的书面报告。

第 9 章　建设工程合同法律制度

【职业能力目标】 建设工程合同是《中华人民共和国民法典》合同编明确规定的有名合同之一，为保护建设工程合同双方当事人的合法权益，规范交易双方的市场行为，提供了法律保障。通过学习，要求学生具备签订建设工程施工合同的能力，熟练掌握建设工程施工合同文本的具体规定，针对劳动合同的履行、变更、解除、终止提供合理的分析，在实际工作中能够依靠合同规范当事人的交易行为。

【学习要求】 了解建设工程合同的基本概念、种类和法律特征；熟悉建设工程合同订立程序、形式、内容的法律规定，掌握合同有效的法律条件、无效合同、可变更与可撤销合同的概念，掌握合同的履行原则，合同变更、转让、终止的法律规定，熟悉工期、工程价款的支付及建设工程赔偿损失的规定，明确合同中双方当事人各自的权利和义务；掌握违约责任的构成要件和免责事由，能处理建设工程合同实务问题。

【案例 9-1】

2016 年 8 月，中天科技公司为装修办公楼，委托蓝天装饰装修公司为其加工安装每间办公室的门窗。8 月 20 日，双方签订了一份合同，合同约定了设计式样、材料规格、质量标准、验收和付款方式及违约责任等。合同签订后，蓝天公司按合同约定进场施工。在施工过程中，中天公司管理人员在例行检查时，发现已装好的纱窗不符合合同中约定的质量要求，所有材料是劣质产品。经中天公司进一步调查得知，蓝天公司由于人力不足，将加工安装纱窗的工作交给佳禾装潢公司完成。中天公司便向蓝天公司提出解除合同，要求蓝天公司赔偿其相应损失，并承担由此产生的违约责任。

蓝天公司辩称自己将该部分工作交给佳禾公司完成并没有违约，纱窗的质量问题自己不应承担责任，应该由佳禾公司对此负责，中天公司应直接向佳禾公司索赔。双方争执未果，中天公司将蓝天告上法庭。法院判决蓝天公司应就再承揽人佳禾公司完成的工作对定做人中天公司承担瑕疵责任，赔偿中天公司所受的损失。

问题：人民法院的判决合理吗？为什么？

9.1　合同法律制度概述

9.1.1　《中华人民共和国民法典》合同编的原则及合同分类

《中华人民共和国民法典》合同编的基本原则是指反映合同普遍规律、反映立法者基本理念、体现合同总的指导思想、贯穿整个合同的原则。这些原则是立法机关、裁判机关处理合同争议以及合同当事人订立履行合同的基本准则。对适用合同具有指导、补充、解释的作用。

任何一部法律都有自己的调整范围,《中华人民共和国民法典》合同编也不例外。掌握《中华人民共和国民法典》合同编的调整范围,有助于正确选择并使用《中华人民共和国民法典》合同编。

合同有多种分类方法,掌握这些不同的分类也有助于正确适用《中华人民共和国民法典》合同编。

1.《中华人民共和国民法典》合同编的基本原则及调整范围

1)《中华人民共和国民法典》合同编的基本原则

《中华人民共和国民法典》合同编主要贯穿以下基本原则:

(1)合同当事人法律地位平等原则;

(2)自愿订立合同原则;

(3)公平原则;

(4)诚实信用原则;

(5)遵守公序良俗原则。

(6)绿色原则。

2)《中华人民共和国民法典》合同编的调整范围,本编调整因合同产生的民事关系。

(1)合同的概念

合同是民事主体之间设立、变更、终止民事法律关系的协议。

婚姻、收养、监护等有关身份关系的协议,适用有关该身份关系的法律规定;没有规定的,可以根据其性质参照适用本编规定。

2)不受《中华人民共和国民法典》合同编调整的主要法律关系类型

《中华人民共和国民法典》或者其他法律没有明文规定的合同,适用本编通则的规定,并可以参照适用本编或者其他法律最相类似合同的规定。

2. 合同的分类

1)合同的理论分类

对合同做出科学的分类,不仅有助于针对不同合同确定不同的规则,而且便于准确适用法律。一般来说,合同可作如下分类:

(1)有名合同与无名合同

根据法律是否规定一定名称并有专门规定,合同可以分为有名合同与无名合同。

有名合同,也称典型合同,是法律上已经确定一定的名称,并设定具体规则的合同,如《中华人民共和国民法典》合同编分则所规定的建设工程合同等15类合同。

无名合同,也称非典型合同,是法律上尚未确定专门名称和具体规则的合同。根据合同自由原则,合同当事人可以自由决定合同的内容,可见当事人可自由订立无名合同。从实践来看,无名合同大量存在,是合同的常态。

(2)双务合同与单务合同

以当事人双方是否互负对待给付义务为标准,合同可以分为双务合同与单务合同。

双务合同是当事人之间互负义务的合同。例如买卖合同、租赁合同、借款合同、加工承揽合同与建设工程合同等。

单务合同是只有一方当事人负担义务的合同。例如赠予合同、借用合同等。

(3)有偿合同与无偿合同

根据当事人是否可以从合同中获取某种利益，可以将合同分为有偿合同与无偿合同。

有偿合同，是指当事人一方享有合同规定的权益，须向另一方付出相应代价的合同。有偿合同是商品交换最典型的法律形式。在实践中，绝大多数合同都是有偿的。有偿合同是常见的合同形式，诸如买卖、租赁、运输、承揽等。

无偿合同，是一方当事人享有合同约定的权益，但无须向另一方付出相应对价的合同。例如赠予合同、借用合同等。

(4)诺成合同与实践合同

以合同的成立是否必须交付标的物为标准，合同分为诺成合同与实践合同。

诺成合同，是指当事人各方的意思表示一致即告成立的合同，如委托合同、勘察、设计合同等。

实践合同，又称要物合同，是指除双方当事人的意思表示一致以外，尚须交付标的物才能成立的合同，如保管合同、定金合同等。

(5)要式合同与不要式合同

根据合同的成立是否必须采取一定形式为标准，可以将合同划分为要式合同与不要式合同。

要式合同是法律或当事人必须具备特定形式的合同，例如，建设工程合同应当采用书面形式，就是要式合同。

不要式合同是指法律或当事人不要求必须具备一定形式的合同。实践中，以不要式合同居多。

(6)格式合同与非格式合同

按条款是否预先拟定，可以将合同分为格式合同与非格式合同。

格式合同，又称为定式合同、附和合同或一般交易条件，它是当事人一方为与不特定的多数人进行交易而预先拟定的，且不允许相对人对其内容作任何变更的合同。反之，为非格式合同。

格式条款具有《中华人民共和国民法典》合同编规定的导致合同无效的情形的，或者提供格式条款一方免除其责任、加重对方责任、排除对方主要权利的，该条款无效。

对格式条款的理解发生争议的，应当按照通常理解予以解释。对格式条款有两种以上解释的，应当做出不利于提供格式条款一方的解释。格式条款和非格式条款不一致的，应当采用非格式条款。

(7)主合同与从合同

以合同相互之间的主从关系为标准，合同分为主合同与从合同。

主合同是指不需要其他合同存在即可独立存在的合同；从合同就是以其他合同为存在前提的合同。例如，对于保证合同而言，设立主债务的合同就是主合同，保证合同是从合同。

2)《中华人民共和国民法典》合同编的合同分类

《中华人民共和国民法典》合同编将常用合同分为 19 类，包括买卖合同，供用电、水、气、热力合同，赠予合同，借款合同，保证合同，租赁合同，融资租赁合同，保理合同，承揽合同，建设工程合同，运输合同，技术合同，保管合同，仓储合同，委托合同，物业服务合同，行纪合同，中介合同、合伙合同。

9.1.2 合同的订立

《中华人民共和国民法典》合同编第四百七十一条规定："当事人订立合同，可以采取要约、承诺方式或者其他方式。"

作为一个完整、有效的合同，有其内在的要求和外在的要求。内在的要求要求其具备合同的一般条款，在这一般条款之上，根据具体的合同标的增加相应的内容。外在的要求表现为合同要具备一定的形式，有的合同由于其不具备外在的形式要求而不具有法律效力。因此，我们在订立合同的时候需要清楚地知道所签订的合同需要具备的一般条款，也需要清楚地知道所签订的合同需要具备的形式要求。

订立合同的过程中存在风险，最典型的就是一方当事人利用合同的订立进行欺诈。因此我们需要掌握有关缔约过失责任知识以规避在订立合同的过程中存在的风险。

1. 合同的形式

合同，有书面形式、口头形式和其他形式。

法律、行政法规规定或者当事人约定采用特定形式的，应当采用特定形式。

书面形式是合同书、信件、电报、电传、传真等可以有形地表现所载内容的形式。以电子数据交换、电子邮件等方式能够有形地表现所载内容，并可以随时调取查用的数据电文，视为书面形式。

2. 合同的一般条款

合同的内容由当事人约定，一般包括以下条款：

(1)当事人的名称或者姓名和住所；

(2)标的；

(3)数量；

(4)质量；

(5)价款或者报酬；

(6)履行期限、地点和方式；

(7)违约责任；

(8)解决争议的方法。当事人可以参照各类合同的示范文本订立合同。

3. 订立合同的方式

1)要约

(1)要约的概念及构成要件

要约是希望与他们订立合同的意思表示，该意思表示应当符合下列条件：

①内容具体确定；

②表明经受要约人承诺，要约人即受该意思表示约束。

(2)要约的形式

要约的形式包括：

①书面，如寄送订货单、信函、电报、传真、电子邮件等在内的数据电文；

②口头，可以是当面对话，也可以打电话；

③行为。

(3)要约邀请

要约不同于要约邀请，要约邀请是希望他人向自己发出要约的意思表示。《中华人民共和国民法典》第四百七十三条规定：“要约邀请是希望他人向自己发出要约的表示。拍卖公告、招标公告、招股说明书、债券募集办法、基金招募说明书、商业广告和宣传、寄送的价目表等为要约邀请”。

商业广告的内容符合要约规定的，视为要约。

(4)要约的生效

《中华人民共和国民法典》第一百三十七条规定，要约以对话方式作出的意思表示，相对人知道其内容时生效。要约以非对话方式作出的意思表示，到达相对人时生效。以非对话方式作出的采用数据电文形式的意思表示，相对人指定特定系统接收数据电文的，该数据电文进入该特定系统时生效；未指定特定系统的，相对人知道或者应当知道该数据电文进入其系统时生效。当事人对采用数据电文形式的意思表示的生效时间另有约定的，按照其约定。

(5)要约的生效情形

要约生效的情形具体表现为：

①口头形式的要约自受要约人了解要约内容时发生效力；

②书面形式的要约自到达受要约人时发生效力；

(6)要约的撤回适用《中华人民共和国民法典》第一百四十一条的规定

要约可以撤回。撤回要约的通知应当在要约到达受要约人之前或者与要约同时到达受要约人。

(7)要约的撤销

要约可以撤销。撤销要约的通知应当在受要约人发出承诺通知之前到达受要约人。

(8)要约不可撤销的情形

有下列情形之一的，要约不得撤销：

①要约人确定了承诺期限或者以其他形式明示要约不可撤销；

②受要约人有理由认为要约是不可撤销的，并已经为履行合同做了准备工作。

(9)要约的消灭

有下列情形之一的，要约失效：

①要约被拒绝；

②要约被依法撤销；

③承诺期限届满，受要约人未做出承诺；

④受要约人对要约的内容作出实质性变更。

2)承诺

(1)承诺的概念

承诺是受要约人完全同意要约内容的意思表示。

(2)承诺的构成要件

承诺必须具备以下条件：

①承诺必须由受要约人向要约人做出；

②承诺应当在要约规定的期限内做出；

③承诺的内容应当与要约的内容一致；

④承诺的方式必须符合要约的要求。

承诺应当以通知的方式做出，但根据交易习惯或者要约表明可以通过行为做出承诺的除外。

承诺应当在要约确定的期限内到达要约人。

要约没有确定承诺期限的，承诺应当依照下列规定到达：

①要约以对话方式做出的，应当即时做出承诺，但当事人另有约定除外；

②要约以非对话方式做出的，承诺应当在合理期限内到达。

要约以信件或者电报做出的，承诺期限自信件载明的日期或者电报交发之日开始计算。信件未载明日期的，自投寄该信件的邮戳日期开始计算。要约以电话、传真等快速通讯方式做出的，承诺期限自要约到达受要约人时开始计算。

承诺生效时合同成立。

(3)承诺的生效

承诺生效时合同成立，但是法律另有规定或者当事人另有约定的除外。

当事人采用合同书形式订立合同的，自当事人均签名、盖章或者按指印时合同成立。在签名、盖章或者按指印之前，当事人一方已经履行主要义务，对方接受时，该合同成立。

法律、行政法规规定或者当事人约定合同应当采用书面形式订立，当事人未采用书面形式但是一方已经履行主要义务，对方接受时，该合同成立。

当事人采用信件、数据电文等形式订立合同要求签订确认书的，签订确认书时合同成立。

当事人一方通过互联网等信息网络发布的商品或者服务信息符合要约条件的，对方选择该商品或者服务并提交订单成功时合同成立，但是当事人另有约定的除外。

(4)承诺的撤回

承诺可以撤回。撤回承诺的通知应当在承诺通知到达要约人之前或者与承诺通知同时到达要约人。

(5)承诺的超期

受要约人超过承诺期限发出承诺，或者在承诺期限内发出承诺，按照通常情形不能及时到达要约人的，为新要约；但是，要约人及时通知受要约人该承诺有效的除外。

(6)承诺的延误

受要约人在承诺期限内发出承诺，按照通常情形能够及时到达要约人，但因其他原因承诺到达要约人时超过承诺期限的，除要约人及时通知受要约人因承诺超过期限不接受该承诺的以外，该承诺有效。

(7)承诺的内容变更

承诺的内容应当与要约的内容一致。受要约人对要约的内容做出实质性变更的，为新要约。有关合同标的、数量、质量、价款或者报酬、履行期限、履行地点和方式、违约责任和解决争议方法等的变更，是对要约内容的实质性变更。

承诺对要约的内容做出非实质性变更的，除要约人及时表示反对或者要约表明承诺不得对要约的内容作出任何变更的以外，该承诺有效，合同的内容以承诺的内容为准。

(8)合同成立的时间及地点

当事人采用合同书形式订立合同的，自双方当事人签字或者盖章时合同成立。

当事人采用信件、数据电文等形式订立合同的，可以在合同成立之前要求签订确认书。签订确认书时合同成立。

承诺生效的地点为合同成立的地点。

采用数据电文形式订立合同的，收件人的主营业地为合同成立的地点；没有主营业地的，其经常居住地为合同成立的地点。当事人另有约定的，按照其约定。

当事人采用合同书形式订立合同的，双方当事人签字或者盖章的地点为合同成立的地点。

法律、行政法规规定或者当事人约定采用书面形式订立合同，当事人未采用书面形式但一方已经履行主要义务，对方接受的，该合同成立。

采用合同书形式订立合同，在签字或者盖章之前，当事人一方已经履行主要义务，对方接受的，该合同成立。

国家根据需要下达指令性任务或者国家订货任务的，有关法人、其他组织之间应当依照有关法律、行政法规规定的权利和义务订立合同。

(9)格式合同

采用格式条款订立合同的，提供格式条款的一方应当遵循公平原则确定当事人之间的权利和义务，并采取合理的方式提请对方注意免除或者限制其责任的条款，按照对方的要求，对该条款予以说明。

格式条款是当事人为了重复使用而预先拟定，并在订立合同时未与对方协商的条款。

格式条款具有《中华人民共和国民法典》合同编第四百九十六条规定情形的，或者提供格式条款一方免除其责任、加重对方责任、限制对方主要权利的，该条款无效。

对格式条款的理解发生争议的，应当按照通常理解予以解释。对格式条款有两种以上解释的，应当做出不利于提供格式条款一方的解释。格式条款和非格式条款不一致的，应当采用非格式条款。

4. 缔约过失责任

当事人在订立合同过程中有下列情形之一，给对方造成损失的，应当承担损害赔偿责任：

(1)假借订立合同，恶意进行磋商；

(2)故意隐瞒与订立合同有关的重要事实或者提供虚假情况；

(3)有其他违背诚实信用原则的行为。

当事人在订立合同过程中知悉的商业秘密，无论合同是否成立，不得泄露或者不正当地使用。泄露或者不正当地使用该商业秘密给对方造成损失的，应当承担损害赔偿责任。

【案例 9-2】

2015 年 6 月，王先生通过某市某房产开发经营有限公司的宣传广告及其销售人员的介绍，看中了该公司正在预售的某花园及周边的环境。当时开发商介绍房子东边是三层会所。得到这样的承诺后，王先生与对方签订了预售合同。2015 年年底，房屋落成交付。而王先生到实地一看，原本说是三层会所的房子竟然变成了一栋 9 层的综合楼。

2016 年，满腹委屈的王先生向法院提起了诉讼，要求房产公司赔偿经济损失 4.8 万元。同年 10 月，一审法院委托有关机构对王某居住环境变化造成的损失进行了价值评估，认定其所购的房屋价值损失4.3万余元，故判决房产公司赔偿相应损失。房产公司向某市第二中级人民法院提出上诉。

某市第二中级人民法院认为，王先生在购房时不仅关注建筑面积大小、形状等，更关注房屋的周边环境，这是双方确立合同的重要事实和因素。房产公司明知周边是9层综合楼，却介绍说只建三层会所，这是对订立合同的重要因素提供的虚假情况，由此误导王先生，致使其所购房屋价值的减少，房产公司应承担赔偿责任。因此，根据《中华人民共和国民法典》合同编关于诚信原则的规定驳回其上诉。

问题：依据案情及法院的判决本案应当如何适用法律？

9.1.3 合同的效力

合同只有具备一定的条件才能成为有效的合同，这些条件我们称为合同生效的要件。如果不具备这些要件，则合同不能直接被认定为有效的合同。因此，掌握合同生效的条件是进行合同管理的基本要求。

合同不具备生效的要件的根源是多方面的，例如，基于重大误解，基于显失公平等都会使得合同欠缺生效的要件。这些不直接具有法律效力的合同就是根据这些具体的根源的不同而分为无效的合同、可变更可撤销的合同、效力待定的合同。合同法对于这些合同都有具体的、特殊的规定，我们只有掌握了针对这些特殊合同的法律规定，才能根据不同的情况有效进行合同管理。

还有一些合同本身具备了生效的一般要件，但是由于当事人在合同之中约定的生效或者终止的条件、期限，使得其效力受到了一定的限制。我们对于这类附条件、附期限的合同也要很好地掌握，以便利用这些限定的条件维护自身的权益。

依法成立的合同，对当事人具有法律约束力。当事人应当按照约定履行自己的义务，不得擅自变更或者解除合同。

依法成立的合同，受法律保护。

1. 合同的成立与生效

依法成立的合同，自成立时生效。

法律、行政法规规定应当办理批准、登记等手续生效的，依照其规定执行。

1)合同的成立

合同成立是指当事人完成了签订合同过程，并就合同内容协商一致。合同成立不同于合同生效。合同生效是法律认可合同效力，强调合同内容合法性。因此，合同成立体现了当事人的意志，而合同生效体现国家意志。合同成立是合同生效的前提条件，如果合同不成立，是不可能生效的。但是合同成立也并不意味着合同就生效了。

(1)合同成立的一般要件

①存在订约当事人

合同成立首先应具备双方或者多方订约当事人，只有一方当事人不可能成立合同。例如，某人以某公司的名义与某团体订立合同，若该公司根本不存在，则可认为只有一方当事人，合同不能成立。

②订约当事人对主要条款达成一致

合同成立的根本标志是订约双方或者多方经协商，就合同主要条款达成一致意见。

③经历要约与承诺两个阶段

《中华人民共和国民法典》合同编第四百七十一条规定："当事人订立合同，可以采取要约、承诺方式。"缔约当事人就订立合同达成合意，一般应经过要约、承诺阶段。若只停留在要约阶段，合同根本未成立。

(2)合同成立的时间

合同成立时间关系到当事人何时受合同关系拘束，因此合同成立时间具有重要意义。确定合同成立时间，应遵守如下规则：

当事人采用合同书形式订立合同的，自双方当事人签字或者盖章时合同成立。各方当事人签字或者盖章的时间不在同一时间的，最后一方签字或者盖章时合同成立。

当事人采用信件、数据电文等形式订立合同的，可以在合同成立之前要求签订确认书。签订确认书时合同成立。此时确认书具有最终正式承诺的意义。

(3)合同成立的地点

合同成立地点可能成为确定法院管辖的依据，因此具有重要意义。确定合同成立地点，遵守如下规则：

承诺生效的地点为合同成立的地点。采用数据电文形式订立合同的，收件人的主营业地为合同成立的地点；没有主营业地的，其经常居住地为合同成立的地点。当事人另有约定的，按照其约定。

当事人采用合同书形式订立合同的，双方当事人签字或者盖章的地点为合同成立的地点。

2)合同的生效

合同生效，是指法律按照一定标准对合同评价后而赋予强制力。已经成立的合同，必须具备一定的生效要件，才能产生法律拘束力。合同生效要件是判断合同是否具有法律效力的评价标准。合同的生效要件有：

(1)订立合同的当事人必须具有相应的民事权利能力和民事行为能力

经营范围是衡量法人权利能力与行为能力的重要标准。最高人民法院《关于适用〈中华人民共和国民法典〉合同编若干问题的解释(一)》第十条规定，当事人超越经营范围订立合同，人民法院不因此认定合同无效。但违反国家限制经营、特许经营以及法律、行政法规禁止经营规定的除外。

(2)意思表示真实

所谓意思表示真实，是指表意人的表示行为真实反映其内心的效果意思，即表示行为应当与效果意思相一致。

意思表示真实是合同生效的重要构成要件。在意思表示不真实的情况下，合同可能无效，如在被欺诈、胁迫致使行为人表示于外的意思与其内心真意不符，且涉及国家利益受损的情况下；合同也可能被撤销或者变更，如在被欺诈、胁迫致使行为人表示于外的意思与其内心真意不符，但未违反法律和行政法规强制性规定及社会公共利益的情况下。

(3)不违反法律、行政法规的强制性规定，不损害社会公共利益

这里的"法律"是狭义的法律，即全国人民代表大会及其常务委员会依法通过的规范性文件。这里的"行政法规"是国务院依法制定的规范性文件。所谓强制性规定，指的是当事人必须遵守的不得通过协议加以改变的规定。

有效合同不仅不得违反法律、行政法规的强制性规定，而且不得损害社会公共利益。社会公共利益是一个抽象的概念，内涵丰富、范围宽泛，包含了政治基础、社会秩序、社会公共道德要求，可以弥补法律、行政法规明文规定的不足。对于那些表面上虽未违反现行法律明文强制性规定但实质上违反社会规范的合同行为，具有重要的否定作用。

(4)具备法律所要求的形式

这里的形式包括两层意思：订立合同的程序与合同的表现形式。这两方面都必须要符合法律的规定，否则不能当然发生法律效力。例如，《中华人民共和国民法典》合同编第一百三十六条规定："依法成立的合同，自成立时生效。法律、行政法规规定应当办理批准、登记等手续生效的，依照其规定。"如果符合此规定的合同没有进行登记、备案，则合同当然不能发生法律效力。

2. 无效合同

1)无效合同概述

无效合同，是指合同虽然已经成立，但因不符合法律要求的要件而不予承认和保护的合同。无效合同具有以下特征：

(1)合同自始无效

无效合同自订立时起就不具有法律效力，而不是从合同无效原因发现之日或合同无效确认之日起，合同才失去效力。

(2)合同绝对无效

合同自订立时起就无效，当事人不能通过同意或追认使其生效。

(3)合同当然无效

无论当事人是否知道其无效情况，无论当事人是否提出主张无效，法院或仲裁机构可以主动审查决定该合同无效。

(4)合同无效，可能是全部无效，也可能是部分无效

如果合同部分无效，不影响其他部分效力的，其他部分仍然有效。

(5)合同无效，不影响合同中独立存在的有关解决争议方法的条款的效力。

2)合同全部无效

有下列情形之一的，合同无效：

(1)一方以欺诈、胁迫的手段订立合同，损害国家利益；

(2)恶意串通，损害国家、集体或者第三人利益；

(3)以合法形式掩盖非法目的；

(4)损害社会公共利益；

(5)违反法律、行政法规的强制性规定。

3)合同部分无效

合同中的下列免责条款无效：

(1)造成对方人身伤害的；

(2)因故意或者重大过失造成对方财产损失的。

4)合同无效的法律后果

无效的合同或者被撤销的合同自始没有法律约束力。合同部分无效，不影响其他部分效力的，其他部分仍然有效。

合同无效、被撤销或者终止的，不影响合同中独立存在的有关解决争议方法的条款的效力。

合同无效或者被撤销后，因该合同取得的财产，应当予以返还；不能返还或者没有必要返还的，应当折价补偿。有过错的一方应当赔偿对方因此所受到的损失，双方都有过错的，应当各自承担相应的责任。

当事人恶意串通，损害国家、集体或者第三人利益的，因此取得的财产收归国家所有或者返还集体、第三人。

3. 可变更、可撤销合同

1）可变更、可撤销合同的概念

合同的变更、撤销，是指因意思表示不真实，法律允许撤销权人通过行使撤销权，使已经生效的合同效力归于消灭或使合同内容变更。

可变更、可撤销合同与无效合同存在显著区别。无效合同是自始无效、当然无效，即从订立起就是无效，且不必取决于当事人是否主张无效。但是，可变更、可撤销合同在被撤销之前存在效力，尤其是对无撤销权的一方具有完全拘束力；而且，其效力取决于撤销权人是否向法院或者仲裁机构主张行使撤销权以及是否被支持。

2）可变更、可撤销合同的情形

下列合同，当事人一方有权请求人民法院或者仲裁机构变更或者撤销。

（1）因重大误解订立的；

（2）在订立合同时显失公平的。

一方以欺诈、胁迫的手段或者乘人之危，使对方在违背真实意思的情况下订立的合同，受损害方有权请求人民法院或者仲裁机构对合同进行变更或者撤销。

当事人请求变更的，人民法院或者仲裁机构不得撤销。

3）撤销权的行使

（1）行使撤销权的主体

任何一方当事人认为合同是由重大误解订立的或者显失公平订立的，都可以向法院提出变更或撤销的请求。而以欺诈、胁迫或者乘人之危订立合同的，变更、撤销权只有受损害方才能行使。

（2）撤销权的救济

对于可变更、可撤销合同，撤销权人可以申请法院或者仲裁机构撤销合同，也可以申请法院或者仲裁机构变更合同，当然，还可以不行使撤销权，继续认可该合同效力。如果撤销权人请求变更的，法院或者仲裁机构不得撤销。当事人请求撤销的，人民法院可以变更。

《最高人民法院关于贯彻执行〈中华人民共和国民法通则〉若干问题的意见（试行）》第七十三条规定："对于重大误解或者显失公平的民事行为，当事人请求变更的，人民法院应当予以变更；当事人请求撤销的，人民法院可以酌情予以变更或者撤销。"从这条规定上，我们看到：如果当事人请求变更，是可以实现目的的。《中华人民共和国民法典》合同编第五十四条规定："当事人请求变更的，人民法院或者仲裁机构不得撤销。"但是如果请求撤销，就要看具体情况决定是否允许撤销了。因为，在不必要撤销的情况下撤销了合同，对另一方当事人也会造成损失。出于公平起见，需要对申请撤销的事由进行具体分析而做出是否允许当事人撤销的决定。

4）撤销权的消灭

有下列情形之一的，撤销权消灭。

具有撤销权的债权人自知道或者应当知道撤销事由之日起一年内没有行使撤销权，自债务人的行为发生之日起五年内没有行使撤销权的，该撤销权消灭。

5）可变更、可撤销合同被撤销的后果

无效的合同或者被撤销的合同自始没有法律约束力。合同部分无效，不影响其他部分效力的，其他部分仍然有效。

合同无效、被撤销或者终止的，不影响合同中独立存在的有关解决争议方法的条款的效力。

合同无效或者被撤销后，因该合同取得的财产，应当予以返还；不能返还或者没有必要返还的，应当折价补偿。有过错的一方应当赔偿对方因此所受到的损失，双方都有过错的，应当各自承担相应的责任。

4. 效力待定合同及附条件、附期限合同

1）效力待定合同概述

效力待定合同，是指合同成立之后，是否具有效力还未确定，有待于其他行为或者事实使之确定的合同。

效力待定合同不同于无效合同。二者主要区别在于：无效合同具有违法性，其不具有效力是自始确定的，不会因其他行为而产生法律效力；效力待定合同并无违法性，只是效力尚不确定，法律并不强行干预，而将选择合同效力的权利赋予相关当事人或者真正权利人。

效力待定合同不同于可撤销合同。二者主要区别在于：可撤销合同在未被撤销前是有效的，效力待定合同是欠缺某种生效要件，是否有效未确定；可撤销合同只能通过法院或者仲裁机构进行撤销，效力待定合同不必通过法院或者仲裁机构，而是通过私人之间的行为（诸如追认、催告）或者一定事实来确定合同效力。

2）效力待定合同类型及处理

（1）限制民事行为能力人依法不能独立签订的合同

若限制民事行为能力人未经其法定代理人事先同意，独立签订了其依法不能独立签订的合同，则构成效力待定合同，但是纯获利益的合同除外。

此类效力待定合同须经过限制民事行为能力人的法定代理人行使追认权予以追认后才有效。相对人可以催告法定代理人在一个月内予以追认；法定代理人未作表示的，视为拒绝追认，合同没有效力。合同被追认之前，善意相对人有撤销的权利；撤销应当以通知的方式做出。

（2）无权代理人以被代理人的名义签订的合同

行为人没有代理权、超越代理权或代理权终止后仍以被代理人的名义与相对人订立合同，未经被代理人追认的，对被代理人不发生效力，由行为人承担责任。

相对人可以催告被代理人在一个月内予以追认；被代理人未作表示的，视为拒绝追认，合同没有效力。合同被追认之前，善意相对人有撤销的权利，撤销应当以通知的方式做出。

《中华人民共和国民法典》合同编第一百七十三条规定：“行为人没有代理权、超越代理权或者代理权终止后以被代理人名义订立合同，相对人有理由相信行为人有代理权的，该代理行为有效。”这就是表见代理在合同领域的具体规定。可见，表见代理无须被代理人追认，产生代理效力，即由被代理人对第三人承担授权责任。因表见代理订立的合同如无其他导致合同无效的原因，该合同有效。

(3)越权签订的合同

法人或者其他组织的法定代表人、负责人超越权限订立的合同，除相对人知道或者应当知道其超越权限的以外，该代表行为有效。

任何一个单位都有自己的组织结构，组织设计里面都包含组织权限分工。每个岗位都有自己的责任和权利。如果超越了自己的权力范围而为民事行为，其行为就不是必然有效的行为了。这种行为是否有效，需要结合其他因素确定。

超越权限订立的合同是否有效取决于相对人是否知道行为人超越权限。如果明知其超越权限还依然与之签订合同，合同就是无效的；如果不知道其越权而与之签订合同，则合同就是有效的。

(4)无处分权人签订的合同

所有权人或法律授权的人才能对财产行使处分权，如财产的转让、赠予等。无处分权人只能对财产享有占有、使用权。无处分权人处分他人财产与相对人订立的合同，经权利人追认或者无处分权人订立合同后取得处分权的，该合同有效。无处分权人与相对人订立的合同，若未获追认或者无权处分人在订立合同后未获处分权，则该合同不生效。

3)附条件合同

当事人对合同的效力可以约定附条件。附生效条件的合同，自条件成就时生效。附解除条件的合同，自条件成就时失效。

当事人为自己的利益不正当地阻止条件成就的，视为条件已成就；不正当地促成条件成就的，视为条件不成就。

4)附期限合同

当事人对合同的效力可以约定附期限。附生效期限的合同，自期限届至时生效。附终止期限的合同，自期限届满时失效。

【案例 9-3】

2016 年，某集团委托其业务员李某到上海采购扫地机器人 500 台。李某到上海后，很快与生产扫地机器人厂家签订了标的为 500 台扫地机器人的合同。之后，李某在上海看到山地自行车很畅销，便用盖有本单位公章的介绍信和合同书，以集团的名义与生产厂家签订了山地自行车的购销合同。合同约定：集团购买山地自行车 1000 辆，货款总计 50 万元，自行车厂在合同签订后的 10 天内发货。

李某回到单位向公司领导告知了订购山地自行车一事。公司领导认为订购 50 万元的山地自行车，一是占用本公司大量流动资金，影响了公司的资金流动；二是山地自行车在本市的销路不是很好，于是要求李某速去上海撤销购销合同。与此同时，百货公司也向自行车厂发去书面通知，表示要撤销此合同。然而，自行车厂在与李某签订合同的第五天就已经发货。李某到上海后，合同所涉及的 1000 辆山地自行车已经发货，自行车厂要求百货公司支付货款，而百货公司拒付，表示李某未得到购买山地自行车的授权，订立该项合同超越了公司的授权范围，且李某的越权代理公司不追认，故该合同所产生的一切后果与百货公司无关，应由李某自己承担。双方交涉未果后，起诉到人民法院。

问题：自行车生产厂的诉讼请求能否得到人民法院的支持？

9.2 建设工程合同

9.2.1 建设工程合同的概念、形式、种类及内容

1. 建设工程合同的概念

建设工程合同是承包人进行工程建设，发包人支付价款的合同。建设工程合同包括工程勘察、设计、施工合同。

格式合同

2. 建设工程合同的形式

建设工程合同应当采用书面形式。

建设工程的招标投标活动，应当依照有关法律的规定公开、公平、公正进行。

3. 建设工程合同的种类

发包人可以与总承包人订立建设工程合同，也可以分别与勘察人、设计人、施工人订立勘察、设计、施工承包合同。发包人不得将应当由一个承包人完成的建设工程肢解成若干部分发包给数个承包人。

总承包人或者勘察、设计、施工承包人经发包人同意，可以将自己承包的部分工作交由第三人完成。第三人就其完成的工作成果与总承包人或者勘察、设计、施工承包人向发包人承担连带责任。承包人不得将其承包的全部建设工程转包给第三人或者将其承包的全部建设工程肢解以后以分包的名义转包给第三人。

禁止承包人将工程分包给不具备相应资质条件的单位。禁止分包单位将其承包的工程再分包。建设工程主体结构的施工必须由承包人自行完成。

国家重大建设工程合同，应当按照国家规定的程序和国家批准的投资计划、可行性研究报告等文件订立。

1）建设工程合同的种类

根据《中华人民共和国民法典》合同编第七百八十八条规定，包括：

（1）工程勘查合同；

（2）工程设计合同；

（3）工程施工合同。

2）工程施工合同

工程施工合同又可分为：

（1）施工总承包合同；

（2）专业承包合同；

（3）施工劳务合同。

【案例 9-4】

广西某海关私货仓综合楼工程建筑面积 2800 平方米，工程造价 260 万元，建设单位为某海关。2016 年 11 月 4 日自治区建筑市场秩序检查组查出该工程项目存在以下违法违规行为：施工图设计文件未经审查；建设单位擅自改变工程图纸，违反工程建设强制性标准，擅自取消原工程设计的一个楼梯和通道；中标施工单位为某建工集团有限公司。检查组检查施工现场时项目管理人员不到位，项目管理班子与投标文件不符。检查组经初步调查认定，某建工集团有限公司没有参加该工程的投标活动，该工程的投标文件为他人私刻公章参加投标，因此，该工程施工单位属于冒名挂靠。

问题：对此类违法、违规行为应当如何处理为妥？

9.2.2　建设工程合同的履行

1.《中华人民共和国民法典》合同编分则规定

发包人在不妨碍承包人正常作业的情况下，可以随时对作业进度、质量进行检查。

隐蔽工程在隐蔽以前承包人应当通知发包人检查。发包人没有及时检查的，承包人可以顺延工程日期，并有权要求赔偿停工、窝工等损失。

建设工程竣工后，发包人应当根据施工图纸及说明书、国家颁发的施工验收规范和质量检验标准及时进行验收。验收合格的，发包人应当按照约定支付价款，并接收该建设工程。建设工程竣工经验收合格后，方可交付使用；未经验收或者验收不合格的，不得交付使用。

2. 法规简释

由于建设工程合同的特殊性，其在履行的过程中会存在不同于其他合同的情形，这些情形所导致的纠纷的解决也有其自身的特殊性。

1) 解除建设工程施工合同的条件问题

解除合同的条件：

《中华人民共和国民法典》合同编第五百六十二条规定："当事人协商一致，可以解除合同。当事人可以约定解除合同的条件。解除合同的条件成就时，解除权人可以解除合同。"

《中华人民共和国民法典》合同编第五百六十三条规定："有下列情形之一的，当事人可以解除合同：①因不可抗力致使不能实现合同目的；②在履行期限届满之前，当事人一方明确表示或者以自己的行为表明不履行主要债务；③当事人一方迟延履行主要债务，经催告后在合理期限内仍未履行；④当事人一方迟延履行债务或者有其他违约行为致使不能实现合同目的；⑤法律规定的其他情形。"

(1) 发包人请求解除合同的条件

承包人具有下列情形之一，发包人请求解除建设工程施工合同的，应予支持。

①明确表示或者以行为表明不履行合同主要义务的；

②合同约定的期限内没有完工，且在发包人催告的合理期限内仍未完工的；

③已经完成的建设工程质量不合格，并拒绝修复的；

④将承包的建设工程非法转包、违法分包的。

(2)承包人请求解除合同的条件

发包人具有下列情形之一，致使承包人无法施工，且在催告的合理期限内仍未履行相应义务，承包人请求解除建设工程施工合同的，应予支持。

①未按约定支付工程价款的；

②提供的主要建筑材料、建筑构配件和设备不符合强制性标准的；

③不履行协助义务，致使承包人无法施工，经催告后在合理期限内仍未履行相应义务的。

上述三种情形均属于发包人违约。因此，合同解除后，发包人还要承担违约责任。

(3)合同解除后的法律后果

①《中华人民共和国民法典》合同编关于合同解除的相关法律规定

《中华人民共和国民法典》合同编第五百六十六条规定："合同解除后，尚未履行的，终止履行；已经履行的，根据履行情况和合同性质，当事人可以要求恢复原状、采取其他补救措施，并有权要求赔偿损失。"

《中华人民共和国民法典》合同编第五百六十七条规定："合同的权利义务终止，不影响合同中结算和清理条款的效力。"

②根据《中华人民共和国民法典》合同编第八百零六条规定：

A. 建设工程施工合同解除后，已经完成的建设工程质量合格的，发包人应当按照约定支付相应的工程价款。

B. 已经完成的建设工程质量不合格的，按照下列情况处理：

a. 修复后的建设工程经竣工验收合格，发包人可以请求承包人承担修复费用；

b. 修复后的建设工程经竣工验收不合格，承包人无权请求，参照合同关于工程价款的约定折价补偿。

因建设工程不合格造成的损失，发包人有过错的，也应承担相应的民事责任。

③因一方违约导致合同解除的，违约方应当赔偿因此而给对方造成的损失。

3. 建设工程质量不符合约定情况下的责任承担问题

导致工程质量不合格的原因很多，其中有发包人的原因，也有承包商的原因。其责任的承担应该根据具体的情况分别做出处理。

(1)因承包商过错导致质量不符合约定的处理

《中华人民共和国民法典》合同编第八百零一条规定："因施工人的原因致使建设工程质量不符合约定的，发包人有权要求施工人在合理期限内无偿修理或者返工、改建。经过修理或者返工、改建后，造成逾期交付的，施工人应当承担违约责任。"

《最高法关于审理建设工程施工合同纠纷案件适用法律问题的解释》第十一条规定："因承包人的过错造成建设工程质量不符合约定，承包人拒绝修理、返工或者改建，发包人请求减少支付工程价款的，应予支持。"

有的时候，承包商造成工程质量不合格的原因可能会触犯法律，例如偷工减料、擅自修改图纸等。如果其行为触犯了相关的法律，还将接受法律的制裁。

《中华人民共和国建筑法》第七十四条："建筑施工企业在施工中偷工减料的，使用不合格的建筑材料、建筑构配件和设备的，或者有其他不按照工程设计图纸或者施工技术标准施工的行为的，责令改正，处以罚款；情节严重的，责令停业整顿，降低资质等级或者吊销资质证书；造成建筑工程质量不符合规定的质量标准的，负责返工、修理，并赔偿因此造成的损失；构成犯罪的，依法追究刑事责任。”

(2)因发包人过错导致质量不符合约定的处理

《建设工程质量管理条例》第九条规定：“建设单位必须向有关的勘察、设计、施工、工程监理等单位提供与建设工程有关的原始资料。原始资料必须真实、准确、齐全。”

《建设工程质量管理条例》第十四条规定：“按照合同约定，由建设单位采购建筑材料、建筑构配件和设备的，建设单位应当保证建筑材料、建筑构配件和设备符合设计文件和合同要求。建设单位不得明示或者暗示施工单位使用不合格的建筑材料、建筑构配件和设备。”

但是在实际工作中，却经常出现建设单位违反上述规定的情形。这些情形的出现，有的是源于过失，有的则是建设单位为自身谋取利益。

《最高法关于审理建设工程施工合同纠纷案件适用法律问题的解释》第十二条规定：“发包人具有下列情形之一，造成建设工程质量缺陷，应当承担过错责任：

①提供的设计有缺陷；

②提供或者指定购买的建筑材料、建筑构配件、设备不符合强制性标准；

③直接指定分包人分包专业工程。

承包人有过错的，也应当承担相应的过错责任。”

《建设工程质量管理条例》第五十六条规定：“违反本条例规定，建设单位有下列行为之一的，责令改正，处 20 万元以上 50 万元以下的罚款：

①迫使承包方以低于成本的价格竞标的；

②任意压缩合理工期的；

③明示或者暗示设计单位或者施工单位违反工程建设强制性标准，降低工程质量的；

④施工图设计文件未经审查或者审查不合格，擅自施工的；

⑤建设项目必须实行工程监理而未实行工程监理的；

⑥未按照国家规定办理工程质量监督手续的；

⑦明示或者暗示施工单位使用不合格的建筑材料、建筑构配件和设备的；

⑧未按照国家规定将竣工验收报告、有关认可文件或者准许使用文件报送备案的。”

(3)发包人擅自使用后出现质量问题的处理

《建设工程质量管理条例》第十六条规定：“建设单位收到建设工程竣工报告后，应当组织设计、施工、工程监理等有关单位进行竣工验收。

建设工程竣工验收应当具备下列条件：

①完成建设工程设计和合同约定的各项内容；

②有完整的技术档案和施工管理资料；

③有工程使用的主要建筑材料、建筑构配件和设备的进场试验报告；

④有勘察、设计、施工、工程监理等单位分别签署的质量合格文件；

⑤有施工单位签署的工程保修书。

建设工程经验收合格的，方可交付使用。”

但是有的时候建设单位为了能够提前投入生产，在没有经过竣工验收的前提下就擅自使用了工程。由于工程质量问题都需要经过一段时间才能显现出来。所以这种未经竣工验收就使用工程的行为往往就导致了其后的工程质量的纠纷。

《最高法关于审理建设工程施工合同纠纷案件适用法律问题的解释》第二十三条也对于工程质量产生的争议如何进行鉴定做出了原则性规定："当事人对部分案件事实有争议的，仅对有争议的事实进行鉴定，但争议事实范围不能确定，或者双方当事人请求对全部事实鉴定的除外。"

《最高法关于审理建设工程施工合同纠纷案件适用法律问题的解释》第十三条规定："建设工程未经竣工验收，发包人擅自使用后，又以使用部分质量不符合约定为由主张权利的，不予支持；但是承包人应当在建设工程的合理使用寿命内对地基基础工程和主体结构质量承担民事责任。"

上述规定体现了对建设单位擅自使用工程行为的惩罚，认定了建设单位使用工程即是对工程质量的认可。但是，上述规定却并没有全部免除承包商的责任，要求承包商对于地基基础工程和主体结构的质量承担相应的责任。这是基于《建设工程质量管理条例》对于地基基础工程和主体结构工程的最低保修期限的规定。《建设工程质量管理条例》第四十条规定了对于基础设施工程、房屋建筑的地基基础工程和主体结构工程，为设计文件规定的该工程的合理使用年限。这就等于是终身保修，因此并不因建设单位是否提前使用工程而免除保修的责任。

发包人未经验收而提前使用工程不仅在工程质量上要承担更大的责任，同时还将由于这样的行为而接受法律的制裁。

《建设工程质量管理条例》第五十八条规定："违反本条例规定，建设单位有下列行为之一的，责令改正，处工程合同价款2%以上4%以下的罚款；造成损失的，依法承担赔偿责任：

①未组织竣工验收，擅自交付使用的；

②验收不合格，擅自交付使用的；

③对不合格的建设工程按照合格工程验收的。"

4. 对竣工日期的争议问题

竣工日期可以分为合同中约定的竣工日期和实际竣工日期。合同中约定的竣工日期是指发包人和承包人在协议书中约定的承包人完成承包范围内工程的绝对或相对的日期。实际竣工日期是指承包人全面、适当履行了施工承包合同时的日期。合同中约定的竣工日期是发包人限定的竣工日期的底线，如果承包人超过了这个日期竣工就将为此承担违约责任。而实际竣工日期则是承包人可以全面主张合同中约定的权利的开始之日，如果该日期先于合同中约定的竣工日期，承包商可以根据约定(如有)获得奖励。

正是由于确定实际竣工日期涉及发包人和承包人的利益，对于工程竣工日期的争议就时有发生。

我国《建设工程施工合同(示范文本)》第三十二条第四款规定："工程竣工验收通过，承包人送交竣工验收报告的日期为实际竣工日期。"工程按发包人要求修改后通过竣工验收的，实际竣工日期为承包人修改后提请发包人验收的日期。

但是在实际操作过程中却容易出现一些特殊的情形并最终导致关于竣工日期的争议的产生。这些情形主要表现在：

(1)由于建设单位和施工单位对于工程质量是否符合合同约定产生争议而导致对竣工日期的争议

工程质量是否合格涉及多方面因素，当事人双方很容易就其影响因素产生争议。而一旦产生争议，就需要权威部门来鉴定。鉴定结果如果不合格，就不涉及竣工日期的争议了，而如果鉴定结果是合格的，就涉及以哪天作为竣工日期的问题了。承包商认为应该以提交竣工验收报告之日作为竣工日期，而建设单位则认为应该以鉴定合格之日为实际竣工日期。

对此，《最高法关于审理建设工程施工合同纠纷案件适用法律问题的解释》第十五条规定："建设工程竣工前，当事人对工程质量发生争议，工程质量经鉴定合格的，鉴定期间为顺延工期期间。"

从这个规定我们看到，应该以提交竣工验收报告之日为实际竣工日期。

(2) 由于发包人拖延验收而产生的对实际竣工日期的争议

《建设工程施工合同(示范文本)》规定，工程具备竣工验收条件，承包人按国家工程竣工验收有关规定，向发包人提供完整竣工资料及竣工验收报告。双方约定由承包人提供竣工图的，应当在专用条款内约定提供的日期和份数。发包人收到竣工验收报告后 28 天内组织有关单位验收，并在验收后 14 天内给予认可或提出修改意见。承包人按要求修改，并承担由自身原因造成修改的费用。

但是有的时候由于主观的或者客观的原因，发包人没能按照约定的时间组织竣工验收。最后施工单位和建设单位就实际竣工之日产生了争议，对此，《解释》第十四条规定："建设工程经竣工验收合格的，以竣工验收合格之日为竣工日期。"承包人已经提交竣工验收报告，发包人拖延验收的，以承包人提交验收报告之日为竣工日期。

(3) 由于发包人擅自使用工程而产生的对于实际竣工验收日期的争议

《建设工程质量管理条例》第十六条规定："建设单位收到建设工程竣工报告后，应当组织设计、施工、工程监理等有关单位进行竣工验收。……建设工程经验收合格的，方可交付使用。"

有的时候，建设单位为了能够提前使用工程而取消了竣工验收这道法律规定的程序。而这样的后果之一就是容易对实际竣工日期产生争议，因为没有提交的竣工验收报告和竣工验收试验可供参考。对于这种情形，《最高法关于审理建设工程施工合同纠纷案件适用法律问题的解释》第十四条同时做出了下面的规定："建设工程未经竣工验收，发包人擅自使用的，以转移占有建设工程之日为竣工日期。"

5. 对计价方法的争议问题

在工程建设合同中，当事人双方会约定计价的方法，这是后来建设单位向承包商支付工程款的基础。如果合同双方对于计价方法产生了纠纷且不能得到及时妥善的解决，就必然会影响到当事人的切身利益。

对计价方法的纠纷主要表现在以下几个方面。

(1) 因变更引起的纠纷

在工程建设过程中，变更是普遍存在的。尽管变更的表现形式纷繁复杂，但是其对于工程款的支付的影响却仅仅表现在两个方面：

①工程量的变化导致价格的纠纷

从经济学的角度看，成本的组成包括两部分，即固定成本和可变成本。固定成本不因产量的增加而增加，可变成本却是产量的函数，因产量的增加而增加。当产量增加时，单位产量上推销的固定成本就会减少，而单位可变成本不发生变化，其总成本将减少。在原有价格不变的前提下，会导致利润率增加。因此，当工程量发生变化后，当事人一方就会提出增加或者减少单价，以维持原有的利润率水平。如果工程量增加了，建设单位就会要求减少单价。相反，如果工程量减少了，施工单位就会要求增加单价。

调整单价时会涉及两个因素：一是工程量增减幅度达到多少就要调整单价。二是将单价格调整到多少。如果在承包合同中没有对此进行约定，就会导致纠纷。

②工程质量标准的变化导致价格的纠纷

工程质量标准有很多种分类的方法，如果按照标准的级别来分的话，可以分为国家标准、地方标准、行业标准、企业标准。另外，合同双方当事人也可以在合同中约定标准，如果约定的标准没有违反强制性标准，其效力还将高于国家其他标准。

正是由于工程质量标准的多样性，就会导致工程标准发生变化而导致纠纷的产生。例如，对于某混凝土工程，原来在合同中约定的混凝土强度为25 MPa，后来建设单位出于安全和质量的考虑，要求将质量标准提高到30 MPa，这就意味着施工单位将为此多付出成本，那么到底多付出了多少呢？双方也有可能就此产生纠纷。

对于上述的由于变更而引起的计价方法的纠纷，《解释》第十六条做出了规定：

当事人对建设工程的计价标准或者计价方法有约定的，按照约定结算工程价款。

因设计变更导致建设工程的工程量或者质量标准发生变化，当事人对该部分工程价款不能协商一致的，可以参照签订建设工程施工合同时当地建设行政主管部门发布的计价方法或者计价标准结算工程价款。

(2)因工程质量验收不合格导致的纠纷

工程合同中的价款针对的是合格工程而言的，而在工程实践中，不合格产品也是普遍存在的，对于不合格产品如何计价也就自然成为合同当事人关注的问题。在这个问题中也涉及两方面的问题：一是工程质量与合同约定的不符合程度；二是针对该工程质量应予支付的工程款。

对此，《最高法关于审理建设工程施工合同纠纷案件适用法律问题的解释》第十六条也同时做出了规定：

建设工程施工合同有效，但建设工程经竣工验收不合格的，工程价款结算参照本解释第三条规定处理。即：

①修复后的建设工程经竣工验收合格，发包人请求承包人承担修复费用的，应予支持；

②修复后的建设工程经竣工验收不合格，承包人请求支付工程价款的，不予支持。

因建设工程不合格造成的损失，发包人有过错的，也应承担相应的民事责任。

(3)因利息而产生的纠纷

《中华人民共和国民法典》合同编第五百八十三、五百八十四条规定：“当事人一方不履行合同义务或者履行合同义务不符合约定，给对方造成损失的，损失赔偿额应当相当于因违约所造成的损失，包括合同履行后可以获得的利益，但不得超过违反合同一方订立合同时预见到或者应当预见到的因违反合同可能造成的损失。”

从上面的条款我们可以看到，如果建设单位不及时向承包商支付工程款，承包商在要求建设单位继续履行的前提下，可以要求建设单位为此支付利息。因为利息是建设单位如果按期支付工程款后承包商的预期利益。

在实践中，对于利息的支付容易在两个方面产生纠纷：一是利息的计付标准；二是何时开始计付利息。

《最高法关于审理建设工程施工合同纠纷案件适用法律问题的解释》第十七条对于计付标准做出了规定:“当事人对欠付工程价款利息计付标准有约定的,按照约定处理;没有约定的,按照中国人民银行发布的同期同类贷款利率计息。”

同时《最高法关于审理建设工程施工合同纠纷案件适用法律问题的解释》第十八条也对何时开始计付利息做出了规定:“利息从应付工程价款之日计付。当事人对付款时间没有约定或者约定不明的,下列时间视为应付款时间:

①建设工程已实际交付的,为交付之日;

②建设工程没有交付的,为提交竣工结算文件之日;

③建设工程未交付,工程价款也未结算的,为当事人起诉之日。”

(4)因合同计价方式产生的纠纷

《建筑工程施工发包与承包计价管理办法》第十二条规定,合同价可以采用以下方式:

①固定价:合同总价或者单价在合同约定的风险范围内不可调整。

②可调价:合同总价或者单价在合同实施期内,根据合同约定的办法调整。

③成本加酬金:合同总价由成本和建设单位支付给施工单位的酬金两部分构成。

当然,《建筑工程施工发包与承包计价管理办法》属于部门规章,对施工合同并无强制效力,需要当事人特别约定方可对合同当事人产生效力。

由于工程建设的外部环境处于不断的变化之中,这些外部条件的变化就可能会使得施工单位的成本增加。例如,某种建筑材料大幅度涨价,或者发生了一定程度的设计变更使得工程量有所增加,都会让承包商承担了更大的成本。在这种情况下,承包商就可能提出索赔的要求,要求建设单位支付增加部分的成本。对于上面的三种计价方式,如果采用的是可调价合同或者成本加酬金合同,建设单位就应该在合同约定的范围内支付这笔款项。

《最高法关于审理建设工程施工合同纠纷案件适用法律问题的解释》第二十二条规定:“当事人约定按照固定价结算工程价款,一方当事人请求对建设工程造价进行鉴定的,不予支持。”

6. 对工程量的争议问题

在工程款支付的过程中,确认完成的工程量是一个重要的环节。只有确认了完成的工程量,才能进行下一步的结算。

(1)工程结算的程序

《建筑工程施工发包与承包计价管理办法》第十六条规定了工程结算的程序。

工程竣工验收合格,应当按照下列规定进行竣工结算:

①承包方应当在工程竣工验收合格后的约定期限内提交竣工结算文件。

②发包方应当在收到竣工结算文件后的约定期限内予以答复。逾期未答复的,竣工结算文件视为已被认可。

③发包方对竣工结算文件有异议的,应当在答复期内向承包方提出,并可以在提出之日起的约定期限内与承包方协商。

④发包方在协商期内未与承包方协商或者经协商未能与承包方达成协议的,应当委托工程造价咨询单位进行竣工结算审核。

⑤发包方应当在协商期满后的约定期限内向承包方提出工程造价咨询单位出具的竣工结算审核意见。

发承包双方在合同中对上述事项的期限没有明确约定的,可认为其约定期限均为 28 日。

发承包双方对工程造价咨询单位出具的竣工结算审核意见仍有异议的，在接到该审核意见后一个月内可以向县级以上地方人民政府建设行政主管部门申请调解，调解不成的，可以依法申请仲裁或者向人民法院提起诉讼。

还应强调，《建筑工程施工发包与承包计价管理办法》经过合同当事人在合同内特别约定，可对当事人产生效力。

(2)关于确认工程量引起的纠纷

①对未经签证但事实上已经完成的工程量的确认

工程量的确认应以工程师的确认为依据。工程师的确认以签证为依据。但是，有的时候却存在另一种情形，工程师口头同意进行某项工程的修建，但是由于主观的或者客观的原因而没能及时提供签证。对于这部分工程量的确认就很容易引起纠纷。

我国《中华人民共和国民法典》合同编第四百九十条规定："法律、行政法规规定或者当事人约定采用书面形式订立合同，当事人未采用书面形式但一方已经履行主要义务，对方接受时，该合同成立。"

依据这个条款，《最高法关于审理建设工程施工合同纠纷案件适用法律问题的解释》第十九条规定："当事人对工程量有争议的，按照施工过程中形成的签证等书面文件确认。承包人能够证明发包人同意其施工，但未能提供签证文件证明工程量发生的，可以按照当事人提供的其他证据确认实际发生的工程量。"

②对于确认工程量的时间的纠纷

如果建设单位迟迟不确认施工单位完成的工程量，就会导致施工单位不能及时得到工程款，这样就损害了施工单位的利益。为了保护合同当事人的合法权益，《解释》第二十条规定："当事人约定，发包人收到竣工结算文件后，在约定期限内不予答复，视为认可竣工结算文件的，按照约定处理。承包人请求按照竣工结算文件结算工程价款的，应予支持。"这与《建筑工程施工发包与承包计价管理办法》第十六条的规定是相关的。

7. 建设工程价款优先受偿权问题

(1)《中华人民共和国民法典》合同编关于工程款优先受偿权问题

在工程建设中，建设单位为了筹措资金，经常会向银行贷款。作为条件，银行会要求建设单位提供相应的担保。有的时候，建设单位可以以拟建的建设工程作为抵押来为贷款作担保。于是，在建设单位和银行之间就会签订一个抵押合同。根据《中华人民共和国民法典》合同编第四百一十条："债务人不履行到期债务或者发生当事人约定的实现抵押权的情形，抵押权人可以与抵押人协议以抵押物折价或者以拍卖、变卖该抵押物所得的价款受偿。协议损害其他债权人利益的，其他债权人可以请求人民法院撤销该协议。抵押权人与抵押人未就抵押权实现方式达成协议的，抵押权人可以请求人民法院拍卖、变卖抵押财产。抵押财产折价或者变卖的，应当参照市场价格。"这就是说，如果建设单位在应该偿还贷款的期限届满而没有清偿贷款的话，银行就可以将建成的工程项目折价、拍卖或者变卖，然后将所得的收入受偿。

但是根据《中华人民共和国民法典》合同编第八百零七条的规定："发包人未按照约定支付价款的，承包人可以催告发包人在合理期限内支付价款。发包人逾期不支付的，除按照建设工程的性质不宜折价、拍卖的以外，承包人可以与发包人协议将该工程折价，也可以申请人民法院将该工程依法拍卖。建设工程的价款就该工程折价或者拍卖的价款优先受偿。"这就意味着，如果建设单位不及时支付工程款，则施工单位可以将建成的建设项目折价、拍卖并将所得受偿。

(2)建设工程价款优先受偿权问题的司法解释

这样一来就出现了一个问题，在上面两个条件都存在的情况下，银行和施工单位都可以将建成的工程项目拍卖并将所得款项占有。那么到底优先将这笔款项支付给谁？针对这个问题，2002 年 6 月 11 日，最高人民法院审判委员会第 1225 次会议通过了《最高人民法院关于建设工程价款优先受偿权问题的批复》，做出了如下解释：

①人民法院在审理房地产纠纷案件和办理执行案件中，应当依照《中华人民共和国民法典》合同编第二百八十六条的规定，认定建筑工程的承包人的优先受偿权优于抵押权和其他债权。

②消费者交付购买商品房的全部或者大部分款项后，承包人就该商品房享有的工程价款优先受偿权不得对抗买受人。

③建筑工程价款包括承包人为建设工程应当支付的工作人员报酬、材料款等实际支出的费用，不包括承包人因发包人违约所造成的损失。

④建设工程承包人行使优先权的期限为六个月，自建设工程竣工之日或者建设工程合同约定的竣工之日起计算。

9.2.3　建设工程合同违约责任和赔偿责任

1. 违约责任和赔偿责任概念

(1)违约责任是指合同当事人一方不履行合同义务或者履行合同义务不符合约定的而应承担的民事责任。违约责任以违约为前提，只要约定了违约金或者交纳了定金，不管对方是否有损失，都要承担违约金或者定金罚则的后果。

(2)赔偿损失是指合同当事人一方不履行合同义务、履行不符合约定的，或者在继续履行义务或者采取补救措施后，对方还有其他损失的，而应承担赔偿损失的民事责任。赔偿损失以违约和对方有损失为前提，只有给对方造成了损失(包括可以预见的利益)，才给予赔偿。

2. 承担违约责任和赔偿责任法律规定

我国《中华人民共和国民法典》合同编第五百七十七条规定，当事人一方不履行合同义务或者履行合同义务不符合约定的，应当承担继续履行、采取补救措施或者赔偿损失等违约责任。

《中华人民共和国民法典》合同编第五百八十三条规定，当事人一方不履行合同义务或者履行合同义务不符合约定的，在履行义务或者采取补救措施后，对方还有其他损失的，应当赔偿损失。

《中华人民共和国民法典》合同编第五百八十四条规定，当事人一方不履行合同义务或者履行合同义务不符合约定，给对方造成对方损失的，损失赔偿额应当相当于因违约所造成的损失，包括合同履行后可以获得的利益；但是不得超过违约一方订立合同时预见到或者应当预见到的因违反合同可能造成的损失。

据此，合同违约，应对采取承担以下违约责任：

(1)继续履行。合同义务没有履行或者履行不符合约定的，守约方可以要求违约方按照合同约定继续履行，直至达到合同目的。此种情况多适用于标的物是特定的必须履行的、不得替代履行的情况。

(2)采取补救措施。履行债务的标的物品质不符合合同约定，不需继续履行而只需采取适当补救措施，即可达到合同目的或守约方认为满意的目的。比如交付的产品质量不符合约定的，可以要求对方承担修理、更换、重作、退货、减少价款或者报酬等违约责任。

(3)赔偿金。合同各方在合同中约定的，一方因违约给对方造成实际损害的，按实际损害数额给予赔偿的责任承担方式。当事人在履行义务或者采取补救措施后，对方还有其他损失的，应当赔偿损失。

(4)违约金。合同各方在合同中约定的一方或各方违约时，违约方要支付给守约方一定数额的货币以弥补守约方损失，同时兼有惩罚违约行为作用的违约责任方式。承担违约责任后，是否还要继续履行或采取补救措施，可由合同各方协商确定。但是，当事人就迟延履行约定违约金的，违约方支付违约金后，还应当继续履行。

上述违约责任可以选择适用，也可以几种方式同时适用，但宗旨是以达到合同目的为准，而且需经合同各方一致同意。

本章小结

本章首先对合同法律制度进行总体的阐述，包括合同的基本原则和合同分类、合同的订立，特别是其中的要约和承诺两道程序，要约和要约邀请的区别，合同的生效要件，无效合同、效力待定合同、可变更可撤销合同的类型；进而阐明了建设工程合同的概念、形式、种类和内容，建设工程合同履行过程中各种争议的处理以及违约、赔偿责任等规定。

习　题

一、单项选择题

1. 当事人在订立合同过程中，一方故意隐瞒与订立合同有关的重要事实，给对方造成损失的，应当承担(　　)。

A. 风险损害赔偿　　B. 双倍返还定金

C. 缔约过失责任　　D. 违约赔偿责任

2. 依据合同法规定，当事人可以请求法院或仲裁机构撤销该合同的是(　　)。

A. 一方以欺诈手段　　B. 以合法形式掩盖非法目的

C. 恶意串通损害第三人利益　　D. 违反法律、行政法规强制性规定

3. 合同的主体是(　　)。

A. 法人　　B. 法人和其他组织

C. 自然人　　D. 自然人、法人和其他组织

4. 施工招标的广告属于(　　)。

A. 要约　　B. 有效承诺　　C. 无效承诺　　D. 要约邀请

5. 由于当事人疏忽，合同内未约定支付货币地点，事后双方又没能就履行地点达成一致，则(　　)。

A. 可视为无效合同　　B. 按可撤销合同对待

C. 在接受货币一方所在地履行　　D. 在支付货币一方所在地履行

6. 债务人决定将合同中的义务转让给第三人时，(　　)。

A. 应当经债权人同意

B. 无须经债权人同意，但应通知债权人

C. 无须经债权人同意，但应办理公证手续

D. 无须经债权人同意，也无须通知债权人

7. 当合同约定的违约金过分高于因违约行为造成的损失时，违约方(　　)。

A. 可拒绝赔偿　　B. 不得提出异议

C. 可中止履行义务　　D. 可要求仲裁机构予以适当减少

8. 甲公司向乙公司提出购买 1000 吨钢材，每吨价格 3000 元，乙公司同意供 1000 吨钢材，但认为价格太低，要求每吨提高到 3200 元，甲公司表示同意，乙公司的行为属于(　　)。

A. 要约　　B. 承诺　　C. 要约邀请　　D. 要约引诱

9. 建设单位将自己开发的房地产项目抵押给银行，订立了抵押合同，后来又办理了抵押登记。则(　　)。

A. 项目转移给银行占有，抵押合同自签订之日起生效

B. 项目转移给银行占有，抵押合同自登记之日起生效

C. 项目不转移占有，抵押合同自签订之日起生效

D. 项目不转移占有，抵押合同自登记之日起生效

10. 在施工合同的履行中，如果建设单位拖欠工程款，经催告后在合理的期限内仍未支付，则施工企业可以主张(　　)。

A. 撤销合同，无须通知对方　　B. 撤销合同，但应当通知对方

C. 解除合同，无须通知对方　　D. 解除合同，但应当通知对方

二、多项选择题

1. 属于无效合同的情况包括(　　)。

A. 一方以欺诈的手段订立合同损害对方当事人的利益

B. 显失公平订立的合同

C. 合同标的实现损害社会公共利益

D. 与对方恶意串通损害第三人利益

E. 一方乘人之危订立显失公平的合同损害对方合法权益

2. 合同担保的方式有(　　)。

A. 保证　　B. 抵押　　C. 质押　　D. 预付款　　E. 罚款

3. 工程建设监理委托合同的当事人有(　　)。

A. 发包人　　B. 监理单位　　C. 监理工程师

D. 施工企业　　E. 质量监督站

4.《中华人民共和国民法典》合同编规定，先履行义务方有确切证据证明，可以行使不安抗辩权的情形是(　)。

A. 未按合同约定办理保险

B. 经营状况严重恶化

C. 为了逃避债务转移财产或抽逃资金

D. 丧失商业信誉

E. 财务状况恶化但提供了第三人的担保

5. 甲决定将与乙签订合同中的义务转移给丙，按照合同法的规定(　　)。

A. 无须征得乙同意

B. 丙直接对乙承担合同义务

C. 丙可以对乙行使抗辩权

D. 丙只能对甲行使抗辩权

E. 甲对丙不履行合同的行为不承担责任

6. 依照担保法规定，不能作为保证合同的担保人的是(　　)。

A. 幼儿园　　B. 银行　　C. 学校　　D. 企业　　E. 医院

7. 缔约过失责任的构成必须具备的条件包括(　　)。

A. 缔约一方有损失　　B. 缔约一方有违约行为

C. 缔约当事人有过错　　D. 一方违反先合同义务

E. 合同已经生效

8. 合同履行中，承担违约责任的方式包括(　　)。

A. 继续履行　　B. 采取补救措施

C. 赔偿损失　　D. 返还财产

E. 追缴财产，收归国有

三、简答题

1. 合同的基本原则是什么？

2. 合同的理论分类是怎样的，有哪些类型？

3. 何为要约与承诺？要约、承诺的生效条件有哪些？

4. 合同的主要条款有哪些？

5. 合同生效有哪些条件？

6. 何为可变更、可撤销合同？有哪些类型？

7. 何为效力待定合同？有哪些类型？

8. 建设工程合同有哪些类型？

9. 建设工程质量不符合约定如何进行责任承担？

10. 如何处理建设工程合同履行过程中产生的争议？

复习题及答案

第9章　习题答案

一、单项选择题

1. C　2. A　3. D　4. D　5. C　6. A　7. D　8. A　9. D　10. D

二、多项选择题

1. ACD　2. ABC　3. AB　4. BCD　5. BC　6. ACE　7. ACD　8. ABC

三、简答题(略)

第 10 章　工程建设其他相关法律制度

【职业能力目标】 通过学习，使学生了解劳动合同的含义、劳动合同订立、履行、变更以及建筑节能和环境保护的相关规定，熟悉劳动关系双方主体可以解除及不得解除劳动合同的情形；掌握劳动保护的法律规定，以及解决劳动争议的方式和程序。

【学习要求】 要求学生能识别劳动合同法律关系，理解建筑节能、环保的目标及环境影响评价，把握订立劳动合同的主要事项，了解劳动合同双方的权利义务。

【案例 10-1】

张女士来到某贸易公司从事财务主管工作多年，期间工作表现良好。随后在续订劳动合同时用人单位与其订立了无固定期限劳动合同。2016 年 11 月，张女士患病，因错过最佳治疗时间，转为慢性疾病，后来时常因其身体状况和病假问题影响工作。该公司领导经讨论认为，张女士目前的身体状况不符合财务主管工作岗位的要求，已经影响了公司的正常经营活动，决定将其由目前的工作岗位调到相对轻松的其他岗位，以方便治疗和休息，相关待遇按照新岗位标准执行。

张女士认为其在公司工作多年，表现良好，用人单位于情应为其保留工作岗位，待其痊愈后继续工作；于理在没有征求她本人意见的前提下，擅自调整她的工作岗位及待遇，属于擅自变更劳动合同的行为，因此拒不执行公司的安排。

在双方经过数次协商仍未达成一致意见的情况下，该公司以张女士不服从工作安排，属严重违纪为由，决定与其解除劳动关系，停发工资，停缴社会保险。张女士不服，将该公司告上劳动争议仲裁委员会，要求恢复劳动关系，继续从事原岗位工作。

请思考：

张女士的要求是否合理？我国现行法律对此是如何规定的？法院该如何判决？

10.1　劳动法律与制度

10.1.1　劳动合同

《中华人民共和国劳动合同法》(以下简称《劳动合同法》)于 2007 年 6 月 29 日第十届全国人民代表大会常务委员会第二十八次会议通过，自 2008 年 1 月 1 日起施行。《全国人民代表大会常务委员会关于修改〈中华人民共和国劳动合同法〉的决定》于 2012 年 12 月 28 日由中华人民共和国第十一届全国人民代表大会常务委员会第十三次会议通过，自 2013 年 7 月 1 日施行。

1. 劳动合同的订立

1) 劳动合同的当事人及适用范围

中华人民共和国境内的企业、个体经济组织、民办非企业单位等组织(以下称用人单位)与劳动者建立劳动关系，都应当订立劳动合同。

国家机关、事业单位、社会团体和与其建立劳动关系的劳动者，订立、履行、变更、解除或者终止劳动合同，依照《劳动合同法》执行。

禁止用人单位招用未满十六周岁的未成年人。文艺、体育和特种工艺单位招用未满十六周岁的未成年人，必须依照国家有关规定，履行审批手续，并保障其接受义务教育的权利。

2)劳动关系建立时间的确认

用人单位自用工之日起即与劳动者建立劳动关系。用人单位应当建立职工名册备查。

3)劳动关系建立时用人单位与劳动者的义务

用人单位招用劳动者时，应当如实告知劳动者工作内容、工作条件、工作地点、职业危害、安全生产状况、劳动报酬，以及劳动者要求了解的其他情况；用人单位有权了解劳动者与劳动合同直接相关的基本情况，劳动者应当如实说明。

用人单位招用劳动者，不得扣押劳动者的居民身份证和其他证件，不得要求劳动者提供担保或者以其他名义向劳动者收取财物。

4)订立劳动合同的时间和形式限制

建立劳动关系，应当订立书面劳动合同。

已建立劳动关系，未同时订立书面劳动合同的，应当自用工之日起一个月内订立书面劳动合同。

用人单位与劳动者在用工前订立劳动合同的，劳动关系自用工之日起建立。

用人单位未在用工的同时订立书面劳动合同，与劳动者约定的劳动报酬不明确的，新招用的劳动者的劳动报酬按照集体合同规定的标准执行；没有集体合同或者集体合同未规定的，实行同工同酬。

5)劳动合同的生效

劳动合同由用人单位与劳动者协商一致，并经用人单位与劳动者在劳动合同文本上签字或者盖章生效。

劳动合同文本由用人单位和劳动者各执一份。

2. 劳动合同的类型及相关规定

1)劳动合同的类型

劳动合同分为固定期限劳动合同、无固定期限劳动合同和以完成一定工作任务为期限的劳动合同。

(1)固定期限的劳动合同

固定期限劳动合同，是指用人单位与劳动者约定合同终止时间的劳动合同。

用人单位与劳动者协商一致，可以订立固定期限劳动合同。

(2)无固定期限的劳动合同

无固定期限劳动合同，是指用人单位与劳动者约定无确定终止时间的劳动合同。

用人单位与劳动者协商一致，可以订立无固定期限劳动合同。有下列情形之一，劳动者提出或者同意续订、订立劳动合同的，除劳动者提出订立固定期限劳动合同外，应当订立无固定期限劳动合同：

①劳动者在该用人单位连续工作满十年的；

②用人单位初次实行劳动合同制度或者国有企业改制重新订立劳动合同时，劳动者在该用人单位连续工作满十年且距法定退休年龄不足十年的；

③连续订立两次固定期限劳动合同，且劳动者没有《劳动合同法》第三十九条和第四十条第一项、第二项规定的情形，续订劳动合同的。

用人单位自用工之日起满一年不与劳动者订立书面劳动合同的，视为用人单位与劳动者已订立无固定期限劳动合同。

(3)以完成一定工作为期限的劳动合同

以完成一定工作任务为期限的劳动合同，是指用人单位与劳动者约定以某项工作的完成为合同期限的劳动合同。

用人单位与劳动者协商一致，可以订立以完成一定工作任务为期限的劳动合同。

2)劳动合同的条款

劳动合同应当具备以下条款：

用人单位的名称、住所和法定代表人或者主要负责人；

劳动者的姓名、住址和居民身份证或者其他有效身份证件号码；

劳动合同期限；

工作内容和工作地点；

工作时间和休息休假；

劳动报酬；

社会保险；

劳动保护、劳动条件和职业危害防护；

法律、法规规定应当纳入劳动合同的其他事项。

劳动合同除前款规定的必备条款外，用人单位与劳动者可以约定试用期、培训、保守秘密、补充保险和福利待遇等其他事项。

劳动合同对劳动报酬和劳动条件等标准约定不明确，引发争议的，用人单位与劳动者可以重新协商；协商不成的，适用集体合同规定；没有集体合同或者集体合同未规定劳动报酬的，实行同工同酬；没有集体合同或者集体合同未规定劳动条件等标准的，适用国家有关规定。

3)试用期限

劳动合同期限三个月以上不满一年的，试用期不得超过一个月；劳动合同期限一年以上不满三年的，试用期不得超过两个月；三年以上固定期限和无固定期限的劳动合同，试用期不得超过六个月。

同一用人单位与同一劳动者只能约定一次试用期。

以完成一定工作任务为期限的劳动合同或者劳动合同期限不满三个月的，不得约定试用期。

试用期包含在劳动合同期限内。劳动合同仅约定试用期的，试用期不成立，该期限为劳动合同期限。

4)保密协议

用人单位可以与劳动者在劳动合同中约定保守用人单位的商业秘密和与知识产权相关的保密事项。

对负有保密义务的劳动者，用人单位可以在劳动合同或者保密协议中与劳动者约定竞业限制条款，并约定在解除或者终止劳动合同后，在竞业限制期限内按月给予劳动者经济补偿。劳动者违反竞业限制约定的，应当按照约定向用人单位支付违约金。

5）竞业限制

竞业限制的人员限于用人单位的高级管理人员、高级技术人员和其他负有保密义务的人员。竞业限制的范围、地域、期限由用人单位与劳动者约定，竞业限制的约定不得违反法律、法规的规定。

在解除或者终止劳动合同后，前款规定的人员到与本单位生产或者经营同类产品、从事同类业务的有竞争关系的其他用人单位，或者自己开业生产或者经营同类产品、从事同类业务的竞业限制期限，不得超过两年。

6）劳动合同的无效

下列劳动合同无效或者部分无效：

以欺诈、胁迫的手段或者乘人之危，使对方在违背真实意思的情况下订立或者变更劳动合同的；

用人单位免除自己的法定责任、排除劳动者权利的；

违反法律、行政法规强制性规定的。

对劳动合同的无效或者部分无效有争议的，由劳动争议仲裁机构或者人民法院确认。

劳动合同部分无效，不影响其他部分效力的，其他部分仍然有效。

劳动合同被确认无效，劳动者已付出劳动的，用人单位应当向劳动者支付劳动报酬。劳动报酬的数额，参照本单位相同或者相近岗位劳动者的劳动报酬确定。

【案例 10-2】

苏阿姨是某家政公司的员工，受公司指派到某私营企业做保洁服务。在擦窗户玻璃时，她一不小心从办公室的窗台上跌倒在地板上，导致手部骨折。该企业老板及时将她送到医院治疗，但拒绝支付医疗费。苏阿姨找家政公司要医疗费，不料公司老板却说："你是为那家企业打扫卫生时受的伤，可以找他们索赔。"而该企业老板却认为自己已经支付了保洁费，且已及时将苏阿姨送到了医院，"可以说是仁至义尽了"。两单位对于医疗费互相踢皮球，都表示不予支付。

问题：苏阿姨的医疗费应当怎样承担？

10.1.2　劳动合同的履行和变更

1. 劳动合同的履行

用人单位与劳动者应当按照劳动合同的约定，全面履行各自的义务。

用人单位应当按照劳动合同约定和国家规定，向劳动者及时足额支付劳动报酬。用人单位拖欠或者未足额支付劳动报酬的，劳动者可以依法向当地人民法院申请支付令，人民法院应当依法发出支付令。

用人单位应当严格执行劳动定额标准，不得强迫或者变相强迫劳动者加班。用人单位安排加班的，应当按照国家有关规定向劳动者支付加班费。

劳动者拒绝用人单位管理人员违章指挥、强令冒险作业的，不视为违反劳动合同。

劳动者对危害生命安全和身体健康的劳动条件，有权对用人单位提出批评、检举和控告。

2. 劳动合同的变更

用人单位变更名称、法定代表人、主要负责人或者投资人等事项，不影响劳动合同的履行。用人单位发生合并或者分立等情况，原劳动合同继续有效，劳动合同由承继其权利和义务的用人单位继续履行。用人单位与劳动者协商一致，可以变更劳动合同约定的内容。变更劳动合同，应当采用书面形式。

变更后的劳动合同文本由用人单位和劳动者各执一份。

10.1.3　劳动合同的解除和终止及相关规定

1. 劳动合同的解除

1) 协商一致解除

用人单位与劳动者协商一致，可以解除劳动合同。

2) 劳动者可以解除的

劳动者提前三十日以书面形式通知用人单位，可以解除劳动合同。劳动者在试用期内提前三日通知用人单位，可以解除劳动合同。

用人单位有下列情形之一的，劳动者可以解除劳动合同：

(1) 未按照劳动合同约定提供劳动保护或者劳动条件的；

(2) 未及时足额支付劳动报酬的；

(3) 未依法为劳动者缴纳社会保险费的；

(4) 用人单位的规章制度违反法律、法规的规定，损害劳动者权益的；

(5) 因本法第二十六条第一款规定的情形致使劳动合同无效的；

(6) 法律、行政法规规定劳动者可以解除劳动合同的其他情形。

用人单位以暴力、威胁或者非法限制人身自由的手段强迫劳动者劳动的，或者用人单位违章指挥、强令冒险作业危及劳动者人身安全的，劳动者可以立即解除劳动合同，不需事先告知用人单位。

3) 用人单位可以随时解除的

劳动者有下列情形之一的，用人单位可以解除劳动合同：

(1) 在试用期间被证明不符合录用条件的；

(2) 严重违反用人单位的规章制度的；

(3) 严重失职，营私舞弊，给用人单位造成重大损害的；

(4) 劳动者同时与其他用人单位建立劳动关系，对完成本单位的工作任务造成严重影响，或者经用人单位提出，拒不改正的；

(5) 因本法第二十六条第一款第一项规定的情形致使劳动合同无效的；

(6) 被依法追究刑事责任的。

4) 用人单位可以预告解除的

有下列情形之一的，用人单位提前三十日以书面形式通知劳动者本人或者额外支付劳动者一个月工资后，可以解除劳动合同：

(1) 劳动者患病或者非因工负伤，在规定的医疗期满后不能从事原工作，也不能从事由用人单位另行安排的工作的；

(2)劳动者不能胜任工作，经过培训或者调整工作岗位，仍不能胜任工作的；

(3)劳动合同订立时所依据的客观情况发生重大变化，致使劳动合同无法履行，经用人单位与劳动者协商，未能就变更劳动合同内容达成协议的。

5)经济性裁员

有下列情形之一，需要裁减人员二十人以上或者裁减不足二十人但占企业职工总数百分之十以上的，用人单位提前三十日向工会或者全体职工说明情况，听取工会或者职工的意见后，裁减人员方案经向劳动行政部门报告，可以裁减人员：

(1)依照企业破产法规定进行重整的；

(2)生产经营发生严重困难的；

(3)企业转产、重大技术革新或者经营方式调整，经变更劳动合同后，仍需裁减人员的；

(4)其他因劳动合同订立时所依据的客观经济情况发生重大变化，致使劳动合同无法履行的。

裁减人员时，应当优先留用下列人员：

(1)与本单位订立较长期限的固定期限劳动合同的；

(2)与本单位订立无固定期限劳动合同的；

(3)家庭无其他就业人员，有需要扶养的老人或者未成年人的。

用人单位依照本条第一款规定裁减人员，在六个月内重新招用人员的，应当通知被裁减的人员，并在同等条件下优先招用被裁减的人员。

6)用人单位不得解除的

劳动者有下列情形之一的，用人单位不得依照《劳动合同法》第四十条、第四十一条的规定解除劳动合同：

(1)从事接触职业病危害作业的劳动者未进行离岗前职业健康检查，或者疑似职业病病人在诊断或者医学观察期间的；

(2)在本单位患职业病或者因工负伤并被确认丧失或者部分丧失劳动能力的；

(3)患病或者非因工负伤，在规定的医疗期内的；

(4)女职工在孕期、产期、哺乳期的；

(5)在本单位连续工作满十五年，且距法定退休年龄不足五年的；

(6)法律、行政法规规定的其他情形。

用人单位单方解除劳动合同，应当事先将理由通知工会。用人单位违反法律、行政法规规定或者劳动合同约定的，工会有权要求用人单位纠正。用人单位应当研究工会的意见，并将处理结果书面通知工会。

2. 劳动合同的终止

有下列情形之一的，劳动合同终止：

(1)劳动合同期满的；

(2)劳动者开始依法享受基本养老保险待遇的；

(3)劳动者死亡，或者被人民法院宣告死亡或者宣告失踪的；

(4)用人单位被依法宣告破产的；

(5)用人单位被吊销营业执照、责令关闭、撤销或者用人单位决定提前解散的；

(6)法律、行政法规规定的其他情形。

劳动合同期满，有《劳动合同法》第四十二条规定情形之一的，劳动合同应当续延至相应的情形消失时终止。但是，《劳动合同法》第四十二条第二项规定，丧失或者部分丧失劳动能力劳动者的劳动合同的终止，按照国家有关工伤保险的规定执行。

3. 终止合同的经济补偿

有下列情形之一的，用人单位应当向劳动者支付经济补偿：

(1)劳动者依照《劳动合同法》第三十八条规定解除劳动合同的；

(2)用人单位依照《劳动合同法》第三十六条规定向劳动者提出解除劳动合同并与劳动者协商一致解除劳动合同的；

(3)用人单位依照《劳动合同法》第四十条规定解除劳动合同的；

(4)用人单位依照《劳动合同法》第四十一条第一款规定解除劳动合同的；

(5)除用人单位维持或者提高劳动合同约定条件续订劳动合同，劳动者不同意续订的情形外，依照《劳动合同法》第四十四条第一项规定终止固定期限劳动合同的；

(6)依照《劳动合同法》第四十四条第四项、第五项规定终止劳动合同的；

(7)法律、行政法规规定的其他情形。

经济补偿按劳动者在本单位工作的年限，每满一年支付一个月工资的标准向劳动者支付。六个月以上不满一年的，按一年计算；不满六个月的，向劳动者支付半个月工资的经济补偿。

劳动者月工资高于用人单位所在直辖市、设区的市级人民政府公布的本地区上年度职工月平均工资三倍的，向其支付经济补偿的标准按职工月平均工资三倍的数额支付，其支付经济补偿的年限最高不超过十二年。

本条所称月工资是指劳动者在劳动合同解除或者终止前十二个月的平均工资。

4. 违约与赔偿

用人单位违反《劳动合同法》规定解除或者终止劳动合同，劳动者要求继续履行劳动合同的，用人单位应当继续履行；劳动者不要求继续履行劳动合同或者劳动合同已经不能继续履行的，用人单位应当依照《劳动合同法》第八十七条规定支付赔偿金。

用人单位违反《劳动合同法》规定解除或者终止劳动合同的，应当依照《劳动合同法》第四十七条规定的经济补偿标准的两倍向劳动者支付赔偿金。

10.1.4　劳动保护的规定

《中华人民共和国劳动法》(以下简称《劳动法》)于 1994 年 7 月 5 日中华人民共和国第八届全国人民代表大会常务委员会第八次会议通过，自 1995 年 1 月 1 日起施行。

1. 劳动安全卫生

(1)劳动安全卫生制度的建立责任

用人单位必须建立、健全劳动安全卫生制度，严格执行国家劳动安全卫生规程和标准，对劳动者进行劳动安全卫生教育，防止劳动过程中的事故，减少职业危害。

(2)劳动安全卫生设施三同时

劳动安全卫生设施必须符合国家规定的标准。

新建、改建、扩建工程的劳动安全卫生设施必须与主体工程同时设计、同时施工、同时投入生产和使用。

(3)劳动安全卫生条件的提供责任

用人单位必须为劳动者提供符合国家规定的劳动安全卫生条件和必要的劳动防护用品，对从事有职业危害作业的劳动者应当定期进行健康检查。

(4)特种作业专门培训及资格

从事特种作业的劳动者必须经过专门培训并取得特种作业资格。

(5)劳动者的权利和义务

劳动者在劳动过程中必须严格遵守安全操作规程。劳动者对用人单位管理人员违章指挥、强令冒险作业的要求，有权拒绝执行；对危害生命安全和身体健康的行为，有权提出批评、检举和控告。

2. 女职工和未成年工的特殊保护

国家对女职工和未成年工实行特殊劳动保护。

未成年工是指年满十六周岁未满十八周岁的劳动者。

(1)女职工的特殊保护

禁止安排女职工以事矿山井下、国家规定的第四级体力劳动强度的劳动和其他禁忌从事的劳动。

不得安排女职工在经期从事高处、低温、冷水作业和国家规定的第三级体力劳动强度的劳动。

不得安排女职工在怀孕期间从事国家规定的第三级体力劳动强度的劳动和孕期禁忌从事的活动。对怀孕七个月以上的女职工，不得安排其延长工作时间和夜班劳动。

女职工生育享受不少于九十天的产假。

不得安排女职工在哺乳未满一周岁的婴儿期间从事国家规定的第三级体力劳动强度的劳动和哺乳期禁忌从事的其他劳动，不得安排其延长工作时间和夜班劳动。

(2)未成年工的特殊保护

不得安排未成年工从事矿山井下、有毒有害、国家规定的第四级体力劳动强度的劳动和其他禁忌从事的劳动。

用人单位应当对未成年工定期进行健康检查。

10.1.5 劳动争议的处理

劳动争议，又称劳动纠纷，是指劳动关系当事人之间关于劳动权利和义务的争议。我国《劳动法》第七十七条明确规定：“用人单位与劳动者发生劳动争议，当事人可以依法申请调解、仲裁、提起诉讼，也可以协商解决。调解原则适用于仲裁和诉程序。”2008 年 5 月 1 日开始施行的《中华人民共和国劳动争议调解仲裁法》(以下简称《劳动争议调解仲裁法》)第五条进一步规定：“发生劳动争议，当事人不愿协商、协商不成或者达成和解协议后不履行的，可以向调解组织申请调解；不愿调解、调解不成或者达成调解协议后不履行的，可以向劳动争议仲裁委员会申请仲裁；对仲裁裁决不服的，除本法另有规定的外，可以向人民法院提起诉讼。”

1. 协商解决

协商是指当事人各方在自愿、互谅的基础上，按照法律、政策的规定，通过摆事实讲道理解决纠纷的一种方法。协商的方法是一种简便易行、最有效、最经济的方法，能及时解决争议，消除分歧，提高办事效率，节省费用，也有利于双方的团结和相互的协作关系。

《劳动争议调解仲裁法》第四条规定："发生劳动争议，劳动者可以与用人单位协商，也可以请工会或者第三方共同与用人单位协商，达成和解协议。"

2. 调解解决

1）调解组织

发生劳动争议，当事人可以到下列调解组织申请调解：

（1）企业劳动争议调解委员会；

（2）依法设立的基层人民调解组织；

（3）在乡镇、街道设立的具有劳动争议调解职能的组织。

企业劳动争议调解委员会由职工代表和企业代表组成。职工代表由工会成员担任或者由全体职工推举产生，企业代表由企业负责人指定。企业劳动争议调解委员会主任由工会成员或者双方推举的人员担任。

当事人申请劳动争议调解可以书面申请，也可以口头申请。口头申请的，调解组织应当当场记录申请人基本情况、申请调解的争议事项、理由和时间。

2）调解协议书

经调解达成协议的，应当制作调解协议书。调解协议书由双方当事人签名或者盖章，经调解员签名并加盖调解组织印章后生效，对双方当事人具有约束力，当事人应当履行。

自劳动争议调解组织收到调解申请之日起 15 日内未达成调解协议的，当事人可以依法申请仲裁。

3）调解协议的履行

达成调解协议后，一方当事人在协议约定期限内不履行调解协议的，另一方当事人可以依法申请仲裁。

因支付拖欠劳动报酬、工伤医疗费、经济补偿或者赔偿金事项达成调解协议，用人单位在协议约定期限内不履行的，劳动者可以持调解协议书依法向人民法院申请支付令。人民法院应当依法发出支付令。

3. 仲裁裁决

1）劳动争议仲裁的原则

劳动争议仲裁原则是指劳动争议仲裁机构在仲裁程序中应遵守的准则，它是劳动争议仲裁的特有原则，反映了劳动争议仲裁的本质要求。

（1）一次裁决原则

即劳动争议仲裁实行一个裁级一次裁决制度，一次裁决即为终局裁决。当事人如不服仲裁裁决，只能依法向人民法院起诉，不得向上一级仲裁委员会申请复议或要求重新处理。

（2）合议原则

仲裁庭裁决劳动争议案件，实行少数服从多数的原则。合议原则是民主集中制在仲裁工作中的体现，其目的是为了保证仲裁裁决的公正性。

（3）强制仲裁原则

劳动争议仲裁实行强制原则，主要表现为：当事人申请仲裁无须双方达成一致协议，只要一方申请，仲裁委员会即可受理；在仲裁庭对争议调解不成时，无须得到当事人的同意，可直接行使裁决权；对发生法律效力的仲裁文书，可申请人民法院强制执行。

2)劳动争议仲裁委员会与仲裁庭

(1)劳动争议仲裁委员会

劳动争议仲裁委员会是依法成立的，通过仲裁方式处理劳动争议的专门机构，它独立行使劳动争议仲裁权。省、自治区人民政府可以决定在市、县设立；直辖市人民政府可以决定在区、县设立。直辖市、设区的市也可以设立一个或者若干个劳动争议仲裁委员会。劳动争议仲裁委员会不按行政区划层层设立。

劳动争议仲裁委员会负责管辖本区域内发生的劳动争议。

劳动争议由劳动合同履行地或者用人单位所在地的劳动争议仲裁委员会管辖。双方当事人分别向劳动合同履行地和用人单位所在地的劳动争议仲裁委员会申请仲裁的，由劳动合同履行地的劳动争议仲裁委员会管辖。

(2)仲裁庭

仲裁庭在仲裁委员会领导下处理劳动争议案件，实行一案一庭制。

仲裁庭由一名首席仲裁员、两名仲裁员组成。简单案件，仲裁委员会可以指定一名仲裁员独任处理。

仲裁庭的首席仲裁员由仲裁委员会负责人或授权其办事机构负责人指定，另两名仲裁员由仲裁委员会授权其办事机构负责人指定或由当事人各选一名，具体办法由省、自治区、直辖市自行确定。

仲裁庭组成不符合规定的，由仲裁委员会予以撤销，重新组成仲裁庭。

3)劳动争议仲裁的申请与受理

(1)申请

根据《劳动争议调解仲裁法》第二十七条的规定：“劳动争议申请仲裁的时效期间为一年。仲裁时效期间从当事人知道或者应当知道其权利被侵害之日起计算。

前款规定的仲裁时效，因当事人一方向对方当事人主张权利，或者向有关部门请求权利救济，或者对方当事人同意履行义务而中断。从中断时起，仲裁时效期间重新计算。

因不可抗力或者有其他正当理由，当事人不能在本条第一款规定的仲裁时效期间申请仲裁的，仲裁时效中止。从中止时效的原因消除之日起，仲裁时效期间继续计算。

劳动关系存续期间因拖欠劳动报酬发生争议的，劳动者申请仲裁不受本条第一款规定的仲裁时效期间的限制；但是，劳动关系终止的，应当自劳动关系终止之日起一年内提出。”

申请人申请仲裁应当提交书面仲裁申请，并按照被申请人人数提交副本。

书写仲裁申请确有困难的，可以口头申请，由劳动争议仲裁委员会记入笔录，并告知对方当事人。

(2)受理

劳动争议仲裁委员会收到仲裁申请之日起 5 日内，认为符合受理条件的，应当受理，并通知申请人；认为不符合受理条件的，应当书面通知申请人不予受理，并说明理由。对劳动争议仲裁委员会不予受理或者逾期未做出决定的，申请人可以就该劳动争议事项向人民法院提起诉讼。

劳动争议仲裁委员会受理仲裁申请后，应当在 5 日内将仲裁申请书副本送达被申请人。

被申请人收到仲裁申请书副本后，应当在 10 日内向劳动争议仲裁委员会提交答辩书。

劳动争议仲裁委员会收到答辩书后，应当在 5 日内将答辩书副本送达申请人。被申请人未提交答辩书的，不影响仲裁程序的进行。

(3)审理

仲裁庭应当在开庭 5 日前，将开庭日期、地点书面通知双方当事人。当事人有正当理由的，可以在开庭 3 日前请求延期开庭。是否延期，由劳动争议仲裁委员会决定。

申请人收到书面通知，无正当理由拒不到庭或者未经仲裁庭同意中途退庭的，可以视为撤回仲裁申请。被申请人收到书面通知，无正当理由拒不到庭或者未经仲裁庭同意中途退庭的，可以缺席裁决。

仲裁庭裁决劳动争议案件，应当自劳动争议仲裁委员会受理仲裁申请之日起 45 日内结束。案情复杂需要延期的，经劳动争议仲裁委员会主任批准，可以延期并书面通知当事人，但是延长期限不得超过 15 日。逾期未做出仲裁裁决的，当事人可以就该劳动争议事项向人民法院提起诉讼。

仲裁庭裁决劳动争议案件时，其中一部分事实已经清楚，可以就该部分先行裁决。

(4)执行

当事人对仲裁裁决不服的，自收到裁决书之日起 15 日内，可以向人民法院起诉；期满不起诉的，裁决书即发生法律效力。但是，下列劳动争议，除《劳动争议调解仲裁法》另有规定的外，仲裁裁决为终局裁决，裁决书自做出之日起发生法律效力：

①追索劳动报酬、工伤医疗费、经济补偿或者赔偿金，不超过当地月最低工资标准 12 个月金额的争议；

②因执行国家的劳动标准在工作时间、休息休假、社会保险等方面发生的争议。

当事人对发生法律效力的调解书和裁决书，应当依照规定的期限履行。一方当事人逾期不履行的，另一方当事人可以依照民事诉讼法的有关规定向人民法院申请强制执行。

10.2　环境保护与建筑节能法律与制度

10.2.1　环境保护法规中与工程建设相关的内容

建筑施工现场环境保护与卫生

环境保护是我国一项基本国策。建设项目既要消耗大量的自然资源，又要向自然界排放大量的废水、废气、废渣以及产生噪声等，是造成环境问题的主要根源之一。因此，加强项目建设的环境保护管理，是整个环境保护工作的基础和重点之一。加强对建设项目的环境保护，根本措施是实行建设项目环境影响评价制度和环境保护设施与主体工程同时设计、同时施工、同时投产使用的“三同时”制度。

目前我国制定的与环境保护有关的法律有：《中华人民共和国环境保护法》《中华人民共和国环境影响评价法》《中华人民共和国水污染防治法》《中华人民共和国大气污染防治法》《中华人民共和国环境噪声污染防治法》《中华人民共和国固体废物污染防治法》《建设项目环境保护管理条例》《建设项目环境保护管理程序》《建设项目竣工环境保护验收管理办法》等。由于工程建设与环境保护息息相关，因此，工程建设从业人员应当熟悉上述这些法律法规中与工程建设相关的内容。

1. 建设项目各阶段环境管理及程序

1)项目建议书阶段或预可行性研究阶段的环境管理

建设单位结合选址，对建设项目建成投产后可能造成的环境影响进行简要说明(或环境影响初步分析)，把环保部门参加厂址现场踏勘，省级环境保护部门签署意见，纳入项目建议书作为立项依据。

2)可行性研究(设计任务书)阶段的环境管理

建设单位征求国家环保部门意见，确定作报告书或报告表。委托持甲级评价证书的单位，编制环境影响报告表或评价大纲(环评实施方案)。

建设单位向国家环保部门申报环境影响评价大纲(环评实施方案)，抄送行业主管部门，同时附立项文件及环评经费概算，国家环保部门根据情况确定审查方式(组织专家评审会，专家现场考察及征求有关部门意见)，提出审查意见。

根据国家环保部门对"大纲"审查的意见和要求(主要包括评价范围，选用的标准，确定的保护目标，环境要素的取舍和评价经费等)及确定的大纲内容，评价单位与建设单位签订合同，开展评价工作，编制环境影响报告书。

建设项目如有重大变动，建设单位及评价单位应及时向环保部门报告。建设单位将编制完成的环境影响报告书(表)，按审批权限上报主管部门的环保机构，抄报国家环保部门和项目所在地省、市环保部门。主管部门组织报告书(表)预审，将预审意见和修改确定的两套环评报告书报国家环保部门审批。省级环保部门应同时向国家环保部门报送审查意见；国家环保部门在接到预审意见之日起，2 个月内批复或签署意见，逾期不批复或未签署意见，可视其上报方案已被确认。

3)设计阶段的环境管理

一般建设项目按两个阶段进行设计，即初步设计和施工图设计。对于技术复杂而又缺乏设计经验的项目，经行业主管部门确定，可能增加技术设计阶段；为解决总体开发方案和建设部署等重大问题，有些行业，可包括总体规划设计或总体设计。

(1)初步设计阶段的环境管理

建设项目初步设计必须按照《建设项目环境保护设计规定》编制环境保护篇章，具体落实环境影响报告书(表)及其审批意见所确定的各项环境保护措施和投资概算。建设单位在设计会审前向政府环保部门报送设计文件。特大型(重点)建设项目按审查权限由国家环保部门或由国家环保部门委托省级政府环保部门参加设计审查，一般建设项目由省级政府环保部门参加设计审查。必要时环保部门可单独审查环保篇章。

(2)施工图设计阶段的环境管理

根据初步设计审查的审批意见，建设单位应会同设计单位在施工图中落实有关环保工程的设计及其环保投资，环保部门组织监督检查，建设单位报批开工报告。批准后，建设项目列入年度计划，其中应包纳相应环保投资。

4)施工阶段的环境管理

建设单位会同施工单位做好环保工程设施的施工建设、资金使用情况等资料、文件的整理建档工作备查，以季报的形式将环保工程进度情况上报政府环保部门。

环保部门检查环保报批手续是否完备，环保工程是否纳入施工计划及建设进度和资金落实情况，提出意见。

建设单位与施工单位负责落实环保部门对施工阶段的环保要求以及施工过程中的环保措施。主要是保护施工现场周围的环境，防止对自然环境造成不应有的破坏；防止和减轻各种粉尘、废气、废水、固体废弃物以及噪声、振动等对环境和周围生活居住区的污染和危害。建设项目竣工后，施工单位应当修整和恢复在建设过程中受到破坏的环境。

5）试生产和竣工验收阶段的环境管理

建设单位向主管部门和政府环保部门提交试运转申请报告。经批准后，环保工程与主体工程同时投入试运行，做好试运转记录，并应由当地环保监测机构进行监测。

建设单位向行业主管部门和政府环保部门提交环保工程预验收申请报告，附试运转监测报告。省级政府环保部门组织环保工程的预验收。建设单位根据环保部门在预验收中提出的要求，认真组织实施，预验收合格后，方可进行正式竣工验收。

特大型（重点）建设项目由国家环保部门参加或委托省级政府环保部门参加正式竣工验收并办理建设项目环保工程验收合格证。

2. 建设工程项目的环境影响评价制度

环境影响评价，是指对规划和建设项目实施后可能造成的环境影响进行分析、预测和评估，提出预防或者减轻不良环境影响的对策和措施，并进行跟踪监测的方法与制度。1998 年 11 月 29 日国务院令第 253 号发布了《建设项目环境保护管理条例》，2002 年 10 月 28 日全国人民代表大会常务委员会通过了《中华人民共和国环境影响评价法》，2016 年 7 月 2 日第十二届全国人民代表大会常务委员会第二十一次会议重新修订，进一步以法律的形式确立了环境影响评价制度。

环境影响评价制度包括建设项目环境影响评价的分类管理制度，建设项目环境影响评价文件的审批制度，以及环境影响的后评价和跟踪管理制度。

3. 环境保护“三同时”制度

所谓环境保护“三同时”制度，是指建设项目需要配套建设的环境保护设施，必须与主体工程同时设计、同时施工、同时投产使用。《中华人民共和国环境影响评价法》第二十六条规定：“建设项目建设过程中，建设单位应当同时实施环境影响报告书、环境影响报告表以及环境影响评价文件审批部门审批意见中提出的环境保护对策措施。”环境保护“三同时”制度是建设项目环境保护法律制度的重要组成部分，《建设项目环境保护管理条例》在第三章“环境保护设施建设”中，对环境保护“三同时”制度进行了详细规定。

（1）建设项目的初步设计，应当按照环境保护设计规范的要求，编制环境保护篇章。并依据经批准的建设项目环境影响报告书或者环境影响报告表，在环境保护篇章中落实防治环境污染和生态破坏的措施以及环境保护设施投资概算。

（2）建设项目的主体工程完工后，需要进行试生产的，其配套建设的环境保护设施必须与主体工程同时投入试运行。建设项目试生产期间，建设单位应当对环境保护设施运行情况和建设项目对环境的影响进行监测。

（3）建设项目竣工后，建设单位应当向审批环境影响评价文件的环境保护行政主管部门申请该建设项目需要配套建设的环境保护设施竣工验收。环境保护设施竣工验收，应当与主体工程竣工验收同时进行。

（4）需要进行试生产的建设项目，建设单位应当自建设项目投入试生产之日起 3 个月内，向审批环境影响评价文件的环境保护行政主管部门申请该建设项目需要配套建设的环境保护设施竣工验收。

环境保护行政主管部门应当自收到环境保护设施竣工验收申请之日起30日内，完成验收。建设项目需要配套建设的环境保护设施经验收合格，该建设项目方可正式投入生产或者使用。

(5)分期建设、分期投入生产或者使用的建设项目，其相应的环境保护设施应当分期验收。

4. 环境噪声污染防治法律制度

环境噪声，是指在工业生产、建筑施工、交通运输和社会生活中所产生的干扰周围生活环境的声音。环境噪声污染，则是指所产生的环境噪声超过国家规定的环境噪声排放标准，并干扰他人正常生活、工作和学习的现象。与工程建设有关的噪声是建筑施工噪声和交通运输噪声。

建筑施工噪声，是指在建筑施工过程中产生的干扰周围生活环境的声音。交通运输噪声，是指机动车辆、铁路机车、机动船舶、航空器等交通运输工具在运行时所产生的干扰周围生活环境的声音。

依据《中华人民共和国环境噪声污染防治法》，与工程建设相关的主要内容包括：

(1)城市规划部门在确定建设布局时，应当依据国家声环境质量标准和民用建筑隔声设计规范，合理划定建筑物与交通干线的防噪声距离，并提出相应的规划设计要求。

(2)新建、改建、扩建的建设项目，必须遵守国家有关建设项目环境保护管理的规定。建设项目可能产生环境噪声污染的，建设单位必须提出环境影响报告书，规定环境噪声污染的防治措施，并按照国家规定的程序报环境保护行政主管部门批准。环境影响报告书中，应当有该建设项目所在地单位和居民的意见。

(3)建设项目的环境噪声污染防治设施必须与主体工程同时设计、同时施工、同时投产使用。建设项目在投入生产或者使用之前，其环境噪声污染防治设施必须经原审批环境影响报告书的环境保护行政主管部门验收；达不到国家规定要求的，该建设项目不得投入生产或者使用。

(4)在城市市区范围内向周围生活环境排放建筑施工噪声的，应当符合国家规定的建筑施工场界环境噪声排放标准。

(5)在城市市区范围内，建筑施工过程中使用机械设备，可能产生环境噪声污染的，施工单位必须在工程开工15日前向工程所在地县级以上地方人民政府环境保护行政主管部门申报该工程的项目名称、施工场所和期限、可能产生的环境噪声值以及所采取的环境噪声污染防治措施的情况。

(6)在城市市区噪声敏感建筑物集中区域内，禁止夜间进行产生环境噪声污染的建筑施工作业，但抢修、抢险作业和因生产工艺上要求或者特殊需要必须连续作业的除外。因特殊需要必须连续作业的，必须有县级以上人民政府或者其有关主管部门的证明。前款规定的夜间作业，必须公告附近居民。

(7)建设经过已有的噪声敏感建筑物集中区域的高速公路和城市高架、轻轨道路，有可能造成环境噪声污染的，应当设置声屏障或者采取其他有效的控制环境噪声污染的措施。

“噪声敏感建筑物”，是指医院、学校、机关、科研单位，住宅等需要保持安静的建筑物。

“噪声敏感建筑物集中区域”，是指医疗区、文教科研区和以机关或者居民住宅为主的区域。

(8)在已有的城市交通干线的两侧建设噪声敏感建筑物的，建设单位应当按照国家规定间隔一定距离，并采取减轻、避免交通噪声影响的措施。

(9)在已竣工交付使用的住宅楼进行室内装修活动，应当限制作业时间，并采取其他有效措施，以减轻、避免对周围居民造成环境噪声污染。

(10)警车、消防车、工程抢险车、救护车等机动车辆安装、使用警报器，必须符合国务院公安部门的规定；在执行非紧急任务时，禁止使用警报器。

10.2.2　节约能源法规中与工程建设相关的内容

1997 年 11 月 1 日第八届全国人民代表大会常务委员会第二十八次会议通过了《中华人民共和国节约能源法》。2016 年 7 月 2 日第十二届全国人民代表大会常务委员会第二十一次会议通过的《全国人民代表大会常务委员会关于修改〈中华人民共和国节约能源法〉等六部法律的决定》修改。该法的目的在于推进全社会节约能源，提高能源利用效率和经济效益，保护环境。其中含有与建筑节能相关的规定，这些规定是工程建设从业人员需要熟悉的。

1. 建设工程项目的节能管理

节能是我国经济和社会发展的一项长远战略方针，也是当前一项极为紧迫的任务。为推动全社会开展节能降耗，促进经济社会可持续发展，国家发展和改革委员会于 2004 年 11 月发布了《节能中长期专项规划》(以下简称《规划》)。该《规划》规定了节能的 10 大重点工程：燃煤工业锅炉(窑炉)改造工程、区域热电联产工程、余热余压利用工程、节约和替代石油工程、电机系统节能工程、能量系统优化工程、建筑节能工程、绿色照明工程、政府机构节能工程、节能监测和技术服务体系建设工程。

1)固定资产投资工程项目的节能要求

根据《中华人民共和国节约能源法》第十二条的规定，固定资产投资工程项目的可行性研究报告，应当包括合理用能的专题论证。固定资产投资工程项目的设计和建设，应当遵守合理用能标准和节能设计规范。达不到合理用能标准和节能设计规范要求的项目，依法审批的机关不得批准建设；项目建成后，达不到合理用能标准和节能设计规范要求的，不予验收。

2)参建单位的节能责任

对于属于工程建设强制性标准中的节能标准，根据《建设工程质量管理条例》及相关规定，建设工程项目各参建单位，包括建设单位、设计单位、施工图设计文件审查机构、监理单位以及施工单位等，均应当严格遵守。

(1)建设单位应当按照节能政策要求和节能标准委托工程项目的设计。建设单位不得以任何理由要求设计单位、施工单位擅自修改经审查合格的节能设计文件，降低节能标准。

(2)设计单位应当依据节能标准的要求进行设计，保证节能设计质量。

(3)施工图设计文件审查机构在进行审查时，应当审查节能设计的内容，在审查报告中单列节能审查章节；不符合节能强制性标准的，施工图设计文件审查结论应当定为不合格。

(4)监理单位应当依照法律、法规以及节能标准、节能设计文件、建设工程承包合同及监理合同对节能工程建设实施监理。

(5)施工单位应当按照审查合格的设计文件和节能施工标准的要求进行施工，保证工程施工质量。

以上各参建单位未遵守上述规定的，应当按照《中华人民共和国节约能源法》《建设工程质量管理条例》等法律、法规和规章，承担相应的法律责任。

2. 建筑节能制度

2005 年 11 月 10 日建设部以第 143 号令发布了《民用建筑节能管理规定》。根据该规定，民用建筑节能，是指民用建筑（包括居住建筑和公共建筑）在规划、设计、建造和使用过程中，通过采用新型墙体材料，执行建筑节能标准，加强建筑物用能设备的运行管理，合理设计建筑围护结构的热工性能，提高采暖、制冷、照明、通风、给排水和通道系统的运行效率以及利用可再生能源，在保证建筑物使用功能和室内热环境质量的前提下，降低建筑能源消耗，合理、有效地利用能源的活动。

《民用建筑节能管理规定》的主要内容有：

（1）国家鼓励多元化、多渠道投资既有建筑的节能改造，投资人可以按照协议分享节能改造的收益；鼓励研究制定本地区既有建筑节能改造资金筹措办法和相关激励政策。

（2）建筑工程施工过程中，县级以上地方人民政府建设行政主管部门应当加强对建筑物的围护结构（含墙体、屋面、门窗、玻璃幕墙等）、供热采暖和制冷系统、照明和通风等电器设备是否符合节能要求的监督检查。

（3）新建民用建筑应当严格执行建筑节能标准要求，民用建筑工程扩建和改建时，应当对原建筑进行节能改造。

（4）既有建筑节能改造应当考虑建筑物的寿命周期，对改造的必要性、可行性以及投入收益比进行科学论证。节能改造要符合建筑节能标准要求，确保结构安全，优化建筑物使用功能。寒冷地区和严寒地区既有建筑节能改造应当与供热系统节能改造同步进行。

采用集中采暖制冷方式的新建民用建筑应当安设建筑物室内温度控制和用能计量设施，逐步实行基本冷热价和计量冷热价共同构成的两部制用能价格制度。

（5）本规定鼓励发展下列建筑节能技术和产品：①新型节能墙体和屋面的保温、隔热技术与材料；②节能门窗的保温隔热和密闭技术；③集中供热和热、电、冷联产联供技术；④供热采暖系统温度调控和分户热量计量技术与装置；⑤太阳能、地热等可再生能源应用技术及设备；⑥建筑照明节能技术与产品；⑦空调制冷节能技术与产品；⑧其他技术成熟、效果显著的节能技术和节能管理技术。

（6）建设单位、设计单位、施工图设计文件审查机构、监理单位以及施工单位等各参建单位，均应按照上述参建单位的节能责任，严格遵守建筑节能标准的要求。

（7）建设单位在竣工验收过程中，有违反建筑节能强制性标准行为的，按照《建设工程质量管理条例》的有关规定，重新组织竣工验收。

（8）从事建筑节能及相关管理活动的单位，应当对其从业人员进行建筑节能标准与技术等专业知识的培训。

建筑节能标准和节能技术应当作为注册城市规划师、注册建筑师、勘察设计注册工程师、注册监理工程师、注册建造师等继续教育的必修内容。

本章小结

本章主要阐述了如下两项内容：

1. 劳动合同订立、劳动合同的类型及相关规定、劳动合同履行、变更、解除、终止等相关规定尤其是用人单位和劳动者单方、协商解除劳动合同的情形，同时还有劳动保护、劳动争议处理等规定；

2. 环境保护法中与工程建设相关的规定，尤其是环境影响评价制度、“三同时”制度以及建筑节能的相关规定。

习　题

一、单项选择题

1.《中华人民共和国劳动合同法》由第十届全国人大常委会第二十八次会议于(　　)通过，(　　)起施行。

A. 2007年6月29日，2008年1月1日

B. 2007年6月29日，2007年6月29日

C. 2007年6月28日，2007年10月1日

D. 2007年6月28日，2008年1月1日

2. 用人单位自(　　)起即与劳动者建立劳动关系。

A. 用工之日　　B. 签订合同之日

C. 上级批准设立之日　　D. 劳动者领取工资之日

3. 已经建立劳动关系，未同时订立书面劳动合同的，应当自用工之日起(　　)内订立书面劳动合同。

A. 十五日　　B. 一个月　　C. 二个月　　D. 三个月

4. 无固定期限劳动合同，是指用人单位与劳动者约定无确定(　　)时间的劳动合同。

A. 解除　　B. 续订　　C. 终止　　D. 中止

5. 变更劳动合同应当采用(　　)形式。

A. 书面　　B. 口头　　C. 书面或口头　　D. 书面和口头

6. 用人单位(　　)，劳动者可以立即解除劳动合同，不需事先告知用人单位。

A. 未按照劳动合同约定提供劳动保护或者劳动条件的

B. 未及时足额支付劳动报酬的

C. 以暴力、威胁或者非法限制人身自由的手段强迫劳动者劳动的

D. 规章制度违反法律、法规的规定，损害劳动者权益的

7. 关于劳动合同的说法，正确的是(　　)。

A. 用人单位招用劳动者，不得要求劳动者提供担保或者以其他名义向劳动者收取财物；不得扣押劳动者的居民身份证或者其他证件

B. 用人单位与劳动者订立书面劳动合同之日起即建立劳动关系

C. 劳动合同报酬协商不成的，即使订立了集体合同，也应该实行同工同酬

D. 以欺诈、胁迫的手段，使对方在违背真实意思的情况下订立的劳动合同为可撤销可变更合同

8. 关于劳动合同的说法，正确的是(　　)。

A. 施工企业与劳动者签订了一份期限为两年半的劳动合同，施工企业和劳动者的试用期

依法最长不得超过6个月

B. 甲施工企业与乙施工企业合并，则原来甲的员工与甲签的和劳动合同自动解除

C. 用人单位违法解除或终止劳动合同，按照补偿金的标准，支付赔偿金

D. 用人单位招用尚未解除或终止劳动关系的劳动者，给其他单位造成损失，承担连带赔偿责任

9、环境保护“三同时”制度是指建设项目需要配套的环境保护设施，必须与主体工程(　　)。

A. 同时设计、同时评价、同时投产使用

B. 同时投资、同时施工、同时竣工验收

C. 同时设计、同时施工、同时投产使用

D. 同时投资、同时施工、同时竣工验收

10. 既有居住建筑的建筑节能改造费用，由(　　)负担。

A. 政府全部　　B. 房屋公共维修基金

C. 建筑所有权人自行　　D. 政府与建筑所有权人共同

11. 建设项目如有重大变动，建设单位及评价单位应及时向(　　)报告。

A. 建设单位　　B. 当地人民政府　　C. 环保部门　　D. 设计单位

二、多项选择题

1. 用人单位应当向劳动者支付经济补偿情形有(　　)。

A. 劳动合同期满的，用人单位维持劳动合同约定条件续订劳动合同，劳动者不同意而终止劳动合同的

B. 用人单位被依法宣告破产的

C. 劳动者开始依法享受基本养老保险待遇的

D. 试用期间被证明不符合录用条件的解除劳动合同

E. 企业转产、重大技术革新或者经营方式调整，经变更劳动合同后，仍需裁减人员的

2. 下列关于施工节能的表述中，正确的是(　　)。

A. 施工现场喷洒路面、绿化浇灌应使用市政自来水

B. 现场车辆冲洗用水必须设立循环用水装置

C. 项目临时用水应安装计量装置，采取针对性的节水措施。

D. 施工现场应对生活用水与工程用水确定用水定额指标，并统一计量管理。

E. 施工现场建立雨水搜集利用系统。

3. 某市中心施工的工程，施工单位采取的下列环境保护措施，正确的有(　　)。

A. 用餐人数在100人以上的施工现场临时食堂，设置简易有效的隔油池

B. 施工现场水磨石作业生产的污水，分批排入市政污水管网

C. 严格控制施工作业时间，晚间作业不超过22时，早晨作业不早于6时

D. 在进行沥青防潮防水作业时，使用密闭和带有烟尘处理装置的加热设备

E. 施工现场外围设置1.5 m高的围挡

4. 根据《建设工程施工现场管理规定》，施工单位的下列做法中，符合防止环境污染措施要求的有(　　)。

A. 将冲洗车辆的泥浆水未经处理直接排入河流

B. 施工现场位于城市郊区，在现场熔融沥青

C. 使用密闭容器将高空废弃物运输至地面

D. 将有毒有害废弃物作为土方回填

E. 对产生噪音的机械，安装降噪设备

5. 施工现场环境保护的原则包括（　　）。

A. 零污染原则

B. 污染者付费原则

C. 预防为主、防治结合原则

D. 经济建设与环境保护协调发展原则

E. 依靠群众保护环境原则

三、案例分析题

1. 2016 年初，某保险公司招聘销售人员，要求每位员工交 500 元押金，称为保证押金，待三个月试用期过后，公司将该押金全额返还给员工。小李参加应聘，2016 年 4 月 1 日签订了 1 年期的劳动合同。合同规定试用期为 3 个月，试用期工资为 1800 元，试用期满后工资为 2200 元。

公司的工作制度是每月 22 天为工作日。2016 年 5 月小李加班了 3 天，在“五一”劳动节法定假期加班了两天。

请问：

(1) 该劳动合同是否有不合法的地方？说明理由。

(2) 小李 5 月可以获得多少加班工资？

(3) 如果公司不支付，小李可以得到什么救济？

2. 某办公楼工程，项目经理部组织晚上 11 点后不再进行土建作业，但安排了钢结构焊接连续作业。由于受城市交通管制，运输材料、构件的车辆均在凌晨 3~6 点之间进出现场。项目经理部未办理夜间施工许可证。附近居民投诉：夜间噪声过大，光线刺眼，且不知晓当日施工安排。项目经理部向政府环境保护部门进行了申报登记，并委托某专业公司进行了噪声检测。

为了充分体现绿色施工在施工过程中的应用，项目部在临建施工及使用方案中提出了在节能和能源利用方面的技术要点。

请问：

(1) 根据《建筑施工场界噪声限值》(GB 12523—1990)，结构施工阶段昼间和夜间的场界噪声限值分别为多少？针对本工程夜间施工扰民事件，写出项目经理部应采取的正确做法。

(2) 临建施工过程中的节能和能源利用的技术要点有哪些？

第 10 章　案例参考答案

【案例 10-1】分析：

在用人单位的规章制度和日常管理工作中，哪些属于行使管理权，哪些应属于变更劳动合同行为，是许多 HR 管理者容易出现困惑的重点。这也是本案的焦点所在。

答：1. 张女士的要求不合理。

2. 本案件适用相关法律条款为：依据劳动部办公厅《关于职工因岗位变更与企业发生争

议等有关问题的复函》(下文简称《复函》)之规定，关于用人单位能否变更职工岗位问题，按照《劳动法》第十七条、第二十六条、第三十一条的规定精神，因劳动合同订立时所依据的客观情况发生重大变化，致使原劳动合同无法履行而变更劳动合同，须经双方当事人协商一致，若不能达成协议，则可按法定程序解除劳动合同；因劳动者不能胜任工作而变更、调整职工工作岗位，则属于用人单位的自主权。

3. 仲裁结果：劳动争议仲裁庭经调查认为，该公司相关规章制度明确规定，张女士的身体 状况无法履行相应的岗位职责情况，视为不能胜任工作。因劳动者不能胜任工作而变更、调整职工工作岗位，则属于用人单位的自主权。因此驳回张女士的申请，裁定该贸易公司的解除决定合法、有效，双方解除劳动关系。

【案例 10-2】

答：在《劳动合同法》颁布以前，这种情况是这样处理的，根据《民法通则》第四十三条规定："企业法人对他的法定代表人或其他工作人员的经营活动承担民事责任。"苏阿姨是受家政公司的指派从事保洁工作的，是为家政公司履行义务。她受伤也是在为家政公司履行义务过程中发生的，因此责任应由家政公司来承担。

按照《劳动合同法》对此有了新规定，第九十二条规定，在劳务派遣单位派遣过程中，如果给被派遣劳动者造成损害的，劳务派遣单位与用工单位承担连带赔偿责任。因此，依据《劳动合同法》的规定，苏阿姨的医疗费既可以向家政公司要，也可以向私营企业要，两家单位都有赔付的义务。

【案例 10-3】

答：1. 三义垃圾处理站的行为不符合法律规定。

(1)《固体废物污染环境防治法》第二十二条规定："在国务院和国务院有关主管部门及省、自治区、直辖市人民政府划定的自然保护区、风景名胜区、生活饮用水源地和其他需要特别保护的区域内，禁止建设工业固体废物集中贮存、处置设施、场所和生活垃圾填埋场。"本案中，三义垃圾处理站将城市生活垃圾倾倒在省级竹山自然保护区进行填埋，违反了上述国家禁止性条款。(2)《固体废物污染环境防治法》第四十条规定："禁止擅自关闭、闲置或者拆除城市生活垃圾处置设施、场所。"本案中，三义垃圾处理站未经任何部门同意，擅自关闭垃圾处理站改作他用，同样违反了国家禁止性法律规定。

2. 群众应向县级以上地方政府环境卫生行政主管部门和环境保护行政主管部门反映，因为我国《固体废物污染防治法》第四十条明确规定："确有必要关闭、闲置或拆除城市生活垃圾处置设施、场所，必须经所在地县级以上地方人民政府环境卫生行政主管部门和环境保护行政主管部门核准，并采取措施，防止污染环境。"

第 10 章　习题答案

一、单项选择题

1~11　A　A　B　C　A　C　A　D　C　D　C

二、多项选择题

1~5　BE　BCE　ACD　CE　BCDE

三、案例分析题

答案:1. (1)①劳动合同要求员工交 500 元押金违法。根据法律规定，用人单位不得以任何名义向劳动者收取财物，该公司以保证金名义收取押金的做法违反法律规定，劳动行政部门可以责令公司将该押金返还给员工，并可以根据实际收取押金的员工人数按每人 500 元以上 2000 元以下的标准对公司处以罚款。

②合同规定试用期 3 个月违法。该试用期约定不能生效，根据《中华人民共和国劳动合同法》的规定，1 年期的劳动合同试用期不能超过 2 个月。如果小李已经履行了 3 个月的试用期，并在该 3 个月内只获得每月 1800 元的试用期工资，那么该公司应该以 2200 元的工资标准，对超过 2 个月法定试用期的另一个月予以赔偿，即赔偿差额 400 元(2200-1800=400)。

(2)小李加班 3 天，休息日一天的加班获得 2 倍工资报酬，2200÷22×2=200(元)，法定假日加班获得 3 倍工资报酬，2200÷22×3×2=600(元)，一共是 200+600=800(元)。

(3)如果公司不同意支付，小李可向劳动行政部门反映，由劳动行政部门责令用人单位限期支付；公司逾期仍不支付的，由劳动行政部门责令公司支付按应付金额即 800 元的 50%以上 100%以下的标准向劳动者加付赔偿金。

2. (1)《建筑施工场界噪声限值》(GB 12523—1990)对噪声限值的规定为：夜间 55 分贝，昼间 70 分贝。针对本工程夜间施工扰民事件，项目经理部应采取如下措施：

①需办理夜间施工许可证；②应将施工内容提前公告附近社区居民，并做好解释工作；③必须在工程开工十五日前去工程所在地县级以上地方人民政府环境保护部门申请登记；④项目经理部应设来访接待室，专人负责扰民接待；⑤焊接作业应采取邮箱的管线遮挡措施；⑥应采取有效的降低噪声措施。

(2)①水资源的节约利用。通过检测水资源的使用，安装小流量的设备和器具，在可能的场所重新利用雨水或施工废水等措施来减少施工期间的用水量，降低用水费用。②节约电能。通过检测利用率，安装节能灯具和设备、利用声光传感器控制照明灯具，采用节电型施工机械，合理安排施工时间等降低用电量，节约电能。③减少材料的损耗。通过更仔细的采购，合理的现场保管，减少材料的搬运次数，减少包装，完善操作工艺，增加摊销材料的周转次数等措施降低材料的使用中的消耗，提高材料的使用效率。④可回收资源的利用。

2020年建设法规二建
考试真题及解析

参考文献

[1] 唐茂华，谭小斌．建设法规及相关知识[M]．北京：北京大学出版社，2013.

[2] 中华人民共和国建筑法律法规全书[M]．北京：中国法制出版社，2018.

[3] 中华人民共和国工程建设法律法规全书[M]．北京：法律出版社，2019.

[4] 胡六星．法律法规及相关知识、专业通用知识[M]．北京：中国环境科学出版社，2012.

[5] 王凯．工程建设法规[M]．北京：清华大学出版社，2015.

[6] 金国辉．新编建设法规教程与案例[M]．北京：机械工业出版社，2017.

[7] 全国一级建造师执业资格考试用书编写委员会．建设工程法规及相关知识(全国一级建造师执业资格考试用书)[M]．第4版．北京：中国建筑工业出版社，2014.

[8] 全国二级建造师执业资格考试用书编写委员会．建设工程法规及相关知识(全国二级建造师执业资格考试用书)[M]．第4版．北京：中国建筑工业出版社，2014.

[9] 建设工程监理规范(GB/T 50319—2013)[S]．北京：中国建筑工业出版社，2013.

[10] 全国监理工程师培训教材编写委员会．全国监理工程师培训考试教材[M]．北京：中国建筑工业出版社，2017.

[11] 纪婕．建筑工程法律法规[M]．北京：清华大学出版社，2012.

[12] 赵海玲．建筑工程法律法规[M]．北京：清华大学出版社，2014.

[13] 环境保护部环境工程评估中心．环境影响评价相关法律法规[M]．北京：中国环境科学出版社，2017.

[14] 全国二级建造师执业资格考试用书编写委员会．建设工程法规及相关知识(2021年版全国二级建造师执业资格考试用书)[M]．北京：中国建筑工业出版社，2021.

[15] 全国一级建造师执业资格考试用书编写委员会．建设工程法规及相关知识(2020年版全国一级建造师执业资格考试用书)[M]．北京：中国建筑工业出版社，2020.

[16] 全国二级建造师执业资格考试用书编写委员会．建设工程法规及相关知识(2020年版全国二级建造师执业资格考试用书)[M]．北京：中国建筑工业出版社，2020.

图书在版编目(CIP)数据

建设工程法规 / 陈辉玲，陆婷主编. —3 版. —长沙：中南大学出版社，2022.8(2024.8 重印)

ISBN 978-7-5487-5017-8

Ⅰ. ①建… Ⅱ. ①陈… ②陆… Ⅲ. ①建筑法－中国－高等职业教育－教材 Ⅳ. ①D922.297

中国版本图书馆 CIP 数据核字(2022)第 139792 号

建设工程法规

第 3 版

主　编　陈辉玲　陆　婷

副主编　肖　洋

□出 版 人　林绵优

□策划组稿　谭　平

□责任编辑　谭　平

□责任印制　唐　曦

□出版发行　中南大学出版社

社址：长沙市麓山南路　　邮编：410083

发行科电话：0731-88876770　　传真：0731-88710482

□印　　装　长沙雅鑫印务有限公司

□开　　本　787 mm×1092 mm　1/16　□印张 16.75　□字数 427 千字

□版　　次　2022 年 8 月第 3 版　□印次 2024 年 8 月第 7 次印刷

□书　　号　ISBN 978-7-5487-5017-8

□定　　价　45.00 元